오월의 사회과학

오월의 사회과학

초판 1쇄 펴낸날 2012년 5월 10일
초판 8쇄 펴낸날 2025년 11월 10일
지은이 최정운
펴낸이 박재영
편집 임세현·이다연
디자인 조하늘
제작 제이오
펴낸곳 도서출판 오월의봄
주소 경기도 파주시 회동길 513 203호
등록 제406-2010-000111호
전화 070-7704-5240
팩스 0505-300-0518
이메일 maybook05@naver.com
X(트위터) @oohbom
블로그 blog.naver.com/maybook05
페이스북 facebook.com/maybook05
인스타그램 instagram.com/maybooks_05

ISBN 978-89-966875-8-0 93340

만든 사람들
책임편집 박재영
디자인 나윤영

오월의봄

오월의 사회과학

사회과학자의 시선으로 새롭게 재구성한 5월 광주의 삶과 진실

최정운 지음

오월의봄

　이 책이 처음 나왔던 게 1999년이었으니 13년이 넘은 셈이다. 그간 사람들이 이 책을 읽어보고 싶은데 절판이 돼서 구할 수가 없다고 하소연했던 일이 많았다. 어떤 사람들은 포기했고, 어떤 사람들은 복사를 해서 읽기도 했다. 그간 본인도 다시 이 책이 나왔으면 좋을 텐데 하는 생각을 많이 했고 처음에 책을 냈던 풀빛출판사를 원망도 많이 했다. 우리나라는 출판사들이 대부분 영세하고 열악한 상황이라 그런지 이런 운명에 빠진 책들이 너무나 많다. 사실 이 책이 그간 몇 권이나 팔렸는지도 몰랐고 인세를 받은 일도 없었다. 그간 본인은 학자, 저자로서 그런 일에 관심 자체를 가져보지 못했다. 또한 학교에서 학생들을 가르치며 이 책을 언급한 적은 많았지만 강좌에서 교재로 설정하여 판촉 활동에 참여해본 일도 없었다. 그러면서 이 책에 대한 일은 서서히 잊혀졌던 것 같다. 물론 어떤 식으로라도 다시 출판될 수 있으면 좋겠다는 생각은 늘 해오고 있었다. 그러다가 얼마 전 '오월의봄' 출판사에서 이메일을 통해 이 책을 다시 내고 싶다는 의사를 밝혔을 때, 사실 뛸 듯이 기뻤다.

　이 책을 준비할 때는 나름대로는 꽤 정열을 가지고 절실한 마음으로 2년여 파묻혀 있었고 이 책이 나왔을 때는 내가 대한민국을 위해서 무언가 기여를 했다는 자부심도 있었고 주변에서 인정도 받았었다. 또 이 책을 계기로 본인이나 다른 학자들이나 한국 근현대사에 대한 진지한 연구가 속속 진행됐으면 하는 바람이 컸었다. 그런데 이 책이 절판되고 시간이 흐르며 본인의 정열도 서서히 식어가고 있었던 것 같기도 하다. 이번에 이 책이 다시 13년 만에 나오게 되면 본인의 오랜 정열과 연구 계획도 다시 뜨겁게 진행될 수 있기를 기대한다.

　　이 책이 처음 나왔을 때는 한국의 근현대 정치사와 사상사는 그렇게 2년 정도를 단위로 연구가 진행될 수 있으리라 생각했던 것 같다. 그런데 현실적으로 5·18은 정확히 열흘 동안 진행된 사건이었고 다른 사건들은 모두 그보다는 길게 진행되어서인지 결코 그런 속도로 진행될 수 없었다. 지금 생각해보면 학술 연구의 진행 속도는 전혀 문제가 아니다. 그야말로 자판기에서 물건 팔듯 이루어지는, 연구비 받고 진행하는 프로젝트가 아니라면 서둘러야 할 필요는 없다. 오히려 이번에는 제대로 깊이 있는 연구에 근거해서 제대로 된 업적을 내놓아야 한다는 생각을 하지만 어쨌든 세월이 지나며 점점 초조한 생각이 드는 것은 어쩔 수 없는 일이긴 하다. 이번에《오월의 사회과학》이 다시 출판되는 것을 계기로 해서 본인의 연구나 한국 학계의 연구가 모두 다시 한 번 힘을 얻기를 기대한다.

2012년 4월 최 정 운

차 례

5·18에 관련된 거의 모든 사람들의 경우처럼 필자 또한 이 엄청 난 사건과 연관될 의사도 없었고 엄두도 내지 못했다.

황해도에서 피난 내려온 부모님으로부터 휴전 직전 1953년에 부산에서 출생하여 곧 서울로 올라와 필자의 기억은 모두 서울, 인왕산 밑 효자동, 신교동에서 자란 것이 전부다. 그 동네는 조용한 중산층 주택가였지만 우리나라 정치의 중심지 부근이었고 따라서 적어도 몇 년에 한 번씩은 어린 나이에 섬뜩한 역사의 현장들을 단편적으로나마 보아왔다. 어려서 집 근처에 살던 신익희 씨가 갑자기 돌아가셔서 온 동네에 전화戰禍가 감돌던 일, 국민학교 2학년 때 4·19가 나서 온 동네가 아수라장이 되고, 총 소리에 공포에 떨던 일, 신교동으로 이사 오자마자 새벽에 총 소리가 나고 5·16이 나서 어리둥절했던 기억이 난다. 그리고도 기관총, 기관포 소리가 동네에 진동하던 일이 심심치 않았다. 1·21 사태, 일본항공 여객기가 서울 상공에 들어왔던 날 밤의 기관포 소리와 밤하늘을 날던 예광탄들, 그리고 10·26……. 모두 지척에서 벌어진 일들이었다. 계엄령이 났을 때는 집에서 멀지 않은 청와대, 중앙청 앞에 탱크들과 주변에 '허리 총'을 한 군인들을 휘둥그레 보곤 했다.

그러나 이런 역사적 사건들이 나 자신과 직접 연관될 수 있다는 느낌은 받지 않았다. 전쟁과 피난을 겪었던 부모님은 늘 걱정을 하셨지만 필자는 유복한 가정에서 온갖 보호를 받아가며 그저 하루하루 별 긴장감 없이 학교를 왔다 갔다 했을 따름이었다. 중·고등학교 때는 매일 청와대 앞을 지나 언덕을 넘어 학교를 다녔지만 경찰 아저씨들은 웃는 낯에 친절하기만 했다. 1968년 북한 무장 게릴라들이 청와대를 습격한

1·21 사태 전까지는 경찰들은 총을 휴대하지도 않았다. 청와대 앞에서 행인들을 검문하고 통제하기 시작한 것은 고등학교를 졸업하고 대학에 들어가 10월 유신이 터진 후였다.

10월 유신은 필자 같은 세상모르는 학생이 느끼기에도 엄청난 사건이었다. 바로 전해에 위수령이 발동되어 수경사 군인들이 고려대학교에 난입하여 학생들을 구타하고 연행한 사실을 친구들에게서 전해 듣고 무서워한 기억이 난다. 서울대 문리대 학생들도 어떤 형태로든지 저항의 표현을 해야만 했고 당시 우리 과 학우 두 명이 데모를 주동하여 퇴학, 제적을 당했다. 당시 필자는 2학년을 마치고 군대를 가기로 마음먹고 있어서 연기원을 내지 않은 상태였고 '어차피 군대나 갈 텐데 제대하고 공부하지' 하는 생각에 매일 친구들과 어울려 막걸리, 소주, 맥주로 세상을 등지고 살았다. 하긴 유복한 환경에서 입시 지옥의 초창기에 자란 필자 같은 학생에게 친구와 술, 그리고 소설책들은 당시 새로운 세계로 나아갈 수 있게 해준 흥분된 교육 현장이었다. 필자가 지금 사회과학에 열정을 갖고 있다면, 그 좌절의 계절부터 친구들과의 목적 없는 대화를 통해 다른 사람들의 인생을 조금씩이나마 엿보았고 이러한 실천을 아직도 나름대로 게을리하지 않았기 때문일지 모른다.

1974년 입대하자 곧 민청학련 사건이 터졌다. 보안대에서는 신병 훈련소에까지 나와 훈련병이던 필자에게도 선배이던 이철 등을 아느냐고 눈을 부라리며 물었다. 당시 이철 선배와 약간의 안면이 있어 '안다'고 하자, 곧 '506 범진사'로 끌고 갔다. 그곳에서 필자는 끝없는 자술서를 공중전화 박스만 한 취조실에서 써야 했다. 그들은 눈을 부라리며 소리를 지르고 겁을 주었지만 잔뜩 겁먹고 있는 불쌍한 훈련병을 패지는 않았다. 그리고 보호실에서 꿈에 그리던 짜장면 곱배기 한 그릇을 시켜 먹고 뜻밖에 친구 정윤재를 만나 즐거운 시간을 보낸 후 3, 4일 만에 귀대했다.

복학하자 학교는 관악산의 그 삭막한 곳으로 옮겨 가 있었고 상황은 살벌했다. 식당에는 늘 '학생 반 경찰 반'이었다. 여러 곳에서 나왔겠지만 짧은 머리에 특이한 눈매들을 한 그들을 누구나 금방 알아챌 수 있었다. 긴급조치 시대의 데모 원천 봉쇄 전략이었다. 당시는 휴교도 하지 않아 지겹게 학교에 다녔다. 이따금 데모가 나면 웬 최루탄이 군에 갔다 온 사이 그렇게 매워졌는지, 연기도 나지 않는데 꼼짝할 수가 없었다. 복학생으로 외롭게 학교 다니다 1979년에 대학원에 입학했다. 당시는 공부에 꽤 흥미를 느껴 방에 들어앉아 공부만 하던 때였다. 하루는 10·26이 나고 얼마 안 되어 시내에 나가보니 관공서를 지키던 키 큰 군인들이 키 작고 후줄근한 전투복을 입은 군인들로 바뀌어 있었다. 12·12였다. 당시에 전해 들은 이야기는 무지막지한 군인들의 세상이 되었다는 것이었다.

1980년 초에는 학교에서 수업이 거의 진행되지 못했다. 미국 유학 갈 준비를 하던 필자는 당시 3, 4월쯤 시카고 대학에서 입학 허가 통보를 받았다. 그리고 그곳에서 많이 읽는다는 맑스Marx의 《루이 보나파르트의 브뤼메르 18일》을 어렵게 구해 읽고 있었다. 갑자기 떠오른 생각은 당시 정국의 꼴이 그 책에 나오는 얘기하고 너무나 흡사하게 진행되고 있다는 것이었다. 정치에는 전혀 관심이 없던 처지라 살벌하기로 소문난 시카고 대학에서 적응할 인내심을 훈련할 겸 또 재미도 있고 해서 4월쯤부터는 커다란 범선 모형을 만드는 일에 몰두해 있었다. 지금 생각하면 우스운 일이지만 엄청난 장난감이었다. 비지땀을 흘리며 인내와 집중력을 시험하던 참이었다.

5월 들어 학생들이 기어이 시내에 진출하고 시내는 아수라장이 되었다. 신군부가 쿠데타를 하기 위해 학생들을 시내로 끌어냈다는 소리가 들리기도 했다. 참으로 착잡한 시절이었다. 그때 마침 새벽마다 다니던 조기 테니스 클럽에서 허리가 삐끗한 부상을 당했다. 그것이 디스크가 되는 것 같아 한의원에 매일 침을 맞으러 다녔다. 하루는 안국동에서 광화문 쪽으로 차를 타고 오는데 별판을 깐 승용차들이 줄줄이 보안사 쪽으로 가고 있었다. 느낌이 좋지 않았다. 곧 5·17 쿠데타가 터졌다. 다음날 시내에 잠깐 나갔다 광화문에서 집에 가는 버스를 기다리고 있는데 이상한 소리가 들렸다. 세종문화회관 앞 넓은 인도에서 수경사 군인들이 시민들을 겁주려고 착검을 한 채 악을 쓰며 총검술을 하고 있었다. 심히 불쾌했다.

그리고 며칠 후 아침에 후배 황태연(현 동국대 정치외교학과 교수)이 집에 전화를 했다. 다급한 목소리였다. "형, 광주에서 지금 크게 터진 모양이여! 예비군 동원령이 꺼꾸로 내려부렀대!" 눈이 번쩍 뜨였다. 그러나 곧 '아이고, 어떻게 될 것인가' 하는 생각으로 바뀌었다. 서울은 너무나 조용했다. 한 도시의 저항의 끝은 당시 느껴지던 신군부의 태도로 보아 너무나 캄캄하기만 했다. 당시 생각에는 도저히 '잘됐다!'라고 말할 수 없었다. 곧 수많은 사람이 죽을지도 모른다는 생각이 들었다. 어떻게 전화를 끊었는지 기억이 나지 않는다. 그리고 반나절쯤 지나서 라디오와 TV로 공식 발표를 들었다. 물론 발표로는 희생자가 아직은 많지 않은 것으로 느껴졌다. 하지만 TV에서 문화방송이 밤에 불타던 모습을 자꾸 보여주었다.

미국으로 떠나기 직전 TV에서 '전두환 국보위 상임위원장과의 대담'이라는 프로를 방영했다. 참으로 가관이었다. 허연 화장을 잔뜩 하고 나와서 우습지도 않은 너스레를 떨고는 히쭉히쭉 웃음을 날리는 모습이 너무나 어울리지 않았다. 미국으로 떠날 때는 '삼청교육대', '언론통폐합' 등에 대한 이야기들이 난무했고, '유언비어 살포' 등등에 대한 말도 나돌아 떠나는 내 모습이 너무나 매정하게 느껴졌다. 꽁꽁 얼어붙은 동토의 조국을 나 혼자 살기 위해 탈출하는 기분이었다.

미국에서 공부를 시작하던 때 사람들은 광주에 대한 이야기들을 꽤 많이 했지만 별로 구체적으로 아는 사람은 없었다. 언젠가 광주에 대한 이야기를 하다 필자는 '깡패, 넝마주이' 등의 이야기를 했다가 '수억이 형'에게 야단맞은 기억이 난다. 집에 돌아와 곰곰이 생각했다. 자기도 모르는 사이에 TV와 신문에서 광주에 대해 하던 이야기들, 말하자면 군부의 담론에 말려들어가 있었던 것이다. 아마 지금도 많은 국민들은 5·18에 대해 그때 귀가 따갑게 들었던 그 이야기에 묻혀 있을지 모른다.

아마 1985년이었을 것이다. 누군가 서울에서 황석영의 《죽음을 넘어 시대의 어둠을 넘어》를 어렵게 입수해왔다. 동네 친구들이 책 한 권을 돌아가며 모두 읽었다. 그 책을 처음 읽던 때를 잊을 수 없다. 손이 떨리고, 숨이 가빠왔다. 가끔 머릿속을 정리하기 위해 눈을 감고 생각에 잠겨 있어야만 했다. 한참 동안 머릿속에 그려진 모습들을 떨쳐버릴 수가 없었다. 그렇지만 5·18에 대해 뚜렷한 관념이나 역사적 의미를 찾아내기는 쉽지 않았다. 어쩌면 그 경험이 필자로 하여금 우리 정치에 대한 관심과 연구를 오랫동안 미루도록 했는지도 모른다. 수많은 사람들이 처참하게 살해된 역사의 현장에 젊은 혈기로 서둘러 접근하기보다는 긴 지적 여행을 하고 나서야 비로소 이 너무나 중대한 문제들에 대해 말할 수 있을 것 같았다.

얼마 뒤 시카고 시내에서 5·18 필름 상영회가 있었다. 극장이 꽉 찰 정도로 수많은 사람들이 모였고 너무나 진지한 분위기였다. 필름이 상영되기 시작할 때부터 끝나고 집에 올 때까지 아무도 서로 대화하는 사람들이 없었다. 물론 그 필름은 대개 우리가 지금까지 여기저기서 많이 본 그런 비슷한 내용들이었다.

그때부터 5·18과 한국 정치에 대해 죄의식을 갖게 되었는지 모른다. 5·18은 분명 필자가 한국에 있을 때 일어난 사건이었지만 거의 아무것도 알지 못했다. 외지에 와서야 비로소 책과 영화로 단편적이나마 알게 되었다는 것은 깊은 충격이었다. 그때 영화에서 본 장면들, 거리의 모습, 뛰어다니는 시민들, 나팔바지에 더벅머리 청년들, 수많은 버스, 트럭, 택시들은 모두 바로 내가 살던 나라의 너무나 친숙한 모습이었지만 그들의 얼크러진 모습들을 만리타향 땅에서 처음 본다는 것은 무언가 잘못된 일이었다. 그리고 한참 동안이나 5·18에 대해 특별한 관심을 갖지 못했고 서서히 잊어버리는 과정에 있었다.

1989년에 귀국하여 1990년부터 모교에서 가르치는 동안 단 한 번도 정치 문제 때문에 휴학이나 휴강을 한 적이 없었다. 처음에는 그런대로 투쟁의 분위기가 꽤 남아 있었다. 운동권 노래들을 부를 때는 반동도 착착 맞았고 힘이 느껴졌다. 그러나 학생들의 분위기는 빠르게 변했다. 처음에는 운동권 분위기가 너무 경직되어 있어 학생들이 논문을 쓰는 과정 등에서 균형을 맞춰주느라 꽤 애를 먹기도 했다. 그러나 곧 문제는 달라졌다. 1990년대 중반부터는 학생들의 공부에 대한 정열이 전에 비해 많이 식어 있었다. 취직, 고시 등의 현실적인 문제에 매달려 그들은 젊은이로서의 매력을 잃어가고 있다고 느껴졌다. 차라리 1990년대 초반까지 운동권 출신들의 논문을 지도하며 힘들어했던 때가 훨씬 보람 있었다.

그러던 중 1997년 필자는 한국정치학회 연구이사직을 맡게 되었다. 당시는 고려대학교 최상용 교수께서 회장이셨고 절친한 친구들, 임혁백 교수, 이정희 교수 등이 같이 상임이사를 하고 있었다. 그런데 연초에 상임이사회에 광주시청에서 오신 몇 분이 참석하셨다. 전 5·18 담당관 송태주 국장님, 전문위원 안종철 박사 등이었다. 광주시청에서는 5·18에 대한 학술회의를 지원하겠다는 것이었고 모든 일은 학회에 일임한다는 것이었다. 당시 회의에 참석한 학자들은 모두 긴장했다. 5·18은 정치학자들에게는 제일 '무서운' 사건이었다. 하지만 회장님 이하 모두 학자의 양심으로서는 도저히 5·18 연구를 외면할 수 없었다. 모두에게 5·18은 이미 연구했어야 하는 사건이었고, 그간 오로지 우리가 비겁해서 오랫동안 피해왔던 문제였다. 학자의 양심으로서는 선택의 여지가 없었다. 또 광주시청에서 오신 분들은 모두 시원시원하고 흔쾌한 분들이었고 서로 박자가 잘 맞아 논의는 쉽게 풀렸다. 5월 초에 프레스센터에서 회의를 갖기로 합의했다.

다음 문제는 누가 어떤 주제를 연구해서 발표할 것인가였다. 회장님 이하 모든 사람의 의견은 그간 5·18에 대해 글을 썼던 사람들은 매우 제한된 수였고 무언가 큰 진전이 있기 위해서는 새로운 학자들이 참여해야 한다는 것이었다. 이에 모두 동의했다. 그러자 참석했던 손호철 교수가 돌연 필자를 가리키며, "최 교수, 당신이 좀 해봐!" 하는 것이었다. 순간 모든 눈초리가 모아졌다. 눈앞이 아찔했다. 아직 한국 정치에 대해 단 한 줄도 써본 일이 없는 사람에게 청천벽력이었다. 그렇게 하소연하자 모든 사람들 이야기가 "바로 그래서 당신이 하는 게 좋겠어"라는 것이었다. 도망갈 구멍이 전혀 보이지 않았다. 왜 나보고 대표로 나가서 공수부대와 싸우라는 것인지 원망스럽기만 했다. 하여튼 어떻게 된 일인지 최상용 회장님과 손호철 교수, 두 사람의 주도에 의해 필자는 '덤터기'를 써야 했고 앞으로의 일이 막막하기만 했다. 그래도 손호철 교수는 당시 본인이 하고 싶었던 주제라며 '5·18의 담론 분석'을 해보면 어떻겠는가 하고 제안했다. 당시 필자는 5·18에 대해서는 초보자 하수로서 경험자의 충고에 따르는 것이 상책이라는 생각이 들었다. 손 교수에게는 지금도 깊이 감사하는 마음이다.

당장 자료부터 준비하기 위해 다음날 손 교수 연구실에 들렀다. 가장 중요한 자료라며 처음 내게 준 책이 바로 그 무지막지한《광주오월민중항쟁사료전집》이었다. 그리고 10여 년 전에 읽었던 '황석영'부터 다시 읽기 시작했다. 처음 5·18에 접근하며 느낀 것은 두 가지였다. 필자는 광주와는 아무런 인연이 없었다. 물론 그곳 출신 친구들이 간혹 있었지만 그들 고향에 대해 별로 관심은 없었다. 광주 사람들을 만나고 광주에 내려가보면서 광주라는 고장은 필자에게 급격히 가까워졌다. 음식은 물론이고 사람들도 약간 거친 듯하면서도 개성이 강하고 적극적인 모습들이 부모님이 이북 출신인 나에게는 쉽게 다가왔다. 그런가 하면 5·18이라는 사건은 점점 더 커져갔고 무거워져갔다.

5·18은 우리가 사회과학에서 흔히 대하는 종류의 사건이 아니었다. 무언가 선사시대의 전설의 세계를 헤매는 것 같기도 했고, 그렇지만 너무나 가까이 있는 사건이었다. 아직도 그날 싸웠던 전사들이 시퍼렇게 40세 전후로 살아 있는 바로 어제의 사건이었다. 그날의 대부분의 전사들은 몇몇 사람들을 빼고는 필자보다 어린 나이라는 사실은 약간 당황스러웠다. 당시 시민군 총사령관인 박남선도 1954년생이니까 필자보다 한 살 아래인 처지다. 그 젊은이들이 싸웠던 모습은 역사를 시작했던 전설의 시대의 거인들이고, 사회과학자로서의 필자는 분명히 5·18이 열었던 새로운 시대의 자식임이 분명했다.

1997년 5월 초의 회의장 모습이 아직도 선명하다. 학술회의는 늘 심심치 않게 참석해왔지만 그런 청중은 평생 처음이며 앞으로도 쉽지 않을 것이다. 단상에 앉아보니 꽉 들어찬 각양각색의 청중들은—아마 1980년 5월 21일 도청 앞에 모인 30만 광주 시민, '민중'의 모습도 그랬을지 모른다—집중된, 진지한 눈초리로 단상을 바라보며 요지부동이었다. 화장실에 가는 사람도 없었고 로비에서 환담하는 사람들도 별로 없었다. 5·18의 무게를 바로 그곳에서 느끼지 않을 수 없었다. 실제로 참석했던 많은 사람들은, 광주에서 올라온 사람이거나 서울에 살던 사람들이거나, 5·18에 참전했던 용사들 또는 부상을 입고, 구속되어 고생했던 사람들이었다. 당시에 발표가 끝나고도 5·18을 벗어날 수 있다는 생각이 도저히 들지 않았고 그에 대한 관심은 계속 내 머릿속을 떠나지 않았다. 이제부터 본격적으로 5·18의 핵심으로 접근할 방법을 궁리하기 시작했다. 그러다 1998년에 다시 한국사회학회 발표에 참석하게 되고부터는 '5·18 신드롬'이란 무엇인가를 어렴풋이 느끼게 되었다.

지금까지도 주변 친구들은 자기들끼리 '최 교수 만나면 5·18 얘기 시키지 마라, 끝이 안 난다'는 충고를 서로 주고받는다는 사실을 알고 있다. 필자는 1997년부터 '5·18 중독' 내지는 '5·18 신드롬'에 걸렸다는 것을 알고 있다. 1980년 5월, 그 열흘의 열기는 그 근처에도 가보지 않았던, 자료나 읽고 있는 제삼자에게도 오싹하게 느껴졌다. 그러나 그런 증세가 필자를 연구에만 몰두하게 하는 행복을 준 것만은 아니었다. 솔직히 아직도 서울에 있는 대부분의 사회과학자들은 '5·18 공포증'을 가지고 있다는 사실이 필자의 눈에 너무나 선명하게 보인다. 동료 학자들을 만나 "요즈음 뭐 하며 지내냐?"는 질문에, "5·18 연구합니다" 하고 대답하면 십중팔구는 꼭 다시 쳐다보며 의아한 눈초리로 "건 또 왜? 웬일이야?" 하고 반문한다. 어떤 때는 길게 대답하기도 하고, 어떤 때는 귀찮아서 얼버무리기도 한다. 어떤 사람들은 "최 교수는 집안 고향이 그쪽인가?" 하고 물어보기도 한다. 사실 이런 질문들, 눈초리들을 몇 번 대하고 나면 '열 받치지' 않을 수 없고 맥 빠지지 않을 수 없다. 이런 경험들은 필자에게 5·18과 당사자들을 이해하는 데 도움을 주었는지 모른다. '소문에 둘러싸인 무인도', 광주의 통한의 한 자락이 가슴을 스친다. 간혹은 연세가 높으신 분들 중에는 아직도 그야말로 귀를 의심하지 않을 수 없는 시대착오적 코멘트를 하는 경우도 있고 한참이나 고개를 갸우뚱하는 사람들도 있다. 불편하다고 해서 5·18을 연구한다는 사실을 숨길 생각은 없지만 분명히 뭔가 정상이 아니라고 판단하는 눈치는 일반적이다. 물론 호남 출신 학자들은 반가워하기도 하고 고마워하기도 한다. 어느 틈엔가 그들하고 '같은 편'이라는 생각이 들 때도 있다.

사실 필자는 5·18 참가자도 아니고, 근처에서 배회하던 사람도 아닌 주제에 5·18에 대해 책을 쓴다는 것은 좀 멋쩍은 감이 없지 않은 게 또 현실이다. 아직도 체험자들 나이가 마흔 살 안팎밖에 안 되었는데 제삼자의 글이 무슨 큰 의미를 갖겠는가 하고 나름대로 체념도 여러 차례 했다. 그러나 아직도 서울에 있는 대부분의 사회과학자들은 그런 눈으로 5·18을 대하고 있다는 사실, 필자를 괴롭게 만든다는 그 사실이 바로 필자가 5·18에 대해 글을 써야만 하겠다는 의무감을 느끼게 하는 이유이기도 하다. 돌이켜보면 1997년 초에 광주시청에서 정치학회에 학술회의를 요청한 바로 그 이유가 정확하게 타당한 것이었다.

김대중 대통령이 취임한 지 한 해가 되었다고 한다. 어떤 사람들은 김대중 대통령이 취임하면 우리 사회 전체의 분위기가 바뀌고 5·18에 대한 역사적 평가도 쉽게 변하리라 생각했을지도 모른다. 그러나 역사는 지금 생각해보면 확실히 정치가들이 만들어낼 수 있는 것이 아니다. 그들이 학자들에게 수많은 연구 자금을 제공한다 해도 결코 문제는 쉽지 않다. 연구 자금 덕에 나오는 연구 업적이 학계나 지성계에서 갖는 위치로는 역사를 바꾸지 못한다. 우리의 정치가 우리의 역사, 특히 정치사의 올바른 이해에 근거하여 제대로 이루어지기 위해서는 정치라는 권력의 장 밑에서 학술과 지성의 활동이 건전하게 이루어져야 한다. 학자가 아주 최근의 사건을 다루는 경우에도 결코 정치인들의 심부름을 하고 있는 것은 아니다. 학자들만이 할 수 있는 일이 우리 사회에는 분명히 있고 그것은 정치가들이나 활동가들이 딛고 춤을 출 수 있는 현실이라는 이름의 마루를 까는 일이다. 역사적 현실이 학자들에 의해 확보되지 못한다면 정치가들은 날아다닐 수밖에 없을 것이다.

현재에도 수많은 우리 사회과학자들은 5·18은 운동권이나 다루는 주제라고 생각한다. 또 그들은 누구나 5·18을 연구하면 멀쩡한 사람이 운동권으로 '획-!' 돌아버릴지 모른다고 5·18을 무슨 '메두사의 대가리'처럼 생각하고 있다. 보수적인 사람들은 어떤 종류의 현실만을 보고, 과격한 사람들은 어떤 특정한 종류의 현실만을 본다. 그래야 그 이념이 유지된다고 생각하는 모양이다. 참으로 어처구니없는 사고방식이다. 이런 생각은 보수적인 사람들만 하는 것이 아니다. 이른바 진보라는 사람들도 유사한 생각들을 하고 있다. 진보가 되려면 노동 문제나 노동자들의 삶에 대해 우선 연구해야 한다는 생각도 크게 다르지 않다. 어떤 이념이나 사상은 사회에 존재하는 모든 문제에 관심을 갖고 모든 문제를 대면하고 살아남아야 하는 것이며 어떤 특정한 문제들을 외면한다면 그 이념이나 사상은 스스로 위선임을 자백하는 것이다.

5·18에 대해 책을 쓴다는 것은 필자 개인에게 큰 의미를 갖는다는 것을 고백하지 않을 수 없다. 우선 정치학자로서 당연한 관심이다. 나아가서 그간 개인적으로 사건 이후 10여 년간 그 어마어마한 사건을 제대로 이해하지 못하고 학자연하고 살아왔다는 것은 개인적인 수치였고 이제 그 수치를 약간 만회할 수 있기를 기대한다. 또한 5·18은 밖에서 얼핏 보았던 것보다 훨씬 복잡한 사건이며 이 사건을 연구함으로써 많은 새로운 이론적인 업적을 낼 수 있을 것이라는 확신이 선다. 5·18은 사건으로서 엄청난 사회과학 이론적 함의를 갖고 있다. 이 '금광'을 이제 바로 우리 앞에서 찾았다는 것은 부끄럽지만 그나마 다행스러운 일이다. 이 글의 첫 번째 목적은 5·18이라는 특정한 장소와 시간에 일어났던 사건을 기술하는 것이라기보다는 정치학, 나아가서 사회과학의 이론적인 소재로서 5·18을 다루어보고자 함이다.

개인적으로 또 한 가지 중요한 목적은 '5·18 신드롬'을 치료하기 위해서라고 할 수 있다. 1997년에 시작한 이래 5·18은 필자의 머리 꼭대기에 자리 잡고 떠나지 않아 다른 일을 아무것도 할 수 없게 하는 지경에 이르고 말았다. 부끄럽지만 배짱으로 책이라도 하나 내고 나면 나름대로 머릿속이 정리도 되고 5·18로부터 당분간이라도 자유로워질 여유가 생길지 모른다는 바람도 있다. 결국은 양심의 문제로 종합될 수 있을지 모른다. 현대 한국 사회, 1980년대 이후의 한국 사회는 5·18과 5·18의 신화를 이해하지 못하고는 도저히 이해할 수 없다. 로빈슨 크루소는 외딴 무인도에서 서양의 역사를 바꾸어놓았다. 마찬가지로 외딴 섬 나라 '광주'는 우리의 역사를 완전히 바꾸어놓았다. 이 변화의 원인과 과정을 이해하지 못하면 현대 한국 사회를 이해하지 못한다.

이 책은 5·18에 대해 전혀 모르던 사람들에게 그 사건을 알려주기 위한 책은 아니다. 적어도 황석영의《죽음을 넘어 시대의 어둠을 넘어》정도는 읽고 개요를 알고 있는 사람들을 위해 쓴 책이다. 즉 이 책은 사건을 이론적으로 재구성하기 위해 쓰여진 것이다. 나아가서 이 책은 5·18의 많은 부분들을 다 다루지 못하고 있다. 예를 들어 광주 주변 지역에서 벌어졌던 수많은 양민학살 사건들은 다룰 수 있는 여유를 찾지 못했고, 광주 외 지역에서의 저항 운동도 거의 다루지 못했다. 그 이유는 이론적인 재구성을 위해 큰 줄거리 위주로 논의를 진행시키다보니 주변의 수많은 사건들은 희생될 수밖에 없었기 때문이다. 이 문제는 필자가 대단히 유감스럽게 생각하고 있다. 사실 크게 보아서 작은 사건들에도 수많은 사람들의 죽음과 피와 눈물이 얽혀 있으며, 사건 하나하나의 위치는 5·18이라는 큰 사건이 아니었더라면 독자적으로 모두 충격적인 사건이었을 것이다. 부디 다음에 기회가 있으면 모두 하나씩 제대로 조명하리라고 마음먹고 있다.

이 책은 종전의 5·18에 대한 많은 증언록들과는 다른 각도에서 쓰여졌다. 많은 사람들이 보기에 아직 우리는 5·18에 대한 기본적인 사실도 규명되지 않고 있다. 예를 들어 사망자 숫자만 해도 현재의 공식적인 숫자를 믿는 사람은 별로 없다. 나아가서 언제 누구에 의해 어떤 결정이 내려졌는가 등의 사실들은 전혀 밝혀져 있지 않다. 이런 상황에서 공식적 직함을 가진 학자가 이 사건에 대해 책을 쓴다는 것은 어불성설이라고 말할 수도 있다. 그러나 이러한 공식 역사학적 역사 비판은 무언가 크게 잘못 생각하고 있는 것이다. 관청의 문서가 가장 타당한 증거이며, 학자라면 우선 읽어야 한다는 생각은 역사학에 속은 역사가의 생각일 뿐이다. 문서란 의도적으로 역사의 행위자들이 역사가들에게 읽을 것을 강요하고 유인한 인조물에 지나지 않는다. 다행히 그들이 정직했다면 별 문제겠지만 그들이 정직하지 않았다면 엄청난 대가를 치르게 될 것이다. 역사학자들이 문서의 신빙성을 판별할 수 있는 경우에도 문제는 없지 않다. 늘 문서에 기록되지 않은 사실들은 기록된 사실들보다 훨씬 많다. 이 경우 기록된 사실이 더 중요하다는 판단은 논리적으로 불가능하다. 그렇다면 기록된 사실부터 접근해야 한다는 주장 또한 문제가 없지 않다. 엄청난 양의 문서가 존재하는 경우 그 문서들을 다 읽고 나면 흰머리가 성성할 것이며 기록되지 않은 사실로 접근하는 것은 죽은 다음에야 가능할 것이다. 5·18에 관하여 군부의 비밀문서가 존재한다는 보장은 전혀 없다. 체계적인 과정을 통해 거의 모두 파괴되었을 가능성이 높다. 또한 당시 핵심적으로 참여했던 사람들이 언젠가 사실을 고백할지 무덤에까지 갖고 갈지도 알 수 없는 노릇이다. 학자가 이를 기다려야 한다는 것은 있을 수 없다.

그간 우리는 진상규명을 부르짖으며 '사실'들에 매달려왔다. 그러한 사실들이란 주로 제삼자가 밖에서 본 모습을 말한다. '200명 죽었다', '2,000명 죽었다' 등의 이야기는, 사실 'one little Indian, two little Indian……'처럼 밖에서 본 모습을 말한다. 또 어떤 경우에는 '14시 30분, 금남로에 시위대 3,000, 제봉로에 1,500……' 등의 경우는 높은 곳에서, 헬리콥터에서 본 모습을 말한다. 이러한 '사실'은 우선 시위를 진압하려는 사람들에게나 필요한 것일 것이다. 그리고 '누가 발포를 명령했는가?'에 대한 답은 그 사람을 법정에 세워 사형 언도를 받아내는데 필요한 사실이다. 말하자면 우리가 역사적 '사실'이라고 흔히 부르는 것은 대부분 '남'의 사실이지, 우리 자신들의 '사실'과는 거리가 있는 것이다. 비록 아직 정확한 사망자의 숫자도 알려져 있지 않은 처지지만 그러한 숫자 말고도 우리에게는 분석해야 할 사실들이 너무나 많다. 말하자면 이미 5·18 진상의 95퍼센트 이상은 시민들의 증언을 통해 다 드러난 것이 현실이며 군부의 핵심 자료가 없다고 해서 연구의 조건이 되지 않는다는 것은 오히려 어불성설일 것이다.

이 책의 첫 부분은 이른바 '담론 분석'으로 1997년 5월에 발표한 글을 약간 보강한 것이다. 담론 분석이란 쉽게 말하면 그간 5·18에 대해 우리 사회에서 어떤 언어들이 만들어지고 오고 갔는가를 조망하는 것이다. '담론'이라고 할 때는 말을 일단 현실과 분리해서 보는 것을 뜻한다. 현실은 스스로 말하지 않는다. 말이란 누군가 현실의 어떤 부분을 강조하고 싶어 하고, 어떤 부분을 가리고 싶어 하기도 하며, 또 어떤 사람들은 일부를 왜곡하려 하기도 하고 또 전혀 다른 현실을 만들기도 한다. 언어를 그런 각도에서, 현실과의 관계의 여러 가능성을 열어놓은 채 분석하는 것을 '담론 분석'이라고 쉽게 말할 수 있다. 첫 부분에서는 5·18에 대해 시기별로 군부와 광주 시민들 간에 5·18에 대해 무어라고 서로 말하고 있었고 이들은 서로 어떻게 관련되어 있었는가를 분석한다. 담론 분석은 직접 폭력이 행사되는 현장에 대한 것이 아니라 일종의 사상 또는 문화의 수준에 대한 분석이라 할 수 있다.

다음 두 부분, 5·18의 투쟁 시기에 대한 부분과 해방광주에 대한 부분은 직접 현실에 대한 분석이다. 첫 부분, 절대공동체에 대한 글은 1998년에 발표한 글을 약간 보강한 것이며, 해방광주에 대한 글부터는 1999년에 쓴 글이다. 담론 분석을 마친 후에야 비로소 현실로 안전하게 내려올 수 있다는 생각에서 뒤에 놓은 것이다. 우리가 생각하는 현실도, 적어도 학자가 자료를 통해 접근하는 현실도 증언이라는 형식의 담론으로 구성되어 있다. 문제는 당시에 공식적으로 제기되던 담론의 층위는—흡사 구름층과 같은—현실과 별도로 존재한다는 것을 확인한 연후에야 어디가 구름이고 어디가 땅인지 구별할 수 있는 것이며 그래야 정확히 현실을 바라볼 수 있을 것이다. 현실에 대한 분석은 최대한 증언과 확인된 자료에 근거하고 있다. 그러나 이 글에서 주로 분석하고 있는 것은 외관으로서의 사실을 지나 시민들이 겪었던 내적 경험을 통해 '우리의 사실'로 사건에 접근하는 것이다. 말하자면 증언을 통해 시민들이 당시 가졌던 생각, 감정 상태 등을 감정이입을 통해 재구성하는 것이다. 이를 통해서만이 우리의 경험, 우리의 사건으로서의 5·18의 참모습이 드러날 것이다.

한 가지 짚고 넘어가야 할 것은 5·18의 경험은, 많은 인간의 경험이 그렇듯이, 충분히 언어화되지 못한 부분들이 남아 있다고 가정하고 접근해야 한다. 경험이란 원초적으로는 느낌이며 어떤 느낌은 쉽게 언어로 이름 붙여지고 설명될 수 있지만 그렇지 못한 부분들도 있다. 예를 들어 '배가 고프다'라는 경험은 우리가 통상적으로 언어화시키는 훈련을 통해 느끼는 경험이다. 그러나 '배가 뜨끔뜨끔하다', '배가 살살 아프다' 등의 말은 그 경험에 아직도 말로 정확히 표현되지 않은 어떤 감각이 여전히 남아 있는 상태라는 것을 알 수 있다. 이러한 문제는 5·18과 같이 시민들이 극단적인 죽음의 공포, 섬뜩함, 환희 등을 겪은 경우는 더욱 절실할 수밖에 없다. 어떤 사람들은 자신이 겪은 감정 변화 등을 추적하여 섬세하게 증언하기도 하지만 대부분의 증언자들은 그냥 지나쳐버린 경우도 많다. 또 내적 경험에 대한 증언은 결코 어떤 경우에도 충분치 못하다고 생각해야 하며 많은 경우 연구자는 스스로 그 입장에 들어가 함께 느끼는 시도를 통해서만 접근 가능할 수도 있다.

이러한 내적 경험으로 사건에 접근하는 방법을 흔히 베버Max Weber적인 이해verstehen하기 위한 사회과학이라고 부른다. 이것이 베버가 발명한 특이한 방법론이라고 이해해서는 곤란하다. 오히려 우리가 역사적 사건이나 어떤 역사적 시대를 분석하고 이해하는 데 흔히 사용하는 '생각하는 방법'을 베버가 재구성하여 정리한 것으로 보아야 한다. 이러한 방법론은 실증주의 사회과학에서 사용하는 방법론과는 대조적인 것이며 따라서 베버의 글 어디를 보아도 모두 실제로 해보기 전에는 알쏭달쏭한 말들뿐이며 그대로 따라 할 수 있는 구체적인 지침은 없다. 다만 분석자와 분석 대상은 서로가 생각을 공유하고 있는 지성적 인간이라는 인간성의 이해 가능성의 끈을 놓고 추적하는 것이다. 어쩌면 이러한 방법론은 확실성의 보장도 없고 그야말로 밑도 끝도 없다는 문제점을 인정하지 않을 수 없다. 그러나 인간을 물질적 이해관계로 판단하고 외부에서 관찰한 모습으로만 이해하려는 유물론적 방법론이나 행태론적 방법론보다는 이러한 내면을 추적하는 사회과학만이 인간과 인간의 역사에 대하여 몇 백 배 더 깊이 있는 이해에 다다를 수 있다고 필자는 확신한다.

5·18이라는 사건은 수많은 사람들이 죽고 다쳤다는 피해의 규모 문제 외에 특이한 차원이 있다. 필자도 서두에서 되풀이했지만 5·18은 모든 사람들에게 자신의 인생을 처음부터 되돌아보게 한다. 5·18은 우리 역사에서 하나의 사건이 아니라 우리의 역사를 다시 시작하게 만든 사건이며, 아울러 우리 모두에게 각자 새로운 역사를 시작하게 만드는 사건이다. 단적으로 5·18은 구조주의적으로 이해할 수 있는 사건이 아니라 구조를 만든 사건이었고 모든 인간적 사회적 요인들을 다시 배열시킨 사건이었다. 5·18은 우리의 몸에서 출발하여 영혼을 일깨운 사건이었다.

이 글을 쓰는 데는 물론 필자의 상당한 양의 노동이 투여되었지만 주변 여러 분들의 도움이 없었더라면 이루어질 수 없었을 것이다. 우선 최상용 교수님의 적극적인 지원과 격려가 없었더라면 필자의 5·18 연구는 감히 시작되지도 못했을 것이다. 더불어 필자에게 이 연구를 강요했던 손호철 교수는 당시에는 미웠지만 돌이켜보면 필자에게 너무나 큰 힘을 준 사람이었다.

그리고 광주에 가끔 들를 때마다 실제로 자료 공급 외에도 정신적 물질적 지원을 아끼지 않았던 광주광역시청의 전 5·18 담당관 송태주 국장님, 안종철 박사님, 김병수 전문위원님 외에 수많은 직원 여러

분들의 도움은 필자에게 큰 힘과 채찍이 되었다. 그리고 바쁜 시간에도 직접 증언과 대담에 응해주셨던 당시 5·18 용사들, 양동남 씨, 김태찬 씨, 이재의 씨, 전용호 씨, 나의갑 씨, 이광영 씨에게 깊은 감사를 드리고 다시 한 번 경의를 표한다. 꽤 많은 자료를 읽었다고는 하지만 이분들의 생생한 증언을 듣지 못했다면 아마 감히 5·18에 대해 글을 쓸 엄두를 내기 어려웠을 것이다.

1992년에 필자가 《지식국가론》을 출판했을 때 학교에 같이 계시는 하영선 교수님이 "다음에는 '무식국가론'을 내면 어떨까" 하는 충고를 하셨는데, 이를 한시도 잊은 적이 없다. 5·18은 몸과 몸의 부딪침이었으니 이 책은 가히 '무식국가론'에 방불할 것이다. 그러나 5·18의 출발은 그랬는지 모르지만 우리나라의 진정한 지성과 문화를 출범시킨 사건이었기에 제목이나 부제로 그 말을 사용하지 않았다. 하 교수님은 이 충격적인 예언뿐만 아니라 가끔 5·18에 대한 필자의 지겨운 이야기를 가장 끈질기게 들어주시고 코멘트와 더불어 늘 질문과 추임새도 곁들여주신 분이었다. 하 교수님께는 특별한 감사를 드리고자 한다. 그 외에도 주변에 수많은 동료, 친구, 선후배들의 귀중한 조언들은 연구 과정에서 엄청난 도움을 주었다. 황태연, 강정인, 김주성, 장현근, 장인성, 김영호, 김용직, 신욱희, 정해구, 김창진 교수님들의 인내와 관심에 경의를 표한다.

1999년 최정운

5월 17일 (토요일, 맑음)

- 21시 40분: 비상국무회의, 비상계엄 전국 확대 의결.
- 23시 00분: 민주인사, 복적생, 학생운동 지도부 등 예비검속.
- 24시 00분: 비상계엄 전국 확대, 광주 시내 각 대학에 계엄군 진주 및 학생 연행.

5월 18일 (일요일, 맑음)

- 9시 40분: 계엄군에 의해 전남대생 50여 명이 교문 앞에서 등교 저지당함.
- 10시 00분: 학생들이 "계엄 해제하라" "휴교령 철폐하라"는 구호를 외치며 항의 시위.
- 10시 15분: 곤봉을 휘두르는 공수부대원들의 진압으로 학생들이 피를 흘리며 쓰러짐.
- 10시 20분: "금남로로 가자"는 구호와 함께 학생들이 금남로로 이동하기 시작.
- 15시 40분: 유동 3거리에 공수부대가 등장하면서 진압작전 감행.
- 19시 02분: 계엄사령부, 광주지방 통행금지 시간이 저녁 9시로 앞당겨졌다고 발표.

5월 19일 (월요일, 오후부터 비)

- 3시 00분: 증파된 11여단 병력, 광주역 도착.
- 9시 30분: 시민들이 계엄군의 무자비한 탄압에 맞서 임동, 누문동 파출소 방화.
- 10시 00분: 시민들 수가 점차 불어나면서 금남로에서 공수부대원들과 투석전 전개.
- 14시 40분: 조선대로 철수했던 공수부대가 다시 투입되어 무리한 진압작전 전개.
- 15시 00분: 시내 기관장 및 유지들, 회의를 갖고 시위 진압을 완화하도록 건의.
- 16시 30분: 계림파출소 근처에서 조대부고생 김영찬이 계엄군의 총에 의해

부상. 최초희생자 발생(김경철)

- 20시 00분: 수만 명의 시민들 "전두환 타도" 외침.

5월 20일 (화요일, 오전에 약간의 비)

- 8시 00분: 고등학교 휴교 조치.
- 10시 20분: 가톨릭센터 앞에서 남녀 30여 명이 속옷만 입은 채 심하게 구타 당함. 공수부대와 시민 간의 공방전 계속.
- 18시 40분: 금남로에서 200여 대의 택시가 전조등을 켜고 경적을 울리며 차량시위를 벌이자 시위대 분위기 고조.
- 20시 10분: 시민들이 도청을 향해 금남로, 충장로, 노동청 방면에서 공수부대, 경찰과 대치.
- 21시 05분: 노동청 쪽에서 시위대 버스가 경찰저지선으로 돌진하여 경찰 4명 사망.
- 21시 50분: 광주MBC 건물 방화.
- 23시 00분: 광주역 광장에서 계엄군의 발포로 시민 2명 사망.

5월 21일 (수요일, 맑음)

- 0시 35분: 노동청 방면에서 군중 2만여 명이 계엄군과 공방전 전개.
- 2시 18분: 시외전화 두절.
- 4시 00분: 시민들이 광주역 광장에서 시체 2구를 리어카에 싣고 금남로에 등장.
- 4시 30분: 광주KBS 건물 방화.
- 8시 00분: 시위대, 광주공업단지 입구에서 20사단 병력과 충돌.
- 10시 15분: 실탄 지급받은 공수부대원 맨 앞으로 교체.
- 10시 19분: 광주세무서 건물 전소.
- 11시 10분: 대형 헬기, 도청 광장에 도착.

- 12시 59분: 아시아자동차 공장에서 몰고 온 장갑차 1대 도청 광장으로 기습 진출.
- 13시 00분: 도청 스피커에서 애국가 울려 퍼지면서 공수부대 사격 시작.
- 13시 20분: 청년들이 금남로에서 공수부대의 집중사격을 받고 계속 쓰러짐.
- 14시 15분: 도지사, 경찰헬기에서 시위 해산 종용하는 설득 방송.
- 14시 35분: 시민들이 아시아자동차 공장에서 군용트럭, 장갑차 수십 대 획득.
- 14시 40분: 시민들이 지원동의 탄약고에서 TNT 입수.
- 15시 48분: 공수부대원들이 주요 빌딩 옥상에서 시위대를 향해 조준사격.
- 16시 00분: 화순, 나주 지역에서 무기 획득한 시위대들이 도청 앞에서 시가전 전개.
- 16시 43분: 학생들, 전남대병원 옥상에 기관총(LMG) 2대 설치.
- 17시 30분: 공수부대, 도청에서 조선대학교로 철수.

5월 22일 (목요일, 맑음)

- 9시 00분: 도청 광장과 금남로에 시민들 집결.
- 10시 30분: 군용헬기 공중선회하며 "폭도들에게 알린다"는 내용의 전단 살포.
- 11시 25분: 적십자병원 헌혈차와 시위대 지프가 돌아다니며 헌혈 호소.
- 12시 00분: 도청 옥상의 태극기가 검은 리본과 함께 반기 게양.
- 13시 30분: 시민수습위 대표 8명이 상무대 계엄분소 방문, 7개항의 수습안 전달.
- 15시 58분: 시체 18구를 도청 광장에 안치한 채 시민대회 개최.
- 17시 18분: 수습위 대표, 상무대 방문 결과 보고.
- 17시 40분: 도청 광장에 시체 23구 도착.
- 21시 30분: 박충훈 국무총리 서리, "광주는 치안 부재상태"라고 방송.

5월 23일 (금요일, 맑고 한때 흐림)

- 8시 00분: 학생들, 시민들에게 청소 협조 호소.
- 10시 00분: 시민 5만여 명이 도청 광장에서 집회.
- 10시 15분: 학생수습위 자체 특공대 조직하여 총기 회수작업 시작.
- 11시 45분: 도청과 광장 주변에 사망자 명단과 인상착의 벽보 게시.
- 13시 00분: 지원동 주남마을 앞에서 공수부대가 소형버스에 총격, 17명 사망.
- 15시 00분: 제1차 범시민궐기대회 개최, 계엄사의 '경고문' 전단이 시내 전역
  에 살포.
- 19시 40분: 최초 석방자 33명 도청 광장에 도착.

5월 24일 (토요일, 오후에 비)

- 13시 20분: 공수부대, 원제마을 저수지에서 수영하던 소년들에게 사격.
- 14시 20분: 송암동에서 공수부대와 전교사부대 간의 오인 총격전 발생.
- 14시 50분: 제2차 민주수호 범시민궐기대회 개최.

5월 25일 (일요일, 비)

- 11시 00분: 김수환 추기경의 메시지와 광주항쟁 구호대책비 1,000만 원 전달.
- 15시 00분: 제3차 민주수호 범시민궐기대회 개최.
- 17시 00분: 재야 민주인사들, 김성용 신부의 4개항 수습안에 대해 만장일치
  채택.
- 21시 10분: 학생수습대책위원들, 범죄 발생 예방과 식량공급 청소 문제 등
  논의.

5월 26일 (월요일, 아침에 한때 비)

- 5시 20분: 계엄군, 화정동 쪽에서 농촌진흥원 앞까지 진출.

- 8시 00분: 시민수습대책위원들, 계엄군의 시내 진입 저지를 위해 죽음의 행진 감행.
- 10시 00분: 제4차 민주수호 범시민궐기대회 개최.
- 14시 00분: 학생수습위원회, 광주시장에게 생필품 보급 등 8개항 요구.
- 15시 00분: 제5차 민주수호 범시민궐기대회 개최.
- 17시 00분: 학생수습위원회 대변인 외신기자들에게 광주 상황 브리핑.
- 19시 10분: 시민군, "계엄군이 오늘 밤 침공할 가능성이 크다"고 공식 발표 어린 학생과 여성들을 귀가 조치시킴.
- 24시 00분: 시내전화 일제히 두절.

5월 27일 (화요일, 맑음)

- 3시 00분: 탱크를 앞세운 계엄군 시내로 진입하기 시작. "계엄군이 쳐들어옵니다. 시민 여러분, 우리를 도와주십시오"라는 여성의 애절한 시내 가두방송.
- 4시 00분: 도청 주변 완전 포위, 금남로에서 시가전 전개.
- 4시 10분: 계엄군 특공대, 도청 안에 있던 시민군들에게 사격.
- 5시 10분: 계엄군, 도청을 비롯한 시내 전역 장악하고 진압작전 종료.
- 6시 00분: 계엄군, 시민들에게 거리로 나오지 말라고 선무방송.
- 7시 00분: 공수부대, 20사단 병력에 도청 인계.
- 8시 50분: 시내전화 통화 재개.

1부

폭력과 언어의 정치:
5·18 담론의 정치사회학

1

침묵의
역사

5·18은 가히 세계사에 유례없는 사건이었다. 그토록 엄청난 규모의 잔학한 폭력이 국민들에게 백주에 도심에서 가해졌다는 점에서 우선 그러하며 더욱이 불과 인구 80만 명의 도시에서 무려 3개 여단 3,000명에 가까운 국군 최정예 공수특전단을 시민들이 싸워 한때 물리쳤다는 점에서 또한 전대미문前代未聞이라 할 것이다.[1] 사상자 면에서 5·18은 일방적인 시민 학살이었지만 반면 그곳에는 온 시민이 피와 눈물 등 한마음으로 융화된 공동체가 있었고, 한때 승리의 환호가 있었으며, 무엇보다 자기 고장과 그들의 가치를 위해 초연히 죽음을 선택한 수많은 '칼레의 시민'들이 있었다. 5·18은 데이터로 나타나는 사건의 규모로 보나 그 안의 모든 사람들의 경험의 깊이로 보나 우리 현대사의 최대 사건이며 오늘 우리에게 느껴지는 그 결과와 의미 또한 가늠하기 어려운 무게를 갖는다.

이 모든 5·18의 역사적 중요성에도 불구하고 그간 5·18 담론의 가장 큰 부분은 침묵이었다. 5·18은 너무나 엄청난 사건이기에 감히 우리의 세치 혀로, 간사스런 붓 끝으로 담아낼 수 없고 담아내려 해서도 안 되는 것이었다. 침묵은 여러 방면에서 부과되었다. 사건 초부터 군사정권은 철저히 보도를 통제했고, 보도가 시작된 후에도 여러 수단을 동원하여 공식적 발표 외에는 침묵을 강요했다. 군사정권은 1980년 6월, 5·18을 일방적으로 규정한 후 오랫동안 아무 말도 하지 않았고

---

[1] 당시 광주에 파견된 공수부대의 총 병력은 7여단의 2개 대대, 11여단, 3여단을 합쳐 전체 2,901명이었다. 이 중 장교는 504명이었다.

모든 5·18 유관 단체들과 관계자들에게 아무 말도 못하도록 탄압했다. 5·18에 대한 이야기가 시작된 것은 학생운동권의 끈질긴 투쟁의 결과였고 정치적 분위기가 바뀐 1985년 총선 이후 그리고 무엇보다 그해 5월 서울 미문화원 점거 사태 이후의 일이었다. 1987년의 6월 항쟁을 거쳐 1988년, 89년 국회 청문회에서 비로소 진상의 일부가 알려지게 되었다. 그러나 오늘에 이르기까지 5·18의 진상이 모두 밝혀졌다고 믿는 사람은 별로 없다.

다른 지역에는 보다 복합적인 침묵이 드리워져 있었다. 초기에는 5·18에 대하여 군사정권의 통제로 그들이 발표하는 것 외에는 어떠한 정보도 접할 수 없었고 그들의 독점적 언술의 영향 또한 적지 않았다. 세월이 지나며 입과 입을 통해 5·18의 진상이 전해졌을 때 타 지역 사람들에게 그 이야기는 터무니없는 것이었고 그 내용은 차마 입에 담기 힘든, 가족이나 친구에게 쉽게 전할 수 없는 엽기적인 것이었다. 5·18은 오랫동안 '유언비어流蜚通信'의 주제였다. 이윽고 국회 청문회에서 많은 실제 경험들이 전해지자 대부분 사람들은 공수부대의 만행에 분개했다. 그러나 5·18에 대한 이야기가 퍼지며 동시에 진행된 '재야在野'와 학생운동권 그리고 노동운동의 확산과 그들 언어의 과격화의 흐름에서 5·18에 대한 이야기 자체는 운동권의 독점물이 되고 우려의 대상이 되어버렸다. 타 지역 중산층들이 결코 군사정권을 지지했기 때문이 아니었을 것이다. 그들 스스로 5·18 증언을 듣고 분개한 경험에 비추어 5·18에 대한 이야기는 듣는 사람을 과격하게 만들고 사회를 불안하게 할지 모른다는 막연한 두려움을 가졌을 것이다. 나아가서 5·18의 승리의 순간, 예를 들어 TV에서 보아온 차량시위의 장관이나 MBC 방송국이 불타던 모습들은 타 지역 중산층에게는 불안한 경이驚異였다. '민중'은 새로운 공포의 대상이 되었다. 민중은 가끔 소란을 일으키지만 5·18에서 그들은 무장武裝했고 그리고 국군 최정예 공수부대를 물리쳤다는 사실에서 민중의 새로운 힘은 상당한 충격이었을 것이다.

서구 선진국의 중산층도 나름대로 '군중'에 대한 공포를 갖고 있었고 이 공포는 민주화와 사회 개혁의 동기로 작용했다. 광주 시민들이 5·18에서 동질적 민족공동체를 경험했다면, 타 지역 사람들은 5·18을 통해 민족을 이질적으로 보게 되었다. 현실적으로 1987년의 민주화에서 민중에 대한 공포는 큰 역할을 했고 따라서 우리 시대의 민주주의는 광주의 피를 대가로 이루어졌다. 타 지역 사람들은 5·18의 함성과 민주화에 동의하고 그 시절 광주 시민들과 공감하지만 그들은 여전히 5·18에 대한 피상적 이해로 민중과 호남 사람들을 불편한 마음으로 보아왔다. 현재 우리 정치에서 차라리 민중에 대한 공포는 호남 사람들의 단합에 대한 공포와 경이에 비해 무해無害할지 모른다. 5·18 이후 호남 지역의 철저한 집단 투표, 그리고 사석에서 농담 반으로 들은 '전라민국', '전남공화국' 애기는 타 지역 사람들을 은연중에 압박해왔다. 5·18에 관한 한 타 지역 사람들은 아직도 '두 마음'임을 부인할 수 없을 것이다.

'광주사태'와 '5·18민주화운동'

침묵은 광주를 탄압하고 방조한 사람들만의 몫은 아니다. 군사정부의 탄압은 차치하고 5·18 당사자나 목격자 치고 언어의 좌절을 맛보지 않은 사람은 많지 않을 것이다. 광주 시민들은 눈앞에서 벌어지는 모습에 '이게 꿈이냐 생시냐'며 서로 껴안고 치를 떨며 울부짖었다. 그들의 경험은 너무나 엄청나서 말하려 하면 가슴의 응어리에 숨이 막히고, 담배 몇 대를 피워도 어디서부터 어떻게 시작해야 할지 난감했을 것이다. 어렵사리 꺼내고 나면 그 말은 너무나 싱거워 다시는 말하지

　　　　　　　　　폭력과 언어의 정치 : 5·18 담론의 정치사회학

않겠다고 마음먹은 사람들도 있었을 것이다. 많은 사람들은 용기를 내어 증언했지만 그들이 겪은 현실에 비해 언어는 너무나 싱겁고 왜소했으리라. 말은 초라한 배신자로 전락하든지 그렇지 않으면 사건을 규정하는 폭력적 언어 앞에 5·18의 경험은 찌그러지고 마는 것이 5·18 담론의 현실이다. 아직도 광주와 5·18은 고독과 침묵에 싸여 있다.

1980년 5월 18일부터 27일까지의 시간은 이전의 시간과 다르고 그리고 그 이후의 시간과도 다르다고 보여졌고 이 시대 구분은 군부나 광주 시민이나 모두에게 공통적이다. 그 시대를 일컫는 말은 다양하게 제기되어 아직도 갈등하고 있으며 그런 이유에서 대부분 학자들은 그 시대를 '5·18'이라는 발가벗은 달력의 숫자로 부르고 있다. 그러나 '5·18'이라는 중립적 이름이 최근에 처음 쓰인 것은 아니었다. 1980년 5월 22일 해방광주에서 처음 만들어진 공식 조직은 '5·18수습대책위원회'였다. 이 수습위원들은 18일부터의 시간은 우연히 찾아온 시간이며 총을 모두 거두어 계엄군에게 반납하면 마치 없었던 일로 '물릴' 수 있다고 생각했다. 사건을 중립적으로 일컫는 것도 이미 하나의 입장일 수밖에 없다. 그 밖에 주로 많이 쓰인 이름은 '광주사태', '광주시민의거', '광주민중항쟁', '광주학살', '광주민중혁명', '5·18민주화운동', '5·18민중항쟁' 등이 있으며 이 말들은 각각 고집스레 독특하게 그 시대를 규정해왔다.

'민주화합추진위원회(민화위)'가 활동을 시작한 이래 지난 10여 년간 정부는 공식적으로 '5·18민주화운동'이라는 말을 사용해왔고 정부를 따르지 않는 또는 보수적이 아닌 사람들은 주로 '민중항쟁'이라는 말을 많이 쓴다. 전자는 '6공' 이후 정부는 자신이 5·18의 적자嫡子이며 5·18 또한 기존 정부의 이념에 따라 재해석되어야 한다는 정치적 입장을 담고 있다. 후자는 비교적 시대의 현실감을 살린 서술적 이름이라 볼 수 있다. 1980년대에 등장한 '민중'이라는 말은 민주화운동의 연합 세력으로의 의미와 5·18 투사들의 계급적 성격을 동시에 내포한다. '광주사태'라는 말은 1980년 5월 21일 석간《동아일보》에서 처음 사용된 이래 오늘에 이르기까지 여전히 호남 이외 지역의 일상 대화에서 그 사건을 일컫는 가장 보편적인 말로 쓰이고 있다. 이렇듯 용어가 다양하게 제기되고 갈등해온 것은 5·18이 4·19나 5·16에 비해 대단히 복잡한 경험이며 한 가지 말로 규정하기 힘든 사건이기 때문이다. 1980년 5월의 그 열흘은 누구에게나 결코 짧은 시간이 아니었다.

그러나 해석의 다양성은 아직 5·18을 둘러싼 침묵의 벽을 깨지 못했다. 군사정권의 담론 기제들 특히 '유언비어론'은 아직도 작동하며 세인의 입을 막고 있고, '진보적' 정치 집단들도 나름대로 도그마를 만들어 자신들의 담론의 골을 지켜왔다. 오늘에도 5·18은 결코 아무나 말할 수 있는 주제가 아니다. 지난 세월 동안 제시된 여러 해석들에는 상충되는 면들이 있었지만 논쟁이 제기된 적은 별로 없었다. 한편으로 5·18 해석은 말의 다툼으로 끝날 일이 아니라 폭력이나 권력으로만 해결될 수 있는 일이었고, 다른 한편 군사정권 외의 여러 입장들은 민주화 투쟁의 전우로서 언쟁을 피해왔다.

이 글은 5·18에 대해 그간 제기된 여러 담론들을 분석하여 어떻게 구조되어왔는가를 밝히고 사건 자체의 다양성과 깊이를 배경으로 담론들의 한계를 드러내어 5·18에 관한 논쟁의 판을 벌이고자 함이다. 5·18의 여러 규정적 해석들은 그간 정치적 언술과 이념으로 제시되었고 그 외중에 사건 자체는 왜곡되어왔다.

5·18이 순수한 정신이 되기 위해서는 망자들은 이제 하늘로 떠나보내야 하며 그러기 위해서는 이젠 고집스런 산 자들끼리의 말이 아니라 망자들도 알아들을 수 있는 말로 그들이 죽은 이유와 하늘로 떠나야 하는 이유를 서로 말해주어야 할 것이다. 산 자가 죽은 자의 입으로 말하여 시신을 다시 찢어놓을 것이 아니라 산 자는 산 자의 입으로 말

　　　　　　　　　　　폭력과 언어의 정치 : 5·18 담론의 정치사회학

하고 죽은 자는 죽은 자의 입으로 말할 수 있어야 한다. 이렇듯 산 자와 죽은 자의 입을 가르고 대화하도록 하는 일에는 학문과 굿이 다를 바가 없다. 그간의 세월은 한 사건을 역사로 묻기에는 너무 짧은 세월이며 5·18에 대한 연구는 아직 과학적 엄밀성을 기하기에는 이를지 모른다. 하지만 이 사건에 대한 학문적 연구가 후일 제대로 이루어지기 위해서는 지금, 아직 기억이 생생할 때 시작되어야 한다고 믿는다. 5·18에 관한 한 '세월이 약'이 아니다.

ⓒ 김녕만

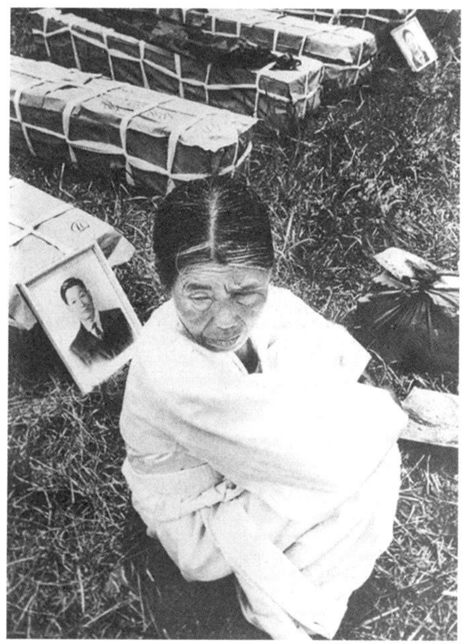

ⓒ 김녕만

1980년 당시 망월동 풍경. 5·18의 역사적 중요성에도 불구하고 그간 5·18 담론의
가장 큰 부분은 침묵이었다. 5·18은 너무나 엄청난 사건이기에 감히 우리의 세치
혀로, 간사스런 붓 끝으로 담아낼 수 없고 담아내려 해서도 안 되는 것이었다.
군사정권은 1980년 6월, 5·18을 일방적으로 규정한 후 모든 5·18 유관 단체들과
관계자들에게 아무 말도 못하도록 탄압했다.

2

폭력의 전선과

언어의 전선

광주에서 1980년 5월 14일, 15일, 16일에 걸친 학생 시위는 민주화를 요구하는 명쾌한 언어를 일련의 시국선언문에 담고 있었다. 그러나 18일부터는 전남대 교문 앞에 이어 공용터미널 및 금남로에 공수부대가 투입되어 살육을 벌이고 학생들과 시민들이 이에 대항해 싸워 엄청난 희생을 치렀다. 엄청난 폭력은 언어 또한 크게 바꾸어놓았다.

폭력과 투쟁의 언어: 5월 18일부터 21일까지

초기에 군부는 18일부터 광주에서 벌어진 일에 대하여 일체 보도하지 못하도록 통제했고 광주의 지방 일간지들은 20일부터 휴간했다. 치안본부 명의로 된 첫 번째 공식 언급은 20일 오전 10시경에 광주 지역에만 제한되어 발표되었다. 계엄사의 첫 발표는 20일 오후에 있었고 이 발표도 저녁 7시 광주 지방 TV 뉴스에 보도되었지만 중앙 언론에는 보도되지 않았다. 이 발표는 18, 19일 소요로 경미한 피해가 있었고 연행한 176명은 모두 귀가시켰다고 했다. 광주 시민들은 방송국 보도 태도에 분개하여 이날 밤 MBC와 KBS방송국에 방화를 시도했다.[2]

2　MBC 방화에 대해서는 이론(異論)이 있다. 많은 증언들은 방화한 것은 시민들이 아니라 계엄군 측이라는 것이다.(한국현대사사료연구소(이하 현사연) 편, 《광주오월민중항쟁사료전집》 1990a, 1040: 306; 3058: 661; 3065: 675; 4011: 890 etc.) 그러나 분명히 시민들은 화염병을 던졌고 방화할 의사를 갖고 있었다.
한편 참고로 말하면 목포에서는 22일 목포역사에 방화하려던 군인을 시민들이 붙잡은 적이 있다.(현사연 1990a, 6011: 1046)

최초로 전국 언론에 보도된 계엄사 발표는 21일 오전 10시 30분에 있었고 이는 이미 헬기로 도청 철수가 준비되고 더구나 발포를 위한 실탄이 분배된 시점이었다.[3] 21일 석간과 22일 조간 1면 하단에 3단 정도로 모든 중앙 일간지에 보도된 이 발표는 민간인 1명 군경 5명이 사망했으며 "당국은 대책을 강구하고" 있으며 "서울을 이탈한 학원 소요 주동 학생 및 깡패 등 현실 불만 세력이 대거 광주로 내려가 사실 무근한 유언비어를 날조해 퍼트린 데 기인"되었다고 했다. 이 계엄사의 발표는, 첫째 5·18을 이전의 학생 시위의 연장으로 보고, 둘째 "깡패 등 현실 불만 세력"을 문제의 핵심 집단으로 지목하여 이전의 학생 시위와 다르게 전개되었다는 점을 부각시켰다. 이 담론의 핵심은 '유언비어론'이었고 8가지 예를 들었다.

계엄사의 '유언비어론'은 두 가지 목적을 갖고 있었던 것으로 보인다. 우선 공수부대의 만행을 선수를 쳐서 부정하고 그 책임을 다른 집단에 전가했다. 18일, 19일에 걸쳐서 공수부대의 만행에 대해 각계각층의 광주 유지들로부터 수많은 항의가 있었고 '유언비어론'은 이러한 반응에 대한 반격의 의도가 있었던 것으로 보인다.[4] 당시에 '유언비어'가 광주 시민들 가운데 나돌았다는 사실과 이 '유언비어'들을 사건의 원인으로 제시한다는 것은 별개의 문제였다. 나아가서 '유어비어론'은 정치적 음모와 지역감정을 연결시켰다. 예를 들어 '경상도 군인들이 전라도 사람들 씨를 말리러 왔다'는 말은 특정한 집단이 의도적으로 만든

---

3   당시 기자로 취재에 임했던 김영택 씨는 다음과 같이 증언한다. "오전 10시 8분 도청 앞 광장에 군용 헬리콥터가 착륙했고 이어 10시 10분, 뒤쪽 그러니까 도청 광장 상무관 쪽에 있는 공수부대원들에게 실탄이 지급되고 있었다. 나중에 알게 된 일이지만 사병 1명당 10발씩이 지급되었다. 이들은 제11여단 66대대 소속이었다. 시위 군중과 대화가 불가능해지고 마이크를 통해 호소할 수 있는 여건도 사라지자 장 지사는 도청 본관 3층 지사실 옆 복도에 서 있었다. 나도 함께 있었다. 상자에서 실탄을 꺼내 나눠주는 광경이 훤히 내려다 보였다."(김영택 1996, 101)

말이지만 광주 시민들이 이미 지역감정을 갖고 있었기 때문에 이 말은 엄청난 힘을 발휘했다는 것이 이 발표의 추론이었다. 군부는 흡사 폭력 못지않은 말의 힘에 놀란 듯 유언비어론을 제시했지만 실은 그들은 언어의 힘을 믿는 사람들은 아니었다.[5]

이 발표가 있은 후 같은 날 오후에는 계엄사령관의 담화가 있었고 이는 22일 조간과 석간 1면에 보도되었다. 이 발표는 물론 이미 도청 앞 집단 발포 이후에 이루어진 것이다. 발표문은 사건을 '광주사태'라고 불렀고 사건의 원인을 오전과는 다르게 제시했다.

---

4 당시 전교사 사령관이자 계엄분소장이던 윤흥정 장군은 국회 청문회에서 다음과 같이 증언했다. "18일 저녁에 제가 광주 시내에 있는 친지로부터 많은 전화를 받았습니다. 이렇게 계엄군이 하기냐고 이렇게 사람을 막 개 패듯이 패도 되느냐고 그래서 저는 18일 진압작전을 실시한 결과 일단 진압이 진정되었다는 보고를 받았습니다. 그래서 상당히 놀래가지고 한 군데에서 전화를 받은 것이 아니라 여러 군데에서 받았습니다. 그래서 제가 당장 19일 오전에 도지사 이하 시장 교육감 지검장 고검장 그 외 종교단체 이런 우리 군, 관, 민 방위협의회를 중심으로 한 대책회의를 즉각 소집하도록 31군단장 또 공수여단장을 비롯해서 군의 요인들을 지휘관들을 한 자리에 모아놓고 대책회의를 했습니다. 그 문제에 대해서… 그때에 그 기관장들로부터 제가 정말 군복 입기가 부끄러울 정도의 얘기를 들었습니다. 그 자리에서… 그래서 여러 가지 얘기를 듣고 제가 거기에서 일절 군이 그러한 행위를 하지 않도록 심심히 당부하면서 또 지시를 했습니다."(광주광역시 1997 I V, 124) 또한 19일 저녁 8시경 광주 출신 예비역 장성과 유지들은 공수부대의 진압 방법에 관하여 계엄분소에 항의했다.(현사연 1990a, 38) 20일 아침 새로 투입된 3공수여단이 나름대로 다른 태도를 보이려 했던 것은 이 같은 항의 때문이었는지 모른다.

5 구속자들의 증언에 따르면 5·18 때 시민 측 유인물의 대표적인 〈투사회보〉에 대한 조사는 거의 끝에 가서야 이루어졌고 이에 관련된 사람들에 대한 형량도 대체로 가벼웠다. 반면 무장 투쟁에 직접 연루된 사람들은 사형 등 가장 무거운 형을 받았다.(현사연 1990a, 4004: 859) 계엄사는 5월 31일 사건 전모에 대한 발표문에서 정치적 음모 집단의 역할을 강조하며 당시 "용의주도하게 만들어진 전단과 심지어는 지하신문(18일 26일 사이에 9호까지 발행)까지 발행하면서"라고 〈투사회보〉의 역할을 '유언비어'의 역할과 더불어 조직적 음모의 예로 부각시킨 바 있다.(전남사회문제연구소(이하 전사연), 《5·18 광주민중항쟁 자료집》, 1988, III-4, 173)

지난 18일 수백 명의 대학생들에 의해 재개된 평화적 시위가 오늘의 엄청난 사태로 발전된 것은 상당수의 타 지역 불순 인물 및 고첩들이 사태를 극한적인 상태로 유도하기 위하여 여러분의 고장에 잠입, 터무니없는 악성 유언비어의 유포와 공공시설 파괴, 방화, 장비 및 재산 약탈 행위 등을 통하여 계획적으로 지역감정을 자극 선동하고 난동행위를 선도한 데 기인한 것입니다.

이들은 대부분 이번 사태를 악화시키기 위한 불순분자 및 이에 동조하는 깡패 등 부랑자로서 급기야는 경찰의 무기고와… 궁극적인 목표는 너무도 자명하며 사태의 악화는 국가 민족의 운명에 파국적인 결과를 초래할 것이 명약관화한 사실입니다.

이 발표는 오전 중에 있었던 발표를 수정하여 5·18을 학생 시위와는 아무런 관련이 없는 사건으로 제시했다. 또한 여기에는 '현실 불만 세력'은 뒤로 빠지고 대신 최초로 '불순 인물 및 고첩'이 주요 음모 조직으로 등장한다. 나아가서 무력을 사용할 것을 확언했다. "부득이 자위自衛를 위해 필요한 조치를 취할 수 있는 권한을 보유"하고 있으며 "폭도는 소수에 지나지 않으며" 심지어 "고장이 황폐화되어 생업과 가정이 파탄되지 않도록 자중 자애"해야 한다는 협박을 가하기도 했다. 이 발표는 도청 앞 집단 발포 이후에 나온 것이었고 이 발표가 일간지에 게재되었을 때는 이미 지역의 각 군부대에 공식적인 자위권 발동에 대한 지시가 내려가 광주는 완전히 고립된 후였다. 또한 일간지 같은 면에 '김대중 씨 중간 수사 결과 발표'가 보도되었다. 이 발표는 김대중과 5·18을 직접 연결시키지는 않았으나 대학생 등 소요 배후 조종 혐의라 하여 5·18과 연결될 수도 있음을 강하게 시사했다.

초기 군부 담론의 주된 내용은 5·18을 의도적으로 야기한 음모 집단이 있으며 이들은 의도적으로 광주 시민들을 '유언비어'로 자극했다는 것이다. 유언비어론은 한편으로 현실을 은폐하고 진실을 말하려는 시도를 국가권력으로 억압하는 장치이자 동시에 사건 저변의 동인動因으로 광주 시민들의 지역감정을 지목하고 있다. 지역감정을 악용한 음모 조직의 의도는 반국가적이며 그들의 정체는 아직은 가변적이었다. 담론의 일부는 상황에 따라 흔들리고 있었지만 기본 방향과 구도는 일관되어 있었다.

한편 광주 시민들에게 18일에서 21일까지는 몸서리치는 폭력이 지배적 현실이었고 따라서 언어는 체계적이지 못하고 극도로 감정적이었다. 눈앞에서 벌어지는 잔악한 폭력, 공포와 분노에 말이 나오지 않는 지경이었다. 그들의 언어는 거의 함성과 느낌표(!)의 연속이었고 이전의 세련된 '민주주의' 등의 언어는 잊혀져버렸다. 당시 시위대가 주로 외쳤던 구호는 대표적으로 '전두환 물러가라!' '김대중 씨 석방하라!'가 주종이었고 싸움이 격화되며 '전두환 찢어 죽여라!' '공수부대 다 때려 죽여라!'라는 식으로 폭력화되었다. 이 변화는 단순히 폭력화뿐만이 아니었다. '물러가라!'는 통상적 데모 구호의 형태로 전두환 본인에게 그리고 전 국민에게 전달하는 말이지만 '찢어 죽여라!'는 전두환을 향하여 하는 말이 아니라 동료 시민들에게 특정한 행위를 독려하는 말이다. 이로써 언어 형태에서 청중의 범위, 즉 언어의 상대가 제한되고 '찢어 죽이'는 행위의 대상은 동의를 구하는 언어의 상대에서 제외된 것이다. 또한 '찢어 죽여라!'와 같이 평소에 '차마 입에 담지 못할' 말을 사용했다는 것은 이 말의 청중들이 극도로 폐쇄적 집단으로 나타나고 있음을 보여준다. 20일부터는 '우리 다 같이 죽읍시다!', '내 아들 살려내라!'라는 식의 절규로 변했다.

19일부터 당장 여러 종류의 유인물들이 시민들에게 배포되었다. 대표적으로 당시 광주 운동권 청년들의 리더이던 윤상원이 이끌던 '들불야학 팀'이 만든 〈투사회보〉, 이전의 〈호소문〉, 〈선언문〉 외 많은 유인물이 있었고 그들은 위에서 지적한 언어의 형태를 드러내고 있다.[6] 유인물들은 모두 공수부대의 만행을 알리는 것으로 시작된다. 나아가서 이 유인물은 공수부대의 만행과 계엄 확대 그리고 김대중 체포를 근거로 '전두환 일파'를 적으로 규정한다. 그들이 적인 것은 간단히 공수부대의 만행은 '공산당과 다를 바가' 없고, 공산당보다, 왜경倭警보다 더 잔인했기 때문이었다.[7] 적과의 싸움에 동참할 것을 외치는 유인물들은 하나같이 광주 시민의 '애국심'에 호소하고 있다. 또한 상당수의 유인물에는 적개심을 전달하기 위해 욕과 '쌍소리'가 적나라하게 쓰이기도 했다.[8]

상황이 급속히 전개되자 21일 아침 윤상원은 그간 여러 이름으로

---

6 당시 유인물의 하나인 〈결전의 순간이 다가왔다〉(광주광역시 1997 II, 23)를 예로 들어 분석하며 고은 시인은 다음과 같이 말한다. "이 전단은 일체의 수식어가 거부된 채 사실만을 극명하고 숨 가쁘게 절규하고 있다. 수식의 여지가 있다면 그것은 '형제여! 싸우다 죽자!'라고 절망적 전투 의지가 부기(附記)된 것뿐이다. 이 전단의 내용이 표시되어 있는 정보는 다 정확한 것은 아니지만 광주민중항쟁이 무장투쟁으로 비약하는 과정의 불타오르는 무조건적 전의가 넘치는 박진감은 흡사 시적 언어의 절대 검약에 방불하다."(고은, 〈광주5월민중항쟁 이후의 문학〉, 현사연 1990b, 226)

7 윤상원의 들불야학 팀이 만든 19일 자 〈호소문〉(전사연 1991, 236-7)은 다음과 같이 외쳤다. "이들이 공산당과 다를 바가 무엇이 있겠습니까? 이제 우리가 살 길은 전 시민이 하나로 뭉쳐 청년 학생들을 보호하고, 유신잔당과 극악무도한 살인마 전두환 일파의 공수특전단 놈들을 한 놈도 남김없이 쳐부수는 길뿐입니다. (…) 우리는 이제 다 보았습니다. 다 알게 되었습니다. 왜 학생들이 그토록 소리 높이 외쳤는가를, 우리의 적은 경찰도 군대도 아닙니다. 우리의 적은 전 국민을 공포의 도가니로 몰아넣고 있는 바로 유신잔당과 전두환 일파, 그자들입니다."(광주광역시 1997 II, 22)

8 19일 조선대 민주투쟁위원회 명의의 〈민주 시민아 일어서라〉는 "저 개 같은 최규하, 신현확, 유신잔당 놈들과 유신 독재자의 아들 전두환 놈은"이라고 썼다.(광주광역시 1997 II, 23) 23일 한 시민 대표 명의의 〈민주 시민 여러분〉이라는 글에서는 "우리가 지금 무엇을 하고 있읍니까? 사람의 목숨을 쉽게, 참혹하게, 처참하게, 파리를 죽이듯 살인하는 저 흉악무도한 전두환 개새끼를 타도하기 위해 여기 모였읍니다."(같은 책, 47)

9 21일 저녁 전투가 일단 끝난 후 25일에 이르면 윤상원은 다시 〈투사회보〉를 〈민주시민회보〉로 바꾸고 호 수는 그대로 연결시켰다. 즉 9호부터 〈민주시민회보〉가 되었고 11호까지 제작되었다. 마지막 호는 계엄군 진입으로 배포되지 못했다.

제작되던 유인물들을 〈투사회보〉로 통합했다.(전사연 1991, 254-7) 〈투사회보〉는 5·18 기간의 수많은 유인물들의 상징이 되었다.[9] 윤상원의 예리한 현실감은 제목에서 '민주'라는 이념적인 용어를 빼고 당시 분위기에 부합하는 제목부터 직접 거리에서 싸우는 시민들의 가슴을 때리는 〈투사회보〉라는 단 네 글자로 바꾸었고 이는 대성공이었다. 당시 시위대에서 가장 널리 불리던 노래는 〈투사의 노래〉로 이는 낙동강 전투에서 만들어진 '전우의 시체를 넘고 넘어' 하고 시작되는 육군의 대표적인 군가의 가사를 바꾸어 부른 것이었다. '투사회보'라는 이름은 윤상원이 〈투사의 노래〉에서 착안했을 가능성이 높다. 그렇다면 광주 시민들의 5·18 투쟁의 마음가짐과 몸가짐은 4·19보다는 낙동강 전투의 맥을 잇고 있었던 셈이다.

21일부터 〈투사회보〉는 호 수를 지켜 체계를 유지하여 신뢰를 주며 투쟁을 독려하는 것뿐만 아니라 "시민들의 눈과 귀가 되려 했다." 〈투사회보〉에 실린 정보는 대개 두 가지였다. 첫째는 군부대의 움직임이었고, 둘째는 투쟁의 전개였다. 후자의 경우는 투쟁이 전남 일대로 파급되었다느니, 전국으로 확산되었다느니 하는 과장이 대부분이었다. 물론 이렇게 과장을 한 이유는 투쟁을 독려하기 위해서였다. 하지만 이러한 과장이 용인된 것은 무엇보다 당시 시민들의 투쟁의 동기가 일차적으로 적의 존재와 그들에 대한 분노였고, 자신들이 '무엇을 원하는가?'는 생각해볼 겨를도 없었고 별 의미도 없었기 때문이었을 것이다. 다만 적, 흉악한 짐승, 마귀, 악귀들이 쳐들어왔고 이들의 무차별 살육으로부터 우리의 고장과 젊은 생명들과 가족들을 지키는 일은 모든 광주 시민에게 당연한 의무이자 '애국'이었다.

시민들은 자신을 둘러싸는 공포의 벽을 뚫고 동료 시민들과 투쟁의 대열에 섬으로써 인간으로서의 존엄성을 회복하고 자유를 얻어 완벽한 공동체로 융화되었다. 이 무한한 애정의 공동체는 바로 '민족'으로

　　　　　　　　　　폭력과 언어의 정치 : 5·18 담론의 정치사회학

느껴졌다. 이러한 언술의 연속에서 총을 든 사람들은 자연스럽게 '시민군'이 되었다. 광주 시민들은 공수부대에 대항하여 고장을 자기 손으로 지키기 위해 싸우는 가운데 '우리나라'의 모습을 보았다. 그들은 애국가를 부르고 태극기를 흔들고 민족으로 하나 되어 〈우리의 소원은 통일〉을 불렀다. 시위대에서 종종 들리던 '김일성은 오판 말라!'는 일견 어울리지 않는 구호는, 그들이 보았던 '우리나라'가 군부와 공수부대가 지배하는 나라도 아니지만 북한은 더욱 아니라는 항변이었다. 이 모든 피어린 항쟁의 종말은 '찢어진 깃폭'으로 상징되었다.

5·18의 지배적인 현실은 '피가 거꾸로 치솟는' 것 같은, '숨이 막혀 아무 말로 할 수 없는' 그런 종류의 상황이었다. 광주 시민들의 담론의 특징은 논리적인 언어로 상황을 이해하고 설명하기보다는 상징어로 서로가 느낀 감각을 나누었다는 것이다. 공수부대가 시민들을 '개 패듯 패고', '개처럼 질질 끌어가고', 자칫 잘못하다가는 '개죽음하기 십상'이고 나중에는 '피의 값을 받아야' 하는 등의 상징으로 교신했다. 이러한 말들의 뜻을 논리적으로 설명하기는 어려울 것이다. 다만 그 상황을 경험한 사람들만이 느꼈던 보편적인 언어로 감당하기 어려운 구체적 체험의 일편들을 옮긴 말들이었다.[10]

그러나 글은 투쟁의 의미를 부여함으로써 투쟁을 특정한 방향으로 이끌고 나가려는 수단이었다. 21일 아침 승려의 신분으로 나주에서 광주로 돌아온 이광영 씨는 당시의 느낌을 다음과 같이 회고하고 있다.

---

[10] 당시 기동타격대장이었던 윤석루는 후일 국회 청문회에서 다음과 같이 말했다. "사람이 피를 보고 물론 교통사고가 나서 흘린 피라면 더럽고 추잡해서 피하겠지만 시민들이 흘린 피는 제가 볼 때 더러운 피가 아니라 받아먹어도 시원할 정도의 피였습니다."(광주광역시 1997 V, 335) 이 말의 시적 가치에 대한 판단은 차제하고 표현 방식의 비논리적 감각적 성격은 뚜렷이 드러난다.

시민들은 남녀노소 할 것 없이 모두 밖으로 나와 박수를 치며 환호했고 마치 축제 분위기 같은 느낌마저 들었다. 나는 걸으면서 생각했다. 어딘가 모르게 아쉬웠다. 질서가 없는 듯했고 주도하는 세력이 없는 듯 전혀 체계 없이 즉흥적으로 모든 문제가 처리되고 있는 것 같아 보였다. 누군가 주도 세력이 있어야 할 것 같았다. 그냥 분위기에 휩싸여 들떠 있는 사람들을 하나로 묶어낼 어떤 힘이 있어야 할 것 같았다. 나는 거기에서 우선 유인물의 필요성을 느꼈다. 그러나 그것은 좀 더 복잡한 일이었으므로 플래카드라도 달아야겠다고 생각하고 작업에 착수했다.(현사연 1990a, 5043: 1017)

당시 거리에서 시민들이 외치던 말과는 달리 글은 투쟁 안에 있다기보다는 투쟁의 변두리에서 만들어지고 있었고 단연 글을 만들어내는 일은, 아무리 간단한 글이라도 여전히 지식인들의 발상이자 몫이었다. 당시 지식인들이 시도했던 투쟁을 독려하는 글을 만들어내는 일은 투쟁의 의미를 부여하고 수많은 군중들의 움직임을 특정한 방향으로 이끌고 가려는 정치적인 행위였다.[11]

---

11 당시 '투사회보 팀'의 일원이었던 김성섭 씨는 다음과 같이 증언한다. "그것은 '투사회보'였는데 처음에는 〈투사회보〉가 아니라 〈민주시민회보〉라는 제목의 유인물이었다. 19일 오전에 1호를 내고 오후에 2호를 저녁 때 3호를 연거푸 냈다. 20일로 접어들어 시민들이 무작위적인 싸움보다는 통일적인 행동을 위해서 행동지침이 필요하다고 판단을 했다. 확실하지는 않지만 아마 4호부터 〈투사회보〉로 명칭이 변경되었을 것이다."(현사연 1990a, 4004: 856)

  폭력과 언어의 정치 : 5·18 담론의 정치사회학

유착과 명분: 5월 22일부터 27일까지

해방 벽두에 광주에는 분명히 혁명의 냄새가 나고 있었다. 광주 시민들은 그들의 투쟁의 과정에서 민족공동체와 '우리나라'를 보았고, 이는 '민주의 나라'로 애국심으로 목숨을 걸고 지켜야 할 '민족 민주의 혼'이었다. 이 '우리나라'의 모습은 계엄군이 물러가자 더욱 현실적이 되었다. 그들의 '우리나라'는 논리적으로는 하나의 대항국가, 또 하나의 우리나라일 수밖에 없었고 그들의 '진정한 애국'은 이제 대한민국 군대에 대항한 무장 투쟁이었다. 해방광주의 시민들은 스스로 혁명과 반역의 문턱에 있음을 발견했다.

22일 최초의 움직임은 아침 8시 10분 부지사 주재 하에 열린 도청 간부들의 수습대책회의였다.(현사연 1990a, 81) 이 회의에 이어 부지사는 지역 유지들과의 일련의 회의를 가졌고 정오쯤에는 일단 '5·18수습대책위원회'가 15인의 지역 유지들로 구성되었다. 오후에 상무대를 방문한 수습위원들은 협상에서 나름대로 담론의 정치를 시도했다. 위원들은 무기를 회수하는 대가로 "공수부대의 지나친 진압을 인정하라"고 요구했고 전교사 사령관은 "현장 설명을 듣고 과잉 진압임을 시인한다"고 했다. 또한 수습위는 "자극적인 어휘 사용 금지(예: 폭도)"를 요구했고 계엄사 측은 "순수한 시민을 폭도라 한 것이 아니요, 악용하는 자를 말하며 상부에 부드러운 어휘를 사용토록 진정했다"는 답을 얻었다.[12] 수습위원들은 항쟁의 일차적 동기인 공수부대의 만행을 "지나친 진압"이라고 완곡하게 표현하여 군인들을 자극하지 않고 양보를 얻어내려 했고, 계엄사는 "과잉 진압"이라는 말로 현실감을 더욱 중화시켜 양보했던 것으로 보인다. 또한 당시 수시로 헬기에서 하는 선무방송이나 전단에서 늘 쓰던 '폭도'라는 말에 대해 항의한 것도 시민들을 자극하면 안 된다는 제삼자적 입장에서 나온 것이었다. 나아가서 공수부대의 만행과 '폭도'라는 말의 사용을 나누어 문제 삼은 것을 보아도 수습위원들은 투쟁에 참가했던 시민들의 입장에서 거리를 유지하려 했음을 알 수 있다.

부지사의 주선으로 조직된 '수습위'는 구성되자마자 계엄분소와 회담했고 계엄분소는 수습위원들을 무기 반납 쪽으로 몰아가기도 했지만 동시에 이들의 입지를 지원해주려 했던 것으로 보인다. 대다수의 수습위원들의 입장은 혁명적 분위기를 가라앉히기 위해 신속히 무기를 회수하고 반납하고 5·18을 없던 일로 '물리자'는 것이었다. 이 입장은 곧 시민궐기대회에서 '투항주의'로 강한 저항에 부딪혔다. 시민군들의 입장은 별로 기록으로 남아 있지 않으나 수습위의 행동에 대해 강하게 반발했고 이들은 특히 저녁 때 별도로 조직된 학생수습위원회와는 첨예하게 충돌했다. 시민군들의 주장은 5·18을 시작해놓고 투쟁의 막바지 대열에서 빠진 대학생들은 더 이상 이 사태에서 역할이 없다는 것이었다. 이 와중에서도 무기 회수는 여러 이유와 명분에서 계속 진행되었고 특히 보수적인 입장은 북괴위협론을 의식하고 있었다. 25일 아침의 '독침사건'은 계엄사가 계속 투쟁해야 한다는 세력을 와해시키고 무기

12　이 협상의 결과는 당일 오후 5시 궐기대회에서 발표되어 논란을 일으켰다. 여기에서 인용된 부분은 5월 24일 5·18사태 수습대책위원회 일동의 명의로 배포된 〈계엄분소 방문협의 결과 보고〉를 그대로 인용한 것이다.(광주광역시 1997 II, 51) 여기에서 사용된 어휘들은 심사숙고를 거쳐 재현된 표현일 것이다. 그러나 이 글은 22일의 협상 상황을 그대로 발표한 것이 아닐 가능성이 많다. 당시 협상단에 참가했던 조비오 신부에 따르면 하나도 얻은 것이 없이 협박만 당하고 왔다는 것이다. 또한 조 신부는 협상 장소에서 대화 내용을 녹음을 하든지 속기를 하여 남기자고 제안했으나 난색들을 표현하며 아무도 찬성하지 않았다는 것이다.(조비오 1994, 35-6)
이 문건은 사실 당시 시민수습위원회는 시민들 특히 궐기대회에 모인 군중들에 의해 격렬하게 비난받고 궁지에 몰려 있었다. 24일의 이 문건은 수습위원회가 나름대로 시민들에게 어떻게 하든 신뢰를 얻고자 하는 목적에서 약간 변형하여 작성했을 가능성이 있다. 그러나 '과잉 진압'이라는 표현은 당시 전교사 부사령관 김기석 장군 입에서 나온 말인지 모른다.

　폭력과 언어의 정치 : 5·18 담론의 정치사회학

를 회수하여 계엄사에 반납해야 한다는 입장을 강화시키기 위한 공작으로 짐작할 수 있다.[13]

한편 적극적으로 투쟁의 의미와 명분을 찾은 사람들은 주로 계속 투쟁해야 한다는 입장에 있었다. 당시 YWCA를 거점으로 활동하던 윤상원 등의 주도 하에 23일 오후 3시 시민궐기대회가 도청 앞 광장에서 열렸다. 여기에서 사회를 맡았던 김태종은 "이 나라 민주주의는 그냥 주어지는 것이 아니라 피를 흘리고 싸워서 쟁취하는 것이다"라고 발언했고 그는 열렬한 박수갈채를 받았다.(현사연 1990a, 97; 4007: 876) 이 발언은 무장투쟁과 민주주의라는 당시 멀리 있던 두 주제를 공식적으로 연결하여 민주주의를 5·18의 명분으로 세운 역사적 의미를 갖는다. 이 발언 이후 도청 앞 분수대에서는 민주주의를 위해 투쟁을 결의하고 민주화를 염원하는 많은 글과 시들이 낭독되었고 〈투사회보〉에도 23일 5호부터 '민주화' 구호가 빠지는 적이 없었다.

그러나 민주화 요구 외에 공수부대의 만행과 잔인함의 고발은 해방광주 시민들의 공적 담론에서 가장 큰 부분을 차지하고 있었다. 그것은 시민들의 일차적인 투쟁의 이유이기도 했지만 계엄사의 유언비어론과 폭도론에 대응하는 것이기도 했다. 25일 광주사태 수습대책위원회 명의로 쓰여진 〈광주사태 원인에 대한 우리의 견해〉도 "공수 특전단의 살상 만행이 80만 시민을 분노케 하고 정당방위로써 시민봉기(의거)에로 유도했다"라고 공식 입장을 밝혔다.[14](광주광역시 1997 II, 64) 여기에서 눈여겨볼 부분은 분노에서 정당방위는 자연스러운 논리 전개가 아

13　무기 반납에 반대했던 학생수습위원회 부위원장 김종배의 증언에 따르면 위원장이며
무기 반납파의 리더였던 김창길은 회의석상에서 "김종배 저놈은 수상한 놈이다.
저놈 말을 들으면 안 된다"라고 했다. 이 말은 무기 반납파는 상대를 '불순분자'로
몰고 있었다는 것이다. 또한 김종배는 신변에 위협을 느껴 시민군 상황실장 박남선이
경호원을 붙여주었다는 것이다.(현사연 1990a, 1014: 207)

니라는 점이다. 분노가 강한 감정 상태를 나타낸다면 정당방위는 법적인 개념이며 냉철한 이성으로 행하는 공격적 방어다. 김현채 씨는 23일 시내 분위기를 다음과 같이 전한다.

> 시민들은 계속 도로를 치우고 있었다. 도로마다 널려 있는 전흔과 곳곳의 상처들을 치우고 메꾸어가고 있었다. 길거리를 치우는 시민들의 표정은 하나같이 확실한 믿음이 서려 있었다. 많은 피를 흘리고도 눈물에 얼룩져 있거나 무작정 분노에 휘말리지 않는 묘한 평온의 인상이었다.(5·18광주의거청년동지회(이하 오청동) 1987, 107)

투쟁이 정당방위가 된 것은 공수부대와 군부는 광주 시민의 적으로, 이성으로 싸워야 할 대상으로 설정되었기 때문이다. 21일 계엄군이 물러가자 곧 우리 고장은 우리 손으로 지키기 위하여 투쟁했고 앞으로도 우리 고장과 젊은이들을 지켜야 한다는 주장이 자연스럽게 제기되었다. 또한 당시에 계엄사에서나 말했음직한 '이성을 되찾읍시다', '평상 생활로 돌아갑시다'라는 말도 바로 이 맥락에서 계속 투쟁해야 한다는 주장과 같이 제시되었다.[15] 나아가서 항쟁파들이 제기한 '투쟁으로 얻는 민주주의'도 유사한 맥락에서 이해된 것으로 보인다.

23일 이후에 제기된 민주주의는 5·18 이전의 민주주의와 같은

---

[14] 당시 수습위로서 25일이라는 시점에서 이러한 입장을 개진한 것은 특별한 이유가 있어서였다고 보인다. 최초의 5·18수습대책위원회를 포함하여 무기 회수를 주장하는 입장은 시민들의 저항에 부딪혔다. 여기에 수습대책위는 22일 계엄분소를 방문했던 수습대책위가 25일 오후에 와해되고 '재야인사'들이 대거 참가하여 재편된 새로운 수습위였다.

[15] 23일 〈민주 시민 여러분〉이라는 글은 젊은이들을 보호해야 하며, 피해를 복구하고, 생업에 종사해야 한다고 주장했다.(광주광역시 1997 II, 47)

의미라 볼 수 없다. 이전의 민주주의는 피와 눈물 그리고 화약 연기 속에 잊혀졌고, 투쟁의 논리에서 태어난 적으로부터 고장을 지켜야 한다는 향토방위의 숭고한 명분은 시민군을 만들어내고 이제 민주주의는 적으로부터 피로 지켜진 고장의 모습이었다. '고향을 우리 손으로 지킨다'와 민주주의는 두 개의 5·18 투쟁의 명분이었다. 그러나 후자는 논리적으로 전자에서 도출되었음에도 5·18 이전의 민주화를 위한 학생시위와의 일관성 그리고 당시 우리 사회의 지배적 정치 이념임을 고려하여 우선적으로 천명되었던 것으로 보인다. 광주 시민 측의 5·18 담론에는 '투쟁으로 얻는 민주주의'와 우리 사회의 보편적 정치 이념으로서의 민주주의가 혼재되어 있었다.

시간이 지날수록 시민수습위원들과 무기를 반납하자는 도청을 중심으로 한 사람들보다는 요구가 이루어질 때까지 끝까지 싸워야 한다는 사람들의 목소리가 광주 시민들의 담론을 지배하게 되었다. 그들의 이러한 목소리는 25일 저녁 '항쟁지도부' 형성과 함께 공식화되었다. 그들은 광주 시민들의 '피를 팔아먹는' 행위는 용납할 수 없으며, 정당한 '피의 값'을 받아야 한다고 요구했다. 이 '외상이 없는' '피의 값'이란 광주 시민들의 명예회복이었다. 명예회복이란 구체적으로는 사건의 원인에 대한 정부의 공식적 사과와 피해보상 등을 말하며 원칙적으로는 현 정부에 대한 광주 시민들의 윤리적 우월성을 명시적이고 공개적으로 확보하는 일이었다. 이 요구에는 다시 이 우월성의 지표로 민주화 요구가 포함되었다.[16]

광주 시민들은 투쟁의 담론으로부터 국가와 전쟁의 담론을 거쳐

---

[16] 민주화 요구는 당시 23일부터 모든 유인물, 성명서에 등장하고 있었다. 그러나
계엄사에 대한 공식적인 무기 반납의 조건으로 포함된 것은 공소장에 따르면 25일
저녁 항쟁지도부의 설립과 함께 윤상원의 제의에 의한 것이었다. (현사연 1990a, 109)

기어이 공동체 담론으로 돌아온 것이다. 광주 시민들은 무기를 놓고 전쟁 당사자임을 포기하고 기존의 국가의 지배로 복귀하는 조건으로 현 정부와 군부 그리고 공수부대에 대한 윤리적 우월을 확보하겠다는 의사를 공식적으로 표명했다. 일반적으로 국가로서 시민공동체에게 윤리적 우월을 인정하는 것은 자연스런 일일 것이다. 그러나 신군부로서는 당시 공수부대의 행위가 백일하에 드러나는 것은 그들의 생존을 위해 도저히 받아들일 수 없는 것이었다.[17] 국민들에 대한 그 같은 행위는 윤리적 열등감에 그치는 것이 아니라 인류에 대한 범죄였기 때문이다. 광주 시민들은 '피의 값'을 받지 않고서는 무기를 놓고 국가의 지배 하로 돌아갈 수 없었고 그 이유는 무엇보다 공수부대에 의해 짐승 이하의 취급을 받고 영원히 '폭도'로 남을 수는 없었기 때문이었다.

광주는 절해의 고도였다. 항쟁을 결의한 젊은이들에게 마지막 언명은 '광주 사수'였다. 계엄군의 군사력 앞에 그들은 광주를 지킬 수도 없고, 도청을 지킬 수도 없으며, 사과를 받아낼 수도 없고, 민주화를 이룰 수도 없다는 사실을 알았지만 외상 없는 '피의 값'을 위해, 언젠가 광주 시민의 명예회복과 부활을 위해서는 누군가 거기서 죽어야만 한다는 것을 알았다. 그들은 전쟁이나 혁명을 위해 죽음을 택한 것이 아니라 광주공동체, 민족공동체의 도덕성과 명예를 위한 것이었다. 살아남은 자들의 십자가는 그들이 용감하게 싸우지 못했기 때문이 아니라

17　1980년 6월 육군본부의 〈광주사태의 진상〉은 '유언비어'에 대하여 다음과 같이 말한다. "유언비어의 근원지는 말할 것도 없이 국민총화를 깨뜨리고 사태를 악화시켜 전복시키려는 북괴 간첩들의 농간과 불순시위 주동자, 현실 불만 세력들의 막연한 추축에서 날조된 것이 분명하며 이러한 내용들은 수많은 외신을 통하여 한국이 마치 공포와 불안의 도가니인 양 보도되어 국위(國威)를 실추시켰고 북괴의 대남 모략, 비방 선전에 이용됨으로써 그들의 적화전술에 그대로 부합되는 엄청난 결과를 초래했다."(전사연 1988, III-13, 223) 이 말은 당시 군부의 치부를 실토하고 있다고 보인다.

그 젊은이들을 희생의 제단에 바침으로써 그들이 인간일 수 있었기 때문이다.

계엄분소에서 '폭도'라는 말을 자제하고 '과잉 진압'을 일부 시인했듯이 이 기간 동안 계엄사는 광주 시민들을 자극하지 않고 투쟁의 열기를 식혀 무력으로 단시일에 재진입할 수 있는 여건을 만드는 데 진력했다. 계엄사는 '광주사태'가 일단 언론에 보도된 이상 언론사들로 하여금 기사와 사설을 계엄사의 엄격한 통제 하에 쓰도록 하고 공식 발표나 성명은 정부 이름으로 발표되도록 했다. 첫 번째는 22일의 신임 박충훈 국무총리 서리의 담화였다. 그는 광주에 들어가지 않고 송정리에서 브리핑을 받은 후 담화를 발표했고 내용은 선량한 시민을 '폭도'와 구분하고, 이 '폭도'들은 학생들이 아님을 지적했으며, 군은 자제했고 현재 광주는 '치안 부재' 상태임을 강조했다. 그는 계엄사의 입장을 지지하며 시민들을 자극하지 않으려 했으나 결과적으로 '폭도'라는 말을 수차례 사용했다. 이에 시민들은 더욱 흥분했다.

이 시기에 전국 언론은 일반적으로 선량한 시민들의 수습 복구 노력을 지원하는 한편 대조적으로 그간에 파괴된 시가지 사진, 길에서 불타는 차량에서 나오는 검은 연기가 치솟는 사진들을 계속 보여주었다. 한편으로 정부와 언론이 시민들을 걱정하고 있음을 보여주고 소수의 '폭도'들을 시민들과 나누어 이야기했다. 이 시기 신문에는 18일부터의 간단한 사건 일지들이 실렸다. 여기에는 공수부대에 대한 기사는 전혀 없고 천편일률적인 폭동 일지만 게재되었다. 사건 일지 중에서 그나마 행간을 읽을 수 있는 것은 《동아일보》 정도였다.[18] 일간지 7면, 사

---

[18]　예를 들어 22일에 나온 사건 일지에는 "19일부터는 전 시민이 가담하는 데모", "전 시민적 항거의 형태를 띤 채", "'같이 죽자'고 외치고", "극심한 방법을 써 시민들을 분노케 하고 시민들의 가세 계기를 주었다"는 등의 말은 폭동 일지 뒤에 무엇이 있음을 시사했다. 이 일지는 어떤 이유에서인지 날짜를 역으로 추적하여 작성되었다.

회면에는 시민들이 거리를 청소하는 사진과 기사, 무기를 회수하며 질서를 찾으려는 노력에 대한 기사들이 게재되곤 했고 대학생들은 늘 선량한 집단으로 보도했다. 이 기간에 신문들은 5·18을 사설에서 취급했고 이들의 입장은 유사했다. 공통적으로 모두 평화적 해결을 강조하고 '유언비어'를 경계할 것을 말하고 있었다. 그러나 《조선일보》는 23일과 25일 사설에서 "당장은 잘잘못을 따질 때가 아니다"라며 국가의 안위에 중대한 문제이므로 조속한 해결을 주장한 반면, 《동아일보》는 24일 사설에서 아무런 설명 없이 "통한", "통분" 등의 말을 쓰며 "대경대도大徑大道 아닌 미봉책은 금물이라는 점을" 강조하여 무언가 말이 되지 않은 부분이 있음을 시사했다.

또한 빼놓을 수 없는 이 시기의 대표적인 담론은 25일 밤 9시, 10시, 10시 30분 등 세 차례에 걸쳐 라디오와 TV로 전국에 방송된 '최규하 대통령 특별담화'였다. 이 담화는 이미 27일 0시 이후 '의명 실시한다'는 작전명령이 25일 오전에 하달된 이후에 짜여진, 정치적 수순에 따라 쓰인 유화 제스처였다. 이 글은 광주 시민들을 자극하지 않고 자신이 얼마나 시민들을 걱정하고 있는지를 강조하는 매끄럽게 쓰인 글이었다. 그는 대화를 통해 해결되어야 함을 강조하고 있지만 북괴 도발 위험에 대한 우려를 표명했다. 국가안보와 시간의 논리는 정부와 언론 담론의 핵심이었다. 전국 일간 신문 26일 조간에 대통령 담화문 바로 옆에는, 25일 저녁 광주도청은 '강경파'가 주도권을 잡았다는 기사가 크게 실렸고 살벌한 분위기가 극에 달했다는 흑색선전이 실려 대조를 이루었다. 이 대조적인 지면에서 독자들은 누구나 무력 진압이 임박했음을 직감했다. 이에 앞서 24일 석간과 25일 조간에는 서울역에서 남파간첩이 검거되었다는 기사가 실렸다. 그의 남파 임무는 광주에 침입하여 선동하는 것이며 특이한 점은 강렬한 파괴 활동을 위해 환각제를 소지하고 있었다는 것이다.[19]

   폭력과 언어의 정치 : 5·18 담론의 정치사회학

5월 27일 새벽 계엄군 작전에 대한 기사는 활자는 컸지만 내용은 별로 없었다. 이후에는 1면보다는 주로 7면, 사회면에서 광주 문제를 다루었고 내용은 복구 노력과 이에 대한 정부 지원 그리고 전국적인 '광주 시민 돕기 운동'에 관한 것이었다. 물론 모든 신문들은 어려운 여건에서 질서를 지켜온 선량한 광주 시민들의 노력에 칭찬을 아끼지 않았다. 이 기간에 눈에 띄는 기사가 있다면 29일과 30일의 《중앙일보》 7면 기사였다. 29일에는 결코 물질적 지원으로 해결되지 못할 무거운 광주 분위기와 해명 촉구에 당혹스러워하며 떠나는 도지사의 모습을 통해 무언가 커다란 응어리가 있음을 시사했다. 다음날에는 무정부 상태의 광주에는 강력사건은 거의 없고 오히려 미덕이 꽃피운 도시였다는 그간의 검은 연기가 여기저기 피어나는 '무법천지'에 대한 보도와는 상반되는 기사가 실렸다.

심판의 시대, 신군부에 의해 조작되다

27일 새벽 계엄군의 무력 진압으로 5·18은 열흘 만에 종지부를 찍었다. 하늘에는 헬리콥터들이 무력시위를 벌이며 고성능 확성기를 통해 '시민들은 집에 있을 것', '공무원들은 일찍 출근할 것' 그리고 '폭도들은 자수할 것'을 명령함으로써 이제 모든 것이 끝났음을 알리고 누구에게 힘이 있는가를 눈과 귀로 확인시켰다. 군인들은 시내 곳곳에 배인 시민들의 함성과 땀과 피 내음을 지우려는 듯, 전염병이 창궐하는 저주받

---

19 이 기사의 경중은 신문마다 달랐다. 특기할 사항은 《대구매일신문》은 24일 광주에 대한 기사 바로 옆에 매우 크게 이를 보도하고, 그 밑에는 '군중이 잡은 3명 고정간첩 판명' '전옥주 여인 등 3명'이라는 기사를 실었다. 이 신문은 5·18에 대한 모든 기사는 합동과 동양 두 통신사에서 배급받은 것임을 매번 잊지 않고 밝혔다.

은 도시처럼 광주 시내를 소독했다. 5월 18일부터의 열흘간의 시대가 무엇이었는가를 정의할 수 있는 특권은 이제 당분간 군부가 독점했고 31일 계엄사는 〈광주사태〉라는 글을 발표했다. 이 발표의 전문과 해설은 모든 일간지 1면에 보도되었고 이 기사 옆에는 '국가보위비상대책위 설치'에 대한 기사가 눈길을 모았다. 계엄사의 발표는 나름대로 면밀하게 짜인 논술이었다.

　우선 이 글은 5·17 계엄 확대 후 유독 광주에서만 학생들이 문제를 일으켰음을 강조한다. 그러고는 현실의 무게를 느낀 듯 '과잉 진압'에 대하여 기가 막힐 표현으로 인정하고 동시에 기각했다. "다 같이 혈기 왕성한 젊은 군인과 학생들은 감정이 폭발, 욕설과 고함으로 대항하기에 이르렀으며"라고 상황을 묘사했다. 나머지 부분은 이미 발표된 시나리오를 확대한 것이었다. 우선 종전대로 '유언비어'에 모든 광주 시민들의 힘을 전가했다. "냉철한 이성으로써는 상상할 수 없는 지역감정을 촉발 선동하는 말들이 삽시간에 전 광주 시내에 퍼져, 시민들을 흥분시키고 시위 양상을 극렬화하게 되었던 것이다." 그러고는 '유언비어'를 퍼뜨리고 시민들을 선동한 것은 "고첩과 불순분자의 계획적 소행"이었다는 것이다. 이에 대한 증거로 교도소 앞 충돌 그리고 〈투사회보〉 등을 들었다. 그리고 '폭도'의 대부분은 "불량배와 특정 정치 목적을 가진 불순분자"들이며 학생은 30퍼센트 정도였다는 점을 강조했다.

　배후세력으로 두 집단을 지목했다. 첫째는 불순분자와 간첩이며, 둘째는 "불순한 정치적 목적을 달성하기 위하여 학생소요 사태를 배후 조종해온 김대중이 광주시의 전남대와 조선대 내 추종 세력(주로 복학생 중심)들을 조종 선동하여 온 것이 소요 사태의 발단이 되었고 사태의 악화와 폭동의 과정에서 광주 시내 골수 추종분자들이 단계적이며 조직적으로 이를 격화시킨 사실이 수사 과정에서 계속 판명되고 있"다는 것이었다.(전사연 1988, III-4, 173-5) 이로써 군부는 핵심적 음모 정치 집단에 대해 두 개의 선택 여지를 갖게 되었다.

이 발표에 따르면 민간인 사망자는 144명으로 내용 분석이 대단히 흥미롭다. 교도소 앞에서 28명이 사망했고 이들은 좌익수들을 풀어주려 한 '불순분자'이며, 다음 "음주 및 과속으로 인한 전복 충돌 등의 교통사고 32명"이며 이 숫자는 '무법천지'의 결과이며, 자체 오발사고 15명, 폭동 저지 과정 17명—이 숫자는 27일 재진입 시에 발표된 사망자와 동일한 숫자로 그 이전에는 한 명도 사망한 사람이 없다는 억지이며—마지막으로 "나머지는 자체 강온파 간의 충돌에 의한 살인 자행"으로 인한 것이었다고 제시했다. 이 마지막 숫자는 밝히지 않았지만 계산해보면 자그마치 52명이나 된다.

긴 침묵 끝에 6월 2일 발간을 재개한 《전남일보》는 5·18 관련 시리즈를 게재했다. '무등산은 알고 있다'라는 너무나 익숙한 유행가 가사 같은 제목은 광주 시민들의 울음보를 터뜨렸다. 끝없는 진실의 심연과 지면을 가리고 있는 특호 활자들의 어색한 침묵 사이에는 한恨의 강이 흘렀다. 이 말 못하는 기사가 계속 부르짖고 있는 말은 '시민'이었다. 반복되는 '시민', '광주 시민'이라는 말은 5·18 동안 광주 시민들이 뜨겁게 느꼈던 공동체의 이름이었고 이 이름은 또한 전국의 모든 언론들이 찬양하는 대상이기도 했다. 물론 여기서 말하는 '시민'은 '무장 폭도'나 '현실 불만 세력'을 포함하는 것이었다. 이 시기에 만들어진 유족회는 그 이름에 '의거'라는 말을 썼고 그 이유는 5·18을 4·19와 맥을 잇기 위함이었다. 또한 같은 날 《전남매일신문》에는 김준태 시인의 시 〈아 아 광주여! 우리 민족의 십자가여!〉가 어떤 과정을 통해 많이 삭제되긴 했지만 게재되었다. 온 광주 시민들은 이 시를 읽고 울음을 터뜨렸고 많은 시민들은 몇 십, 몇 백 부씩 사서 전국에, 외국에 있는 친지들에게 보내기도 했다. 《전남매일신문》은 곧 폐간되었다.

6월 중에는 곧 5·18의 진실에 대한 작자 미상의 유인물들이 나돌기 시작했다. 이 유인물들은 5월 31일 계엄사 발표를 정면으로 반박하는 내용을 담고 있었다. 6월 천주교 광주대교구 사제단의 〈광주사태에 대한 진상〉은 공수부대의 만행을 고발하고 투쟁 기간 동안의 높은 시민정신을 여러 가지 증거를 동원하여 주장했다.(전사연 1988, Ⅲ-5, 177-9) 1980년 6월 중에 배포된 5·18에 관한 대표적인 글은 작자 미상의 〈찢어진 깃폭〉과 〈광주 시민의거의 진상〉이었다. 이 두 글은 대조적인 톤과 시각에서 쓰인 것이지만 모두 계엄사 발표문을 반박하는 의도를 명백히 하고 있다. 전자는 개인의 경험을 소상히 추적하며 자신이 겪었던 감정을 상세하게 극적으로 묘사했다. 그들이 싸운 것은 가장 원초적 인륜에 근거한 것이며 이러한 윤리적 판단은 뜨거운 투쟁의 공동체로 응집되고 확인되었다. 이 투쟁의 비극적인 종말과 재림의 약속은 길거리에 총 맞아 죽은 어린아이 손에 들려 있는 "찢어진 채 펄럭이는 피에 묻은 깃폭, 구멍 뚫린 저 태극기"의 모습으로 상징되었고 그 피비린내 나는 투쟁의 몫은 태극기 그리고 고향의 "어머니의 젖가슴" 같은 땅에 대한 무한한 사랑으로 상징되었다.(전사연 1988, Ⅲ-8, 186-91)

한편 〈광주의거의 진상〉은 하나의 본격적 학술논문이었다. 5·18은 돌발적 사태가 아니라 "박 정권 18년 독재 하에 성장한 민주 역량의 구체적 표현"이라고 주장한 후 70년대부터의 민주화운동의 역사를 체계적으로 재정리한다. 그리고 공수부대의 만행을 면밀히 예를 들어 고발하고 정부 발표 특히 폭도론, 불순분자론 그리고 지역감정론을 조목조목 반박했다. 나아가서 저자는 자유주의자로서 최초로 미국에 대한 시각 전환을 주장했다. 우리는 미국의 수없이 명분 없는 행위에 눈감아 왔다. 그러나 5·18에서 미국이 동족 대량 살육에 동의한 것은 용서할 수 없으며 "우리는 미국을 새로운 눈으로 주시해야 한다"고 했다.(전사연 1988, Ⅲ-9, 193-207) 이 글은 5·18 담론의 새로운 장을 연 중요한 작품이다. 첫째로 5·18은 결코 우연한 사건이 아니라는 점을 지적하고

     폭력과 언어의 정치 : 5·18 담론의 정치사회학

우리의 민주화 투쟁 역사에서 벌어질 수밖에 없었던 필연적인 사건으로 파악했고, 나아가서 미국은 이제 단순히 우리의 혈맹이라는 일차원적 시각에서 벗어나야 한다고 계몽했다.

6월에는 육군본부 명의로 〈광주사태의 진상〉이라는 또 한 차례의 발표가 있었다. 이 글은 위에 제시된 글들과 전략적 관계에 있다고 보이며 동시에 5월 31일의 계엄사 발표를 수정 보완하는 목적도 가진 것이었다. 우선 '폭도'와 관련된 부분에서는 흑색선전을 강화했다. 이에 따르면 20일에 '불순분자'들은 소총을 탈취하여 "무차별 사격을" 가하고, LMG 두 정을 설치 난사하여 120여 명의 사상자를 내고, "밤이 되자 난동 폭도들은 탈취한 총으로 시내 곳곳에서 총격전을 벌렸"다는 등 이전의 발표보다 더욱 극화시켰다.

그러나 주된 변화는 발단과 원인에 관한 것이었다. "5·17 조치 이후 서울에서의 반정부 활동이 불가능해지자 김대중 추종 세력들을 포함한 서울 학생 시위를 주도해온 서울대, 고대 등 재경 대학의 호남 출신 문제 학생들과 깡패들까지 합세, 광주로 잠입하여 그 지역 깡패들과 어울려 정부에 대한 오해가 팽배해 있는 현지 민심을 선동하여"라고 하여 일차적 정치 세력을 '불순분자, 고첩'에서 '김대중 추종 세력'으로 교체하여 김대중을 스타덤에 올려놓았다. 그리고 "고정간첩 등 용공분자들"은 이번에는 조연으로 밀려났다. 물론 다시 '유언비어'는 결정적인 역할을 했고 이 '유언비어'와 선동에 다른 요소를 첨가시켰다. "'잘사는 놈들은 모두 잡아 죽여야 한다'는 등의 구호를 외치며 구두닦이, 넝마주이, 양아치, 공원, 전과자, 무직자 등 불만 세력의 참여를 유도시켰고"라고 하여 이 도시 룸펜들을 김대중에 이어 스타로 부상시켰다. 배후세력으로는 1) 김대중 추종자, 2) 깡패 및 룸펜, 3) 용공 간첩의 순서로 배열했다.

나아가서 '과잉 진압'에 대하여는 다음과 같은 궤변을 늘어놓았다.

물론 난동으로 화하기 직전 일부 군의 과잉 제지가 시민의 감정
을 선동했다고 하여 잘잘못을 가리려는 시비론도 대두했지만 마
치 사태 악화의 원인이 지역감정의 폭발에 있는 것같이 알려지는
것은 대국적으로 보아 크게 잘못된 것이며 일부 불순분자들이 지
역감정을 촉발 악용하는 것이 저들의 목적 달성을 용이하게 할
것이라는 계산 하에 저질러진 것으로 국민들은 생각하고 있는 것
이다.

이 문장은 가히 신군부의 지적 수준을 가늠케 하는 예로, 실로 가
관이라 할 것이다. 그 의도는 공수부대의 만행과 유언비어, 지역감정을
한데 묶어 공수부대의 만행을 들먹이면 광주 시민들의 아픈 부분을 건
드리도록 담론들 간의 연계 고리를 설치하는 것이었다. 마지막으로 연
행자 730명을 분류하고 있다. 학생은 이 중 18퍼센트에 불과하며 나
머지는 "무직, 공원, 날품팔이 등 노동자 그리고 넝마주이들"이라는 사
실을 강변했다.(전사연 1988, III-13, 221-6) 이 글은 장기적 계획 하에
서 쓰인 것으로 보인다. 이전까지 5·18을 불순분자, 고첩들의 작품으
로 매도한 후에 이번에는 '김대중 추종 세력'을 그 자리에 넣어 김대중
을 불순분자로 5·18과 한 배에 태워 보내고, 5·18을 '시민의거'로 보
는 시각에 재를 뿌리기 위해 도시 룸펜, 우범자 집단을 '폭도'의 주 세
력으로 부각시켰다. 이는 물론 중산층으로 하여금 5·18에서 정을 떼도
록 하는 방책이었다.

당시 5월까지 광주 시민 측의 담론이 투쟁의 의미와 방향을 찾는
과정이었다면 군부의 담론은 통제되고 전략적으로 구상된 것이었다.
광주 시민들의 담론은 결국 투쟁의 명분과 의미를 연결시키는 데 성공
적이었다고 말할 수는 없을 것이다. 특히 그들은 해방 기간을 통해 담
론의 딜레마를 헤쳐 나오는 데 긴 여정을 겪지 않으면 안 되었다. 반면

    폭력과 언어의 정치 : 5·18 담론의 정치사회학

후자는 당시에 군사력과 폭력 수단의 조건에 따라 톤이 조절되고 있었고, 힘이 교착 상태에 빠졌을 때는 담론을 자제하는 전술도 구사했다. 그러나 모든 힘의 우열이 가려지고 사건을 자신들이 규정할 시간이 왔을 때 그들은 원래의 시나리오로 돌아가 가차 없이 심판했다. 유언비어론은 5·18에 대해 떠들고 다니는 사람들을 잡아갈 수 있는 권력의 명분으로 사용했고, 불순 정치 집단론은 구속한 사람들을 고문할 폭력 수단의 배경으로 제시되어 눈에 가시 같은 정치인을 제거하는 데 사용했다. 한편 유언비어론은 동시에 사건의 궁극적 원인을 광주 시민들 가슴 속에 깊이 내재하는 '지역감정'으로, 5·18과 같은 사건을 통하지 않고는 객관적으로 증명할 수 없는 잠재된 성향으로 지목하여 피해자를 죄인으로 몰아세웠다.

ⓒ 5·18기념재단

ⓒ 5·18기념재단

공수부대의 폭력은 당하는 사람을 위한 것이 아니라 보는 사람들을 위한 것이었다.
5·18 광주는 폭력극장이었다. 죽거나 살거나가 문제가 아니라 처참하고 눈뜨고
볼 수 없게 패고 찌르고 자르는 등 엽기적인 장면을 연출하는 것이 진압의 기본
원칙이었고, 이를 위해 특수 진압봉과 대검을 사용했다

3

부활의
언어

1980년 6월 이후 5·18에 대한 이야기는 거의 들리지 않았다. 물론 그것은 주로 '5공' 정부의 탄압 때문이었다. 그에 대한 이야기는 1983년 말의 학원자율화 조치에 따른 학생운동권의 부흥과 함께 비로소 다시 시작되었다. 4년간의 동면은 심오한 변화가 준비되고 있는 과정이었다. 학생운동권은 5·18을 통해 세상을 다시 보고 5·18을 연구하여 투쟁의 방향을 설정하고, 그들의 존재를 정당화해오고 있었고 그들은 1984년과 85년을 통해 5·18을 다시 해석하는 글들을 발표했다.(강신철 외 1988, 95) 이 시기에 이르면 5·18 담론은 학생운동권에 의하여 독점되었다. 금지된 이야기를 감히 할 수 있는 유일한 사람들은 그들뿐이었다.

1984년 5월 19일 민주화운동청년연합의 〈아, 5월이여! 영원한 민주화의 불꽃이여!〉는 5·18에서 '민중'을 발견하여 투쟁의 새로운 노선을 제시했다. '민중'이라는 우리 시대의 정치 언어는 이들이 발명한 것이었다. 민중은 세 가지 '민民'의 세 번째이자 앞의 두 '민'을 포괄하는 개념이었다. "80년 5월의, 독재를 타도했던 '민주'는, 외세를 배격하고 통일을 외치던 '민족'은, 경제적 평등을 실현하려 했던 '민중'은 5월 광주의 기억 속에 아직도 생생히 살아 있다."(민중문화운동협의회(민문협) 1985, 428) 민족이 통일의 주체라면, 민중은 "민주화운동의 주체"였다. 민중에는 노동자, 청년, 학생, 농민, 종교인 등 "극소수의 특권층을 제외한 모든 대중"을 의미하는, 즉 최소한의 지배층을 제외한 포괄적인 것이었고 위에서 제기하듯 "경제적 평등을 실현하려 했던" 계층을 의미한다. 민중은 동시에 계급적이며, 민족적이며, 정치적이자 경제적인 범주

   폭력과 언어의 정치 : 5·18 담론의 정치사회학

였다. 1984년에 이르면 운동권의 담론에서 민주주의의 주체는 시민이 아니라 민중이었다. 민중론은 곧 광범위한 설득력을 얻었다.[20]

이어 1985년 4월 한국기독학생총연맹 명의의 〈아! 광주여! 민족의 십자가여!〉는 5·18은 학생운동에 몇 가지 중요한 교훈을 주었다고 했다. 첫째는 한국 민중의 잠재력이며, 둘째는 미국의 문제이며, 셋째는 진정한 투쟁의 자세이며, 넷째는 조직의 필요성, 마지막은 좀 더 철저한 과학적 인식과 실천의 고도화를 일깨워주었다는 것이다. 이 글은 이른바 삼민주의의 한 유형을 보여주고 있는데 그들의 운동 목적은, 첫째 "참다운 민주주의의 확립이며", 둘째는 "여러 외세들 사이에서 획득해야 할 민족 생존권의 보장이며", 셋째는 "경제적, 정치적 문화적 소외와 불평등을 제거하는 민중해방의 실현"이라는 것이다.(전사연 1988, III-20, 262) 그러나 더 중요한 것은 민족, 민주, 민중의 세 개념은 유기적인 통일체이며 따라서 이 세 가지 목표는 결코 단계론적 사고에 빠져서는 안 되며 "동시에 해결할 수밖에 없다"는 것이다. 이 글은 1985년에 이르러 투쟁의 방향은 이미 부르주아 민주주의를 극복하고 혁명노선을 지향하고 있음을 보여준다.

삼민주의는 1985년을 전후하여 학생운동권 및 재야운동권의 패러다임이었고 이들의 '철저한 과학적 인식'이라 함은 이 틀의 논리적 구조를 보완해나가는 것이었다. 여기서 지적해야 할 것은 '삼민三民'이 왜 동시에 해결되어야 하며 단계론적 사고는 금물인가는 논리적 설명이 없는 전체성주의의 도그마라는 점이다. 이 글이 보여주고 있는 또하나의 도그마는 주체론이다. 주체론은 이 시기 학생운동은 부르주아

---

20 5·18 4주년을 맞이해 5·18광주의거유족회회장 전계량은 〈추모사〉에서 "그러나 가신 님들의 뜻이 목숨을 버리고 의를 따름이 오직 이 나라의 민주주의와 갈라진 땅의 통일이었다면 진정한 민중의 승리만이 참된 보상이요, 위안이요 위대한 찬사임을 압니다"(민문협 1985, 432)라고 해 '민중의 승리'가 곧 역사의 목표임을 내세웠다.

민주주의론의 틀을 벗어났다는 또 하나의 지표였다. 마지막으로 1985
년에 이르면 5·18 현실의 일부를 운동의 필요에 따라 과장하는 행태가
나타나기 시작한다.[21]

그해 5월투쟁의 와중에 두 개의 5·18에 대한 해석이 제시되었
다. 전국민주학생연합의 〈광주민중항쟁의 현대사적 재조명〉과 전남대
학교 총학생회 학술부의 〈5·18 민중혁명성 고찰〉이라는 두 편의 글은
대단히 과감한 해석이었다. 전자는 비교적 객관적으로 5·18의 배경과
전개 과정 그리고 광주 지역의 경제적 계급적 특수성을 분석한다. 그러
나 이 해석의 특징은 민중은 피동적으로 등장한 것이 아니라 이미 이
전의 운동에 의하여 의식이 성숙된 단계에 있었다는 것이다. 나아가서
"민중들은 현실을 변혁하고 역사를 창조할 수 있는 힘과 형식을 보여주
었"다는 것이다. 그러나 무장투쟁의 문제에서는 조심스러운 입장을 취
하며 민중의 무장과 폭력은 자기방어 수단이었다는 점을 강조했다.(전
사연 1988, III-22, 273- 81)

반면 전남대학교 총학생회 학술부의 글은 5·18의 민중을 낭만적
인 시각에서 그들의 혁명적 의식은 이미 충만되어 있었다고 주장한다.
5·18은 남한에서 해방 이후 누적되어왔던 "반봉건, 신식민지로서의 정
치, 경제적인 모순이 민중들에 있어서 혁명적 폭발"로 나타났다. 광주
민중은 제국주의의 모순과 반봉건체제의 모순이 누적된 상황에서 그들

---

[21]　예를 들어 "광주민중항쟁은 이러한 한국 민중의 민주화에의 열망을 5·17
군사쿠데타로 무참히 짓밟은 정치 군부세력에 대항하기 위하여 일어났다. 30만
광주 민중들은 5·17 군사쿠데타에도 굴하지 않고 '계엄 철폐', '최규하 과도정부의
즉각적 퇴진', '전두환 물러가라', '김대중 및 민주인사, 학생들의 즉각적 석방', '구국
민주 과도 정부의 수립', '광주 시내에 배치된 계엄군의 즉각적 철수' 등을 주장하면서
평화적 시위를 감행했다. 그러나 이에 대해 전두환 군부세력은 공수특전대을 파견
유혈 탄압을 지시함으로써 민족사에 지울 수 없는 상흔을 남긴 광주대학살극을
연출한다."(전사연 1988, III-20, 260)

　　　　　　　　　폭력과 언어의 정치 : 5·18 담론의 정치사회학

의 소외를 뚜렷이 의식하고 20일부터는 혁명적 투쟁을 창조적으로 전개해나갔다. 나아가서 그들은 이미 반미의식을 갖고 높은 혁명의식으로 "민중혁명의 최고 형태인 내전內戰으로 질적 비약"을 하게 되었다.(전사연 1988, III-34, 389-402) 5·18 5주기를 맞아 발표된 이 글은 역사적 사실을 대가로 스러져간 망령들의 명예를 혁명의식으로 회복시켜주었다. 5·18은 단순히 학살당한 비극의 역사가 아니라 이 땅의 민중들이 우리 민족이 처한 모순에 대한 첨예한 의식을 배경으로 이를 극복하기 위해 싸운 혁명적 투쟁이라는 것이다.

1985년 5월투쟁의 시기는 한편으로 충격적인 '선도투쟁'이 준비되고 비약 발전한 학생운동은 5·18에 대해 과감한 해석을 경쟁적으로 제기했다. 그러나 이러한 해석들은 1984년에 제기된 해석의 기저에 깔려 있는 방향이었다. 1985년 5월은 이미 설정된 방향이 좀 더 선명히 부각되고 대중화되는 시기였다. 아울러 이 시기에 〈광주민중항쟁의 현대사적 재조명〉은 최초로 '민중항쟁'이라는 새로운 명칭을 제기했다. 민중은 5·18 안에서 발견되어 다시 5·18 자체를 규정한 셈이다. 그러나 '민중항쟁'이라는 말은 민중이 영웅적 투쟁을 벌였음을 강조하는 말로써 5·18 진상규명과 책임자 처벌을 요구하고, 민중이 피해자임을 강조할 경우에는 '광주학살'이라는 말을 따로 사용해야 했다.

5월 23일 전국학생총연합 광주학살원흉처단위원회 명의로 시도된 서울 미문화원 점거농성은 우리 사회 전체에 엄청난 충격을 던졌다. 이 사건은 5·18 이후 광주 지역에 확산된 미국에 대한 적개심이 표출된 사건이기도 했지만 동시에 당시 전국 운동권의 전략적 선택에 의한 것이었다. 미국은 5·18을 방조 협력한 나라일뿐더러 미국문화원은 우리 경찰이 함부로 진입하지 못하는 실제적으로 '치외법권' 지역임을 감안하여 시간을 갖고 그들이 원하는 바를 대외적으로 널리 알릴 수 있는 유일한 장소였다. 이 사건으로 인하여 비로소 5·18은 공공의 논의 주

제로 떠올랐다. 5월 30일 신민당은 광주사태 진상조사를 위한 국정조
사결의안을 국회에 제출했고 6월 7일 윤성민 국방부 장관은 국회 국방
위원회에서 '광주사태 보고'를 제출하지 않을 수 없었다. 이 보고서는
1980년 6월의 발표 이래 정부가 제출한 처음이자 마지막 보고였고 그
내용은 전과 크게 다르지 않았다. 다만 정치적 상황을 고려하여 '폭도'
라는 말 대신 '난동자'라는 말을 썼고 1980년 6월에는 과잉 진압론을
일축했던 데 비해 다시 부분적으로 수용했다는 점이 다를 뿐이었다.

　　7월부터 전국 월간지들은 미문화원 사태와 관련지어 '광주사태'
를 경쟁적으로 보도했다. 나아가서 이해 5월 황석영의《죽음을 넘어 시
대의 어둠을 넘어》가 출판되었다. 이 책은 곧 판금 조치되었지만 실제
로 엄청난 파장을 불러일으켰다. 제한된 부수의 책들은 서울뿐만 아니
라 전국적으로 그리고 해외에서도 광범위하게 읽혀 5·18에 대한 관념
을 바꾸는 데 크게 기여했다. 이때부터 전국 언론에 의해 5·18은 거의
모두 광주 시민의 시각에서 쓰이기 시작했고 대부분의 국민들은 당시
군부의 5·18에 대한 발표를 진지하게 생각하지 않았다.(조갑제 1988,
176) 또한 같은 해에 광주에서 홍기일 열사가 분신한 사건은 5·18의
전사들, 아직 20~30대에 불과한 수많은 젊은이들을 각성시켰고 이때
부터 유관 단체들이 활동적으로 투쟁에 나서는 계기가 되었다.

　　1987년 6월 항쟁은 5·18의 한 결과이기도 했지만 5·18 담론
에 큰 변화를 초래했다. 첫 번째 요인은 대통령 선거였다. 여당으로서
는 김대중을 복권시켜 김영삼과 경쟁시켜야 노태우의 당선이 가능했
고, 김대중이 복권되어야 한다면 당연히 5·18도 복권되어야 했다. 6월
항쟁 이후 정치가들은 앞 다투어 5·18과 민주화에 대한 견해를 밝혔
고 노태우 역시 7월 2일 자신의 의견을 밝혔다. 12월 대통령 선거에 이
어 1988년 2월에는 민주화합추진위원회(민화위)가 결성되어 증언을 청
취하는 등 활동을 시작했다. 정부는 민화위의 권고에 따라 4월 1일 〈광

　　　　　　　　　　　　폭력과 언어의 정치 : 5·18 담론의 정치사회학

주사태 치유 방안〉을 발표했다. 이 발표는 과잉 진압을 인정하고 이에
대해 국민에게 사과했다. 나아가서 5·18은 '민주화 노력의 일환'이었
다고 공식적으로 일부 복권시켰고 부상자 및 유가족에 대한 보상을 발
표했지만 책임자 처벌은 불필요하다는 입장을 제시했다. 이제 5·18에
대한 모든 글들은 광주 시민의 시각에서 쓰이고 있었고 1980년을 통해
계엄사가 준엄하게 발표한 5·18 담론들은 대부분 잊혀지기 시작했다.

이 시기는 5·18 담론의 확산과 함께 학생운동권과 재야운동권
그리고 노동운동이 양적으로 팽창하고 그들의 언어는 과격화되어가던
때였다.[22] 1989년 《노동해방 문학》 5월호에 실린 이정로의 〈광주봉기
에 대한 혁명적 시각 전환〉은 5·18 해석의 정치적 성격을 단적으로 드
러내는 논술이다. 이 글이 과연 독창적 해석을 보여주고 있는가에 대해
서는 회의적이다. 해석의 기본 골격은 상당 부분 이미 1985년의 해석
에 근거하고 있는 것으로 보인다. 그러나 1985년의 글이 운동권 내부
자료 성격을 지닌 간략한 글이었다면 이정로의 글은 전국의 노동계와
지식인들을 향한 글이었고 나아가서 그간 서로 가르지 않고 공존해왔
던 민주화론 시각의 민중론을 과감히 비판하고 나섰다는 점에서 눈길
을 끈다.

이정로는 시민군, 민중들의 "투쟁 주력이 노동자계급"이었다는
점을 강조한다. 이미 민중은 1984년부터 계급적 성격을 갖고 있었지만
당시는 포괄적 성격을 강조하여 군사정권에 대한 폭넓은 동맹체를 형
성하려 했고 따라서 프티부르주아 집단들의 중요성을 간과하지 않았

22　당시 5·18과 관련하여 과격하고 감정적인 언어를 구사하던 대표적인 단체는
민주통일민중운동연합(민통련)이었다. 그들은 결코 과격한 이념을 표방하지는 않았고
다만 민주화운동의 틀에서 선동적 언어를 구사했던 것으로 보인다. 물론 '민주주의'와
'궐기하라'는 선동적 언어는 서로 어울리지 않으며 이른바 '재야'와 '운동권'은 당시
무언가 '민주화' 이상을 요구하고 있었던 것으로 보인다.(민민연 편 1989)

다. 반면 이정로는 6월 항쟁 이후 운동권 세력의 확대를 의식한 듯 이제는 투쟁의 주역은 노동자계급임을 만방에 선언했다. 5·18 민중이 투쟁적이었다면 그것은 노동자계급이 주역이었기 때문이다. 이로써 5·18은 한국적, 호남적 특수성에서 벗어나 맑시즘Marxism의 계급투쟁과 혁명의 논리로 보편화되었다. 나아가서 민중을 피해자로 그리고 군부에 의해 사전 조작된 사건임에 분개하여 저항한 '순진한' 사람들로 옹호하는 자유주의자들을 비난한다. 이정로는 5·18의 노동계급은 지도 기관을 갖고 있었고 이들은 "반란"을 조직했고 기어이 "임시 혁명권력"을 창출했다는 것이다. 물론 이들은 시간의 제약에 의해 성공하지 못했지만 명백한 계급적 적대감과 투쟁의지 그리고 혁명의식을 갖고 있었다. 나아가서 이정로는 5·18의 무장봉기를 그들의 혁명투쟁의 의지가 꽃핀 사건으로 보고 5·18의 핵심적 교훈은 "권력의 문제"이며 자유민주주의를 생각하는 부르주아 집단과는 결별하여 노동자계급의 주도권을 확립해야 한다고 주장했다.(이정로 1989, 24-36) 이 시기에 이르러 운동권의 5·18 해석은 계급혁명론으로 그리고 무장투쟁을 찬양하는 입장으로 치달았다.

1989년에 일어난 중요한 담론의 발전은 5·18을 사회과학의 영역으로 확대시켰다. 한편으로 이 변화는 5·18을 광주 시민의 입장에서 해석하는 것이 우리 사회에서 정론으로 자리 잡은 결과이기도 했고 다른 한편으로는 운동권의 5·18 해석이 극단적 혁명론으로 나아감에 따라 5·18 담론의 확산이 과격한 경향에 의해 중단되어서는 안 된다는 요청에 따른 것으로 보인다. 5·18 담론의 사회과학으로의 확대는 중요한 의미를 갖는다. 우선 운동권의 지하 언어에서 대학의 강단으로 올라왔다는 것은 중요한 변화이며 또한 사회과학은 논술 형식을 갖는 이른바 '고급' 담론으로서 이제 우리 사회 지식인 전체를 대상으로 하게 되었다는 데 의의가 있다.

그러나 현재까지 사회과학자들이 5·18 논의에서 과학적 엄밀성을 충족시켰다고 보기는 어렵다. 예를 들어 그들은 아직 민중 개념의 모호성과 이중성에 대해 깊이 천착한 바 없으며 정확한 정의 없이 '파시스트', '파쇼'라는 말 등을 자유스럽게 쓰고 있는 점은 '5·18 사회과학'의 한계를 드러낸다. 이러한 용어들은 어감이 강하고, 아주 나쁜 사람들이나 정권을 칭할 때 쓰는 격렬한 감정표현일 뿐 이론적 내용은 별로 없는 것으로 보인다. 아울러 5·18에 대해 연구하는 대부분의 학자들은 노골적으로 5·18 정신을 계승하여 계속 투쟁을 벌여나가는 것이 목적임을 명백히 하고 있다. 이는 사회과학의 범위에서도 여전히 5·18 담론은 정치적 또는 실천적 목적을 가진 사람들에 의하여 주도되어왔다는 것을 뜻한다. 1989년 이후에 나타난 사회과학적 5·18 담론은 이전 1985년까지 제기된 학생운동권의 시각을 거의 벗어나지 못하고 있다고 감히 말할 수 있으며 오히려 1988년 이후에 등장한 예리한 혁명주의 이론으로부터 퇴보한 듯한 인상을 지울 수 없다.

사회과학자들의 5·18 담론은 그 출발에서 사회과학 방법론으로부터 도그마를 설정했다. 어쩌면 이 도그마는 학생운동권의 '신식민국독자' 도그마를 사회과학 방법론으로 보충한 것에 불과할지도 모른다. 당시 사회과학자들은 5·18 해석은 구조주의적 설명에서 출발하여야 한다는 점에 합의했다.[23] 5·18은 한국의 해방 이후 근현대사의 모순구조의 표출이며 이 모순구조는 민족적 모순과 계급적 모순으로 이루어지며, 이 모순은 세계자본주의체제와 독점자본주의체제의 소산이라는

23　일례로 김진균, 정근식은 다음과 같이 말한다. "광주민중항쟁을 전체 민족 운동사의 시각에서 과학적으로 접근하려는 노력은 사건이 직접적 원인보다는 그것이 발생한 구조적 원인에 초점을 맞추고 현대 한국 사회의 계급 지배와 투쟁 양상의 변모 속에서 민중항쟁의 필연성을 설명하는 방향으로 진행된다."(김진균, 정근식, 〈광주5월민중항쟁의 사회경제적 배경〉, 현사연 1990b, 65-6)

것이다. 이 양대 모순구조는 한편으로는 10·26 이후 민주화운동을 탄압한 신군부의 출현을 초래했고 또한 5·18 광주는 이 구조의 모순이 중첩되어 폭발하는 장소가 되었다는 것이다.[24]

그러나 5·18이 왜 필연적으로 일어났어야만 했고, 방지할 수 없었던 구조적 원인에 의한 사건이었다는 논거는 5·18이라는 특정한 사건의 경험적 연구에서 도출된 결과라기보다는 사회과학의 언어구조, 특히 맑시스트 정치경제학 언어구조에 근거하고 있다. 즉 5·18에 대한 사회과학 담론은 서양의 실증주의 사회과학 담론을 그대로 적용한 것이다. 심각한 문제는 이러한 담론은 5·18을 특정한 사건으로 보지 않고 여러 사건 중의 하나 또는 '구조적 조건'의 발현으로 보아 사건으로서의 5·18을 매몰시켰다는 사실이다. 이는 코끼리를 냉장고에 넣는다는 발상과 크게 다를 바 없는 것으로 보인다. 우리 사회에서 맑시즘에 경도되어 있는 사회과학은 분명히 5·18의 소산이다. 5·18에 대한 복수를 생각하고 거대한 투쟁과 혁명을 기대하고 그 가능성을 생각하던 시점에서 맑시즘의 경제결정론과 계급투쟁론이 우리 지식인들에게 받아들여진 것이다. 5·18의 투쟁주의가 배태한 우리의 사회과학은 자신의 출생의 역사를 다시 쓰며 자신의 모태를 매장해버렸다.

1993년 5월 13일 김영삼 대통령은 담화를 통해 5·18에 대한 현 정부의 입장을 밝혔다. 이 담화는 나름대로 5·18을 우리나라의 민주화를 추구한 운동으로 복권시켰다. 우선 5·18은 '광주민주화운동'이

---

[24] 그러나 이를 구체적으로 해석하는 입장에서는 물론 상당한 차이가 발견된다.
예를 들어 1989년 토론에서 서중석은 5·18을 "민족사의 분수령으로", 즉 광주에서 "폭발"하여 다른 역사의 흐름으로 가는 계기로 보고 있으며 토론에 참가한 조희연의 경우 5·18은 "지배 권력의 폭력적 성격"을 드러낸 계기였다는 주장을 펼치고 있다. 즉 5·18은 단순한 하나의 사건이 아니라 진리가 현현한 순간이라는 것이다. 나아가 "광주항쟁은 한국 사회의 전반적 모순의 일반적 표현이고, 민중의 자기 해방 과정에 있어서의 일반적인 정치적 진출의 한 표현"이라는 것이다. (최장집 외 1989, 26-75)

라는 '6공' 시절의 정의定義를 반복했다. 그 말은 우선 '의거'나 '항쟁'과 같이 피비린내 나는 격렬한 투쟁이 아니라 무슨 평화적 시위 같은 것으로 재현하고 있다. 나아가서 5·18을 지식인들이 중심이 되어 군사독재에 오랫동안 저항해온 민주화운동의 연장선상에 놓았다. 김영삼 대통령은 5·18의 의미를 "우뚝한 봉우리를 차지하고", "광주의 유혈은 이 나라 민주주의의 밑거름"이라는 알쏭달쏭한 말로 제시했다. 진상규명에 관해서는 "훗날의 역사"에 맡기자고 하여, 진상규명은 포기하는 것으로 '6공'의 입장을 다시 한 번 반복했다. 이 담화문에서 대통령은 자신도 5·18을 알리기 위해 노력했고 그에 대해 고초를 겪었으며 지금의 '신한국'은 5·18의 적자이며 5·18의 "정신은 신한국 창조를 향한 참여와 창의의 열린 정신으로 승화되어야 한다"고 말함으로써 5·18 정신에 대한 재론의 여지를 '신한국'으로 틀어막은 것이다. 김영삼 정부는 5·18을 복권시켰지만 '민주화운동'이라는 부르주아 이념으로 결박하여 발톱과 이빨을 뽑은 셈이다. 이러한 또 하나의 권력 담론의 등장은 1989년 이래 우리 사회과학에 5·18 담론이 자리 잡았다고는 하지만 아직은 5·18은 사회 전체에서 보면 고립되어 있는 상황, 고독의 방증일 수 있다.

약속대로 5·18은 부활했다. 오랜 고독과 정적에서 단련되어 강건한 모습으로 돌아온 것이다. 부활한 모습은 전과 같지 않았고 그의 새 이름은 '민중'이었다. 민중은 두 가지 모습을 갖고 있었다. 우선 민중은 독점 자본가들과 그들의 용병들을 제외한 수많은 사람들, 그날 아침 금남로에 모였던 끝없는 인파의 모습이었다. 그들은 다양한 부류의 사람들이었지만 '말이 필요 없는' 절대적 사랑의 공동체였고 여기서 광주 시민들은 민족을 살갗으로 느꼈다. 민중의 다음 모습은 사회의 맨 아래의 천덕꾸러기, 도시 빈민, 룸펜으로 당시 공수부대와 맞서 격렬하게 싸웠던 그리고 마지막까지 항거하다 죽은 그 사람들이었다. 한편으로 민

중은 아름다운 사랑의 화신이었고 다른 한편 용맹한 투사였다. '시민'이
묻혔던 자리에서 '민중'이 부활한 것은 '민중'은 이 두 얼굴을 같이 갖고
있는 존재였기 때문이다. 지식인들은 아름다운 민중, 민주화를 위한 거
대한 공동체를 원했고 투쟁의 대열에 선 운동권은 새나라의 용감한 공
수부대를 원했다. 이 두 얼굴은 마치 하나의 존재인 것처럼 하나의 이
름으로 불렸다. 운동권과 사회과학자들이 모두 5·18을 말하며 집착했
던 '구조적 조건'은 5·18 '민중'의 육신의 부활을 비는 의식의 주문이
었는지 모른다.

    폭력과 언어의 정치 : 5·18 담론의 정치사회학

4 담론과 현실

폭도론

오늘날 폭도론의 타당성을 따지는 것은 별 의미 없을지 모르지만 개념의 문제는 짚고 넘어갈 필요가 있다. '폭도'라는 말은 19일부터 계엄군의 선무방송과 홍보물 등 각종 정부의 공식적 담론에서 계속 사용된 말이었다. 그러나 이 말은 1985년 6월 국방부 장관의 〈광주사태 보고〉에서 '난동자'라는 용어로 대체되었고 민화위 이래로 사용하지 않았다. '폭도'란 일단 표면적으로는 폭력적 시위에 가담한 사람들과 폭력 행위를 한 사람들을 지칭한다. 그러나 이 말은 단순히 폭력적 수단을 사용한 사람들을 지칭하는 말일 뿐만 아니라 어떤 폭력 행위를 윤리적으로 판단하여 그 행위 주체를 윤리적으로 비난하는 말이다. 광주 시민들이 이 '폭도'라는 말에 분개한 것은 그 때문이었다. 이 말이 공개적으로 쓰인 것은 폭도라 부른 대상에 대한 무력 사용을 정당화하기 위함이었고 이 담론은 권력을 배경으로 제시된 것이다.

나아가서 폭도의 마지막 핵심적 의미는 예를 들어 박충훈 국무총리 서리가 기자들과의 대화에서 "무장 폭도들 저자들이 문제입니다"라고 불렀던 사람들, 단순히 부당한 폭력을 행사한 사람들이 아니라 늘 그런 폭력이나 사용하고 다니는 사람들을 지칭한다. 구체적으로는 처음부터 군부가 '현실 불만 세력'이라 지칭했던 깡패, 넝마주이, 무직자, 노동자, 구두닦이, 거지 등의 룸펜 프롤레타리아 계층을 말한다. '폭도'라는 말을 계속 사용한 것은 위에서 나열한 종류의 집단은 평소에 가진 뿌리 깊은 사회에 대한 불만과 원한을 이 기회를 틈타 폭력과 방화 등으로 표

　　　　　　　폭력과 언어의 정치 : 5 · 18 담론의 정치사회학

출했으며 그로 말미암아 5·18은 엄청난 사태로 발전되었다는 사건 전
체에 대한 성격 규정을 반복한 것이었다. 따라서 '폭도'라는 하나의 단
어는 이미 5·18 전체에 대한 하나의 해석을 함축하고 있는 것이다.

폭도론은 5·18에 참가한 이들 계층들이 계엄사의 선전과는 달리
투쟁 기간에서 해방 기간을 통해 시민정신을 발휘했다는 사실로 일단
충분히 반박된다.[25] 이들은 사회의 최하위에 있었지만 계엄사의 발표와
는 달리 시민정신을 발휘했다. 그렇다면 역으로 이들이 투쟁의 선봉에
서고 또 시민정신을 발휘한 것은 이들이 사회에서 최하위에 있었기 때
문이라는 계급혁명 논리 또한 설득력이 없는 것이다. 이들 계급이 투쟁
에 앞장서면서도 시민정신을 발휘했다는 것은 일차적으로 상황과 사회
체계의 논리로 이해할 수 있다. 5·18은 이들 계층뿐만 아니라 전 시민
이 참가한 투쟁이었다. 학생, 젊은이들은 말할 것도 없고 할아버지 할머
니들이 구타당하고 어린아이들까지 학살당하는 등 시민들의 일상생활
이 중지된 극도의 비상 상황이었다. 이러한 상황에서 육체적 힘에 의존
해 살고, 싸움에 익숙하고 자신 있는 사람들이 투쟁에 스스로 앞장서고
전 시민이 투쟁에 앞장설 것을 요구하는 것은 자연스러운 공동체의 논
리일 것이다.[26] 만약 그들의 투쟁이 글이나 말의 싸움이었다면 당연히
교수나 대학생들이 앞장서야 했을 것이며 또 그들은 나름대로 그런 임
무를 수행했다. 염두에 두어야 할 것은 5·18 당시 광주 시민들의 자발
적 분업체계와 즉흥적 조직은 놀라울 정도로 이루어지고 있었다는 점
이다. 도시 빈민들이 가두 투쟁에 앞장서고 조직 폭력배들도 시민들의

---

25 해방광주를 질서와 평온함으로, 즉 하나의 유토피아로 표현하는 것에 반대한 전형적인
    예는 김양오(1988)라고 할 수 있다.

26 당시 전업사를 경영하던 박석연 씨는 당시 심정을 다음과 같이 회고했다. "나는 '광주
    시내 깡패들은 도대체 무엇을 하는지 모르겠다. 주먹은 뒀다 어디다 쓰는지, 나에게
    소리 안 나는 총이라도 있다면 쏴버리고 싶다'는 생각을 했다."(현사연 1990a, 3097:
    744)

자치활동에 협조할 것을 선언하는 일은 시민정신의 발로였고 5·18 정신에 조금도 누가 될 것이 없다.[27]

　폭도론은 계엄사에서 당시 자신들을 정당화하려는 목적에서 제시된 것으로 이해할 수 있으며 5·18이 오랫동안 우리 사회에서 오해되어온 것을 감안하면 그 목적은 어느 정도 달성되었다고 볼 수 있다. 또한 이 폭도론은 몇 가지 정치적 결과를 초래했다고 보인다. 폭도론은 해방 기간에 광주 시민들 일부에게도 받아들여졌으며 이로 인해 시민군들은 빠르게 무장 해제당했다고 볼 수 있다. 나아가서 폭도론은 5·18 이후에 광주와 전남 지역에서도 5·18에 참가한 모든 시민들을 억업하는 데 중요한 기제였고 이 말은 폭력 못지않게 이들을 오랫동안 괴롭혀왔다. 많은 부상자와 구속자들은 주위의 따가운 시선을 의식하지 않을 수 없었고 이는 육체적 고통에 못지않은 괴로움을 주었다는 것이다. 대부분의 광주 시민들은 5·18에 대해 자부심을 가졌다고는 하나 어쨌든 공동체 내에서도 이러한 시선들이 한때나마 있었던 것은 부정할 수 없는 사실인 것으로 보인다. 폭도론은 사회과학적인 타당성을 갖지는 않지만 권력의 작용으로 인해 사회에서 타당성이 일부 인정되어왔다는 점에는 의문이 없다.

불순 정치 집단론

　불순 정치 집단론은 21일 오후 총격전이 벌어진 직후 계엄사가

---

[27]　실제로 해방 첫날인 22일 낮 시민궐기대회에는 당시 광주시의 양대 폭력 조직인 '오비파'와 '화신파'의 두목들이 연단에 올라와 시민들의 투쟁에 협력할 것을 약속하기도 했다. (현사연 1990a, 86)

공식적으로 제시한 설명이며 이는 군부가 수사권과 법적 권력 그리고 물리적 폭력 장치를 독점하고 있음을 근거로 제시한 것이다. 이는 시위 대에 극단적 폭력의 위협을 가하기 위한 것이며 나아가서 시민들을 이 간시키기 위한 것이기도 했다. 계엄사의 일련의 발표에서 핵심적 '불순 정치 집단'은 변하고 있었다. 최초에는 '고첩 및 불순분자'에서 후에는 '김대중 추종 집단'으로 대체되었고 이 변화는 정치적 고려에서 이루어 졌던 것으로 보인다.[28]

　　우선 구속자 중에 간첩으로 기소된 사람은 없었다. 군부는 많은 구속자들을 고문하여 간첩으로 몰려 했지만 정책을 바꿔 '김대중 추종 집단'으로 기소했다. 그러나 사실 '김대중 추종자'의 수괴로 기소된 사 람들보다 오히려 최후의 항쟁지도부를 이끌었던 윤상원은 윤보선, 함 석헌, 김대중이 이끌던 '국민연합'(민주주의와 민족통일을 위한 국민연합) 측과 지속적으로 연계를 맺고 있었다.[29] 그러나 윤상원은 이미 노동자

28　당시 광주 운동권의 좌장이자 녹두서점을 경영하던, 그러나 17일에 예비검속을 당한 김상윤 씨는 다음과 같이 증언했다. "나중에 송기숙 교수의 얘기를 들으니 보안대 모 중령이 광주를 여순처럼 빨갱이의 폭동으로 규정하면 그 후유증이 크고 정권 유지에도 도움이 되지 않는다면서 빨갛게 물들이는 데 반대했다고 했다. 그래서 김대중 씨 내란음모로 묶은 것이었다. 나는 내란 주요 임무 종사자가 되어…"(현사연 1990a, 3014: 559) 또한 김대중의 국회 증언에 따르면 5월 17일 저녁에 연행되어 중앙정보부 지하실에서 조사받는 과정에서 처음 약 20일 동안(6월 초까지)은 정동년과의 관계에 대해 아무런 얘기가 없었다는 것이다. 김대중은 수차에 걸쳐 정동년은 1985년까지 만난 사실이 없다는 점을 강조했다.(학민사 1989, 63) 이 증언은 계엄사가 '불순분자 및 고첩' 대신 김대중을 5·18의 주인공으로 내세운 것은 6월 초에 결정된 사항이라는 가설을 뒷받침하고 있다.

29　윤상원은 녹두서점의 김상윤과 현대문화연구소의 윤한봉의 청에 못 이겨 5월 김대중이 총무로 있던 국민연합 전남지부 실무자 역할을 신당 창당이 될 경우 사임할 것을 조건으로 수락했다. 국민연합 지도부는 22일에 출범할 예정이었다. 또한 5·18 중 19일 아침에 국민연합 측 청년이 윤상원을 찾아와 20일의 전국 시위에 대해 협의한 사실이 있다. 물론 그 청년은 19일에 광주가 이미 그런 상황인지 모르고 있었고 20일 시위란 아무런 의미가 없어진 후였다. 말할 필요도 없이 19일에는 이미 김대중은 연행된 후였다.(전사연 1991, 197, 230; 현사연 1990a, 4011: 889)

들과 빈민들을 위한 운동에 깊이 참여하여 사회정치적 의식을 상당한 수준으로 갖춘 상태였으며 결코 누구의 사주나 공작금에 의해 움직였던 인물로 볼 수는 없을 것이다.

무엇보다 광주 시민들이 김대중이나 고정간첩이나 남파간첩의 조작과 선동에 따라 싸웠다는 설명은 5·18의 전체적 현실에 비추어 설득력이 없다. 반문하면 누구에게 공작금을 얼마나 받으면 또 얼마나 사주를 받으면 과연 공수부대와 맞서 싸울 수 있는가?[30] 이 설명은 이들의 사주를 받은 사람들이 시위대를 선동하여 사태를 악화시켰다는 식의 보조적 역할을 주장할 수도 있을 것이다. 그러나 이 경우에도 선동은 이미 많은 사람들이 전면에서 목숨을 걸고 싸우는 한에서만 효과적일 수 있을 것이다. 결국 불순 정치 집단론은 어떤 식으로 변형되어도 사료나 증거의 문제를 떠나 논리적으로도 설득력이 없다. 이 설명은 5·18 같은 사건이 누군가 뒤에서 조직적인 행위 없이 일어날 수 없을 것이라는 상식적인 발상에 의해 제시되고 설득력을 가졌다고 이해할 수 있다. 그러나 앞으로 길게 논의하겠지만 5·18은 섣부른 상식을 뛰어넘는 사건이었다.

그러나 북한의 공작에 관하여는 연구의 여지를 남겨놓아야 할지 모른다. 비록 공작의 실제 효과에 대해서는 회의적이지만 그들은 나름대로 시도했을 것이다. 많은 증언들에 따르면 당시 북한 방송은 5·18을 중계 방송하듯 보도하고 있었고 많은 광주 시민들은 북한 방송을 듣고 소식을 알 수 있었다는 것이다.(현사연 1990a, 1035; 2008; 2034; 2038; 3006; 3021; 3078, 3123; 6044 etc.) 상당수의 북한 요원들이 활동

---

[30] 흥미 있는 경우는 23일 서울역에서 검거되었다는 남파간첩의 예일 것이다. 발표에 따르면 그는 환각제를 소지하고 있었다. 물론 사실을 확인할 수는 없지만 제정신이 있는 사람이라면 당시 공수부대와 맞서 싸울 수는 없다고 당연히 판단했을 것이다.

하고 있었음에는 틀림없을 것이다.

유언비어론

유언비어론은 군부의 5·18 담론의 가장 핵심적인 부분이다. 단기적으로 유언비어론은 공수부대의 만행을 선제공격으로 은폐하고 이에 대한 분노를 다른 요인에게 전가하기 위해 제시된 것으로 보인다. 계엄사는 21일 발표에서 8가지 유언비어의 예를 들었고 이는 거의 공수부대의 만행에 대한 것이었다. 우선 이의 대부분은 시민들의 증언을 통해 실제로 일어난 일이며 결코 유언비어가 아님을 입증할 수 있을 것이다. 다음 단계에서 유언비어론의 실질적 기능은 5·18의 진실을 말하는 사람들을 국가권력으로 처벌하는 것이었고 실제 언론인들을 비롯하여 많은 사람들이 유언비어 유포 혐의로 구속되었다.

유언비어론의 최대 문제점은 이 설명은 광주 시민들의 지역감정을 설정하고 그것을 5·18의 가장 근본적인 원인으로 지목했다는 사실이다. 누군가 지역감정을 자극하는, 말하자면 '경상도 군인들이 전라도 사람들 씨를 말리러 왔다'는 말을 의도적으로 만들어 선동했다는 것이다. 이 경우 지역감정은 광주 시민들 마음속 깊은 곳에 자기도 모르게 한으로 응어리져 있던 것으로 결코 객관적으로 부정할 수 없는 성격으로 제시하고 있다. 지역감정, 구체적으로는 전라도 차별의 한(강준만 1995)은 5·18에서 하나의 요소로 작용한 것은 부정할 수 없다. 그러나 다시 논의하겠지만 이 차별당한 한을 5·18의 원인으로 볼 수는 없다.

'경상도 군인들이……'는 누가 만들어 퍼뜨렸는지는 영원히 밝혀지지 않을지 모른다. 계엄사에서 만든 것인지, 그렇지 않으면 광주 내 어떤 집단에서 지어낸 것인지 또는 광주 시민들의 오해에서 비롯된 것인지 결국 밝힐 수 없을지 모른다. 그러나 많은 공수부대 병사들과 장교들은 경상도 억양으로 큰소리로 '전라도 새끼들 다 직인다' 또는 '씨를 말려버리겠다'고 고함치고 다녔고 지휘자나 지휘관들도 확성기를 통해 강한 경상도 억양으로 작전을 지휘했다는 것은 사실이다.(현사연 1990a, 3053: 650; 3055; 652; 7082: 1358; 7106: 1402; 7131: 1445; 7155: 1506 etc.) 또한 20일 시위대에서 목격된 정보부원들은 시위대에게 지역감정을 자극하며 선동하는 것이 목격되기도 했다.[31]

그러나 어쨌든 이 유언비어론은 시민들의 참가를 직접 설명하는 데 전혀 설득력이 없다. 증언에 따르면 18일, 19일 많은 광주 시민들은 친지나 친구를 통해 이 말을 들었다. 그러나 그 말을 바로 믿고 흥분하여 시위에 참여할 만큼 미련한 광주 시민은 거의 없었다. 그 말을 들은 사람들은 의아해하며 사실인가 확인하려 했고 대부분 이를 위하여 길거리에 나갔다. 여기서 결정적인 부분은 길에서 공수대원들은 그 말이 거의 사실임을 행동으로 확인시켜주었다는 점이다.[32] 광주 시민들 중에 '유언비어'만 듣고 시위에 가담한 사람들은 거의 없었고 대부분 나름

---

31 당시 화랑을 경영하던 28세의 임춘식 씨는 다음과 같이 증언했다. "20일은 오전부터 비가 오다가 오후에야 갰다. 이날은 공수부대가 전날의 비인간적이고 광포한 시위 진압과는 달리 '우리는 경상도 사람이 아니다. 어제와 그제 데모 진압했던 공수들은 물러갔다'면서 비교적 유순한 진압을 했는데, 그때 시위 군중 속에는 내가 아는 정보부원들이 있었다. 그들은 가톨릭센타 앞 시위대에 합류해 있으면서 시위 군중을 흥분케 하는 말들을 했다. '저놈들은 경상도 놈들이다', '광주 사람 다 죽이러 왔다', '저놈들을 죽여버리자' 등등이었는데, 시위대를 자극시켜서 과격한 행동을 유발하여 과잉 진압을 할 수밖에 없었다는 변명의 여지를 남기고자 하는 의도였으리라 생각한다."(현사연 1990a, 3082: 713)

32 당시 의무전경으로 현장을 목격한 박시훈 씨는 다음과 같이 말했다. "19일 오후부터 우리들에게도 유언비어처럼 많은 말들이 들려왔다. '전라도 사람들 씨를 말린다', '임산부 배를 갈랐다' 등등 살벌한 이야기들이 무전기를 통해서 속속 들어왔다. 저는 그 말들이 사실일 거라고 믿어 의심치 않았다. 그것은 이틀간의 목격에서 오는 믿음이었다."(현사연 1990a, 8002: 1536)

대로 확인한 연후에 가담한 것이다. '경상도 군인……' 외에 다른 종류의 '유언비어'의 경우도 마찬가지였다.(현사연 1990a, 2027; 2031; 2034; 3042, etc.)

당시 기자로 현장을 취재하고 후일 증언록을 발간한 김영택 씨 등 많은 사람들은 유언비어론의 근거에 대한 중요한 의혹을 제기했다. 당시 11여단장 최웅 준장의 국회 청문회 증언에 따르면 18일 오후 3시경 정호용 특전사령관이 광주로 내려갈 것을 지시하며 유언비어에 대해 우려를 표명하며 조심할 것을 지시했다는 것이다. 그러나 오후 3시는 7여단이 광주 시내에서 작전을 개시하기 전이며 따라서 유언비어는 논리적으로 있을 수 없는 시간이었다. 이 증언이 사실이라면 당시 신군부는 유언비어를 퍼뜨리려고 미리 준비했다는 결론에 이르며 사실이 아니라면 최 장군은 국회에서 허위로 위증했다는 결론에 이를 수밖에 없다.(김영택 1996, 59-60; 광주광역시 1997 Ⅳ, 362-3; 정상용 외 1990, 166)

과잉 진압론

많이 들어서 익숙한 말이지만 '과도'도 아니고 '과잉過剩'이라는 말이 '진압'과 어색하게 붙게 된 것은 이 말은 일방이 깊이 생각해서 만든 말이 아니었기 때문일지 모른다. 이 말이 처음 등장한 것은 5월 24일 자로 '5·18 사태 수습대책 위원회 일동'의 명의로 작성되어 시민들에게 배포된 〈계엄분소 방문협의 결과 보고〉라는 문건이었다. 이에 따르면 5월 22일 계엄분소를 찾아간 수습위원들이 "지나친 진압"에 항의하자 전교사 부사령관이 즉석에서 '현장 설명을 듣고 과잉 진압임을 시인한다'고 말했다는 것이다.(광주광역시 1997 Ⅱ, 51) 결국 이 말은 협상 현장에서 수습위원들의 항의에 군 장성이 군대식 현학주의로 '문자를 써서' 받은 말이었다. 이 담론은 대화 과정에서 일종의 합의를 거쳐 만들어진 경우라 할 수 있다.[33]

이는 일종의 전술적 합의로 힘의 교착 상태에서 이루어진 것이며 따라서 일말의 객관성과 상대방을 자극하지 않겠다는 두 가지 합리성이 혼재된 것으로 이해할 수 있다. 군부는 힘을 회복하자 이 해석을 거부했고 이는 다시 '6공'의 힘의 균형 상황에서 공식적으로 재론되었다.[34] 이 담론을 광주 시민들을 대표하는 지식인들이 '양시론兩是論'으로 파악한 것은 타당하다. 그러나 이 담론은 적어도 일방적인 정당화나 흑색선전은 아니며 일말의 진리를 담고 있다고 볼 수 있다. 우리는 시민들의 투쟁 동기를 이해하기 위해 이 말이 지시하는 상황으로 들어가볼 필요가 있다.

이 말은 결국 진압이 '너무 심했다'는 뜻이다. 그러나 당시 전교사 참모장은 후일 5·18 진압은 결코 심하지 않았다고 주장했다.[35] 그런가 하면 당시 광주 시민들 눈에 공수부대는 "광주에 데모 진압하러 온 놈들이 아니"었다.(유족회 1989, 68) 공수부대는 사람을 죽이러 온 것이지

---

33 위에서 이야기했듯이 과연 전교사 부사령관이 당시에 '과잉 진압'을 인정했는가는 의문이 있다. 공식적으로 수습위원회는 인정을 받았다고 했으나 일부 당시에 협상에 참여했던 사람들, 예를 들어 조비오 신부, 명노근 교수 등은 아무런 양보도 받아내지 못했다고 증언하고 있다.(광주광역시 1997 V, 302) 어쨌든 이 용어는 24일에 공식적으로 22일의 협상 과정을 지목하며 제시되었다.

34 1988년 국회 청문회에서 이희성 당시 계엄사령관은 공식적으로 과잉 진압은 하나의 원인이었다고 군의 공식적 입장으로 확인했다.(광주광역시 1997 III, 212, 220)

35 그는 조갑제와의 인터뷰에서 다음과 같이 말했다. "시위 진압 교육을 할 때 보여주는 미군의 필름이 있었다. 계엄령 하에서의 진압법을 가리킨 것이다. 이 영화에 따르면 시위자를 일단 붙들려 꿇어앉혀놓고서, 반항하면 진압봉으로 목 밑에 있는 쇄골을 부러뜨려 행동을 제약하며, 그래도 달아나면 사살한다는 식이다. 광주사태 진압은 영화보다는 훨씬 온건하게 한 것이다."(조갑제, 〈공수부대의 광주사태〉, 《월간조선》 1988년 7월, 192)

　　　　　　폭력과 언어의 정치 : 5·18 담론의 정치사회학

데모 진압이 그들의 목적이라 볼 수 없다는 것이다. 문제는 공수부대의 진압은 경찰의 방식이나 특히 미군 방식을 따를 수 없었다는 데서 출발한다. 우리 사회에서는 국가가 국민에게 발포하는 것은 4·19의 경험에서 보면 정권의 끝장을 의미하는 것이었다. 따라서 5·18에서도 처음에 군부는 발포를 예정하지 않았고 실탄을 철저하게 통제했던 것으로 보인다.

부마사태와 5·18의 공수부대는 특이한 진압책을 사용했고 이는 우리 군과 공수부대의 특성과 잘 맞았을 것이다. 공수부대의 데모 진압은 이를테면 '전시적展示的, demonstrative 폭력'이었다. 붙잡힌 사람은 사정없이 폭력을 가하여 그 광경을 보는 사람들은 공포에 질려 다시는 데모는커녕 얼씬대지도 못하도록 만드는 것이었다. 공수부대의 폭력은 당하는 사람을 위한 것이 아니라 보는 사람들을 위한 것이었다.[36] 5·18 광주는 폭력극장이었다. 죽거나 살거나가 문제가 아니라 처참하고 눈 뜨고 볼 수 없게 패고 찌르고 자르는 등 엽기적인 장면을 연출하는 것이 진압의 기본 원칙이었고, 이를 위해 이미 4월에 특수 진압봉을 주문했고 처음부터 대검을 사용했다. 공수부대의 만행은 우리 사회의 특이한 국가권력의 폭력 사용에 대한 윤리적 기준을 악용한 것이었다. 우리 사회는 발포는 용서하지 않지만 통상적 폭력, 예를 들어 구타 등에 대

---

36   당시 7공수 군의관이었던 위계룡 씨는 다음과 같이 증언한다. "진압 방법은 맨 처음에는 시위대에 무서움과 공포증을 주어 시위대를 흩어지게 하는 것이고, 그래도 되지 않으면 시범으로 몇 명을 잡아 사정없이 닦달하여 시위 군중을 흩어지게 하는 것이다. 데모를 진압하더라도 병력을 한군데에 집결시켜놓고 데모는 데모대로 하면서 서로 선무할 수 있는 여유를 가져야 하는데 그런 여유조차 주지 않고 진압해버리니까 일이 그렇게 크게 터져버린 것이다."(현사연 1990a, 8001: 1532)
한 증언록은 다음과 같이 관찰하고 있다. "공수부대원의 살육은 분명히 의도적인 듯했다. 가능한 한 많은 시민들이 보는 앞에서 그와 같은 살육을 자행하고 시민들이 이 광경을 보며 분노와 안타까움에 발을 구르면 더 신이 나서 해대는 것이었다."(유족회 1989, 67)

해서는 비교적 관대한 면을 악용한 것이다. 말하자면 '총을 쏘면 안 된다'는 윤리적 기준, 더 정확히는 정치적 정통성의 기준을 군부는 '총만 안 쏘면 된다'로 뒤집어 실행한 것이었다.

이러한 폭력은 시위 진압이라 할 수 없으며 통상적 폭력도 아니었다. 이는 시각적 언어였고 명쾌한 뜻을 전하고 있었다. 즉 '우리는 인간이 아니라, 짐승이며, 악귀다' 그리고 '우리에게 너희들은 사람이 아니다'라는 메시지를 전하고 있었다. 또한 중요한 점은 이들의 폭력, 특히 전설처럼 남아 있는 엽기적 행위는 결코 인간의 공격적 본능이나 분노의 표현이나 환각제의 효과가 아니라 고도로 훈련되고 오랜 연습을 통해 익힌 전문 기술이며 주로 월남전에서 갈고닦은 것이었다. 5·18의 공수부대는 문명이 이성으로 만들어낸 야만이었다. 광주 시민들의 처절한 저항이 낙동강 전투를 계승하고 있었다면 공수부대의 폭력은 월남전과 맥을 잇고 있었다.[37]

공수부대의 이러한 폭력으로 부마사태는 간단히 해결되었다. 그러나 5·18의 경우 어떤 조건에서 광주 시민들은 저항할 수 있었는가의 문제에 대하여 결정적인 답을 제시할 수는 없을 것이다. 우선 광주 시민들의 저항을 공수부대의 저항에 대한 반작용 또는 폭력의 주체, 즉 동물로서의 인간의 반응으로는 설명할 수 없다. 일단 폭력을 당한 사람들은 억울함, 불의에 대해 분노를 느꼈다. 그러나 많은 사람들은 다른 사람들이 구타당하고 살해당하는 모습을 보고 엄청난 분노를 느꼈음을 증언하고 있다. 그러나 그들은 분노와 동시에 공포를 느꼈고 이 공포는

---

37 강길조 씨의 증언에 따르면, 그는 5월 20일 전남대 강의실로 끌려가자 "공수대원들은 상당수가 월남전 얘기를 입에 올리기를 잘했는데, 그중 한 명은 대검을 빼어 들고, '이 대검은 월남에서 베트콩 여자 유방을 사십 개 이상 자른 기념 칼이다'라고 자랑하며 그 대검으로 앞 사람의 더벅머리를 탁 쳤다. 머리카락이 잘려나가면서 스포츠머리처럼 되었다."(현사연 1990a, 7134: 1451)

  폭력과 언어의 정치 : 5·18 담론의 정치사회학

바로 공수부대의 폭력이 기대하는 것이었다. 일부는 공포를 극복하고 투쟁에 참가하기도 했지만 많은 사람들은 우선 본능적으로 도망갔고 도망친 후 많은 사람들은 그 후 기분이 몹시 상해 술을 마셨다고 증언하기도 했다. 특히 많은 사람들은 할아버지 할머니가 구타당하는 장면 그리고 무엇보다 여자들이 구타당하고 희롱당하는 장면, 즉 약자에 대한 잔인함에 엄청난 분노를 느꼈다. '피가 거꾸로 솟구치는 것 같았다'는 말이 자연스럽게 나왔다. 일반적으로 시민들이 분노한 것은 공수부대가 폭력으로 인간의 존엄성을 짓밟는 행위였다. '개 패듯 패고', '개처럼 질질 끌고 와 트럭에 싣고' 등의 표현은 증언록 어디에서나 발견된다.

다음 단계의 감정은 처참한 광경에 공포에 질려 우선 도망친 후 느낀 자책감, 즉 자신의 무력함과 비참함에 대한 의식이었다. 이 심정은 불행한 동료에 대한 동정심을 넘어서는 것이었다. 이것은 인간의 존엄성을 짓밟는 행위에 대한 분노와 분노에 반응하지 못하고 폭력에 대한 공포에 떠는 자신의 비참함에 대한 수치와 분노였다. 공수부대는 인간을 짐승처럼, 짐승보다도 못하게 다루었을 뿐만 아니라 원래 그 폭력이 지향했던 사람들도 인간 이하로 전락시켰다. 광주 시민들의 분노는 이중적인 것이었다. 심지어 많은 경우 '그 시대에 살고 있다는 자체가 저주스러웠다'고 토로했다.

자기 자신이 인간 이하라는 수치에 대한 분노, 그리고 자신이 인간 이하임은 폭력에 대한 공포에서 비롯된다는 분노는 광주 시민들이 목숨을 걸고 공수부대와 싸워야만 했던 운명이었다. 광주 시민들이 투쟁한 것은 인간의 존엄성, '인간임'을 회복하기 위한 것이었다. 폭력의 메시지는 폭력을 당하는 인간과 이것을 보는 인간, 나아가서 그 시대 그 땅의 모든 인간은 인간이 아니라는 것이었고, 광주 시민들은 이에 대한 분노로 이성을 잃고 사선死線을 넘었다.[38] 그들은 투쟁의 대열에 참가함으로써 짐승의 수치에서 해방되어 존엄한 인간이 되었고 투쟁의 대열에 선 사람들은 모두 서로 존엄한 인간임을 축복했다. 우리는 이제 5월 25일 김성용 신부의 강론의 뜻을 실감할 수 있을 것이다.

> 1) 우리는 이제 네 발로 기어 다녀야 하며 개나 도야지와 같이 입을 먹이그릇에 처박아 먹어야 하며, 짐승과 같이 살아야만 합니다. 폭력과 살인을 일삼는 유신잔당이 우리를 짐승같이 취급, 때리고, 개를 죽이듯이 끌고 가고, 찌르고, 쏘았기 때문입니다. 2) 두 다리로 걷고 인간다웁게 살려고 하면 생명을 걸고 민주화 투쟁에 몸을 던져야 한다. 과거의 침묵, 비굴했던 침묵의 대가를 지금 우리들은 지불하고 있는 것이다.(현사연 1990a, 1008: 177)

인간의 존엄성은 기본적 인륜이며 어느 이론가가 글로 새긴 '민주주의', '자유', '평등', '인권' 같은 시대적 이념적 가치를 넘어 어느 사회에서나 기본이 되는 가치인 것이다. 광주 시민들이 공수부대의 폭력에 저항한 것은 그들의 동물적 본능에 의한 것이 결코 아니며 그것은 인간의 일말의 기본적 가치를 위한 것이었다.

그러나 비인간적 폭력에 대한 분노는 5·18을 모두 설명하는 것은 아니다. 분노는 일차적인 계기인 것이며 이 계기가 이루어지자 다른 여러 요소들이―독자적으로는 5·18 같은 항쟁으로 발전하기 어려운 요소들이―작동한 것으로 이해해야 할 것이다. 또한 이 비인간적 폭력은 광주 시민들의 입장에서 5·18에 대한 일차적인 정당성의 근거로 제시되어왔다. 민주화 등의 이념적 명분은 이 일차적인 정당화가 이루어

---

38 시민들의 무장에 대하여 항쟁지도부의 위원장이었던 김종배는 1988년 국회 청문회에서 다음과 같이 말했다. "그때 당시에 공수부대들이 무차별 학살을 해왔기 때문에 수류탄이 아니라 폭탄 아니라 원자폭탄이라도 갖고 공수부대들한테 던져버리고 싶은 심정이었습니다."(광주광역시 1997 Ⅲ, 579)

진 위에서 제시되곤 했다.

민주화론

　민주화론이야말로 5·18 당시부터 끈질기게 제시되어온 가장 일반적인 설명이자 우리 사회의 5·18을 전체적으로 규정하는 정론 orthodoxy의 위치에 있다고 할 수 있다. 이 경우도 논리적인 이론으로 제시된 적은 별로 없었고 민주화를 요구해온 정치 세력들이 스스로 5·18의 후예로 자처하며 미화하는 가운데 정론으로 자리 잡은 경우라 보인다. 이 담론이 내세우는 근거는 5·18의 출발은 16일까지 시위에 참가했던 학생들에 의해 발단된 것이며 공수부대가 투입된 경위 또한 민주화 요구를 신속히 진압한다는 목적에 따른 것이었다는 점이다. 또한 21일 계엄군이 물러간 후에 발표된 수많은 글에 민주화는 가장 많이 등장하는 주제였다는 사실은 이 담론의 결정적 근거이며 아울러 많은 5·18 참가자들이 후일 자신들의 투쟁을 민주화로 설명하고 있는 사실 또한 이 담론을 뒷받침하고 있다. 이 담론에는 결코 부정할 수 없는 차원이 있다.

　그러나 5·18과 민주주의의 관계는 간단치 않다. 김영삼 대통령은 5·18을 우리 민주화운동의 "우뚝한 봉우리"라고 했지만 조비오 신부는 5·18을 "하나의 시련이고 역사적 소용돌이"라고 했다.[39] 우선 5·18은 사건의 현실감에서 민주주의와는 격차가 있다. 5월 18일 이후의 현실은 공수부대와의 목숨을 건 투쟁이었고 공수부대는 '전두환 일

---

[39]　〈'광주'를 어떻게 풀 것인가: 5·18 당사자들이 말하는 80년 '광주'와 그 수습 방안〉, 《월간조선》 1987년 8월, 291.

파'가 쿠데타를 일으키고 김대중을 체포하고 광주에 파견한 것이며 따라서 그들은 민주주의의 반대인 독재를 대표하는 요인이라는 점은 알려진 바였다. 독재와 싸우는 것은 민주화의 필요조건이지만 충분조건이라는 보장은 없다. 더구나 많은 시민들은 전두환이 누구인지도 몰랐고 시위의 구호가 무엇인지도 몰랐다. 민주화 요구는 5·18의 발단이었지만 사건 전체에서 보면 밑그림, 배경에 불과했다.

사실 민주화 요구는 공수부대가 물러간 이후 22일 또는 23일까지도 잊혀졌던 문제라 보인다. 23일 이후 시민들이 민주주의를 부르짖었을 때 그 민주주의는 5·18 이전의 민주주의의 이념과는 다른 의미를 갖고 있었다. 학생들과 지식인들은 민주화를 누구보다도 크게 외쳤지만 마지막까지 항전한 사람들은 민주주의에 익숙지 않은 사람들이 더 많았다. 해방광주의 지도부와 시민군들이 사수하려 했던 가치는 정확히 표현하지는 못했지만 민주주의라는 말로는 다 담아내지 못한 것처럼 느껴진다. 특히 그 가치는 정치적 협상과 타협을 통해 얻는 그런 식의 민주주의와는 비교할 수 없는 것이었다.[40]

해방광주 시민에게 민주주의는 두 가지 의미를 갖고 있었던 것으로 보인다. 첫째, 공수부대의 만행은 독재에서 비롯된 것이며 민주주의

---

[40] 1984년 7월 김영삼 민추협 공동의장은 Far Eastern Economic Review와의 회견에서 "민주 회복을 공약하는 조건이라면 광주사태를 제처놓을 용의가 있다"라고 발언한 데 대하여 5·18 유관단체들은 분개하여 〈사과요구서〉에서 다음과 같이 말했다. "말과 붓으로는 표현할 길이 없도록 숱한 인명이 살상되고 피와 눈물, 서러움과 압제로 점철된 역사의 아픔을 이 나라의 어떤 개인이 무슨 자격으로 왈가왈부할 수 있다는 것인가? 그것도 엄청난 비극의 와중에서 그 아픔을 구체적으로 경험하지도 않은 사람이 마치 사건의 중심인물인 것처럼 행동하고 발언할 수 있다는 말인가? 김영삼 씨! 도대체 무슨 의도로 감히 광주의거를 정치적 흥정의 제물로 삼는 그따위 망언을 내뱉을 수 있다는 말인가? 죽음, 부상, 투옥, 노예적 압박 등 얼룩진 상처를 아물게 할 하등의 방책도 없는 상태라면 광주의거라는 엄연한 사실을 적당히 넘어가려는 정치적 언동은 일체 용서될 수 없다는 것을 죽은 자들을 대신하여 우리는 분명히 밝히는 바이다."(민문협 1985, 436-7)

를 확립함으로써만 인간의 생명과 존엄성을 짓밟는 폭력을 없앨 수 있
으며 이를 위해서는 우선 공수부대를 폭력으로라도 우리 고장에서 몰
아내야 한다는 것이었다. 이 경우 민주주의는 하나의 제도적 수단이며
다시 폭력이라는 수단을 통해 이루어질 목적이 되며 따라서 현실적 수
단과 궁극적 목표 사이의 이차적 가치이자 이차적 수단이 된다. 여기에
서 민주주의는 모든 것처럼 나타나지만 폭력과의 관계에서 애매하고
이중적일 수밖에 없고 이는 민주혁명론에 해당된다. 둘째, 민주화 요구
는 해방광주 시민들로서는 의도치 않았던 혁명적 분위기에 처한 담론
의 딜레마와 고독에서 벗어나려는 노력의 일환이었던 것으로 보인다.
민주화론은 5·18 이전의 평화적 학생 시위와 연결시켜주며 또한 우리
사회 전체의 보편적 정치이념과 맥을 이어준다. 결국 5·18의 민주주
의는 두 개의 관념이 혼재된 상태였다. 첫째는 혁명 논리와 맞닿아 있
는 '민주의 나라'를 힘으로라도 만들고 지켜야 한다는 논리이며, 둘째는
보편적 우리나라의 정치 이념으로서의 민주주의를 의미한다. 첫째는
5·18 민주주의의 현실주의적 관념이며 둘째는 딜레마에 처한 광주 시
민들의 담론이 이를 극복하기 위한 방편으로 제시한 정치적 목적의 담
론이었다.

민중론

'민중'이라는 말은 이미 '경찰은 민중의 지팡이'라는 식으로 쓰인
말이기는 하지만 사회정치적 의미를 갖던 말은 아니었다. 이 말이 사
회정치적 의미를 갖고 등장한 것은 1984년 전후였고 5·18 해석에서
등장한 독창적 개념이다. 이는 외국 사회과학 이론에서 도출된 개념이
아니라 5·18 경험의 진테제Synthese로 등장한 것이었고, 이 말은 바로

5·18 부활의 깃발이었다.[41] 광주 시민들 모두, 거의 모두를 포괄하면서도 다른 한 면에서는 5·18의 막바지 투쟁에 끝까지 참여한 기층민 집단을 일컫는 배타성을 갖는 양날의 독창적 개념이다.

'민중'이라고 5·18의 군중과 투사들을 부른 것은 기존의 시민 관념을 부정한 것이며, 시민의 부정은 애초에 1980년 5월 계엄사의 최초 발표에서부터 6월까지 계속 그 무게가 증가해오던 '현실 불만 세력'에 싹이 있었다. 계엄사는 시위 군중의 대부분은 깡패, 넝마주이, 무직자, 공원 등 사회 최하층이라는 주장으로 5·18을 중산층으로부터 유리시키려 했다.[42] 계엄사 발표에서 '불순 정치 세력'이—고정간첩 및 불순분자들이거나 김대중 추종 세력이거나 어떤 경우에도—폭력극장의 연출자라면 이 최하층 기층민 집단은 무대의 주연이었고 공수부대의 상대역이었다. 1984년경 학생운동권은 5·18의 해석에서 이 '현실 불만 세력'을 민중으로 부활시켰고 이러한 의미에서 민중론 또한 일방이 부과한 담론이라기보다는 대화와 상호 교신의 과정에서 만들어진 담론으로 이해할 수 있다.

민중론은 최초에 제시될 당시 포괄적 성격을 강조했다. 민중은 5·18에 참여하지 않았던 반민주적 정치 세력과 비협조적이었던 부르주아 일부만을 제외하고, 5·18에 참여한 모든 사회계층을 지칭했다.

---

41 1985년 미문화원 점거사태 증인 신문에서 민중 개념의 이적성에 관하여, 약 9년의 공산주의 서적·불온문서 전문가인 홍성문 씨는 이전에 없던 개념으로 만든 말이라고 대답했다.(〈미문화원 사건 재판 증인 신문 조서(자료)〉, 《월간조선》 1985년 10월, 187-8)

42 당시 윤상원의 측근이며 운동권의 핵심 인물이었던 김상집(녹두서점 김상윤의 동생)은 계엄사는 의도적으로 교묘한 술책을 써서 도시 빈민, 룸펜의 역할을 과장했다는 것이다. "실제로 당시에 많은 학생들이 참여했지만 그들은 주동 학생들 외에는 많은 학생들을 훈방시켰다. 1980년 당시 내가 직접 YWCA 앞에서 분대 편성을 했던 학생들이 실제로 구속되지 않았던 것만 보아도 확실하다." 아울러 현재 일방적으로 통용되는 민중론, 민중혁명론을 재고할 것을 주장하고 있다.(현사연 1990a, 4011: 897)

   폭력과 언어의 정치 : 5·18 담론의 정치사회학

이러한 약간의 배타성이 가미된 포괄성으로 인해 민중은 기존의 민주, 민족과 삼발이를 이루었다. 민중은 삼민三民 중 마지막에 등장한 세 번째 다리였지만 가장 중요한 다리였다. 이 다리로 인해 민주와 민족은 시적 운율을 맞춰 비로소 일어설 수 있었고 또한 그 배타성으로 인해 투쟁의 주체, 민족 자정自淨의 주체가 될 수 있었다. 그러나 1980년대 후반, 특히 6월 항쟁 이후에 민중 개념은 5·18 때 최후까지 항쟁했던 기층민들을 더욱 부각시키기 시작했고 이로써 민중론은 노동자계급을 강조하는 맑시즘과 접맥되었다. 말하자면 이때부터 민중은 격렬하게 군부독재에 맞서 싸울 수 있는 새나라의 공수부대였다.[43] 5·18을 '민중항쟁'으로 불러야 한다는 주장은 1985년에 처음 제기되었고 1987년, 88년에 이르면 사건의 통칭을 바꾸어놓기에 이르렀다.[44]

무엇보다 민중 개념의 강점이자 약점은 이 개념은 계급적이면서 동시에 정치적, 경제적 의미를 갖는다는 점이다. 우선 경험적으로 5·18의 군중은 객관적으로 계급적이었다. 그러나 그들이 주관적으로

---

[43] 1988년에 천주교 광주대교구 정의평화위원회는 민중을 5·18의 주역임을 공식적으로 선언하며 '민중항쟁'이라 명명하고 "민중이 주체가 된 민주화운동"이었다고 성격을 규정하고 있다. 나아가서 시민과의 관계를 다음과 같이 설정한다. "전 시민이 투쟁에 참여했다는 것과 기층 민중이 전면에 서서 적극적으로 싸웠다는 사실을 혼동해서는 안 될 것이다."(천주교 1988, 10, 39) 천주교 광주대교구 사제단은 1984년까지도 '광주의거'라는 명칭을 공식적으로 사용했다.(천주교광주대교구사제단, 〈광주의거 4주기를 맞이하여〉, 민문협 1985, 435)

[44] 유족회의 경우는 1988년 '5·18광주의거유족회'에서 '5·18광주민중항쟁유족회'로 명칭을 바꾸었다.(현사연 1990a, 3072) 한편 1986년까지만 해도 '5·18광주의거청년동지회'가 만들어졌고 1987년에는 '5·18광주민중항쟁동지회'가 결성되었다. 같은 해에 '5·18광주의거부상자동지회'는 호헌 지지 문제로 '5·18광주민중항쟁동지회'가 분리되어 만들어졌고 이 단체들은 1995년에 후자의 이름으로 재통합되었다.(나간채; 정태신 1996) 1987년부터 '민중항쟁'이라는 명칭이 일반화된 것으로 보인다. 1987년 '5·18광주의거청년동지회'는 《5·18광주민중항쟁 증언록 I》을 출판했다. 1988년 초에 실시된 여론조사에서 광주 시민의 28.7%가 '의거'라 불러야 한다고 의견을 밝힌 반면 56.3%는 '민중항쟁'이라는 명칭을 선택했다.(천주교 1988, 33)

스스로 계급으로서 싸웠는가에 대한 대답은 긍정적일 수 없다. 경제적 문제 특히 분배의 문제에 관한 요구나 구호는 해방광주에서 극히 드물었고 당시 앞선 투쟁의식을 대표하던 윤상원이 이끌던 운동권 학생들과 청년들은 23일부터는 〈민주 시민 강령〉, 〈민주 시민 여러분〉 등을 통해 '일반 시민들'은 '평상 생활로 돌아갈 것'을 권했다.(광주광역시 1997 II, 47) 이러한 사회 개혁이 의식적으로 배제된 상황은 딜레마를 이루었다. 이전의 사회 모습으로 돌아가자는 뜻은 시민들의 투쟁 분위기를 가라앉히고 5·18이라는 사건을 없었던 일로 '물리자'는 '수습파'들의 논리가 설득력을 얻는 계기가 되기도 했다. 민중은 계급으로서 계급의 이해에 따라 싸운 것은 아니었다. 5·18에서 민중이, 계급으로서 민주화를 요구하여 투쟁한 것인가에 대한 답 또한 회의적일 수밖에 없다. 민중론과 민주화론이 논리적으로 연결되지 않는 것은 아니었고 따라서 두 개의 설명이 양립 불가능한 것은 아니지만 현실적으로 갈등 관계에 있는 것은 사실이다.

5·18의 민중이 계급으로서, 여러 계급의 집합으로서 참여했다면 그것은 계급의 이해라기보다 계급의 에토스ethos 또는 아비투스habitus에 의한 것으로 이해해야 할 것이다. 투쟁의 주체로서 민중 계급에 '구조적 요인'이 있었다면 그것은 경제적 요인이라기보다는 경제적 요인에 기반을 두어 오랜 시간을 통해 이루어진 계급의 세계관과 생활양식에 있을 것이다.(Bourdieu 1985) 5·18의 상황에서 개인이 투쟁에 참가할 것인가의 문제는 분노가 공포를 극복하고 공동체에 합류하기 위하여 목숨을 걸 것인가의 결정이었다. 가족과 재산을 소유하고 있는 부르주아들은 특유의 개인주의와 합리주의적 사고로 스스로 분노의 감정을 통제하고 집 밖에 나가지 않든지 피신할 것이다. 한마디로 시위에 가담한 사람들이 계급적인 이해나 민주주의에 대한 욕구를 더 갖고 있었기 때문이라기보다는 시위에 참가하지 않고 시위대에 협조할 것을 꺼려했

던 부르주아들은 타산적이고 개인주의적 성향에 의하여 육체적 폭력 앞에 도저히 용기를 낼 수 없는 사람들이었기 때문으로 이해해야 할 것이다.

특히 교육을 많이 받은 사람들일수록 참가 비율은 낮았을 것이다. 교육의 기본 원리는 지식 습득 이전에 감정을 통제하고 권위에 대한 복종을 익히는 규율에 있기 때문이다. 룸펜 프롤레타리아트의 경우는 가족이나 재산이 없고 또한 감정을 합리적으로 통제하는 데 익숙지 않으며 더구나 개인이 아니라 공동체를 우선으로 생각하는, 이를테면 '의리라면 끝내주는' 생활방식에 젖어 있어 갈등 없이 시위에 참여했을 것이다.[45] 더구나 이들은 사회의 밑바닥 계급으로 인간의 존엄성을 말살하는 공수부대의 폭력에 누구보다도 분개했을 것이며 이들로서는 투쟁에 앞장서서 다른 계층들과 동등한 공동체에 속한다는 것은 또한 커다란 보상이 아닐 수 없었다.

5·18에 나타난 '민중의 (혁명적) 역동성'은 바로 이곳으로 현실적으로 접근해야 한다. 이들 기층민 계급은 구체적으로 민주주의나 사회주의나 어떤 경제적 보상을 원하기 이전에 일상적으로 인간 존엄성 박탈에 민감하게 반응하는 집단이며 이들 계급의 생활양식과 세계관은 위에서 논의한 5·18 광주 시민들의 투쟁 동기가 유발된 상황에서 누구보다도 격심한 분노를 일으킬 것이다. 나아가서 도시 룸펜 계층으로서는 투쟁의 일선에 나섬으로써 잃을 게 없으며 또한 그들로서 시민들의 환호와 성원을 받는 것은 '살맛 나는' 일이었을 것이다. 제 세상을 만난

---

45 이에 대한 유명한 이론은 정도상의 단편 소설 〈십오방 이야기〉에서 제시된다. 대사에서 다음과 같이 말한다. "때밀이 겉은 야들이 왜 죽기 살기루다 싸운지 아냐. 학생들은 배운 게 있어놓께 그거 안 해도 목구녁은 채울 수 있응께 발라버린 것이고, 갸들은 못 가진 한도 있고 데모 하나 안 하나 때밀이는 때밀이고 공돌이는 공돌잉께 싸우는 것이고, 무엇보다도 갸들이 의리 하나는 끝내중께."(정도상, 〈십오방 이야기〉, 한승원 외 1987, 316-7)

도시 룸펜 계층들과 또한 이 계층들의 평소답지 않은 '거만한 모습'을 거부감을 가지고 바라보는 중산층들은 모두 5·18에서 '민중의 역동성'이 파도치는, 세상이 뒤바뀌어가는 짙은 혁명의 바람을 느꼈을 것이다. 이들과 무장한 청소년들에 대한 불안감은 총기 회수의 일차적인 동기였고 시민군들은 이에 강하게 반발할 수밖에 없었다. 5·18 광주 시민들의 투쟁 동기는 '악귀' 같은 공수부대가 등장한 상황과 불가분의 관계에 있다. 그러나 이 투쟁에 즉각 반응했던 민중의 '역동성'은 상황에 따른 것이라기보다는 구조적인 것이며 이를 이해하는 데 맑시스트적 '계급의식' 등의 낡고 무딘 도구에 의존할 필요는 없다. 사회 계급의 존재는 일차적으로 사회에서 분배되는 인간 존엄성의 차이에 있는 것이며 경제적 재화와 생산수단은 그 일부인 것이다.

혁명론

혁명론은 민중론을 통해 도출되었다. 이론적으로는 1989년에 전개되었지만 민중론은 출발점에서 이미 그 일부는 혁명론으로 방향이 예정되어 있었던 것으로 보인다.[46] 혁명론의 요지는 민중은 1980년경 이미 혁명의식을 갖추어가고 있었고 이 와중에 5·18이 발발했다는 것이다. 어떤 혁명론도 민중이 먼저 5·18을 일으켰다고 주장하지는 않는다. 다만 5·18의 와중에 민중, 노동자계급은 혁명을 의식적으로 시도하고 조직적으로 무장 반란을 꾀했다는 것이다. 물론 혁명론은 5·18

---

[46] 1984년 초 학생운동권에 중대한 영향을 미친 소책자《깃발 I》은 이미 "민중 봉기에 의한 폭력혁명" 노선을 명시적으로 제시했다. 물론 이 책자는 5·18 해석서는 아니었다. (강신철 외 1988, 66)

현실을 과장하고 때로는 왜곡하고 있다는 점은 재론의 여지가 없으며 완성된 형태의 혁명론은 경험적으로 타당하지 않다.

그러나 혁명론은 대단히 중요한 측면을 예민하게 감지하고 있다는 사실은 부정할 수 없다. 첫째, 광주 시민은 '순진한' 백성들로 어떤 조직도 없이 자발적으로 투쟁에 임했다는 자유주의자들의 백성 옹호에 대한 비판은 타당할 수 있다. 광주 시민들의 공동체는 중요한 정치적 역할을 수행하고 있었다. 둘째, 5·18에는 분명히 '혁명의 냄새'가 나고 있었다. 5·18은 결코 민주화를 요구하는 시위나 데모가 아니었다. 시민들은 무장하여 계엄군과 전투를 벌였고 한때 광주를 해방시켰다. 그리고 그때 광주는 세상이 뒤바뀌어 '혁명적 분위기'였다. 그러나 5·18과 혁명의 문제는, 혁명은 단순히 무력에 의하여 짓밟힌 것이 아니며, 또한 의식의 미발달로 인해 좌절된 것도 아니었다. 혁명은 광주 시민들에 의하여 강하게 거부되었고 이로 인해 5·18 담론은 딜레마에 빠지고 해독하기 어려운 형태로 전개된 것으로 보인다.

초기부터 조직적 활동을 벌인 사람들은 윤상원이 이끄는 녹두서점을 중심으로 하는 운동권 청년들, '들불야학 팀' 그리고 '광대 팀' 등 극히 소수였다. 윤상원과 그의 후배들은 18일 오후부터 유인물과 화염병을 제작하는 등 조직적으로 저항을 독려했다.(전사연 1991, 226) 녹두서점은 항쟁 초기 일종의 상황실이었다. 그러나 윤상원 중심의 조직이 5·18의 전개에 지도적인 역할을 했다고 보기는 어려울 것이다. 계엄군이 퇴각하자 그들은 즉시 전면에 나설 것인가를 놓고 논쟁을 벌였고 결국 YWCA를 중심으로 도청과는 거리를 두고 활동을 시작하게 되었다. 분위기가 무기 반납파 쪽으로 기우는 상황에서 25일 저녁 윤상원은 70여 명의 대학생을 무장시켜 도청으로 진입하여, 즉 일종의 쿠데타를 거쳐 '민주시민투쟁위원회'(항쟁지도부)를 구성했다. 그러나 그들이 할 수 있는 일은 그리 많지 않았다.

오히려 5·18을 통해 효율적인 정치체제가 작동하고 있었다면 그것은 광주 시민들의 공동체였다. 이 공동체는 20일 저녁부터 공수부대가 수세에 몰리고 시민들의 활동 공간이 확보되었을 때 모습을 드러낸다. 20일 저녁부터는 즉흥적 조직 활동이 벌어지고 전옥주 등은 시민들을 동원하고 투쟁을 선동했다. 시장에서는 아주머니들이 김밥을 말고 주먹밥을 만들고 각종 음식과 음료수를 시위대에 장만해주었다. 당시 광주 시민들은 모두 각자 무엇을 할 수 있는가를 생각하여 자발적으로 적합한 일을 찾았고 젊은 기층민들은 시위대 전면에서 교대로 밤을 지새우며 싸웠다.

무엇보다 20일 저녁에 등장한 차량시위대는 민중의 등장이나 노동자계급이라기보다는 공동체에 기반을 둔 조직이었다. 운전기사들이 살해당했다는 것이 계기가 되었지만 그들의 행동은 무엇보다 광주 시민 전체의 투쟁에 자신들이 갖고 있는 강력한 무기를 동원하여 참여한 것이었다. 이러한 거사는 차주들의 협조와 묵인 없이는 불가능했으며 몇몇 차주들의 비협조를 과장해서는 안 될 것이다. 또한 당시 공동체 활동의 결정적인 지표는 헌혈이었다. 술집 아가씨들의 '깨끗한 피'의 일화는 당시 공동체의 지위를 드러낸다. 피는 모든 시민들이 서로의 생명을 살리고 나누는 몸의 일부이자 당시 처절한 투쟁의 상징이었다.

군부와 공수부대를 적으로 규정한 것은 비단 몇몇 유인물들뿐만이 아니었다. 광주 시민들은 입을 모아 '우리 고장과 가족들을 우리 손으로 지켜야 한다'고 했고 이러한 담론은 '생존권 수호', '살기 위해 싸워야 한다', '정당방위' 등 여러 가지 문구로 표현되었다. 이 말들은 명백히 공동체에서 만들어진 정치 담론이었다. 각자 살아남기를 바랐다면 도망가거나 숨어 있어야 했을 것이며 많은 사람들, 특히 부르주아들은 그렇게 행동했다. '살기 위해 싸운다'는 말은 이미 삶과 죽음이 개인의 차원을 넘어 공동체 수준에서 규정되었음을 뜻하며 또한 이 말투는

 폭력과 언어의 정치 : 5·18 담론의 정치사회학

이러한 식의 생사生死 규정을 당연한, 의문의 여지없는, 삼척동자도 아는 상식처럼 말하고 있다.[47] 공수부대의 만행을 보고 '도저히 같은 민족이라고 상상할 수 없었다'는 말 또한 유사한 정치 담론이었다. 공동체는 적敵과 아我를 가르는 칼 슈미트Carl Schmitt 식 정치 행위를 수행했고 모든 시민들은 삶과 죽음을 개인의 일이 아니라 공동체의 일로 느끼고 있었다.(Schmitt 1976) 공동체의 적 규정은 절대적인 것이었다.

공수부대가 적이며 다른 민족임은 '도저히 인간이라 할 수 없는' 존재들이었기 때문이었고 역사적인 비교 분석을 통해 공산당도 그러지는 않았기 때문이었다. 또한 공수부대의 작전은 광주시라는 지역을 대상으로 그 지역의 모든 사람들을 적으로 규정하여 진행되고 있었다. 따라서 공수부대는 인류의 적이며 동시에 공동체의 적이었다. 시민들과 공수부대의 투쟁은 클라우제비츠Carl von Clausewitz의 절대전Absolute War의 양상으로 치달았다.(Clausewitz 1976) 이 싸움에는 어떠한 규칙도 규범도 없었고 광주는 "암흑의 도시"로 변했다는 말은 이러한 상황을 두고 한 말이었다. '정당방위'라는 표현은 공통의 규범을 두고 한 말이었지만 '죽어간 아들딸들의 한을 풀어주자!'는 복수의 언어는 법의 부재를 확인하는 담론이었다. 드디어 21일 낮 공수부대가 집단 발포를 시작하여 금남로가 피로 물들자 이때부터는 개인적으로도 도저히 용서할 수 없는 원수와의 '전쟁!'이 되었다.

---

[47] 당시 의무전경이던 박시훈 씨는 20일 상황에 대하여 다음과 같이 증언한다. "시민들은 본능적으로 일체감이 형성되는 듯했다. '광주를 지켜야 한다. 우리 손으로'를 외치며 거리로 쏟아져 나왔고, 사방에서 돌진해오는 시위대는 할아버지에서 어린아이까지 똘똘 뭉쳐 있었다."(현사연 1990a, 8002: 1536)
'광주를 지켜야……'라는 시위 구호는 적합한 말은 아니며 그런 외침을 직접 들었다는 뜻은 아닐 것이다. 박시훈 씨는 광주 출신으로서 당시 모습을 후일 이렇게 표현한 것으로 짐작된다. 이 경우에 '광주를 지켜야……'라는 말은 모두의 입에서 나오는 당연한 말이었으며 아마 시위대가 모두 그렇게 생각했을 게 당연하다는 확신에서 이렇게 증언한 것으로 판단할 수 있다.

공동체의 투쟁은 지도자나 이론가 없이 모든 시민들의 몸과 일상적 언어를 매개로 이루어졌다. 광주 시민들의 공동체는 삶과 죽음을 공동체 단위로 규정했고 공동체의 삶 그리고 생명과 인류을 보호하기 위해 군부와 공수부대를 적으로 규정했다. 그러고는 적에 대항하는 아我, '우리'의 모습을 '애국시민', '민족', 태극기, 애국가 등 기존의 국가의 논리와 상징체계에서 표출했다. 그리고 시민들은 군가를 부르고 애국가도 군가처럼 빠르게, 딱딱 끊어서 부르는 이상야릇한 장면을 연출하기도 했다. 이는 국군과 대항하여 싸우는 공동체가 자신의 정체를 국가의 논리와 상징체계로 나타냈다는 것을 뜻하며 한편으로 야만스런 공수부대가 '우리나라 군대'임을 부정하고 공동체 스스로가 정통성 있는 국가권력이라는 걸 요구했음을 뜻한다. 이를 다른 측면에서 보면 공동체는 독자적인 언어와 상징체계를 갖추지 못한 채 적을 규정하자 국가주의 담론체계에 흡수되어버렸음을 뜻하는 것이다. 단적으로 공동체는 적을 규정하자 자신을 적과 유사한 모습으로 나타내고 국가주의 담론체계의 골을 따라간 셈이다.

이러한 공동체 정치는 투쟁의 담론을 만들어내는 데는 성공적이었지만 일단 광주를 해방시키자 딜레마에 처할 수밖에 없었다. 국군의 일부를 국가의 언어와 상징체계를 동원하여 물리친 이상 현존하는 대한민국 국가권력과 대응하는 또 하나의 국가권력, 또 하나의 주권은 해방광주의 환호이자 악몽이었을 것이다. 모든 시민들과 시민군들은 새 나라의 시민이자 개국공신으로 애국심에 충천했고 혁명의 냄새는 이곳에서 강하게 풍겼다. 해방광주 시민들이 간첩 용의자를 찾고, 민족과 대한민국에 충성을 맹세하고, 이성을 되찾고, 평상의 생활로 돌아갈 것을 외친 것은 자기 안에서 '또 하나의 국가'와 혁명의 유혹을 물리치기 위한 것으로 이해할 수도 있다. 이에 대한 직접적인 대책은 무기 회수였고 이는 5·18의 모든 것을 없었던 일로 돌리자는 뜻으로 귀착되었다.

그러나 시민군들과 투쟁에 직접 참여했던 많은 시민들은 이에 크게 반발했고 이 혁명과 반혁명의 부딪침에서 많은 담론의 파편들이 여러 방향으로 튀었다.

　　한편으로 그들은 공동체 의식의 원점으로 돌아가 고향의 아름다움과 고향에 대한 사랑을 노래하고, 다른 한편에서는 5·18의 벽두에 울리던 민주화의 외침을 다시 발견했다. 그리고 자신들을 이렇듯 반역의 문턱으로 내몬 군부독재와 공수부대의 만행에 대한 저주를 통해 광주 시민들은 이 질곡의 고통을 울부짖었다. 특히 대한민국의 민주화는 여러 맥락에서 계속 등장했다. 일부는 투쟁을 장기화하여 민주화를 이룰 수 있다고 강변했고 시민들은 총을 쥔 채 새로운 국가권력에서 회귀하여 대학생 데모로 돌아가 조국 민주화를 요구했다. 민주화 담론은 이들에게 고독에서 벗어나기 위한 길이었고 또한 운명을 예감하고 남긴 투사들의 유언이기도 했다.

　　결국 혁명의 문턱에서 벗어나고 담론의 질곡에서 빠져나오는 길은 광주 시민들로서는 스스로를 국가에서 시민공동체로 주체의 정의를 바꾸는 일이었다. 더 많은 피를 볼 것이 아니라 그간의 '피의 값'을 받아내고 스스로 무장을 해제하여 국가권력의 지배로 복귀하겠다는 것이 당시 끝까지 싸워야 한다는 이른바 '항쟁파'의 입장이었다. '피의 값'을 받는다는 것은 단순화시켜 말하면 이른바 '명예회복'이었다. 구체적으로는 정부의 사죄와 배상을 받아내고 광주 시민들의 윤리적 우월성을 공식적으로 증명 받는 일이었다. 그러나 군부는, 나름대로 생사의 기로에 있었던 신군부는 공수부대의 만행을 인정할 수 없었다. 광주 시민들과 계엄사의 협상은 처음부터 평화적으로 이루어질 수 없었는지 모른다. 결국 명예회복과 '광주 사수'는 시민군의 마지막 명분이었고 이를 지키기 위해서는 누군가 그 자리에서 희생되어야 했다. 5·18 투사들은 공동체의 윤리적 우월을 지키고, 5·18의 부활을 기약하고 또한 아직

이름 없는 혁명의 태아를 지키기 위해 운명을 받아들인 것이다. 5·18
과 혁명의 관계에 관한 한 도청을 사수했던 젊은이들은 적어도 혁명의
거부拒否를 죽음으로 거부한 셈이다. 군부는 5·18의 이들을 '불순분자'
로, '전남공화국의 동지'로, 반역자로 몰았다.[48]

　　1980년대 후반의 혁명론은 5·18의 유복자에게 붙여진 하나
의 외국 이름이었다. 혁명론은 출생과 함께 외국으로 망명하여 이제는
5·18의 적자의 지위를 주장할 수 없게 되어버린 유복자의 모습이었다.
사회주의 혁명론은 5·18 담론의 딜레마를 인식하고 다른 현실로 도피
한 의식적으로 선택된 지성적 정신분열의 역사적 의미를 갖는다. '통일
조국'의 담론은 추상적인 만큼 희생양을 잡아가며 현실에서 안주한 경
우이며, '전라민국'의 경우는 5·18의 투쟁과 국가 담론에서 고집스레
논리적 일관성을 유지하고, 하루하루 살로 겪는 고향과의 교감을 통해
명정함을 유지하며 도달한 또 하나의 세상, 판타지의 비감한 농담이었
다. 물론 이 모든 비극은 "베트남 전쟁에서 양민을 학살했던 만행의 실
례를 이렇게도 같은 형제들에게 보여"준 신군부의 정치적 선택에서 비
롯된 것이다.[49]

48　김준봉 씨의 증언에 따르면 상무대에 잡혀가자 수사관들은 "전남공화국 동지 잘
　　　오셨습니다"라고 하며 모질게 구타했다.(현사연 1990a, 1020: 234)

49　1980년 5월 20일 조선대학교 민주투쟁위원회 명의의 〈전두환의 광주 살륙작전〉에서
　　　인용했음.(전사연 1988, II-4, 109)

5 광주 시민이 남긴

최후의 담론

　담론은 투쟁과 함께 시작되었다. 정치는 권력의 문제이며 이 권력의 핵심은 폭력이라는 것이 서구 근대 정치 담론의 핵심이다. 5·18에서 극적으로 표출된 신군부의 폭력 만능주의 또한 이러한 서구 근대 담론과 그 현실태인 군국주의적 근대국가와 자본주의의 산물이었다. 그러나 현재 우리 사회과학계에도 팽배한 이러한 정치 관념은 정치에서 언어의 중요성을 간과하고 있다. 단적으로 폭력만을 숭상하던 당시 신군부는 계속 무력을 독점하고 있었지만 5·18 광주 시민들의 비명과 함성 그리고 신음과 분노의 힘, 다시 말하면 5·18 망령들의 원성을 견딜 수 없었다. 신군부는 도저히 언어로 정당화할 수 없는 폭력을 행사하고 그 치부를 가리기 위해 궤변을 늘어놓고 나아가서 언어 자체를 말살시키려는 헛된 노력을 기울였다.

　사실 그들의 폭력도 '우리는 인간이 아니라 짐승이며 악귀다'라는 언어였다. 신군부의 1980년 5월 18일에서 6월에 이르는 기간의 담론의 목적은 수치를 가리고 폭력을 정당화하고, 나아가서 또 다른 폭력을 사용하여 현실을 다시 한 번 가려보려는 시도였다. 폭도론, 불순 정치 집단론 그리고 유언비어론은 대표적으로 군부가 자신의 권력을 의식하며 만든 일방적인 담론이었고 이제는 타당성을 결코 주장할 수 없는 에피소드로 남아 있을 뿐이다.

　그러나 담론은 현실을 있는 그대로 묘사하는 행위가 아닐 뿐만 아니라 현실과 관계없는 말, 빈말로 끝나는 것도 아니었다. 담론은 현실 이전의 힘, 폭력에 근거한 것이었고 다시 현실을 만드는 힘의 필수적인 수단이었다. 5·18 이후 실형을 받았던 모든 구속자들이 사면되어

'김대중 음모론'이 사실상 폐기된 이후에도 수년 동안 권력이 강요해온 '폭도론'은 많은 광주 시민들에게 엄청난 고통을 안겨주었다. 폭도론으로 인해 수많은 사람들은 "슬픔마저도 빼앗겨"버렸다.(오청동 1987, 57) 수많은 죽음을 추악하게 그린 담론의 그림, 담론으로 구성된 '현실'은 그들의 죽음, 형제의 죽음마저도 공공연히 슬퍼할 수 없도록 했고 이는 엄청난 고통을 가져왔다. 폭도론과의 담론의 싸움은 곧 이른바 '진상규명'이었고 이는 죽음의 모습과 의미, 그리고 재현된 죽음의 미학적 평가를 둘러싼 싸움이었다. 5·18 이후의 계속적인 민주화 투쟁은 5·18이라는 사건을 어떻게 그래낼 것인가의 담론의 싸움과 동일한 것이었다.

1980년대 후반부터 5·18에 대한 모든 글은 광주 시민들의 시각에서 쓰였고 광주 시민들은 이제 5·18의 진리를 독점하는 상황이 되었다. 물론 이 상황은 그들이 목격자, 경험자, 당사자, 피해자라는 위치에서 출발하지만 반드시 거기에 그치는 것만은 아니다. 광주 시민들은 5·18의 유언인 군사정권과의 투쟁과 우리나라 민주화에 가장 큰 공헌을 한 집단이기도 했다. 또한 최근에 이르러 광주를 중심으로 많은 학술기관과 단체들은 5·18의 진실을 밝혀내는 데 결정적인 공헌을 하고 있다. 그러나 당사자들의 말이 5·18의 가장 정확한 증언이겠지만 5·18 전반에 대한 가장 권위 있는, 타당한 담론이라는 근거는 없다. 그들은 당사자들이며 당사자로서의 입장과 감회와 변론은 그들의 담론을 복잡하게 만들 수 있다. 실제 많은 시민들은 현장에서 자신이 왜 싸우는지 이해하지 못하는 경우가 많았고 그 싸움의 의미는 지식인들이, 배웠다는 사람들이 투쟁의 현장에서, 싸움이 중단된 틈에 그리고 싸움이 끝나고 상무대 영창에서 가르쳐준 것이었다. 싸워야만 하는 현장의 윤리적 판단과 그 싸움의 역사적 의미는 다른 문제이며 역사적 의미는 해석을 통해 만들어지는 것이다. 해석은 현장에 참가하고 현실을 목도한 사람들만의 몫은 아니다.

　　5·18 담론을 분석할 때 가장 어려운 부분은 당시 열흘간에 이루어진 광주 시민들의 담론이다. 이에 비하면 계엄사의 담화와 5·18을 해석하는 담론들은 비교적 간단한 구조를 가지고 있다. 시민들은 전혀 예측하지 못했던 폭력 사태를 맞아 투쟁하고, 동료 시민들의 참여를 유도하고, 자신들의 투쟁을 정당화하고, 투쟁의 방향을 설정하는 언어들은 폭력적 현실과 기존 우리 사회의 담론 구조의 제약 속에서 큰 어려움을 겪었다. 기존 국가주의 담론의 그물망은 시민들이 적敵을 정의하자 아我에 또 하나의 적과 닮은 국가의 모습을 씌웠고, '우리'가 나라의 모습을 갖자 국가권력과 반공의 이념은 그들을 반역의 문턱으로 몰아세웠다. 해방광주는 혁명의 분위기에서 혁명의 악몽에서 벗어나기 위해 모든 혁명 담론을 거부했다. 해방광주는 담론의 소용돌이였고 결국 원점으로 돌아와, 손에 총을 쥔 채 고향에 대한 사랑과 조국 민주화를 외쳤다. 내 고장에 대한 사랑은 5·18 이후 문학과 예술 활동에서 계속 형상화되었고, 조국 민주화의 담론은 광주 시민을 학살한 독재에 대한 증오와 더불어 5·18의 유언으로 남게 되었다. 5·18 당시 광주 시민들의 첫 번째 담론은 논리적인 언어가 아니었다. 그들의 첫 번째 언어는 산문이나 논문이 아니라 시였다.

　　망명한 5·18의 유복자는 낯선 땅에서 혁명아革命兒로 자라났고 5·18 유언으로서의 민주주의는 우리나라 모든 지식인들과 민중들에게 계승되었다. 결과적으로 우리나라의 민주주의는 5·18의 유언이 실현된 것이었지만 실제로 돌아온 유복자의 거친 싸움이 없었다면 결코 이루어지지 못했을지 모른다. 그러나 돌아온 유복자는 유언을 계승한 사람들에 의해 다시 쫓겨나고 유전인자를 물려받은 유복자는 현재의 민주주의와 민주화론에 대해 결코 편안하지 못한 것이 현실이다. 5·18의 광주 시민들이 남긴 최후의 담론, 그들의 유언은 민주주의이며 이는 현재 '5·18 정신'의 높은 단상 위를 차지하고 있다. 그러나 5·18의 유복자는 아직도 자신의 이름을 우리에게 말하지 못하고 있다.

그러나 이 시점에서 5·18 무장항쟁의 현실과 사랑과 민주주의의 담론의 격차는 결국 5·18을 새로운 고독으로 빠뜨리고 있다. 그들의 민주화 담론은 특히 고독에서 벗어나려는 몸부림이었다. 혁명 담론이 거부되고 딜레마에 빠진 5·18 용사들은 5·18 이전의 민주화 요구 시위와 그들의 무장투쟁을 연결하고 우리 사회의 지배적 정치 담론인 민주화와 연결시킴으로써 시간과 공간에서 자신의 존재 위치를 확보하려 했다. 5·18 투사들의 유언은 당시의 고독한 현실에서 벗어나고자 하는 담론이며 투쟁의 시대를 재현하는 담론이었다고 이해하기는 어렵다. 유언은 후손들에게 해주고 싶은, 그리고 해줄 수 있는 말이었을 뿐이다. 한편 5·18의 유복자, 혁명아 또한 투쟁의 의미나 정신 그 자체라기보다는 시대적 투쟁 담론의 소산, 말하자면 외국의 투쟁 담론이 그의 말을 가르쳐가며 키운 유복자의 낯선 모습이었다. 무엇보다 5·18 투사들이 그들의 자리에 다시 돌아와 마지막으로 요구한 것은 '민주주의', '사회주의', '혁명' 등의 우리 정치 이념의 촌스러운 '메뉴판' 양식이 아니라 명예회복과 윤리적 우월이었고 이는 결코 궁한 구걸이 아니었다. 현재 우리 사회에서 5·18의 첫 번째 정신으로 합의되어 있는 민주주의는 그들이 요구한 최저선最低線에 불과한 것이다.

5·18 담론은 군부와 광주 시민들 양 당사자들에게 독점된 것은 아니다. 과잉 진압론은 군과 광주 시민 대표들의 대화에서 만들어진 것이며 민중론과 혁명론 또한 긴 시간 동안 대화한 산물이다. 계엄사의 폭도론은 결국 민중론으로 부활했고 또한 혁명론은 불순분자론을 뒤집은 말이었다. 결국 이 3개의 담론은 각자 좌우의 입장 차이를 차제하고 나름대로 5·18 진실의 일편을 갖고 있으며 이들의 분석과 비판은 쌍방 간에 공유되었던 현실에 접근할 수 있는 통로를 제공한다.

5·18에 광주 시민들이 싸워야만 했던 이유는 여러 글과 증언 이

곳저곳에 흩어져 남아 있다. 광주 시민들의 투쟁은 사전에 준비된 어떤 이념이나 명분으로 설명할 수 없으며 또한 어떤 이해 당사자로서의 설명, 예를 들어 수탈, 착취, 매수, 배후 조정 등 인간의 물질적 욕망 같은 것으로 공수부대와의 목숨을 건 투쟁을 결코 설명할 수 없다. 또한 공수부대의 폭력에 맞대응한 폭력으로, 본능적 폭력의 폭발로도 볼 수 없다. 개인적 차원에서 광주 시민들이 분노한 것은 인간의 존엄성을 파괴하는 폭력 그리고 그것을 목격한 인간의 존엄성까지 짓밟는 폭력이었다. 그들이 투쟁한 동기는 바로 인간 존엄성을 회복하기 위해서, 인간이기 위해서였다.

시민들 간의 공동체는 공포를 극복하고 짐승의 수치에서 해방된 존엄한 인간들에 대한 존경과 인간애에서 오는 것이었고 이러한 공동체는 개인과 공동체가 완벽하게 융화되어 공존하는 것이었다. 결국 인간의 존엄성은 궁극적으로 개인의 수준에서 해결될 수 없는 것이었다. '나'와 매 맞고 죽임을 당하는 동료 시민의 존엄성은 같은 운명에 있으며 투쟁에 참가함으로써 존엄성을 되찾은 기쁨은 옆에서 싸우는 전우의 기쁨 속에서 확인되는 것이었다. 광주 시민들이 '폭도'라는 말에 그토록 격분한 것은 바로 그들은 인간의 존엄성을 위해 싸운 존엄한 인간임을 스스로 알고 있었기 때문이다. 공동체 차원의 투쟁의 동기는 생명의 보호였다. 광주 시민들의 공동체는 삶과 죽음을 공동체 차원에서 정의했고 광주 시민들은 서로가 모두의 생명을 지키기 위해, 젊은이들을 지키고, 가족을 지키고, 연약한 아녀자들을 지키고, 어린아이들을 지키고, 광주 땅과 그 땅의 모든 생명을 지키고 사랑하기 위해서였다. 인간의 존엄성을 위한 투쟁이 공포와 분노와 해방감에서 이루어졌다면 생명을 보호하고 고향을 지키는 투쟁은 냉철한 결의에서 일관되었다.

광주 시민들이 5월의 그날부터 오늘에 이르기까지 주장한 명예회복은 결코 추상적이거나 물질적인 것이 아니다. 해방광주의 새로운

　　　　　　폭력과 언어의 정치 : 5·18 담론의 정치사회학

상황 속에서 국가주의 담론의 함정에서 빠져나와 공동체 담론으로 제자리를 잡으며 광주 시민들은 그들이 투쟁해온 진정한 동기와 가치를 '피의 값'으로 느꼈다. 그들은 야수들의 침입으로부터 고장과 공동체와 가족을 지키고 스스로 인간으로서의 존엄성을 위하여 엄청난 피를 흘렸다. 그 피는 대가를 위한 것도 아니고, 각자의 '알량한 목숨'을 위해 흘린 피도 아니며, 다만 인간이기 위하여, 인간으로서 도리를 다하기 위해서였다. 그 많은 피를 흘리고도 '짐승'으로 '폭도'로 남는다면 또는 공수부대와 똑같은 '양시兩是'로 남는다면 우리는 더 많은 피를 흘려야 할지 모른다. 그들이 총을 놓는 조건으로 원했던 것은 다만 그들은 싸우던 그 모습, 바로 인간이었던 모습을 돌려달라는 것이었다. 5·18이 저물어가던 시점에서 존엄성은 개인뿐만이 아니라 공동체 전체의 모습이 되었다. 광주 시민들은 자신과 동료 시민들의 인간임을 위하여 싸웠지만 그 투쟁의 계절을 통해 광주 시민 모두의, 공동체의 존엄성을 발견한 것이다.

광주 시민들의 투쟁 동기는 결코 민주주의라는 근대의 정치 이념이나 제도에 대한 요구로 귀착되지 않는다. 인류과 공동체의 존재에 대한 가치는 동서고금의 인간의 가장 근본적인 것으로 굳이 글로 써서 알릴 필요도 없는 인간 본성 차원에 있는 것이다. 5·18은 민주화 요구에서 비롯되었다. 그러나 광주 시민들은 인류과 공동체를 위한 처절한 투쟁에서 정치적 이념으로서의 민주주의를 관통하여 독재의 그 깊은 곳에 있는 핵심적 독소와 맞부딪쳐 그것을 만천하에 파헤친 것이다. 5·18을 통해 비로소 독재는 비민주적 정치제도임를 넘어 인간의 생명과 존엄성을 말살하는 폭력으로 드러났고 서구의 정치 이념이었던 민주주의는 비로소 이 땅에 뿌리내리게 되었다. 그러나 인류과 공동체의 근본적 가치는 민주주의로 흡수되지 않으며 민주주의라는 정치제도가 해결할 수 없다. 1980년대 어두웠던 시절 우리의 민주화 투쟁은 민주주의 이념의 힘이라기보다는 5·18의 처절한 경험 그리고 각종 고문사건 등 인간의 존엄성과 생명의 가치가 깨어지던 모습에 대한 분노를 통해 이끌려갔다.

　　나아가서 광주 시민들을 엄청난 희생을 치러야 했던 투쟁으로 몰고 간 인간의 존엄성과 생명의 가치는 인권이라는 근대 서구의 법 개념으로 대체될 수 없다. 5·18에 나타난 인류와 공동체를 지키는 정신은 결코 이 시대에 국한되지 않는, 역사와 문화를 뛰어넘어 태초에 인류가 탄생한 이래 알 수 없는 미래에까지 울려 퍼질 인간의 가장 기본적인 가치인 것이다. 어쩌면 5·18 정신은 우리가 민주주의, 이 비극적 시대의 가치를 뛰어넘을 도약의 장대가 될 것이다. 새로운 시대에는 아마 5·18의 이야기들은 거인들의 모험 이야기로 읽힐 것이다.

　　5·18 광주 시민들의 투쟁 현실과 정신은 아직 체계적인 언어로 정리되지 못했고 이 글이 그 과제를 완결할 수 있는 것도 아니다. 그 시절 광주 시민들에게 이런 가치는 너무나 당연한 것이었고 또 한편 그간 우리 사회의 협소한 정치 담론과 이념의 장에서 이 원초적 가치를 일컬을 말을 찾지 못했다. 그러나 5·18 정신은 글로 새겨지지는 못했을지 몰라도 눈앞에 커다란 모습으로 이미 형상화되어 있다. 망월동 신묘역의 추모비는 바로 그들이 싸웠던 의미를 몸체로 이미 보여주고 있다. 땅에서 불끈 솟은 우뚝한 두 줄기 기상은 말없는 생명, 생명의 원형을 드높은 곳에서 굳게 지키기 위함이다.

2부

폭력과 사랑의 변증법:
절대공동체의 등장

1 말과 몸

1980년 5월 18일 정오 무렵 대한민국, 전라남도, 광주시 중심가 금남로 일대에는 비상계엄 해제와 민주화를 요구하는 대학생들의 시위가 벌어졌고 기동경찰대가 출동하여 이들을 진압하고 있었다. 여기에서 대학생들의 숫자, 경찰대의 규모, 그들의 정확한 위치와 이동 상황 등의 구체적인 사실은 우리 역사에서 크게 중요하지 않을 수 있다. 이 사건은 지난 몇 달 또는 몇 년 동안 우리나라의 여러 대도시에서 심심치 않게 보아온 종류의 사건이며 이러한 모습이나 의미는 우리 사회에서 일반적으로 통용되던 '대학생 데모'라는 말, 언표言表로 어렵지 않게 전달되었고 지금도 전달된다. 물론 당시는 계엄령 상태였지만 특별히 놀랄 일은 아니었다. 시민들의 반응도 격려하는 사람, 무관심한 사람, '학생들이 공부하기 싫으니까……' 하며 비난하는 사람 등 다양했다.[1] 이 반응들은 시민들 각자가 그간 그런 종류의 사건에 대해 지난 며칠 동안 또는 꽤 긴 시간에 걸쳐 보고, 듣고, 생각하고, 토론하는 과정을 통해 마음속으로 준비하고 반복적으로 표현해왔으리라 짐작할 수 있다.

그러나 불과 몇 시간 뒤 오후 4시 광주 시내에 공수부대, 정확히는 제7공수특전여단 33대대와 35대대가 금남로 일대에 출동한 직후부

---

1 18일 오전 전남대 정문 앞의 상황을 지켜보고 시위에 참가한 김한중 씨는 다음과 같이 증언했다. "도망 온 10여 명의 학생과 다시 공원 앞에서 대열을 정비하고 충장로, 금남로, 시외버스 공용터미널들을 돌아다니면서 시민들의 동참을 호소했다. 4시간 정도를 그렇게 다니면서 본 시민의 반응은 두 갈래였다. 일부는 '공부하기 싫으니까 저렇게 다닌다'며 빈축했고, 또 일부는 '박수를 치며 호응'하는 양분된 모습이었다. (…) 그때까지만 해도 나는 광주에서 그렇게 엄청난 일이 발생하리란 생각은 꿈에도 못하고 적당히 끝날 것으로 생각했다."(현사연 1990a, 1041: 309)

터 벌어진 일은 전혀 그런 종류의 사건과는 거리가 멀었다. 그때부터 벌어진 일들은 그 광경을 본 사람들이 머릿속에 준비하고 있던 어떤 언어로도 표현할 수 없었고 목격하지 않은 사람들에게 전달해줄 수도 없었다. 그 광경을 목격한 사람들은 자기 눈을 의심하지 않을 수 없었고 그 광경을 일일이 묘사해 전해주면 대부분의 사람들, 광주 시민이나 타 지역 사람들이나 사실로 믿지 않았다. 당시《뉴욕타임스》는 현지 기자들에게서 "필설로 이루 다 말할 수 없는 상황"이라는 보고를 받고 당혹스러울 뿐이었다.(한국기자협회 외 1997, 64)《동아일보》의 김충근 기자는 다음과 같이 회고했다.

> 광주항쟁을 취재하면서 내 자신이 기자로서 갖추어야 할 표현력의 부족을 얼마나 한탄했는지 모른다. 글이나 말로는 도저히 전달할 수 없는 상황이 있다는 사실도 그때 뼈저리게 체험했다. (…) 기자로서는 이 같은 행위를 적절히 표현할 단어를 찾을 수 없었다. 만행, 폭거, 무차별 공격 등의 단어는 너무 밋밋해 도저히 성에 차지 않았다. 그래서 궁여지책으로 떠올린 단어는 '인간사냥'이었다.(이 용어는 당시 계엄사의 언론 검열로 신문에 활자화되지 않았으나 광주사태의 참상을 전하는 표현 중에 인용되고 있음을 쭉 보아왔다.) 또 젊은 여자, 그것도 옷맵시가 제대로 갖추어져 있고 예쁘장한 여자일수록 가해지는 폭력은 더 심했고 옷을 찢어발긴다든지 가격하는 신체 부위가 여체의 특정 부위들에 집중되었을 때 그것은 어떻게 표현해야 되는가? 백주 겁탈, 폭력 난행, 성도착적 무력 진압 등의 표현들이 얼핏 떠올랐으나 그것 역시 광주 상황을 전하기엔 적절치 못했다.[2]

2　김충근, 〈금남로 아리랑〉,《5·18 특파원 리포트》, 한국기자협회 외 1997, 212-4.

그때 광주에서 벌어진 일을 목격한 사람들은 모두 각자의 머릿속에 갖고 다니던 사전을 부지런히 찾았을 것이다.[3] 그야말로 한마디로 '말도 안 되는' 상황이었다. 더욱이 그때부터 27일 새벽 엄청난 수의 대한민국 정규군이 광주시를 사방에서 공격하여 점령한 시점까지 벌어진 일을 명명하고 규정하고 이해하는 일은 아직도 끝나지 않은 작업이다.

필자를 포함하여 많은 사람들이 '5·18민중항쟁' 또는 줄여서 '5·18'이라 부르는 이 사건의 전체적인 성격은 몸과 몸의 부딪침 그리고 몸의 으깨어짐이었고 이 사건에서 언어는 부차적인 위치밖에 차지하지 못했다. 현실을 숨기려는 말, 몸과 몸의 부딪침을 독려하는 등의 보조적인 말이 전부였다. 5·18에 대한 담론 분석은 언어와 현실의 거리를 확인하는 일에 불과했다. 광주 시민들에게 아직도 5·18은 생각만 해도 '치가 떨리는' 일이다. 물론 이 사건 이후 언어를 통해 이해하고 전달해보려는 시도들이 있어왔지만 현재까지 말은 실제 경험과 기억에 접근하지 못하고 있다. 학술적 연구도 여러 차례 시도되었지만 이론적 도구나 개념어들은 오히려 그 현실과 체험을 더욱 뼈저리게 배신해왔을 따름이다.

5·18이 오랫동안 이른바 '당사자주의'에 빠져온 것은 경험자들과 피해자들이 반드시 배타적이었기 때문만은 아닐 것이다. 적어도 현재까지 언어를 통한 시도들은 당사자들이 이른바 '5·18 신드롬'에 시달릴 정도의 경험, 평생 다시는 결코 느껴볼 수 있을 것 같지 않은 극도

---

3 《뉴욕타임스》의 헨리 스코트 스토커(Henry Scott Stokes) 서울특파원은 다음과 같이 회고했다. "그때의 광경은 영국인인 내게는 1415년 아쟁쿠르에서 있었던 육박전을 연상하게 했다. 물론 당시의 전투는 프랑스 땅에서 헨리 5세 군대와 막강한 프랑스 군대가 벌인 전투라 역사 내지는 정치면에서 전혀 비슷한 점이 없었다는 것은 분명하다. 하지만 나는… 육군 병사들이 착검한 총을 가지고 근거리에서 백병전을 벌이며 같은 인간들을 도륙하는 상황을 이해하기 위해 영국 역사 500년을 더듬어볼 수밖에 없었다."(같은 책, 35)

　　　　　폭력과 사랑의 변증법 : 절대공동체의 등장

의 공포, 분노, 적대감, 일체감, 환희, 감격 등의 '찐한' 체험에 접근할 가능성이 보이지 않았기 때문일지 모른다. 항쟁에 참여했던 사람들은 오랜 세월 동안 남들이 이해할 수 없는 자부심을 갖고 살아왔고 그 자부심은 피해의식과 함께 깊은 고독을 이루어왔을 것이다.

광주 시민들은 공수부대의 그런 행위를 도저히 이해할 수 없었다. 대한민국 국군 병사들이 대도시 중심가에서 백주에 보이는 대로 남녀노소를 가리지 않고 그 끔직한 진압봉으로 패고, 대검으로 찌르고, 발가벗긴 채 비인간적인 기합을 주고, 트럭에 짐짝처럼 실어가는 것은 도저히 이해할 수 없는 일이었다. 당시에 사건이 비화되는 데 큰 요소로 작용했다고 하는 '경상도 군인들이 전라도 사람들 씨를 말리러 왔다', '경상도 병력만 차출해서 온 경상도 부대다' 하는 이른바 '유언비어'는 이런 상황에서 설득력을 얻었을지 모른다. '말도 안 되는' 상황에서 '말도 안 되는' 말이 말처럼 들렸을 것이다.[4]

이런 이해할 수 없는 상황은 시민들의 눈에만 그런 것은 아니었다. 공수부대에게도 마찬가지였을 것이다. 실제로 1979년 부산에서 불과 10여 분 만에 시내를 무인지경으로 만들었던 행위가 광주에서는 잠시 후 다시 시위대가 출현하고 다음날에는 더 많아지고 급기야는 전 시민이 똘똘 뭉쳐 저항하는 사태가 전개되었으니 현장에 있던 군인들이나 후에 5·18에 대해 연구하는 학자들에게는 신비스러울 뿐이었다. 당시 도청을 사수하라는 명령을 받은 군인들은 밀려닥치는 알 수 없는 힘에 압도되어 두려움에 떨었을 것이며 후에 기록을 읽는 학자들은 잊을 수 없는 감흥에 휩싸였을 것이다. 5·18에 대한 그간의 음모론들은 이

4　택시기사로 현장을 두루 목격했던 정영동 씨는 다음과 같이 술회했다. "물론 지금에야 '공수부대원을 경상도 사람만 골라서 광주로 보냈기 때문에 무자비한 폭행을 했다'라는 말을 믿지 않지만 시위 진압을 하던 공수들의 비인간적이고 혹독한 폭행 장면을 직접 목격했던 사람이라면 누구나 그 말을 믿지 않을 수 없었다."(현사연 1990a, 1022: 241)

런 '말도 안 되는' 상황에서 잉태되었을지 모른다. 그러나 음모론은 일단 상대를 윤리적으로 비난하는 데는 효과적일지 모르지만 아직도 섬뜩한 그날의 모든 함성과 절규와 통곡을 몇 사람이 꾸민 꼭두각시 놀음인 양 치부하여 결국 역사와 기억에서 지워버리고 말지도 모른다.

이 글은 5·18민중항쟁의 전개를 이해하기 위한 시도이다. 이런 '말도 안 되는' 사건의 전개를 외지인의 입을 통해 우리 모두가 이해할 수 있도록 우리 모두의 일로 재구성해보기 위함이다. 이 글은 18일부터 21일까지의 항쟁 전개에 초점을 둔다. 어떤 이유와 과정을 통해 전 시민이 들고 일어나 무려 3개 여단 2,500명에 달하는 대한민국 최정예 공수부대를 물리칠 수 있었는가에 대한 답을 시도하는 것이다. 이 글은 일단 우리가 이긴 이야기, 광주 시민들이 승리한 이야기를 하자는 것이다. 이 역사적 시점에서 5·18은 시민들이 승리한 투쟁이지 결코 패한 싸움이 아니다.

우선은 여전히 설득력을 잃지 않고 있는 음모론들을 비판적으로 검토할 것이며 다음 장에서는 어떤 원인과 동기에서 시민들이 항쟁에 참여하게 되었는가를 논의할 것이다. 그리고 다음에는 5·18민중항쟁의 절정이라 할 수 있는 절대공동체의 등장을 논할 것이다. 5·18이 우리 근대사뿐만 아니라 인류 역사에서 갖는 의미의 핵심은 이 절대공동체의 체험일 것이다. 그곳에는 사유재산도 없었고, 목숨도 내 것 네 것이 따로 없었고 시간 또한 흐르지 않았다. 그곳에는 중생의 모든 분별심이 사라지고 개인들은 융합되어 하나로 존재했고 공포와 환희가 하나로 얼크러졌다. 그곳은 말세의 환란患亂이었고 동시에 인간의 감정과 이성이 새로 태어나는 태초의 혼미昏迷였다. 그런 곳은 실제로 이 땅에 있었고 많은 사람들이 거기에 있었다.

　　　　　　　　　　　　　폭력과 사랑의 변증법 : 절대공동체의 등장

2 음모론

5·18이 많이 지난 이 시점에서 음모론을 재론하는 것은 의미 없는 일로 보일 수도 있다. '북괴 음모론'은 군부에 의해 공식적으로 제기되기는 했으나 정치적 이유에서 적용되지 않았고 따라서 폐기되었다고 볼 수 있다.[5] 그러나 '김대중 음모론'은 군부에 의해 초기에는 조심스럽게 제기되었으나 5월 31일 '북괴 음모론'과 함께 5·18을 설명하는 공식 이론으로 확립되었다.[6] '북괴 음모론'이 폐기되고 '김대중 음모론'이 중심적으로 부각된 것은 6월이었고 이 전환은 정치적 고려에 따른 것이었다.[7] 김대중은 이로써 일약 민족적 지도자로 부각되었고 '김대중 음모론'은 김대중을 포함하여 수많은 사람들을 처벌하는 공식 죄목으로 적용되었다. 그러나 공식적으로 형 집행은 모두 중단되었다. 우선 당시 군부가 구속자들을 '김대중 음모론'으로 기소한 죄목들은 많은 증언을 통해 날조된 것으로 드러나고 있는 만큼 '김대중 음모론'이 다시 제기되기 위해서는 새로운 근거가 제시되어야 할 것이다.

---

5 군부는 당시 시위대를 선동하던 전옥주(본명 전춘심)를 간첩으로 보도했고 실제 간첩으로 기소하기 위해 감히 입에 담기 어려운 고문을 자행했지만 결국 성공하지 못했다. 전옥주가 마산에서 무용학원 강사를 하다 고향에 돌아왔다는 등의 구체적인 사항에 대해서 의문을 제기하는 사람들이 많기는 하지만 당시 불의를 보고 참지 못해 가담한 선량한 시민이라는 점에는 아무도 의문을 제기하지 않을 것이다.

6 5월 22일 오후에 발표되어 보도된 '김대중 씨 중간 수사 결과 발표'는 김대중과 5·18을 직접 연결시키지 않고 '대학생 등 소요 배후 조종 혐의'로 연결할 뿐이었다.

7 앞에서 인용한 김상윤의 증언 참조할 것.(현사연 1990a, 3014: 559) 또한 김대중의 국회 증언에 따르면 5월 17일 저녁에 연행되어 중앙정보부 지하실에서 조사받는 과정에서 처음 약 20일 동안(6월 초까지)은 정동년 씨와의 관계에 대해 아무런 얘기가 없었다는 것이다. 김대중은 수차에 걸쳐 정동년 씨와는 1985년까지 만난 사실이 없다는 점을 강조했다.(학민사 1989, 63)

　　현 시점에서 어떤 음모론도 설득력을 발휘할 수 없다. 시민들은 5·18 당시 항쟁을 주도할 어떠한 조직도 갖고 있지 못했다는 사실을 반복할 필요는 없을 것이다. 오히려 이 시점에서 '김대중 음모론'에 대해 반문하면, 도대체 김대중에게 공작금을 얼마나 받으면 또 얼마나 '사주'를 받으면 대한민국 공수부대와 맨몸으로 맞싸울 수 있겠는가? 공작금이나 '사주'는 인간으로 하여금 스스로 목숨을 버리게 할 수는 없다. 물론 이에 대하여 '사주'나 공작금을 받은 사람들이 시위대를 선동하여 사태를 악화시켰다는 식으로 보조적 역할을 주장할 수도 있겠지만 이 경우에도 선동은 이미 많은 사람들이 전면에서 목숨을 걸고 싸우는 한에서만 효과적일 수 있을 것이다. 덧붙이면 만약 그런 조직이 있었다면 도리어 18일이나 19일에 도피했을 것이며 역으로 5·18항쟁이 그토록 치열하게 전개된 것은 조직이 전혀 없이 시민들이 자발적으로 참여했기 때문에 가능했다고 볼 수도 있다. '김대중 음모론'은 아무런 근거가 없을 뿐만 아니라 논리적으로도 성립되지 않는다.

　　현재 강한 설득력을 갖고 있는 음모론은 오히려 '군부 음모론'이라 할 수 있다. 말하자면 당시 신군부는 공식적으로 정권을 잡기 위한 명분으로 위기의식과 공포 분위기를 조성하는 시나리오를 만들어 의도적으로 광주에서 실행했다는 것이다. 공수부대의 무자비한 폭력은 한편으로는 공포 분위기를 조성하려는 것이었으며 동시에 시민들을 자극하여 시위를 확대시키려는 이중의 목표를 갖고 있었다는 점이 이 '군부 음모론'의 백미이자 난점이라 할 수 있다. 군부 음모론은 1987년 대통령 선거 당시 김대중 후보가 기자회견에서 제시했고 이어 5·18 연구자들 간에도 계속 토론되어왔다.(김대중 1987, etc.)

　　그러나 이 이론은 사회과학자들에 의해서 공식 제기된 적은 많지 않다. 그 이유는 이론의 성격상 군부의 극비 자료가 공개되기 전에는 결코 증명할 수 없기 때문이며 따라서 이 글에서도 확정적인 주장을 제시하기는 불가능할 것이다. 군부의 자료 또한 이미 완전히 파기되어 존재하지 않을 가능성도 많다. 일단 이러한 음모론이 제기된 주된 이유는 당시 공수부대의 행위는 도저히 합리적으로 설명할 수 없기 때문일지 모른다. 또한 시민들의 저항도 합리적인 이해의 범위를 넘어서는 것이었다. 5월 18일 저녁 무렵에는 진압이 끝난 것처럼 보였으나 19일 아침 다시 시작되었고 19일 정오 무렵에도 시위는 끝난 것처럼 보였으나 오후에 들어서는 더욱 거세게 재개되었으며, 19일 저녁에는 비가 내려 모든 것이 다시 한 번 끝난 것으로 보였지만 다음날부터는 본격적인 항쟁이 전개되었다. 이 와중에 사태를 합리적으로 주시하던 학생운동권 간부들이나 지식인, 교수들은 이 기간에 걸쳐 피신하기로 결정했고 당시에 시위를 진압하던 공수부대 병사들 또한 곧 끝나리라 확신하고 있었다.[8] 이러한 쌍방의 합리적 상황 평가에도 불구하고 사태가 더욱더 큰 규모로 진전되는, 합리적으로 설명할 수 없는 상황에서 음모론이 제시된 것으로 보인다.

처음부터 공수부대의 잔인한 진압은 광주 시민을 자극하기 위한 것이었다는 주장은, 공수부대가 광주에서 행한 폭력이 그 전 해인 1979년 부마사태에서의 진압과는 달랐다는 점을 지적한다. 일반적으로 길거리에서 보이는 대로 사람들을 구타했다는 점은 부산과 유사하지만, 첫째 광주에서는 70센티미터의 치명적인 진압봉을 사용했고, 둘째 부산에서와는 달리 할머니, 할아버지들에게까지 욕설을 퍼부으며 구타하고 여성들에게 성도착적인 잔인성을 보인 것이 달랐다는 것이

8　공수부대 병사들의 생각을 증언하는 자료는 별로 없다. 그러나 5·18을 10년여 연구하여 저술된 소설(임철우, 《봄날》, 1997)에서는 이 점이 여러 차례 제시되고 있다. 당시에 사태가 악화될 것을 우려한 유일한 자료는 18일 오후의 〈시청 상황 일지〉였다.(현사연 1990a, 28) 다른 시각과는 달리 어쩌면 시청 측 정보통은 광주시의 민심 동향을 구체적으로 파악하고 있었는지 모른다.

다. 그러나 이러한 행위들이 군부에 의해 계획되었다거나 상부의 명령에 따른 것이라는 증거는 없을뿐더러 그렇게 추측하기도 어렵다.

오히려 전 항쟁 기간에 걸쳐 계엄사령부의 작전이나 모든 행위는 일관성이 없었다는 점, 더 정확히는 일관되지 않았다는 점이 우선 지적되어야 할 것이다. 군 장성들이 지적하듯 매일 다른 부대를 새로 투입했다는 것은 작전상 실수로 보아야 한다.[9] 많은 사람들은 19일 11공수여단의 투입은 18일 점심때쯤에 즉 7공수여단이 진압작전을 시작하기 전에 결정되었다는 점을 들어 음모의 가능성을 지적하고 있지만, 한편 이 시점은 광주 시내에 우리 현대사에서 처음으로 화염병이 등장한 때임이 지적되어야 할 것이다. 아울러 강력하고 신속하게 진압해야 한다는 당시 신군부의 강박관념에 의한 과민반응으로 이해할 수도 있을지 모른다. 또한 20일 새벽에 새로 투입된 3공수여단은 7여단, 11여단이 전날까지 보인 모습과는 정반대로 시민들을 공손하게 대했다는 점도 지적해야 할 것이다. 처음에는 철저히 아무것도 보도하지 못하게 했던 계엄사는 정책을 바꾸어 21일 아침 계엄사령관의 공식 발표로 선회했고 이 시점부터 모든 대중매체를 동원하여 북괴의 사주에 의해 광주에서 엄청난 '폭동'이 일어나 국난의 위기에 빠졌다는 선전전을 전개했다. 초기에 군부는 실탄을 엄격히 통제했지만 21일 오후를 기해 집단 발포를 명령했고 이날 저녁에는 공식적으로 자위권을 발동했다. 이러한 사실들은 당시 신군부가 일관된 시나리오를 갖고 행동했다기보다 우왕좌왕하고 있지 않았나 하는 의구심을 불러일으키기에 충분하다.

그러나 문제는 군대의 작전은 늘 계획에 기초하게 되어 있으며 위에서 제기한 일관성의 결여는 우왕좌왕했다기보다는 공수부대 작전 개시 이후에 벌어진 예상치 못한 사태의 진전에 따라 처음 계획을 변경

---

9 이 점은 당시 전교사 참모장이 후일 인터뷰에서 밝힌 의견이다. (조갑제 1988, 194)

하고 새로운 계획, 새로운 시나리오를 실행한 것으로 이해해야 할 것이다. 우선 계엄 확대 직전에 예비검속을 당한 정동년 씨의 증언에 따르면, 19일 오후 당시에 구금되어 있던 보안대에는 매우 당황하는 기색이 역력했고 잡혀 있던 사람들은 모두 상무대 영창으로 급히 옮겨졌다는 것이다.(현사연 1990a, 3002: 517) 이는 신군부의 핵심은 19일 오후, 사태가 예상과는 다른 방향으로 급진전되고 있음을 감지하고 당황해하고 있었음을 보여준다. 또한 20일 낮 12시 55분 신현확 내각은 이유를 밝히지 않은 채 총사퇴했다. 또한 오후에는 31사단장 정웅 장군은 그나마 형식적 지휘권을 완전히 박탈당했고 2군사령관, 육본작전참모부장, 특전사령관이 직접 내려와 전교사 상황실에서 작전을 지휘하기 시작했다는 것이다.(정상용 외 1990, 217)

나아가서 광주 시민들의 증언에 의하면 20일 저녁에는 중앙정보부 요원들이 시위대에 끼어 과격한 행동을 선동하는 것이 목격되었다.(현사연 1990a, 3082: 713) 물론 이 사람들의 선동이 사태의 흐름에 큰 영향을 주었다고는 판단되지 않지만 이를 통해 우리는 당시 군부의 정책 방향을 감지할 수 있을지 모른다. 20일 밤 8시에는 20사단에 광주로 출동하라는 명령이 하달되었고 사단의 3개 연대는 곧 출동하여 21일 밤 광주 지역에서 합류했다. 당시 광주 지역에는 2만 명에 육박하는 병력이 집결되었다. 또한 21일 오후에는 광주 지역을 담당하던 505보안대장이 교체되었고 이는 예상 밖의 사태 진전에 대한 문책의 의미로 해석할 수 있을 것이다.(광주광역시 1997 IV, 259)

나아가서 다음날 21일 아침 몇 가지 중대한 변화들이 있었다. 계엄사령관은 성명서를 통해 군경이 심각한 피해를 입었다는 허위사실을 발표했고 적극적으로 5·18을 '폭동'으로 홍보하기 시작했다. 또한 아침 10시를 전후해 도청에는 31사단 헬기 4대를 동원해 군 병력 철수 준비를 하기 시작했고, 같은 시각에 공수부대원들에게 실탄이 분배되

　폭력과 사랑의 변증법 : 절대공동체의 등장

는 장면이 도청에서 취재하던 기자들에 의해 목격되었다. 특히 왜 철수 준비가 시작된 시점에서 발포가 준비되고 있었는가에 대해서는 강한 의혹을 제기하지 않을 수 없다. 더구나 실탄은 은밀히 시위대가 보지 못하는 곳에서 지급되었다. 시위 군중은 아무도 사격이 준비되고 있다는 사실을 눈치 채지 못했다. 물론 청문회나 연구를 통해서도 발포 명령에 대해 직접 밝혀진 것은 아직 없지만 이 사실을 종합해보면, 누군가 은밀하고 치밀하게 준비하여 불시에 사격을 가해 상당한 피해를 입히려고 계획했다는 의혹이 불가피하다. 나아가 시민들의 총기 탈취와 무장이 방조되지 않았는가 하는 의혹을 많은 사람들이 증언으로 제기한다. 경찰서 등 무기고와 탄약고들은 거의 무방비 상태였고, 어떤 증언에 따르면 시 경계에 매복 중인 군인들이 총과 실탄을 가득 싣고 광주로 들어오는 차들을 저지하지 않고 그대로 보고만 있었다는 것이다.[10] 많은 사람들은 당시 공수부대가 철수한 이유에 대해서도 의혹을 제기한다.(예를 들어 김영택 1996, 119-20) 시민들의 화력과 계엄군의 화력을 비교하면 공수부대가 퇴각해야 할 객관적인 이유가 없었다는 것이다.

　　이러한 사실들을 종합해보면 군부는 18일, 19일 공수부대를 파견하여 강경하게 시위를 진압했지만 이 과정에서 사태는 예상치 못한 방향으로 발전했다. 그러자 중간에 새로운 계획으로 대체한 것으로 보인다. 물론 공수부대를 투입한 시점에서도 나름대로 시나리오, 음모를 갖고 있었을 것이다. 즉 군부는 언론을 철저하게 통제하는 가운데 광주를 강력하고 무자비하게 진압하여 전국에 위기의식을 조성하고, 공수부대의 만행에 대해서는 부마사태의 경우처럼 제한된 '유언비어'를 퍼트려 전국에 공포 분위기를 만든 뒤 국보위를 설치하고 정권을 잡을 계

---

[10]　대표적으로 무기를 얻기 위해 화순으로 갔던 김태헌 씨 외 여러 명이 이를 증언했다.(오청동 1987, 233-4; 현사연 1990a, 2013: 382; 6026: 1114)

획이 아니었을까? 5월 17일의 계엄 확대까지 서울에서 학생들의 시위 장면을 연출하고 활용한 군부는 약한 모습을 보인 것이 사실이었고, 따라서 이번 기회에 광주에서는 강한 모습이 필요했을 것이다. 그런 의미에서 광주는 선택되었다고 말할 수 있다. 그러나 김대중을 체포하기 위해 과연 광주에서 시위를 유발했는가에 대해 필자는 이를 판단할 구체적 근거를 갖고 있지 못하다.[11]

그러나 19일 오후를 기점으로 공수부대의 초강경 진압에도 불구하고 시위가 점점 확대되어 처음 계획에 차질이 생기자 다른 계획으로 선회한 것으로 보인다. 광주 시민들 간에 분위기가 돌이킬 수 없을 정도로 과열되자 시민들을 완전히 제압하고 분위기를 반전시키기 위해서는 다른 조치가 필요하다고 생각했을지 모른다. 즉 광주 시민들의 시위를 확대시켜 무장시키고 계엄군은 일시 퇴각하여 시민들을 이간시켜 분위기를 가라앉힌 다음 중화기를 동원하여 일시에 제압한다는 시나리오는 바로 19일 오후에서 20일 저녁 사이에 극비리에 만들어졌을 것으로 추측할 수 있다.[12] 시민들의 무장은 중화기 동원과 철저한 탄압의 명분을 만들기 위한 전제조건이었을 것이다.

---

11 신군부가 광주를 특별히 지목하여 5·18을 일으켰는가에 대해 당시 505 보안부대장은 "광주사태라는 결과만을 놓고 본다면 그런 주장을 할 수 있을지 몰라도 처음부터 계획적으로 했다는 점을 인정할 만한 자료는 없는 것으로 보입니다"라고 5·18 수사에서 진술했다.(조선일보 1999, 416)

12 5월 19일 보안사령부는 보안사령부 기획조정처장 최예섭 준장을 광주로 파견했고 진압작전이 끝날 때까지 전교사 사령관 부속실에 있었다. 물론 그는 보안사령부로, 전두환 보안사령관에게 직접 보고했고 그가 구체적으로 무슨 일을 했는가는 알려져 있지 않다.(조선일보 1999, 416) 당시 신군부의 실세 중 하나이며 육군참모차장이던 황영시 장군은 21일 오후 4시경 기갑학교장 이구호 장군에게 전화로 전차를 동원할 것을 '명령조'로 지시했다. 이 장군은 당시 윤흥정 장군에게서 신군부의 부당한 진압작전에 대한 불만을 듣고 이를 거절했다는 것이다.(같은 책, 408-10) 당시 신군부의 새로운 계획은 육군참모차장도 전혀 모르는 가운데 극비리에 진행되고 있었음이 분명하다.

  폭력과 사랑의 변증법 : 절대공동체의 등장

무엇보다 18일부터 일어난 공수부대의 만행이 시민들을 자극하여 시위를 확대시키려는 계획된 행동이었다고 판단하기는 어려우며, 나아가 21일부터 이루어진 대중매체를 통한 대대적인 선전전과 27일의 무력 진압을 처음부터 계획한 것이라고 보기도 어렵다. 국보위는 27일의 도청 함락과 동시에 만들어졌지만 27일까지의 사태 진전이 없었다면 신군부는 국보위를 만들 수 없었을 것이라고 판단할 수는 없을 것이다. 나아가 해방광주와 무력 진압 그리고 시민군의 최후 저항은 결코 신군부가 바라던 바였다고 볼 수 없다. 젊은이들의 최후 항쟁은 광주 시민들의 진실을 증언했고 이들의 희생은 '5공'의 운명에 이미 처음부터 어두운 그림자를 드리운 셈이었다. 이렇게 보면 27일 새벽의 무력 진압은 정치적으로는 실패작으로 평가되어야 한다.

5·18민중항쟁과 같은 사건이 우발적 사고의 연속으로 이루어질 수는 없다. 그러나 한편 양측 중 하나가 면밀한 계획을 가지고 모든 사람들을 꼭두각시로 만들며 시종 주도했다는 발상 또한 억지일 것이다. 군은 늘 계획을 가지고 작전에 임한다. 그러나 클라우제비츠가 '전쟁은 도박이다'라고 했듯이 전쟁 또는 전쟁 같은 행위는 모든 불확실성을 최소한으로 억제하며 이루어지는 경우에도 여전히 우발적인 사태로 인해 의외의 결과를 초래할 수 있는 것이다.(Clausewitz 1976, 148-50) 5·18의 전개는 사태를 합리적이고 전략적으로 판단하던 시민, 학생들이 포기하고 도피하는 와중에 앞뒤를 계산하지 않고 분노와 감정 그리고 즉각적 판단에 따라 행동하던 시민들에 의해 예상치 못한 방향으로 전개된 것으로 보아야 할 것이다. 많은 사람들이 지적하듯 '민중의 역량'은 상상을 초월하는 규모로 폭발한 것이며 군부는 따라서 처음의 시나리오를 포기하고 다른 시나리오로, 다른 음모로 대처할 수밖에 없었을 것이다. 시민들의 경우는 다르지만 군대는 늘 계획을 갖고 작전에 임하며 그런 의미에서 늘 음모를 갖고 있다고 말할 수 있다. 그러나 5·18이 군

부의 음모 또는 계획에 의해 처음부터 주도되었다는 것은 무리한 발상으로 보인다.

음모론은 그 성격상 대표적인 권력 담론이다. 군부가 음모론을 제시한 것은 단적으로 자신들이 무력을 배경으로 그들의 상대, 적을 자신과 유사한 또 하나의 음모를 꾸미는 권력체로 제시하고 자신의 힘으로 시민들을 억압하고 연행된 사람들을 고문하여 자신의 주장을 뒷받침할 증거를 만들어낸다는 계획에 근거한 것이었다. 또한 군부가 '북괴 음모론'에서 '김대중 음모론'으로 전환한 것도 사태가 끝난 후 6월 초를 전후하여 정치적인 문제를 고려한 선택이었다. '군부 음모론' 또한 대통령 선거라는 권력투쟁 현장에서 앞으로의 권력을 의식시키기 위해 대통령 후보에 의해 제기된 것이며, '군부 음모론'의 근거는 단편적인 정보 외에 막강한 군부권력에 대한 막연한 공포와 경외심에 근거한 것인지 모른다.

아마 5·18의 전대미문의 비합리적, 초합리적 성격이 단적으로 부각된 경우는 환각제에 대한 이야기일 것이다. 초기에 광주에 투입된 공수부대는 술과 환각제를 복용했다는 소문이 파다했고 일부는 술을 마셨던 게 확실하다. 한편 전국 일간지에는 23일 서울역에서 간첩 이창용이 검거되었고 그는 환각제를 소지하고 있었으며 광주에 잠입하여 시민들을 선동하려 했다는 기사가 보도되었다.[13] 당시의 상식적 판단에 따르면 5·18의 쌍방은 모두 상대가 제정신이었다고 볼 수 없는 상황이었다. 군부와 시민들 양측에서 모두 환각제 문제가 제기되었다는 사실은 5·18을 양측에서 모두 비합리적, 초합리적으로 인식하고 있었음을 보여준다.

---

13 간첩 이창용에 대해서는 그 후 어떻게 되었다는 일체의 발표가 없었다. 죽었다든가 기소되었다든가 등 일체의 발표가 없는 것으로 보아 조작된 사건이라는 의혹을 지울 수 없다.

3 시민들의 참여에 대한 사회과학적 설명

대규모 군중이 참여하고 투쟁한 사건에서 모든 사람들이 하나의 동기로 참여한 예는 거의 없다. 개개인은 각자 다른 동기에서 참여하며 투쟁의 와중에 또는 그 이후에 투쟁의 의미를 공통적으로 해석을 통해 만들어낸다. 5·18의 경우에도 모든 시민들이 하나의 동기로 시위에 참여했다는 것은 비현실적인 발상이며 따라서 5·18을 하나의 원인에서 찾는 것도 현실과 맞지 않을지 모른다. 5·18에서 모든 광주 시민들이 참여하게 되는 과정에는 여러 원인과 동기들이 있었을 것이라고 가정해야 하며 이 다양한 개인적 동기들은 어느 단계에 이르러 하나로 용해되었을 것이고, 이러한 현상이 일어나자 온 시민들은 하나로 뭉쳤을 것이다. 그간 많은 연구자들은 사회적 구조적인 요인들을 사회과학적 시각에서 제시했고 일반적으로 제기된 요인들은 다음과 같이 간추려볼 수 있다. 우선 민주화의 열망과 그를 대변하는 학생운동, 둘째 호남 차별에 대한 불만과 원한, 셋째 민중적 저항운동의 역사와 전통, 넷째 경제적 구조, 다섯째 전통적 공동체 문화 등을 들 수 있다.[14] 그러나 이러한 객관적인 요인들은 구체적으로 각 개인들의 참여 동기로 연결되지 않으면 단순히 추상적 사회과학 이론의 유희에 불과할 것이다.

---

[14] 사회과학적 관점에서 5·18을 분석한 대표적인 업적은 정해구 외 《광주민중항쟁연구》(1990)라고 할 수 있다. 황석영의 《죽음을 넘어 시대의 어둠을 넘어》(1985, 19-20)도 참조할 것.

 폭력과 사랑의 변증법 : 절대공동체의 등장

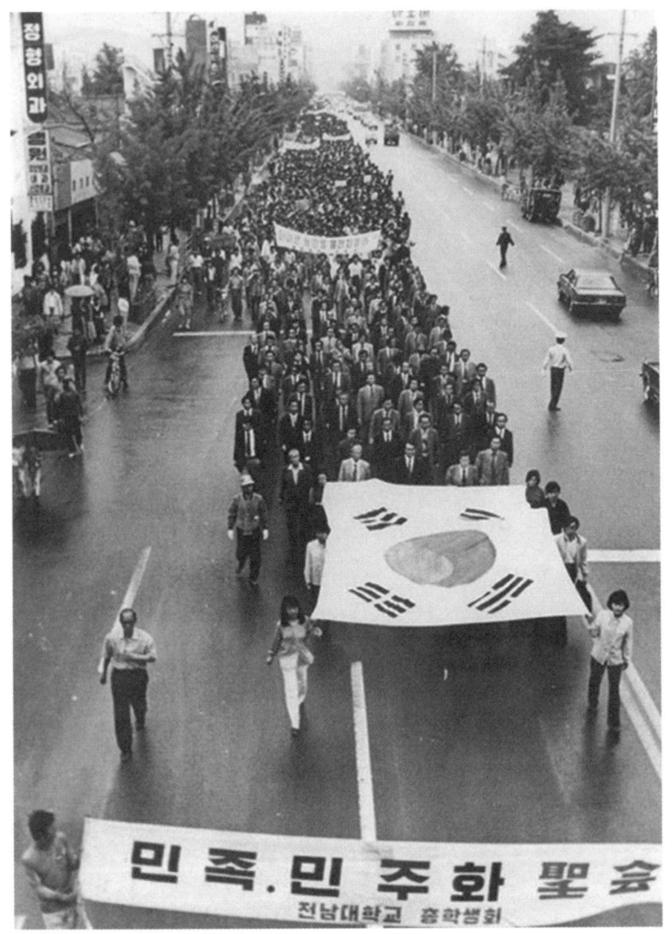

ⓒ 나경택

학생 시위는 5월 14일부터 일어났다. 교수단과 함께 금남로에서 '민족민주화 성회'라는 이름으로 평화적으로 행진하고 있는 전남대학교 학생들.

민주화운동과 5·18

우선 민주화에 대한 열망은 이상주의적 명분이며 5·18의 원인들 중 가장 추상적인 요인으로 제시되었다고 할 수 있다. 민주화의 문제는 5·18을 촉발시킨 학생 시위의 직접적인 요구였고 다시 해방광주에서 중요한 언술의 주제로 떠올랐지만 앞에서 논의했듯이 사건 전체의 일차적인 원인이나 동기로 제시되기는 어려울 것이다. 주로 1985년부터 등장한 '민중론'은 노동자계급 또는 기층민의 역할을 강조하고 학생들의 역할을 축소하는 경향이 있지만 전체적으로 민주화와 학생들의 조직은 상당한 역할을 했다고 판단된다. 더구나 이 문제에 관하여 염두에 두어야 할 것은 당시 군부는 5·18을 설명하며 중산층 시민들의 지지를 차단하기 위해 의도적으로 '깡패', '부랑자' 등 '현실 불만 세력'을 강조하며 학생들의 역할을 의도적으로 축소했다는 점이다.[15] 실제 5월 19일부터 시위대의 대부분은 일반 시민, 노동자들이었다. 사회과학자들은 이들의 참여는 이들의 이해, 즉 계급적 이해에 의해 참여했을 것이라고 해석하는 경향이 있다. 많은 사람들의 증언에 따르면 그들은 전두환이 누구인지도 모르고 참석했으나 시위 도중 설명을 듣고 알게 되어 더욱 증오심을 갖고 앞장섰다는 것이다. 시위 현장은 그 자체가 정치 교육의 장이며 따라서 참여하기 전의 의식과 참여자들의 의식은 상당한 차이

---

[15] 김상집은 다음과 같이 증언한다. "지금까지 5·18을 '민중혁명'으로만 규정하면서 당시에 참여 계층의 분포도를 제시하는데 이것은 분명히 재고의 여지가 있다고 생각한다. 왜냐하면 당시의 전두환 독재 군부는 정권의 정당성을 인정받기 위해 정책적으로 5·18을 마치 그들이 말하는 식으로 하자면 '도시 빈민과 룸펜, 전과자들이 다수 참여해 반란을 일으켜서 진압을 하게 되었다'는 술책을 썼다. 실제로 당시에 많은 학생들이 참여했지만 그들은 주동 학생들 외에는 많은 학생들을 훈방시켰다. 1980년 당시 내가 직접 YWCA 앞에서 분대 편성을 했던 많은 학생들이 실제로 구속되지 않았던 것만 보아도 확실하다."(현사연 1990a, 4011: 897)

　　　　　　　　　　폭력과 사랑의 변증법 : 절대공동체의 등장

1980년 5월 16일 도청 광장에서 있었던 횃불시위 모습. 횃불시위는 5·18의 중요한 배경 요인으로 지목되어야 한다. 이날 시위는 학생들 중심으로 이루어졌지만, 시민들도 적극 가담했다.

가 있을 수 있는 것이다. 즉 학생들보다 일반 시민 또는 기층민들이 시위대의 대다수였다는 사실이 민주화 요구가 5·18의 원인이 아니었다는 증거는 아니다.

무엇보다 5월 18일 공수부대가 투입된 것은 합리적 필요에 의한 것이 아니었다는 주장은 재고되어야 한다. 우선 사건의 발단이 된 18일 아침 전남대학교 정문 앞 충돌은 16일 시위에서 박관현 전남대 학생회장이 한 약속, 즉 문제가 있으면 18일 아침 학교 앞에서 만나자는 약속에 따른 것이었다. 18일의 학생 시위는 비록 소규모로 시작되었지만 오후에는 곧 심각한 상황으로 발전했고 한국 현대사에서 최초로 화염병이 등장했다.[16] 곧 시위대는 페퍼포그 차를 불 지르고, 파출소를 습격하고,[17] 전경들을 인질로 잡았다. 정오 무렵에는 상당수의 시민들이 시위에 합세하여 시위대는 기하급수적으로 늘어났고 오후 3시쯤 전경들은 공포에 휩싸였다.(현사연 1990a, 3020: 571; 8002: 1534-5) 18일에 시민들이 참여한 것은, 시민들이 적극 학생들 시위에 호응했던 5월 16일의 횃불시위의 여파였다고 판단되며, 따라서 16일까지의 학생 시위 특히 16일 저녁의 횃불시위는 5·18의 중요한 배경 요인으로 지목되어야 한다.(같은 책, 1007: 154-5) 16일에 있었던 횃불시위의 체험과 전설은 관찰하기 쉽지 않지만 광주 외 전남 여러 지역의 시위에서 단초를 찾아볼

---

[16] 김상집의 증언에 따르면 18일 오전 전남대생들이 시내로 진출한다는 소식을 듣고
바로 화염병을 만들기로 했다는 것이다. 그는 "마침 휘발유를 사려던 참에 잘됐다 싶어
대동고생들에게 휘발유 사오라며 돈 5만 원을 주었다."(현사연 1990a, 4011: 887) 당시
5만 원은 상당히 큰돈이었고 따라서 화염병의 수는 상당했을 것이다. 화염병을 만들던
장소는 녹두서점이었고 윤상원도 같이 있었다. 또한 박중렬 씨의 증언도 참조할
것.(같은 책, 3058: 660)

[17] 학생들은 대표적으로 충장로 파출소, 지산동 파출소, 동명동 파출소 등을 습격했다.
그러나 이날은 파출소에 방화하지는 않았다. 길에다 불을 피우고 집기 등을 불에
집어넣는다든지 오토바이를 불태우는 식이었다. 시위대가 파출소에 방화한 것은 주로
19일 오후 이후였다.

   폭력과 사랑의 변증법 : 절대공동체의 등장

수 있을지 모른다. 21일부터 전개된 광주 외곽 전남 지역의 시위들은 대체로 광주 시민들을 흉내 내고 있었다. 그중 가장 조직적으로 전개되었던 목포에서는 시민들이 횃불시위를 무려 세 차례나 반복했다.(같은 책, 6011)

　　전남대 학생회 조직은 대부분 17일 예비검속을 당하기도 하고 일부는 19일을 전후로 도피하기도 하여 5·18에 참가하지 못했다. 그러나 당시에 남아 있던 일부 독자적 운동권 조직들은 화염병 제작, 유인물 제작, 배포를 통해 시민들을 동원하는 데 크게 기여했다.[18] 당시 광주 지역 운동권의 좌장 중 한 사람이었고 예비검속을 당했던 김상윤이 운영하던 장동로터리에 위치한 녹두서점은 일부 남아 있던 운동권들의 집합 장소이자 상황실 역할을 하고 있었다. 여기에서 정보를 교환하여 특정 지역에 화염병을 보내기도 하고 유인물 제작에 활용하기도 했다. 김상윤의 후배인 '들불야학'을 주도하던 윤상원, 김상윤의 동생 김상집 외 그의 후배들은 5·18 전 기간을 통해 사태 발전에 상당히 기여했다.

　　또한 학생들은 시민들이 참여하는 데 중요한 상징적 요인이었다. '공수들이 젊은 학생들을 다 잡아 죽인다' 또는 '내 새끼들을 공수부대 군인들이 다 죽인다'는 말을 들은 광주의 장노년층들은 공동체의 장래에 심각한 위기감을 느끼고 시위를 적극 지원했다. 현재에 이르기까지 '인재를 많이 키워야 한다'는 것은 광주 시민들이 일반적으로 갖고 있는 지역 개발에 대한 이념적 방향이라 보이며 이에는 오랜 뿌리가 있는 것으로 보인다.[19] 더불어 20일부터 절대공동체 형성에 결정적인 계

18　'들불야학 팀'이 제작했던 〈투사회보〉는 5·18의 상징적인 유인물이 되었지만, 최초로 유인물을 제작한 사람들은 '광대 팀'이었던 것으로 보인다. 그들은 아침 전남대 정문에서의 충돌을 본 후 바로 유인물을 제작했다.(현사연 1990a, 4012: 899) 물론 이들은 투쟁 기간에는 통합되지 못하고 독자적으로 활동했고 이들이 통합된 것은 23일이었다.

기였던 아주머니들의 음식 제공의 경우에도 젊은 학생들의 상징적 의미는 중요한 동기였다. 관련된 증언에서 늘 나오는, '자식 키우는 사람이 그러면 안 된다 싶어서……'라는 혼잣말 또한 유사한 생각을 담고 있다.[20] 많은 시민들, 특히 거리에 나오지 못한 사람들 생각에 시내에서 싸우고, 맞아 죽고, 잡혀가는 사람들은 대부분 젊은 학생들, 광주의 미래를 짊어질 인재들이었고 어떤 방법으로라도 그들의 피해를 줄일 수 있도록 지원하는 것은 광주 시민의 최소한의 의무로 여겨졌을 것이다. 이렇게 보면 학생들 그리고 민주화 열망은 5·18의 중요한 요인이었고 김대중 체포 또한 이와 연관시켜 논의되어야 할 것이다.[21]

김대중 체포에 대해서 가장 분노한 것은 아무래도 광주 시민들

---

19 정상용 외 《광주민중항쟁: 다큐멘타리 1980》(1990, 150)은 중요한 점을 지적했다. "1980년 당시 광주시의 인구는 약 73만이었다. 그런데 이 크지 않은 도시 하나에 44개의 국민학교와 26개의 중학교, 38개의 고등학교, 9개의 전문대학과 1개의 교육대학, 2개의 단과대학과 2개의 종합대학이 있었다. 특히 중학교의 수가 26개, 학생 수 48,863명인데 비해 고등학교는 38개 학교에 학생 수가 73,414명이나 되었다. 이런 기현상은 인근 지역에서 중학교를 마친 호남의 젊은 인재들이 대거 광주의 고등학교에 진학했다는 것을 의미한다. 그리고 1980년 당시 고등학교 이상 교육기관에 재학 중인 학생 수가 광주 전체 인구의 1/7이 넘는 11만 명에 이르렀다는 것은 광주시에서 학생들이 차지하는 비중이 매우 높았을 뿐만 아니라 그 영향력이 전남 일원에 광범위하게 미치고 있다는 것을 시사한다. 이처럼 광주는 단순한 도청 소재지가 아니라 호남의 교육 중심지였으며, 광주의 학생들은 인근의 중소 도시와 농촌을 혈연적으로 이어주는 교량이었던 것이다."

20 당시 동네 부인들을 동원해 시위대에게 식사를 제공했던 가정주부 김경애 씨는 다음과 같이 말했다. "선배 언니의 제안으로 동네 아주머니들에게 성의껏 쌀을 가져오라고 말을 하자 4되, 3되, 2되씩 들고 와 한 아주머니 집에서 8명의 부인들이 모여 주먹밥을 만들었다. 처음에는 무서운 생각에 시위 차량에 탄 애들이 군인도 뭣도 아니고 거칠게만 보였다. 그러나 자세히 보니 어딘가 말씨가 학생들 같았고, 마침 학생들이 참여하고 있다는 소식도 있었다. 주먹밥을 2, 3개의 쇠 대야, 라면 박스 등에 비닐을 깔고 50인분 정도 넣어서 전남대 치대 왼쪽 담벽에 있는 골목 어귀에서 시위 차량이 지나가면 '수고하네, 결과가 안 좋으면 어쩌겠는가? 몸조심해야 되네' 하면서 '서석1동'을 크게 외치고 주먹밥을 트럭에 올려주었다. 그러면 젊은 애들이 '수고가 많습니다. 감사합니다. 너무 염려 마세요' 하고 대답하고 지나갔다."(현사연 1990a, 3117: 809)

 폭력과 사랑의 변증법 : 절대공동체의 등장

보다는 그의 정치적 고향인 목포 시민들이 더했을 것이다. 그러나 목포의 경우 김대중이 체포된 것을 알면서도 광주에서 시위대가 내려올 때까지는 분위기와 민심만 흉흉할 뿐 아무런 움직임이 없었다. 어떤 목포 시민들은 광주에서 시위대가 내려온다는 말을 듣고 그들을 마중하러 나갔다. 또한 목포의 '재야'와 운동권은 광주의 전사들이 내려와야 일을 벌일 수 있을 것으로 판단하고 있었다. 21일 오후, 집단 발포 이후 광주에서 시위대가 내려오자 목포는 바로 시위, 무장 그리고 횃불시위에 들어갔다.(현사연 1990a, 6002: 1024; 6007: 1038-9; 6012: 1049) 그러나 광주와 달리 목포에서는 전 시민이 단합해 싸우는 현상은 나타나지 않았다.[22] 그리고 27일 광주 도청이 함락되었다는 소식을 듣고 목포의 시위대는 흩어지기 시작했다. 결국 김대중의 정치적 고향인 목포의 대규모 시위는 광주의 투쟁에 여러 가지로 의존하고 있었던 셈이었다.[23]

---

21 김문은 김대중 체포 소식이 광주 시민들에게 엄청난 충격이었고 따라서 5·18의 도화선이었다고 주장한다.(김문 1989, 23-4) 그러나 이것은 상당히 주관적인 판단이 아닌가 한다.

22 21일 오후 광주에서 무장하고 목포에 내려갔던 이홍식 씨는 다음과 같이 증언한다. "목포역 광장에는 많은 시민들이 모여 있었는데 우리들이 도착하자 박수를 보냈다. 나는 목포 시민들이 우리들에게 보내는 박수의 의미가 단순한 환호의 의미만은 아닐 수도 있다는 생각을 했다. 총으로 무장한 우리들을 두려워한 나머지 가식적으로 보내는 박수일 수도 있기 때문이었다. 차에서 내린 우리들은 차에 싣고 온 여분의 총을 목포 청년들에게 나누어주었다. 총을 받아 든 그들은 역 주변에 세워진 차들의 유리창을 총개머리판으로 깨부순 뒤 차에 올라타곤 했다. '이건 군부독재 세력에 대항하기 위한 항쟁이 아니라 스스로의 한을 표출시키는 폭력행위일 뿐이다'라는 생각에 나는 어쩐지 기분이 쓸쓸해졌다."(현사연 1990a, 6052: 1195)

23 당시 목포 시민 민주화투쟁위원회 위원장이었던 안철 씨는 목포의 시위가 광주사태의 진전에 달려 있다는 사실을 잘 알고 있었다.(현사연 1990a, 6011: 1048)

호남 차별의 한

둘째, 호남 차별 또한 추상적인 요인이며 시민들이 시위와 투쟁에 참여하며 얼마나 이 문제를 의식하고 있었는가는 증언을 통해 보면 별로 드러나지 않는다. 그러나 '경상도 군인들이 전라도 사람들⋯⋯'이라는 말은 5·18에 큰 위력을 발휘한 게 틀림없고 이런 종류의 '유언비어'가 현실적으로 들리고 또 엄청나게 빠른 시간에 광주 전역에 퍼졌다는 것은 호남 차별 의식이 어떤 방식으로든지 중요한 요인으로 작용했음을 보여준다.[24] 호남 차별에 대한 원한과 분노가 직접 관찰된 경우는 많지 않으며 특히 실명을 제시한 증언록에 이 문제가 언급된 적은 거의 없다. 또한 항쟁 초기에는 지역 차별의 한이 표출된 흔적은 거의 보이지 않는다. 이 문제는 21일에 이르러 일부 표면화되었다. 21일 아침에는 '전남인이여 궐기하라'는 대자보가 시내에 붙었다.(김영택 1996, 108) 그리고 광주 시민들 뇌리를 떠나지 않던 감격과 충격의 장면, 오후 1시 30분쯤 장갑차 위에서 웃통을 벗고 태극기를 흔들며 도청을 향해 돌진하던 젊은이, 그는 "광주 만세!"를 외쳤다. 곧 총소리가 나며 그 청년은 총에 맞아 그 자리에서 늘어졌다. 한편 다음날 해방광주 첫날인 22일에는 가톨릭센터 옆 벽에 '너와 나는 한 형제, 칼부림이 웬 말이냐 지방색이 웬 말이냐'는 대자보가 붙어 있었다.(같은 책, 130) 즉 호남 차별의 한은 초기보다는 21일 전후를 기해 시민들에 의해 표출된 것으로 보인다. 5·18의 원인을 개인적으로 지역 차별 문제에서 연유한 것으로 보는 사람들

---

[24] 대부분의 광주 시민들은 이 말을 18일 오후부터 19일 오후를 전후로 어떤 경로를 통해 들었다. 그 말을 누구에게 어떻게 들었는지 기억하는 사람들은 많지 않다. 하여튼 단 하루, 24시간 만에 전 시민들에게 퍼졌다는 것은 그 말이 사태 발전에 끼친 중요성에 대한 판단을 떠나, 그 자체로 공동체의 구조 문제와 연관된 경이로운 현상이라 할 수 있다.

도 일부 있었다.(현사연 1990a, 3032: 606; 3061: 666-7; 7106: 1401, etc.)

　　지역 차별의 문제가 5·18에서 더 선명히 드러난 부분은 광주 외곽 지역에서였다. 화순 지역, 목포 지역 시위대는 지역 차별에 대한 원한을 시위의 명분으로 토로하는 경우가 많았다.[25] 오히려 전체적으로 광주 외곽의 전라남도 거의 전 지역에서 시위와 무장항쟁이 벌어진 자체가 전 지역이 광주와 일체감을 느꼈기 때문으로 이해해야 할 것이다. 또한 전남 여러 지방의 저항 형태 또한 광주 시민들의 투쟁 양태를 모방하고 있었다. 예를 들면 목포 시민들은 세 차례에 걸쳐 횃불시위를 했고 또 '차량시위'도 했다.[26] 그러나 광주에서와 같은 전 시민의 단합, 즉 나중에 논의할 절대공동체는 모방할 수 없었다. 경찰 및 모든 국가권력은 주민들이 광주에서와 같은 절대공동체를 이루어 들고일어날 것이 두려워 일시에 도주했고 치안 부재 상태가 되었다. 전남 전 지역에 시위가 확대된 또 다른 이유는 21일 저녁때부터 광주로 가는 진입로들을 계엄군이 차단하여 광주 시민군으로 참전하려던 사람들이 광주로 들어가지 못하고 돌아다녔기 때문이기도 했고, 다른 한편에서는 이 지역의 거의 모든 경찰 병력이 광주로 차출되어 이미 치안 부재 상황이 되었기 때문이기도 했다.

25　목포에 사는 김기훈 씨는 차로 신혼부부를 데려다주기 위해 화순에 왔을 때, 청년들은 차를 둘러싸고 "얼마나 많은 사람들이 다치고 죽은 줄 알기나 하냐. 느그들이 정말로 전라도 놈이여?" 하고 시비를 걸어왔다.(현사연 1990a, 6002: 1024) 또한 같은 책(6005: 1032; 6026: 1112; 6034: 1137; 6054: 1200 etc.)도 참조할 것.

26　목포 상황에 대한 많은 증언에는 '차량시위'를 했다는 언급이 등장한다.(예를 들어 현사연 1990a, 6007: 1039) 그러나 이는 전혀 다른 말일 것이다. 광주에서 '차량시위'라 함은 20일 저녁 버스, 트럭, 택시 등이 공수부대가 있는 도청 앞으로 금남로를 따라 전조등을 키고 경적을 울리며 진격한 것을 말한다. 그러나 목포에는 시위 진압대가 없었고 따라서 목포에서 '차량시위'라 함은 여기저기서 차량을 동원하거나 또는 탈취하여 시위대가 타고 노래 부르며 시내를 돌아다니며 시민들의 참여를 호소한 것을 말하는 것이다. 이 두 행위는 차량을 동원했다는 점에서는 같겠지만 차량을 갖고 한 행위 자체는 같은 것을 의미하지는 않는다.

　　그러나 무엇보다 지역 차별이 우리 사회의 모든 영역에서 가장 노골적으로 자행되던 곳은 군대일 것이다. 5·18의 원인으로서 지역 차별 문제를 평가할 수 있는 중요한 곳은 광주 시민들보다는 오히려 군 내 내부일지 모른다. 오랫동안 군대는 모든 영역에서, 장교들의 진급에서 사병들의 내부반에 이르기까지 공공연히 지역 차별이 이루어져왔던 곳이다. 군대에 갔다 온 광주 시민들은 호남 출신이라는 사실만으로 공공연히 차별당하고, 모욕당하고 구타당한 경험을 갖고 있었을지 모른다. 군대에서 호남 차별의 상징적인 말은 '따블빽'일 것이다.[27] 이런 경험을 가진 광주 시민들은 '경상도 군인이……' 또는 '경상도 병력만 골

───────

[27] 임철우는 소설에서 그 말을 길게 설명하고 있다. "문득 불쾌한 기억 하나가 떠올랐다. '너희들 옛날부터 군대에서 왜 전라도 놈들을 따블빽이라고 부르는 줄 알어? 몇 가지 설이 있지. 손버릇이 좋지 못해서, 여차하면 따블빽 속에다가 뭘 훔쳐 담는 기술 하나는 끝내준다는 뜻으로 붙여진 별명이라고들 일반적으로 알고 있는 모양인데, 진짜는 따로 있단 말씀야. 허긴 머, 그런 뜻도 전혀 틀린 건 아닐 테지만.' 그게 언제였더라. 자대 배치 받기 직전, 교육단에서 훈련을 받고 있을 때였을 것이다. 지뢰 및 부비트랩에 대한 교육 시간에 교관 녀석이 그렇게 말했었다. 무엇 때문에 한나절 내내 지독한 단체 기합을 받고 나서, 명치네 중대 훈련원 전원이 다시 교육장에 집합했을 때였다. 훈련병 중엔 묘하게 전라도에서 지원한 인원이 가장 많았었다. 스스로를 육사 출신이라고 밝힌 그 교관은 꽤 큰 키에 당당한 몸집을 한 사내였다. 보기 드물게 준수한 용모였지만, 어딘가 불만에 차 있는 듯한 눈을 가지고 있었다. '따블빽이라는 말의 진짜 뜻은 따로 있다구. 내, 그걸 가르쳐주지. 야, 너희들 중에서 대학 나온 놈 있나? 다니다가 온 놈은? 그래 좋아. 너, 빽이란 말이 영어로 무슨 뜻야? 이런 병신 새끼. 가방이 아니고 빽 말야. 비, 에이, 시, 케이. 그래 '뒤'라는 뜻도 있고, '등 뒤'라는 뜻도 있지. 따블은 들, 혹은 이중이라는 뜻이구. 그러니까 따블빽이란 말을 풀이하자면 등이 두 개란 말야. 즉 이중인격자. 겉으로는 전혀 아닌 것처럼 페인트 모션을 쓰지만, 돌아서면 이내 배신을 잘하는 족속들이다, 하는 뜻이란 말씀야. 이제 무슨 뜻인가 알겠나? 호오, 어때. 내 말에 불만이나 이의가 있으면 누구나 말해봐. 염려 마, 아무리 군대지만, 그리고 내가 교관이고 네놈들은 훈련병이긴 하지만, 너희들 중에 누가 나서서 따진다면 일 대 일로 동등한 입장에서 내가 받아줄 테니까. 어때, 말해보란 말야… 짜식들. 왜 말 못하나? 보라구. 그래서 너희 같은 녀석들 보고 따블빽이라고 부르는 거란 말씀야. 알어? 솔직히 말해서, 난 따블빽이 싫다. 체질적으로. 알아들었으면, 그 얘긴 그만하겠어."(임철우 1997 II, 19-20) 이 부분을 길게 인용한 것은 이 말의 쓰임새를 보여주기 위함이다. 이 말은 군대에서 호남 사람 앞에서 대놓고 모욕을 주며, 위와 같은 상황에서 정확히 쓰이는 말이다.

　　　　　폭력과 사랑의 변증법 : 절대공동체의 등장

라서……' 등의 이야기를 현실로 느꼈을 수도 있다. 특히 시민들이 무장하는 단계에서 결정적으로 기여한 예비군들과 예비군 지휘자들은 이런 기억을 갖고 있었을지 모른다. 나아가 당시 군대에서 장성, 장교들뿐만 아니라 하사관, 사병들에 이르기까지 경상도 출신들이 주도권을 철저히 쥐고 있었다.

5·18에 대해 흔히 던지는 질문, 즉 '광주 말고 다른 도시에서 공수부대가 그런 만행을 했으면 반응은 같았겠는가?'는 것은 '과연 다른 도시에서도 공수부대가 그렇게 할 수 있었겠는가?'로 바꾸어볼 필요가 있다. 부마사태와 5·18을 비교하면 많은 차이점이 드러날 것이다. 공수부대 대부분의 장교와 병사들은 호남의 심장부인 광주에서는 마음대로 해도 된다고 일반적으로 생각했을 것이며, 호남 출신 병사들은 눈물을 머금고 명령에 복종하고 분위기에 적응할 수밖에 없었을 것이다.[28] 5·18 공수부대의 작전명령 '화려한 휴가'는 광주에서 느낄 야릇한 해방감을 드러낸다.[29] 만약 당시 공수부대가 다른 도시에 출동했다면 '충정작전 교범'을 벗어나는 만행들, 예를 들어 할머니 할아버지를 구타하고 여성들에 대한 상상하기 힘든 만행들은 하지 못했을지 모른다. 이런 의미에서 광주는 은연중에 선택된 곳이었다. 지역 차별 그리고 지역 차별의

---

28 극단적인 예의 하나로 5·18 당시 강한 경상도 역양으로 만행을 주도하던 공수부대 장교 하나는 후일 호남 출신으로 밝혀진 일이 있었다고 한다. 당시 군대에서는 경상도 말이 '표준말'이며 호남 출신이 경상도 말을 배우는 것은 전혀 어렵지 않은 일이었다. 아마 이 장교는 개인적으로 어려운 상황에서 명령에 복종할 뿐만 아니라 분위기에 적극적으로 적응하기 위해 과감히 경상도 가면을 쓰기로 선택한 경우일 것이다.

29 당시 11공수여단 소속 하사는 다음과 같이 증언하고 있다. "잠시 시간이 흐른 뒤(2-4분) '하차' 명령이 하달되더군요. 이 명령이 곧 우리 귀에는 '무자비하게 젊은 사내는 두들겨 패라'는 지시로 들렸습니다. (…) 하차하니 이미 다 시위대는 뿔뿔이 도망치고 누군가에게는 이 증오심을 풀어야겠는데 시위대는 없고, 모두 다 그 근처…"(정상용 외, 1990, 179-80) 이 증언은 특별한 명령은 없었어도 병사들은 일반적으로 당시 해방감을 느끼고 있었음을 보여준다.

한은 사태 진전의 모든 단계에서 작용한 중요한 요인이었을 것이다.

저항의 역사

셋째, 민중적 저항의 역사와 전통은 더욱 막연한 이야기일 수 있다. 아마 당시 시위에 참가한 시민들 가운데 역사와 전통을 의식하던 사람들은 별로 많지 않았을지 모른다. 그러나 학생운동에 참여했던 대학생들 가운데는 저항의 역사를 의식하고 있는 경우가 많았으며 이 저항의 역사는 민주화, 학생운동과 함께 고려해야 할 것이다. 그러나 구체적으로 당시 노장년층의 반응과 역할을 생각해보면 결코 역사와 전통은 막연한 요인으로 간주될 수 없음이 명백하다. 우선 증언에 많이 나오는 대목, '왜정 때 무서운 순사도 많이 봤고 인공도 겪어봤지만 이렇지는 않았다'는 할머니 할아버지들의 절규와 넋두리는 젊은이들이 시위에 참가하는 데 중요한 역할을 했다. 이 말은 역사적 비교 분석을 통해 젊은이들로 하여금 항쟁을 의문의 여지없이 정당한 행위로 확신하도록 했고 따라서 많은 젊은이들은 이 말을 기억해 증언으로 남긴 것이다.

당시 노장년층은 특히 대인시장, 양동시장 등 각종 사람들이 만나고 얽히는 장소에서 젊은이들에게 적극적으로 싸울 것을 권유했다. 특히 여러 증언에 따르면 공수부대가 발포를 시작한 시점에서 노인들은 젊은이들에게 총을 들어야 한다고 조언했다는 것이다. 실제 싸움은 젊은이들의 몫이었지만 이들이 목숨을 걸고 용감히 싸울 수 있었던 것은 광주의 남녀 노장년층이 음식 등 모든 물건들을 장만하고 거리에서 환호하는 등 적극적인 지원이 있었기 때문이었다. 이를 통해 이 투쟁은 의문의 여지없이 올바른 일이라는 확신을 가질 수 있었다.

나아가 누구의 입에선가 시작되어 시위대의 금과옥조가 되었던

'우리 고장은 우리 손으로 지켜야 한다'는 말은 여순사건 때 14연대 때문에 겪은 엄청난 피해의 체험에서 나온 지혜였을지 모른다. 마지막으로 저항의 역사에 뿌리박은 공권력에 대한 불신은 5·18의 시작과 전개에서 중요한 요인으로 작용했을 것이다. 계엄령 확대에 이어 18일에 시위가 벌어진 곳은 광주와 전주밖에 없었고 서울의 그 많던 학생들은 모두 침묵을 지켰다. 국가권력에 대항하는 행위가 의문의 여지없이 정당하다는 확신은 저항의 전통이 없이는 불가능했을 것이다.

공동체와 계급구조

넷째, 경제적 구조는 사회과학적 시각에서 많이 제기되어온 요인이다. 특히 이 문제는 구체적으로 사회계급 문제와 연관되어 '민중론'에서 결정적인 요인으로 제시되어왔다. 그러나 이 문제의 일차적 중요성은 뒤에 논의될 공동체의 문제와 연관시켜 이해해야 할 것이다. 광주 지역은 상공업의 발달이 뒤져 외지 인구의 유입이 거의 없는 가운데 오히려 많은 사람들이 타 지역으로 이주했기 때문에 주민들의 동질성이 유지되고 있었다. 따라서 광주 시민들은 흔한 말로 '한 다리 건너면 다 아는 처지'였고 그들은 '광주 바닥'의 공동체적 성격을 의식하고 있었다.[30] 즉 광주 지역은 낙후된 공업 발전으로 전통적인 농촌공동체가 존속하고 있었다. 젊은이가 공수부대에 구타당하는 것을 광주 시민들은 남의 일로 여기지 않았고 실제로 시민들이 아는 사람이 매 맞는 것을 본

---

30 후일 부상자회 회장을 지낸 박옥재 씨는 다음과 같이 말한다. "광주 사회는 굉장히 좁다. 나는 일거수일투족을 조심하고 산다. 허튼 수작을 했으면 벌써 우리 집에 화염병을 던지고 멱살을 잡아버렸을 것이다."(현사연 1990a, 7073: 1343)

경우도 많았을 것이다. 그렇다면 공수부대의 만행에 대한 공포에도 불구하고 시민들이 시위에 참여할 확률은 타 지역에 비해 높았을 것이다.

또한 서로 '한 다리 건너면 다 아는 처지'라는 인식은 시위대 전면에서 용감히 싸우는 청년들에게 큰 보상을 제공했을 것이다. 광주 시민들은 목숨을 걸고 싸우는 젊은이들을 열렬한 박수로 평가해주었고 또한 젊은이들의 시위 참가 여부와 역할은 공동체에서의 그들의 위상과 직접 관련되는 문제였을 것이다. 나아가서 투쟁이 전 광주 시민의 차원으로 확대되었을 때 시위에 어떤 식으로라도 기여해야 한다는 의무감은 보편적인 것이었고, '광주 바닥에서 살기 위해서'는 공동체의 의무를 저버릴 수 없었을 것이다. 어떤 사람이 자신의 재산을 시위대에 제공하지 않겠다고 버텼을 때 시위대의 젊은이들은 '그래가지고 광주 바닥에서 살 수 있나 보자!'고 했고 이 말은 실제로 현실적인 위협으로 들렸을 것이다.

더욱이 빈곤한 계층의 광범위한 존재는 많은 수의 시민들이 가세하게 되는 결정적인 요인이었다. 보통 시 외곽에 자리 잡게 되는 대규모 공장이나 공업단지가 별로 없이 소규모 가게들이 도심 지역에 밀집되어 있는 산업화와 낙후된 소비도시의 구조는 노동자들이 중심가에서 벌어지는 시위에 쉽게 참여하도록 했고 공동체 의식은 이들로 하여금 투쟁 전면에 나섬으로써 자격 있는 시민의 지위를 부여받을 수 있는 기회를 마련했다.[31]

---

31 유사하게 김동욱은 다음과 같이 주장했다. "결국 광주를 중심으로 한 전남 지역에는 극소수의 대자본가와 상층 관료쁘띠부르조아지를 제외한 대다수의 주민이 근본적으로 이해관계가 불일치함에도 불구하고 일단 정치적 경제적 차원의 부르조아 민주주의적인 제요구라는 측면에서 강고한 연대를 확보할 수 있었고 이것이 광주항쟁의 원동력이었다. 이들은 노동자계급, 농민층, 도시중하층쁘띠부르조아지 중간계층, 중소자본가들로 민중연합 블록을 구성하고 있었다."(김동욱, 〈한국자본주의의 모순구조와 항쟁주체〉, 정해구 외 1990, 111)

  폭력과 사랑의 변증법 : 절대공동체의 등장

4

공포와 분노의 논리

그러나 위에서 논의한 여러 요인들은 독자적으로는 민중항쟁을 야기하지 못한다. 이러한 요인들은 그간 광주 시민들이 오랜 세월 동안 안고 살아온 것들이며 계속 안고 살 수도 있었을 것이다. 일단 이러한 요인들은 시위대를 지원하며 간접적으로 참여한 경우들은 쉽게 설명할 수 있을 것이다. 그러나 구조적 요인들, 개인들에게 경제적 이해, 이념적 성향 또는 한으로 연결되는 요인들은 항쟁의 전면에서 목숨을 걸고 투쟁한 사람들의 경우를 직접 설명하는 데는 역부족일 것이다.

그러나 5·18의 경우 분명히 이러한 이해, 한, 이념적 성향을 가진 사람들이 주로 전면에서 싸웠다는 점에는 이견이 없다.(손호철 1995, etc.) 그렇다면 이러한 구조적 요인들은 어떤 계기, 촉매에 의해 작용되었다고 보아야 할 것이다. 그 계기는 다름 아닌 광주 시민들이 항쟁 기간 동안 그리고 항쟁이 끝난 후에도 자신들이 싸웠던 첫째 이유로 제시해왔던 이른바 '과잉 진압'이라는 말로 포장된 공수부대의 엄청난 만행이었다.[32] 어떤 과정으로 이 계기와 구조적 요인들이 서로 연관되어 작용하게 되었는가는 시민들의 참여를 이해하는 데 결정적인 문제일 것이며, 이 문제는 이러한 상황에서의 광주 시민들의 마음속을 미시적으로 분석해야 밝혀질 것이다.

---

[32]   5·18의 진상을 알리는 수많은 글들은 해방광주 시기에 시민궐기대회에서 발표되었고. 이후 6월에는 천주교 광주대교구 사제단 명의의 〈광주사태에 대한 진상〉 외에 작자 미상의 〈찢어진 깃폭〉, 〈광주 시민의거의 진상〉 등이 있다. 이 문건들은 전남사회문제연구소가 펴낸 《5·18 광주민중항쟁 자료집》(1988)과 광주광역시가 펴낸 《5·18 광주민주화운동자료총서》(1997, II)에 체계적으로 실려 있다.

© 김녕만

공수부대는 왜 무자비한 폭력을 휘둘렀을까? 부마사태 때는 그들의 폭력이
시나리오대로 진행되었지만 광주에서는 그렇지 않았다. 광주 시민들은 인간의
존엄성을 위해 끊임없이 저항하고 또 저항했다.

© 김녕만

공수부대는 인간을 짐승처럼, 짐승보다도 못하게 다루었을 뿐만 아니라 원래 그
폭력이 지향했던 그 폭력을 본 폭력극장의 관객들 또한 비굴한 존재로, 인간 이하로
전락시켰다. 어떤 사람들은 '이 시대에 살고 있다는 자체가 저주스럽다'고 절규했다.

공수부대가 오랫동안 훈련해온 이른바 '충정훈련' 방식은 당시 7공수여단 군의관이 증언하듯 "시위대에 무서움과 공포증을 주어 시위대를 흩어지게 하는 것이고, 그래도 되지 않으면 시범으로 몇 명을 잡아 사정없이 닦달하여 시위 군중을 흩어지게" 하는 것이었다.(현사연 1990a, 8001: 1532) 이러한 방식은 미군의 계엄령 시 시위 진압 교범 방식을 따를 수 없는 정치사회적 상황에서 독자적으로 개발된 것으로 보인다.[33] 4·19 때 발포를 명령한 사람들이 사형되었듯이 시민들에 대한 발포는 미국 사회와는 달리 우리 사회에서는 윤리적으로 허용되지 않는 상황에서 우리 군의 오랜 구타 전통을 감안하여 채택되었을 것이다. 이 진압 방식은 부마사태에서 위력을 발휘하여 체계적으로 개발했고 군부는 이를 신봉했다.[34] 1980년 4월에는 70센티짜리 박달나무나 물푸레나무로 만든 진압봉을 민간 기업에 주문하여 충정부대를 무장시켰고, 이 진압봉은 전투경찰이 사용하던 50센티짜리 진압봉보다 훨씬 강력하고 치명적인 것이었다. 공수부대의 진압 방법은 한마디로 전시적展示的 폭력으로 이해할 수 있을 것이다. 즉 구타를 당하는 사람 외에 그것을 보는 사람들에게 공포를 주는 것이며 따라서 끔찍하면 끔찍할수록 더욱 효과적이라 여겼을 것이다. 공수부대의 진압은 폭력극장을 만드는 것이었다.[35] '총을 쏘면 안 된다'는 정치사회적 윤리를 '총만 안 쏘면 된다'로 왜곡시킨 잔인한 방식이었다. 결국 이 원리의 연장에서 공수부

---

[33] 당시 전교사 참모장은 후일 인터뷰에서 미군의 계엄령 시 시위 진압 방식을 보여주는 영화에 대하여 다음과 같이 말했다. "이 영화에 따르면 시위자를 일단 붙들려 꿇어앉혀놓고서, 반항하면 진압봉으로 목 밑에 있는 쇄골을 부러뜨려 행동을 제한하며, 그래도 달아나면 사살한다는 식이었다. 광주사태 진압은 영화보다는 훨씬 온건하게 한 것이다."(조갑제 1988, 192)

[34] 시위 진압 과정에서 군부는 공수부대가 신속한 진압에 실패하자 계속적으로 '과감한 타격'을 강조하는 명령을 내렸다.(정상용 외 1990, 198-9; 임철우 1997) 형식적으로 지휘권을 갖고 있었던 31사단장 정웅 장군은 무혈 진압 명령을 내리고 있었고 국회 청문회에서 증언했다.

     폭력과 사랑의 변증법 : 절대공동체의 등장

대 병사들은 처음부터 대검을 사용하고 심지어 20일 오후부터는 화염 방사기까지 사용하기에 이르렀을 것이다.

그러나 이러한 방식의 권력 행사는 죄와 벌이 상응되지 않는 이상 불의한 것이며 합목적적으로 잔인성을 활용하는 이상 반인륜적이다. 이러한 반인륜성은 폭력의 주체로부터 정통성legitimacy을 박탈하는 결과를 초래했지만 정권 탈취에 급급한 군부는 이러한 정치 윤리적 고려를 전혀 하지 않았다.[36] 더구나 5월 17일의 계엄 확대는 또 한 번의 불법 쿠데타라는 판단과 결합되어 공수부대는 사악한 존재가 되었다. 시민들의 눈에 그들은 '도저히 같은 민족이라 생각할 수 없었'고 '짐승'이고, '악귀'이며 무어라 말로 표현할 수 없는 악의 화신이었다.

이러한 공수부대의 진압 방식은 길에서 그 장면을 보는 시민 개개인들의 자기 보호 본능을 불러일으켜 신속히 귀가하도록 하는 것이었다. 그러나 당시 광주는 위에서 언급한 대로 공동체적 요소가 강하게 남아 있던 지역으로 그러한 폭력을 보는 시민들은 우선 공포에 사로잡혀 도망갔을지 모르지만 결과적으로 다시 돌아오고야 말았다. 말하자면 '한 다리 건너면 서로 다 아는 처지'에 있는 광주 시민들은 공동체의 양심과 의무를 배반할 수 없었다. 당시 공수부대의 진압 방식은 개인의 이기심과 자기 보호 본능에 초점을 맞춘 것으로 공동체적 요소가 강한 집단에는 역효과를 낼 수밖에 없었을지 모른다. 시위는 당시 연속적으로 진행된 것이 아니라 18일에서 20일까지 여러 번의 소강 상태를 거쳐 다시 시작되는 불연속적 패턴으로 진행되었고 이러한 양태는 시민

---

35   "공수부대의 살육은 분명히 의도적인 듯했다. 가능한 한 많은 시민들이 보는 앞에서 그와 같은 살육 행위를 자행하고 시민들이 이 광경을 보며 분노와 안타까움에 발을 구르면 더 신이 나서 학살을 해대는 것이었다."(유족회 편 1989, 67)

36   초기 광주시에는 공수부대가 국군이 아니라 북괴가 남파한 무장공비라는 소문이 파다하게 퍼졌다.

들의 개인적 보호 본능과 공동체 의무의 마찰과 갈등의 기능으로 이해해야 할 것이다.

그러나 광주에 투입된 공수부대는 훈련된 진압 방식에도 충실하지 않았다. 공수부대 병사들은 마음껏 모든 가능한 폭력을 행사했다. 첫날부터 대검을 사용하고, 지나친 폭력에 항의하는 할머니, 할아버지들에게 입에 담지 못할 욕을 해대며 무지막지하게 구타하고, 여성들을 폭행하고 옷을 찢고 심지어 젖가슴을 대검으로 난자했다. 이러한 행위들은 사악한 폭력극장을 타락시켰다.[37] 이러한 공수부대의 광적인 폭력 행사를 상부의 지시나 명령에 의한 것으로 볼 근거는 없다. 오히려 오랫동안 공수부대 내부에 존재했던 여러 조건에 의한 것으로 보아야 할 것이다. 우선 병사들은 부마사태 이후 10·26, 12·12 등 연속되는 사건들로 인하여 반년 넘게 외출 외박을 하지 못하고 계속되는 충정훈련에 불만과 분노가 쌓여 있었다. 여기에 앞에서 논의한 군 조직 내의 지역 차별 문제와 연관되어 광주에서의 작전은 자유로운 분풀이의 기회

---

37 19일 오전 11공수의 만행이 극에 달한 시점에서 장교들은 지프차에 탑재한 확성기로 밖을 내다보는 시민들에게 '문을 닫고 커튼을 내리라'고 고함을 지르고 다녔다. 이는 보는 사람에게 공포를 주는 '폭력극장'의 시위 진압이 스스로 치부를 의식하고 인간 도살장으로 변했음을 의식하고 있었다는 지표일 것이다. 또한 뒤늦게 폭력극장을 닫겠다는 일관성 없는 전술이었다. 후일 국회 청문회에서 당시 윤흥정 전교사 사령관은 19일 오전에 있었던 군 지휘관 및 관계기관장 대책회의에 대하여 "그때에 그 기관장들로부터 제가 정말 군복 입기가 부끄러울 정도의 얘기를 들었습니다. 그 자리에서… 그래서 여러 가지 얘기를 듣고 제가 거기에서 일절 군이 그러한 행위를 하지 않도록 심심히 당부하면서 또 지시를 내렸습니다"라고 말했다.(광주광역시 1997 IV, 112)
공수부대의 만행에 대하여 많은 이야기, 당시 계엄사에서는 '유언비어'라 불리는 이야기들이 있었다. 이 이야기들의 사실 확인은 쉽지 않다. 이에 관해서는 당시 시위 진압을 지켜보던 전경의 증언으로 만족하기로 한다. "19일 오후부터 우리들에게도 유언비어처럼 많은 말들이 들려왔다. '전라도 사람 씨를 말린다', '임산부 배를 갈랐다' 등등 살벌한 이야기들이 무전기를 통해서 속속 들어왔다. 나는 그 말들이 거의 사실일 거라고 믿어 의심치 않았다. 그것은 이틀간의 목격에서 오는 믿음이었다."(현사연 1990a, 8002: 1536)

로 여겨졌을 것이다. 말하자면 시위 진압을 명분으로 개인적 집단적 공격 본능을 분출했던 것이며 이 공격 본능은 공수부대의 특수한 훈련으로 체계적으로 개발해온 것이었다.

더욱이 공수부대의 주축인 하사관들의 상당수는 당시 월남전 경력을 갖고 있었고 이 과정에서 잔인한 행위가 몸에 배고 그에 대한 기술을 터득하고 있었을 것이다. 특히 많은 시민들이 치를 떤 것은 공수부대가 젊은이들에게 잔인한 행위를 하며 즐기는 듯한 모습, 얼핏 비치는 묘한 미소 그리고 서로 '낄낄대는' 모습이었다. 공수부대의 시위 진압은 '과감한 타격'을 넘어 '우리는 인간이 아니라, 짐승이며, 악귀다' 그리고 '우리에게 너희들은 사람이 아니다'라는 메시지를 전하고 있었다. 공수부대는 당시 문명사회가 수많은 재원을 투자해서 정교하게 만들어낸 야만이자 악마였다.

공수부대의 18일과 19일에 걸친 만행을 목격한 사람들은 그 광경을 공통적인 언어로 묘사하고 있다. '개 패듯 패고', '개처럼 질질 끌고 와 트럭에 싣고', '짐짝처럼 트럭 위로 올려져' 등은 증언록 어디에서나 읽을 수 있는 표현이며 이 대목은 '피가 거꾸로 솟구치는 것 같은' 도저히 참을 수 없는 분노로 이어진다. 심지어는 '아무리 짐승이라도 그렇게 잔인할 수 없다'고 한탄했다. 특히 많은 시민들은 할아버지, 할머니, 어린아이, 여자 등 약자에 대한 폭력과 변태적 행위에 격분했다. 광주 시민들의 분노는 부당한 폭력을 당한 사람들의 원한 외에 인간의 존엄성과 인류을 파괴하는 행위에 대한 이성적 분노였다. 일부 시민들은 이 시점에서 시위에 가담했다.[38] 하지만 대다수 시민들은 분노에도 불구하고 자기도 모르게 도망칠 수밖에 없었다. 그러나 그들은 그러한 광경을 보고도 겁에 질려 도망친 "자신의 모습이 한없이 초라하게" 느껴졌다.(현사연 1990a, 1042: 313)

신원 미상의 한 목격자는 두려움에 떨며 공수부대가 임산부의 배

를 갈라 죽이는 모습을 보고 도망친 후 자신의 감정을 다음과 같이 토
로하고 있다.

> 정말로 저들이 이 나라, 국토방위라는 성스러운 과업을 수행하는
> 대한민국 국군일까? 내 자신의 목숨을 위해 그토록 끔직한 광경
> 을 숨어서 엿보던 자신이 부끄러워지기 시작했다. 이러한 일에 항
> 거할 수 없는 자신의 비굴함을 보고 참으로 치사한 인간의 모습
> 이 바로 나로 보여졌을 때 자신에게 이루 말할 수 없는 모멸감을
> 느꼈다. 배가 갈라져서 죽어가는 그 여인을 보았기 때문이 아니
> 라, 나 자신의 비겁하고 용렬한 모습에서 최초로 자기 증오의 감
> 정을 경험했기 때문이다.(광주광역시 1997 Ⅱ, 123)

이 심정은 단순히 불의에 대한 분노나 이웃의 불행에 대한 동정
심이 아니며 인간의 존엄성을 말살하는 행위에 대한 이성적 분노도 넘
어서는 것이었다. 이것은 인간의 존엄성을 짓밟는 데 대한 이성적 분노
와 그 분노에 따라 반응하지 못하고 두려움에 도망친 자기 자신에 대한

---

38 18일부터 시위에 가담한 김시도 씨는 다음과 같이 증언했다. "그런데 도망간 학생을
잡기 위해 공수부대 2명이 양복점 안까지 쫓아가는 것이었다. 공수들은 그 학생의
먹살을 잡더니 다짜고짜 일하고 있는 사람에게서 다리미를 빼앗아들고 사정없이
내리쳤다. 그 학생의 머리와 얼굴을 구분하지 않고 뜨거운 다리미로 내리치는
것이었다. 이를 보고 있던 사람들은 입만 벌리며 분노하고 있었다. 젊은 사람들은 말도
못하고 서 있고, 나이 많은 어르신들은 '죽일 놈들아! 이놈들아!' 하면서 안타까워할
뿐이었다. / 도로 한가운데에는 그 학생 외에도 시민, 학생들을 모조리 붙잡아
처박아놓았다. 공수 중의 한 명이 메가폰으로 외치고 있었다. '시민들은 빨리 집으로
돌아가시오.' / 나는 너무나 분한 마음을 삼키며 전업사를 하고 있는 형님 집으로 다시
돌아왔다. (…) '일이고 뭣이고 다 던져버리고 우리도 나가서 싸웁시다.' / 그리하여 함께
일하던 동료들과 금남로로 걸어 나왔다. 나는 같은 시민으로서, 인간으로서 도저히
범할 수 없는 행위를 보고 더 이상 앉아서 가만히 보고만 있을 수가 없었다."(현사연
1990a, 3042: 627-8)

     폭력과 사랑의 변증법 : 절대공동체의 등장

수치와 분노였다. 공수부대는 인간을 짐승처럼, 짐승보다도 못하게 다루었을 뿐만 아니라 원래 그 폭력이 지향했던 그 폭력을 본 폭력극장의 관객들 또한 비굴한 존재로, 인간 이하로 전락시켰다. 어떤 사람들은 '이 시대에 살고 있다는 자체가 저주스럽다'고 절규했다.

자기 자신이 인간 이하라는 수치에 대한 분노 그리고 자신이 인간 이하임은 폭력에 대한 공포에서 비롯됐다는 분노는 광주 시민들을 사선을 넘어 공수부대와 싸워야만 했던 운명으로 만들었다. 광주 시민들이 목숨을 걸고 과감히 투쟁에 참여한 것은 인간의 존엄성, '인간임'을 회복하기 위해 이성으로 하여금 공포를 뚫고 과감히 분노를 분출하도록 내린 결단에 의한 것이었다. 인간의 존엄성은 각자 개인의 문제가 아니라 눈에 보이는 구타당하는 이웃과 그것을 바라보는 자신 사이에, 공동체의 일원으로서 자신 안에 존재하는 것이었다. 광주 시민들의 분노에 찬 저항은 결코 '야만적인 증오 감정 폭발'이나 '파괴 본능'에 의한 폭발이 아니었고 '과잉 진압'에 따른 '과격 시위' 식의 상승작용escalation으로 볼 수도 없다.[39]

이 수치와 분노가 시민들의 의식 속에 축적되는 과정에서, 위에서 논한 사회구조적 요인들은 개인들의 의식에 작용했을 것이다. 공포로 인해 도망친 후 느낀 자괴심, 자신의 비참한 모습이 의식되는 순간 중첩되어 그간에 각자가 살아왔던 모든 기억이 주마등처럼 지나가며 자신의 초라하고 비참했던 모습이 당시에 비굴하게 느낀 자신을 더욱 괴롭게 만들었을 것이다. 가난에 맺힌 한, 호남 출신이라 차별받던 한, 이 모든 것들이 당시의 고통을 더욱 쓰라리게 만들었을 것이다. 이런 구조적 요인들은 독자적으로 가난한 시민들을 배고프게 만들고 원한에 차게 만들어 시위에 가담하게 만든 것이 아니라 그 조건들은 잠재의식 속에 자리 잡고 있다가 바로 이 순간, 공수부대의 폭력에 대한 공포에 비참하게 도망친 자신의 모습을 발견한 순간 일깨워져 견디기 어려운 분노로 몰아갔을 것이다.

상대적으로 이러한 비참한 기억이 많지 않은 계급들은 그 공포에 반응하지 못하는 자신에 대한 수치와 분노를 쉽게 소화할 수 있었을지 모른다. 반면 이러한 과정을 통해 한 맺힌 인생을 살아온 사람들의 분노는 감당할 수 없을 정도로 컸을 것이다. '인간임'을 회복해야 한다는 절박함은 기층민일수록 더욱 깊었을 것이며 지역 차별을 받은 사람들일수록 더욱 처절했을 것이다. 그러나 이 자신의 한이 함께 얽힌 중첩된 수치와 분노는 폭력에 대한 공포에서 비롯된 것이었고 이 공포를 극복함으로써 서러운 추억도 함께 극복될 것이었다.

요약하면 사회적 구조적 요인에서 개인으로 도출되는 경제적 이해나 한 등은 그 자체로 시민들로 하여금 공수부대와 맞서 싸우게 할 수는 없으며, 따라서 5·18 항쟁 전개의 직접적인 원인이 될 수 없다.

---

39 전교사의 《광주 소요사태 분석-교훈집》은 원인을 다음과 같이 분석하고 있다. "해산보다는 체포 주안으로 협공, 소요 진압 간 지역 주민이 환시리에 폭동 군중과 격렬한 충돌 발생, 도피 군중을 추적 체포하는 과정에서 기물 파괴, 가족 위협에 대한 야만적 증오감정 폭발. 소요 진압 간 발생한 사상자 및 체포자의 처리 지연(장기간 노상 방치)으로 주민들의 감정을 촉발."(정상용 외 1990, 200-1) 이 분석은 대단히 피상적이고, 광주 시민들의 동기를 깊이 이해하지 못하고 있음을 보여준다. '상승작용'은 군 내부에서 많은 사람들 간에 회자되어온 설명이며 광주청문회 시기를 전후하여 많은 군 고위 인사들이 이러한 설명을 제기하기도 했다. 이는 '과잉 진압설'과 유사한 설명이며 양시론(兩是論)의 일종이다. 당시 11여단 대대장은 조갑제 기자와의 인터뷰에서 1988년 이희성 계엄사령관이 민화위에 밝힌 과잉 진압론에 강한 불만을 표시하며 "이희성 씨가 그런 표현을 썼다고 하는데 그분이 언제 현장에 나와본 적이 있나. 대대장 위만 돼도 상황을 제대로 파악하지 못한다. 나는 흥분된 양쪽이 부딪쳐서 스파크 현상을 일으킨 것이 광주사태의 본질이라 생각한다"라고 했다.(조갑제 1988, 194) 또한 1988년 국회 청문회에서 당시 계엄분소장이던 소준열 장군도 '상승작용'으로 설명했다.(광주광역시 1997 IV, 266) 심지어는 유족회가 출간한 책에서도 이런 입장을 취하고 있다. "공수부대의 잔인한 일련의 학살을 목격한 시민들은 이제 통한과 분노만 삼키고 주저앉아 있을 수는 없었다. 인간의 존엄성이 파괴된 데서 나오는 근원적 폭력성이 폭발되어갔다. 이제는 어차피 저들의 손에 죽을 목숨이니 죽어도 싸우다 죽자는 결심이 서기 시작했다."(유족회 1988, 69)

  폭력과 사랑의 변증법 : 절대공동체의 등장

그러나 외형으로 관찰한 바에 따르면 항쟁의 핵심은 가난한 사람들, 노동자계급 또는 기층민, 말하자면 경제적 이해나 한을 상대적으로 많이 갖고 있는 사람들이었다. 이러한 계층이 시위에 참가하고 투쟁한 동기는 위에서 길게 논한 인간의 존엄성을 파괴한 것에 대한 분노였다. 실제로 어떤 시민들이 시위에 참가한 것은 오히려 개인적인 성격에—예를 들어 의협심이 많은 사람인가 몸을 사리는 사람인가 등으로—크게 좌우되겠지만, 전체적으로는 시위에 참가하는 사람들의 사회적 분포는 한의 사회적 분배와—이는 사회계급과 거의 동일하게 나타날 것이다—여타 주변 조건에 따라 결정될 것이다.

이러한 분석은 시민들의 시위 참가 문제가 객관적 관찰과 주관적 의식 분석이 상충하게 되는 현상을 설명한다. 노동자계급이나 기층민들이 이런 경우에 앞장서는 것을 흔히 '자기 한풀이'라고 말하지만, 실은 객관적 원인에 따른 개인적 한은 한계적 요인marginal factor으로 보아야 한다.[40] 객관적으로 한이 많이 맺힌 계급들이 주로 참여했지만 그들은 일차적으로 '인간'으로 참여했던 것이다. 이러한 내면적 과정은 상당한 시간이 걸릴 수도 있으며 5·18항쟁의 불연속적 패턴은 이러한 내면적 과정에 의한 것으로 이해할 수 있다. 어떤 시민들은 이러한 과정을 거친 후에 차분히 마음을 가다듬고 거리에 나왔겠지만 어떤 시민들은 시위에 참여하며 겪기도 했을 것이다. 시위의 불연속적 패턴은 5·18의 전개가 공수부대와 시민들의 폭력의 상승작용으로 설명할 수 없음을 명백히 보여준다.

18일 오후 공수부대가 휩쓸고 간 뒤 5시쯤에는 모든 학생 시민들

---

[40]   5·18의 원인에 대하여 구조적 모순 요소들과 공수부대의 폭력을 통합하여 설명하려는 시도는 김준에 의해 이루어진 바 있다.(김준, 〈1980년의 정세발전과 대립구도〉, 정해구 외 156ff)

은 공포에 질려 흩어지고 거리는 텅 비어버렸다.[41] 싸움은 이미 간단히 끝난 것 같았다. 그러나 저녁 7시쯤 계림동 광주고등학교 부근에서 다시 시위가 시작되었고 공수부대가 등장하여 이들을 도륙했다. 그리고 그 후 공수부대는 산수동, 풍향동 일대 주택가를 수색하여 젊은이들을 닥치는 대로 연행했다. 당시 상황을 목격한 광주 시민들은 심한 충격을 받고 일가친척이나 친지들에게 전화로 물어보기도 하고 상황을 이해하느라 어리둥절했다. 더욱이 박찬희 선수(1980년 5월 18일 WBC 플라이급 타이틀매치에서 일본 선수에게 졌다)도 경기에 져서 참담한 심정이었을 것이다. 더구나 전 시내 주택가를 운동권 학생들의 학적부를 갖고 수색한다는 소문에 광주 시민들은 공포에 떨었다. 그러나 일부 밤늦게까지 싸우던 시민들도 있었다.(현사연 1990a, 3042: 628)

19일 아침 광주시 전역은 공수부대가 살벌하게 검문하고 있었고 시내는 공포 분위기였다. 부모들은 젊은이들을 집 밖에 나가지 못하게 말렸다. 19일 오전 공수부대는 공격적으로 진압작전을 펼쳤다. 누가 건물 창으로 공수부대에 대해 이상한 눈길만 주어도 그 일대, 호텔, 학원 등을 샅샅이 수색하고 젊은이들을 모두 붙잡아 금남로에서 옷을 벗긴 채 기합과 폭행을 가했다. 19일 공수부대는 장갑차도 동원했고 그들의 잔인함은 맹위를 떨쳤다. 다시 점심때쯤 거리는 텅 비어버렸고 공수부대는 안심하고 주둔지로 식사를 하기 위해 철수했다. 그러나 오후가 되자 수많은 시민들이 거리로 쏟아져 나오며 시위대가 다시 형성되었다. 이날 오후부터 시위대는 학생들 중심이 아니었다. 중심가의 시민들이 참여했고, 양복 입은 회사원들 그리고 노동자들, 아주머니, 아저씨들이 대다수를 이루었다. 그리고 고등학생들도 시위에 가담하기 시작했다.

---

[41]   당시 7공수여단 33대대장 권승만 중령은 국회 청문회에서 4시 40분에 작전이 종결되었다고 증언했다.(광주광역시 1997 IV, 442)

    폭력과 사랑의 변증법 : 절대공동체의 등장

이윽고 가톨릭센터 등의 지역에서 격전이 벌어졌다. 이를 계기로 오후부터 시위대는—공포를 극복하고 결연히 참가한 시민들은—일부 각종 가재도구나 공사판 자재 등으로 무장하기 시작하고 길거리의 시설물들을 부수어 바리케이드를 치고 완강히 저항했다. 19일 오후 시내 여러 지역에서 시위대와 공수부대가 싸우는 모습을 황석영은 다음과 같이 묘사했다.

> 시위대는 잠시 흩어졌다가 또 모여들곤 하는 것이 거대한 풍선이 바람이 빠졌다가 다시 팽팽해졌다 하는 모양 같았다.(황석영 1985, 63)

이러한 모습은 공수부대가 이제는 시위대를 깊이 추격하지 못하게 되었고 공수부대와 시위대 간에 힘의 균형이 서서히 이루어지고 있음을 보여준다.(현사연 1990a, 8002: 1536) 공수부대는 부상자를 내기 시작하고 헬기는 공중에서 '폭도', '불순분자' 등의 용어를 써가며 대대적인 선무방송을 시작했다. 공수부대는 약점을 드러낸 셈이고 시민들은 더욱 분노했다.[42] 19일 오후부터는 광주 시내의 거의 모든 직장들이 문을 닫았고, 학교들도 대부분 휴교하는 등 시민들의 일상생활은 완전히 중단된 상태였다.

이때부터 광주 시민들 간에는 분업 현상이 나타나기 시작했다. 젊은이들은 앞에서 싸우고 여자들은 후미에서 보도블록을 깨어 시위대에게 전달하고 공사장의 인부들은 무기가 될 만한 것들을 실어다주었다. 젊은 여성들은 다친 사람들을 거리에서 치료해주기도 했다.[43] 공수부대

---

[42] 19일 오후부터 공수부대 병사들은 공포심을 느꼈다고 한다.(정상용 외 1990, 184) 이는 공수부대 병사의 증언에 따른 것이지만 일반적인 현상이라 보기는 어려울지 모른다.

가 서서히 시위 군중의 힘에 밀리기 시작했다. 그러자 그들은 극악해졌고 엄청난 수의 시민들이 희생되었다. 오후 5시경 광주고등학교 앞에서는 포위된 장갑차에서 최초로 발포가 이루어졌다. 수많은 젊은이들은 악착같이 싸웠지만 밤이 되고 비가 내리자 시민들은 쓸쓸히 집에 돌아가는 수밖에 없었다. 그러나 일부는 비에도 아랑곳하지 않고 밤을 지새우며 싸웠다. 시위에 적극 가담하고 시민들을 이끌었던 문장우는 19일 밤의 심정을 다음과 같이 술회했다.

그날 저녁은 집에 들어가려다 시위대가 나처럼 빠지면 모두 빠져버릴 것 같아 차마 가지 못했다. 설령 집에 들어가더라도 처자식이 있는 상태에서 마음이 약해질 것 같았다. 잠잘 곳이 마땅치 않아 전남공고 부근에 하수도 공사를 하는 노캉(대형 콘크리트 하수관) 속에 들어가 잠을 잤다. 정장을 입고 있어 옷이 더럽혀질까봐 상의를 벗고 잤더니 추운기가 들어 전남대병원 근처의 선배 집을 찾아갔다. 5월 20일 오전 선배 집에서 시내로 다시 나왔다.(현사연 1990a, 2025: 434)

시민들의 분노는 이미 폭발했고 시민들은 공동체의 책임감을 느꼈다.

19일 광주 시민들의 얼굴에는 "이글거리는 분노가 가득 차 있었다."(현사연 1990a, 1045: 327) 그들은 완강했지만 외로운 싸움을 하고 있었다. 시민들은 이미 공포를 극복하고 참가했지만 구체적인 상황이

---

43   시민들은 부상한 사람들을 업고 가까운 병원에 갔지만 일부는 길에서 치료받기도 했다. 한 시민은 장동로터리에서 여성들에게 치료받았고 어두워 누구인지 보지 못했다고 증언했다.(현사연 1990a, 2015: 389)

 폭력과 사랑의 변증법 : 절대공동체의 등장

오면, 공수부대가 악을 쓰고 달려오면 급히 도망쳐야 했고 다시 마음을 가다듬고 나가야 했다. 그러나 이들은 포기하지 않았다. 이제는 동료들의 숫자로 무엇을 해보려는 대학생들의 데모가 아니었다. 그것은 인간이 되기 위해 각자 결의와 이성으로 공포를 극복한 시민들이 벌이는 항쟁이었다. 그러나 시위대는 수세에 몰려 있었고 살기 위해 필사적으로 도망 다녀야 했다. 시민들은 화염병을 던지며 수많은 차에 방화하고 기름이 든 드럼통을 공수부대 쪽으로 굴려 폭파시켰다. 경상도 번호판을 단 차량은 보이는 대로 불태웠고 누문동, 임동파출소 등에 방화했다. 불은 당시 시민들의 주된 무기였지만 다른 한편 고독에 대한 절규이기도 했다. 그리고 더 많은 시민들의 참여를 독촉하기 위한 횃불이자 외로운 전사들이 벌이는 공동체의 억지 불꽃놀이였다.[44] 밤이 되자 시민들은 유동에 있는 대형 아치를 불태웠고 누군가 무등산으로 이르는 잣고개 쪽 산등성이에 큰 불을 질렀다.(김영택 1996; 임철우 1997 III, 218-20) 명백히 이 불은 분위기를 돋우고 시민들에게 불구경을 나오라는 초대의 의미 그리고 본격적 저항의 시작을 알리는 봉화의 의미였다.

물론 이러한 행위들은 엄청난 재산 파괴였다. 부르주아의 재산을 아까워하지 않고 그들에게 은연중에 적개심을 갖고 있는 노동자나 빈민층이 본격적으로 시위에 가담했다는 지표이기도 했다. 아마 이때가 5·18 전 기간을 통해 시위가 일부 '폭동'의 형태로 나타난 시기였을 것이다. 시민들은 외로움에 저항하며, 가담하지 않은 시민들을 원망하고 극도의 적개심을 발산하며 여기저기 방화했던 것이다.[45] 그러나 그들은 최소한의 이성은 잃지 않았고 경상도 번호판을 단 차의 기사나 경상도

---

44 녹두서점을 중심으로 한 조직적인 운동권 학생들이 화염병을 대량 제작해 시내 곳곳에서 사용하여 방화했다. 당시 김상집은 자신이 '폭탄 도사'라는 별명을 얻었다고 술회하고 있다.(현사연 1990a, 4011: 887-9) 방화는 당시 '파괴 본능'의 결과가 아니라 주로 분위기를 고조시키기 위한 의도된 행위였다.

출신이라는 이유로 폭행을 당한 사람들은 거의 없었다. 그러나 아주 없
지는 않았다.(현사연 1990a, 3032: 606) 그들을 폭행하자 또는 '죽이자'
는 사람도 있었지만 늘 그 근처에는 만류하는 사람들이 있었다.(현사연
1990a, 1045: 328, etc.)

<hr>

45　19일 날짜가 명기된 조선대 민주투쟁위원회 명의의 〈민주 시민아 일어서라〉라는
유인물은 "저 개 같은 최규하, 신현확, 유신잔당 놈들과 유신 독재자의 아들 전두환
놈은…"이라고 썼다.(광주광역시 1997 II, 23) 유인물에 이런 적나라한 '쌍소리'가
쓰인 것은 이때가 처음이며 후에도 이런 문구의 유인물은 없었다. 적개심의 표출은
이때가 절정이었다. 또한 19일에 쓰인 것으로 보이는 20일 자 범시민민주투쟁위원회
학생혁명위원회 명의의 〈결전의 순간이 다가왔다〉는 다음과 같은 행동 강령을
제시했다. "무기를 제작하라! (다이너마이트, 화염병, 사제폭탄, 불화살, 불깡통, 각종
기름 준비)/ 전 시민 관공서를 불태워라!/ 차량을 획득하라!/ 특공대를 조직 군무기를
탈취하라!/ 아! 형제여! 싸우다 죽자!"(같은 책, 23) 후일 시민군 상황실장 박남선의
증언에 따르면 그는 많은 시민들과 함께 20일 오후 본격적인 시위가 시작되기 전에
이 대자보를 공용터미널 부근에서 읽었다고 한다.(박남선 1988, 136-7) 따라서 이
글의 과격한 내용은 19일의 분위기를 나타낸 것으로 보인다. 위에서 제시한 두 개의
유인물은 5·18 동안 나온 모든 문건 중 단연 최고로 과격한 글이다.
황석영은 19일 상황을 다음과 같이 설명했다. "즉, 공수부대의 잔인성은 잠재된
민중들의 투쟁의 역량을 폭력적인 방향으로 대응, 분출시키게 하는 자극적인 기폭제로
작용하게 만들었고, 공포가 사라지고 치열한 연대감과 증오만이 남게 되었다./
민중은 자신의 심연에 들어 있는 생존에 대한 가치, 인간의 존엄성에 대한 신뢰에
의하여 등장하게 되는 자신들의 근원적 폭력성을 발휘하기 시작하면서 싸움은 공세적
국면으로 접어들게 된 것이다. (…) 비조직적 시위 군중들의 약점이면서도 운동의
일정한 단계에서는 강점으로 작용하는 특유의 무정부적 파괴 본능이 활화산처럼 터져
나오면서 과감해지고 있었다."(황석영 1985, 61-2)
이 말은 5·18 전체에 대해서는 정확하지 못한 설명으로 보인다. 특히 '파괴 본능' 등의
군중심리 현상으로 5·18 항쟁을 전체적으로 설명하는 것은 타당하지 않다.

폭력과 사랑의 변증법 : 절대공동체의 등장

5 절대공동체의 등장

20일 아침 상황은 많이 변해 있었다. 새벽에 도착해 바로 투입된 3공수여단은 거리를 경비하며 어떤 이유에서인지 착검하지 않은 채 시민들을 공손히 대했다. 그러나 아침에 전남주조장 앞에서는 처참하게 찢긴 시체 한 구가 발견되었고 곧 시민들은 흥분하여 대인시장 앞에 모여 시위가 시작되었다. 오전의 시위와 진압은 큰 규모라 할 수는 없었다. 그러나 이날 오전에는 이미 대인시장 아주머니들은 시위대에 나누어줄 주먹밥을 만들기 시작했고(임철우 1997 III, 37-8) 수천 매의 유인물이 배포되었다. 시민들은 각자 투쟁의 결의를 다지고 있었다.[46]

오후에는 시 외곽에서 상당수의 시민들이 남녀노소를 가리지 않고 중심가로 서서히 몰려들었다. 임철우는 20일 오후 시민들이 서서히 시내로 모여들던 장면을 다음과 같이 묘사했다.

노랫소리. 불현듯 어디서부터 시작했는지 모를 애국가가 입에서 입으로 번져나가기 시작한다. 무석의 눈에 그 모습은 얼핏 거대

---

[46] 한 증언에 따르면 20일 아침밥을 식당에서 먹고 있는데 옆 자리에서 먹고 있던 한 시민이 술을 한잔 들이켠 후 '공수부대 죽여버린다'고 했다. "그는 가슴에 품었던 칼(과도)을 탁자에 꽂았다. 나도 식당 아주머니에게 식칼을 달라고 해서 함께한다는 뜻으로 탁자에 칼을 꽂았다. 우리가 마지막 잔을 비우고 일어서는데 밖에서 시위대의 차가 지나갔다. 시위대는 '지금 대인시장에서 공수들과 싸우고 있으니 함께 참여하자'고 시민들에게 호소하고 다녔다. 우리는 그 소리를 듣고 무모한 싸움을 하느니보다는 시민들과 함께하기로 하고 대인시장으로 갔다. 대인시장 앞에서는 공수들이 탱크로 길을 막고 있었고 시장의 상인과 시민들은 리어카와 좌판 등으로 군인의 진입을 막고 있었다. 또한 상인 아주머니들은 시위대에게 치마로 돌을 날라다주었다."(현사연 1990a, 4011: 890)

   폭력과 사랑의 변증법 : 절대공동체의 등장

한 장례식의 추모 행렬처럼 보였다. 그들의 입에서 흘러나오고 있는 노래는 만가의 가락처럼 들렸다. 한없이 엄숙하면서도 처절한 장례식. 추모객들은 갈수록 늘어가고, 행렬은 영원히 멈추지 않고 이어질 것만 같다. 삽시간에 수천 명으로 불어난 남자와 여자, 그리고 노인과 아이들은 하나같이 등 모습을 보인 채 시가지를 향해 무겁고도 둔중한 물결을 이루며 천천히 흘러가고 있었다.

(중략)

무석은 조금 전 그들을 보고 장례식의 추모 행렬 같다고 느꼈던 자신의 생각을 수정했다. 이제 보니, 그것은 열기에 들뜬 한바탕 축제의 행렬 같기도 했다. 분명 이 순간 뭔가 강렬하고 불가사의한 힘이 그들을 지배하고 있었다. 놀랍게도 그 수많은 사람들의 얼굴엔 공포의 흔적은 거의 보이지 않았다. 구호를 따라 외치고, 손뼉을 치고, 노래를 부르고… 그러다가 와르르 웃음을 터뜨리기도 하는 시민들의 모습에서는 어떤 여유 같은 것마저 보인다.
어떻게 된 일일까. 다시 한 번 무석은 어리둥절해졌다.
지난 이틀 동안에 보았던 시민들의 표정. 공포와 절망, 경악과 분노로 처참하게 일그러져 있던 그 표정과는 분명 어딘가 달랐다. 지금 시민들의 얼굴엔 힘이 넘치고 있었다. 불덩이처럼 뜨겁고 강렬하면서도 엄청난 폭발력을 감추고 있는 듯한 그 어떤 힘.
'그것이 무엇일까. 그 힘은 어디서 온 것인가. 무엇이 하룻밤 사이에 이 수많은 시민들을 전혀 달라 보이게 만들고 있는 것인가.'
무석에게 그것은 수수께끼만 같았다.[47] (임철우 1997 Ⅲ, 134, 137-8)

---

[47] 한편 유사한 시각에 시민들과 함께 시내로 걸어 나왔던 김병수 씨는 자신이 "왜 시내로 나갔는지 모르겠"고 당시 "왜 이럴까 생각해보지 못했다"고 증언한다. (구술)

이윽고 오후에는 대규모로 시위가 전개되었고 2시 30분경 서방 삼거리에서 공수부대는 화염방사기를 쏘았다. 여러 명의 시민들이 그 자리에서 타 죽었다. 시민들은 극도의 적대감에 타오르게 되었고 오후 3시를 전후하여 7공수여단과 11공수여단은 다시 시내에 배치되었다. 시민들과 공수부대는 총력전에 돌입했다. 이때부터 대규모의 시위대가 출현하자 공수부대는 전날처럼 바둑판식 점령을 포기하고 시내의 중요한 거점을 대대 단위로 지키기 시작했다. 따라서 시내에는 많은 해방구들이 생겼다.

이때부터 시내에는 새로운 현상이 나타났다. 공수부대가 방어적으로 진압하자 시내에 생긴 공간에서, 예를 들어 금남로 화니백화점 쪽에서는 3시경 수백 명의 시민들이 최루탄 연기 속에서 연좌 농성을 시작했다. 학생 하나가 연설을 하며 구호를 선창하고 유인물을 낭독하며 시민들의 분위기를 돋웠다. 군중은 삽시간에 눈덩이처럼 불어났다. 학생의 목소리가 들리지 않게 되자 누군가 마이크를 사오자며 모금을 시작했다. 순식간에 무려 40만 원이 넘게 걷혔다. 학생들은 시민들에게 '운동권 노래'들을 가르쳐주기 시작했다. 〈우리의 소원은 통일〉, 〈정의가〉, 〈투사의 노래〉, 〈훌라 쏭〉 등이 반복되었다. 처음에는 시민들이 잘 따라 하지 못했으나 여러 번 반복하자 모두 곧잘 부르게 되었다. 그러자 누군가 모두가 다 아는 애국가와 아리랑을 부르자고 했다. 아리랑을 부를 때는 모두 울음바다가 되었다.

누군가 큰 소리로 외쳤다. "우리 가신 님들을 따라 다 같이 죽읍시다!" 이제 시위대의 구호는 "전두환 찢어 죽이자!"는 식의 적대적인 구호에서 누군가에 의해 "우리를 다 죽여라!", "우리 다 같이 죽읍시다!" 등의 오히려 내면적인 비감한 구호로 바뀌었다. 시위가 시작되자 청년들은 각목 등의 무기를 들고 앞에 서고, 여자들은 최루탄에 견딜 수 있도록 물수건과 치약을 나눠주고 물을 떠다주었다. 또 어떤 사람들

　　　　폭력과 사랑의 변증법 : 절대공동체의 등장

은 공사장에서 무기가 될 만한 각목이나 파이프를 나눠주고 자전거와 리어카에 자갈 등을 실어 날랐다. 아무도 서서 구경하는 사람은 없었다. 이제 시민들은 외롭지 않았다. 그들은 서로 얼싸안고, 눈물 흘리며 결사적으로 싸우기 시작했다. 곧 공수부대가 몰려와 난타질을 했지만 시위대는 그 어느 때보다도 결사적이었다. 시민들은 생면부지의 사람들과 함께 구호를 외치고, 노래를 부르며, 스크럼을 짜고 물러서지 않았다.

날은 어두워 오고 팔다리에 힘이 빠질 무렵이었다. 갑자기 유동삼거리 쪽에서 수많은 차량의 불빛이 도로 가득 밀려오고 있었다. 시민들은 공수부대 증원군이 온다고 직감하고 순간 공포에 휩싸였다. 누군가 외쳤다. "드디어 민주 기사들이 들고일어났다!" 그것은 공수부대가 아니라 기사들, 시민들의 차량시위대였다. 대형 트럭과 버스들을 앞세우고 수백 대의 택시들이 전조등을 켜고 경적을 울리며 서서히 도청 쪽으로 밀려들어오고 있었다. "만세!" 소리가 지축을 흔들고 시민들은 환호하며 서로 껴안고 눈물을 흘렸다. 이제 시민들의 힘은 노도와 같이 공수부대를 곧 이 땅에서 쓸어버릴 것만 같았다. 공수부대는 공포에 질렸고 길가의 공중전화 박스, 대형 화분 등을 부숴 바리케이드를 쌓았다. 어제만 해도 시민들이 바리케이드를 쌓았지만 오늘은 공수부대 차례였다.

그러나 차량시위대가 바리케이드 근처에 머뭇거리던 순간 수많은 최루탄이 일시에 날아들었다. 공수부대는 일제히 돌격하여 차량 사이를 파고들었다. 난타전이 시작됐다. 수많은 기사들과 시민들이 부상당하고 잡혀갔다. 그러나 이미 모든 시민들은 하나 됨을 확인했고 시위는 전 시가를 거쳐 걷잡을 수 없이 거세졌다. 길거리에는 시민들이 김밥, 주먹밥, 음료수, 수건, 담배 등을 가지고 와 나눠주며 시위대를 도왔다. 모든 광주 시민들이 하나로 뭉쳤고 수많은 사람들이 시 외곽에서 몰려왔다. 이처럼 삽시간에 전 시민이 하나로 똘똘 뭉쳐지는 과정을 합리적인 언어로 설명할 방법은 없을지 모른다. 이심전심으로 유사한 시

간에 모든 시민들은 공포를 극복하고 시위에 합류했다.[48]

19일부터 20일 오전까지 광주의 공동체는 거리에서 싸우는 각 시민에게 내재해 있는 것이었다. 전통적 공동체가 없었다면 이 싸움은 시작되지도 못했을 것이다. 하지만 시민들이 시위에 가담하기로 결정한 것은 각자의 내면적 과정을 통한 결정이었고 전사들은 외로웠다. 그들은 광주 시민들이 모두 '한꺼번에 들고일어나' 주기를 기대했다. 그러나 이러한 전 시민의 단결은 꿈에 불과할 것이며 그 와중에 각자 살아남기 위해 필사적으로 뛰어다니며, 돌을 던지고 간혹 불을 질러 분노를 표출하고 시민들이 더 나오도록 분위기를 돋우었다. 그러나 20일 오후 이들의 꿈은 꿈같이 이루어졌다. 금남로에서 또 유사한 시간에 시내의 다른 곳에서도 시민들 간에는 구체적인 공동체가 이루어졌다. 그것은 전통적 공동체와는 다른 절대공동체였다.

이 절대공동체는 마이크를 잡고 선동한 어떤 리더가 이루어낸 것이 아니었다. 전옥주의 출현은 시민들이 기대하던 바였다.[49] 그녀는 지도자가 아니었다. 모든 시민들이 각자 지도자였고 그녀는 다만 고수鼓手였다. 절대공동체는 군대와 같이 누군가 투쟁의 목적을 위해 개인을 억압하여 만든 조직이 아니었다. 그것은 폭력에 대한 공포와 자신에 대한 수치를 이성과 용기로 극복하고 목숨을 걸고 싸우는 시민들이 만나 서로가 진정한 인간임을, 공포를 극복한 용기와 이성 있는 시민임을 인정

48　이 장면의 묘사는 황석영(1985, 82-3), 현사연(1990a, 42) 등을 종합한 것이며 현장에서 목격한 이재의 씨의 증언에 의해 재확인되었음을 밝힌다. 또한 김문(1989, 36-9)도 참조.

49　황석영(1985, 69)은 전옥주의 출현을 19일 낮으로 제시하고 있으나 전옥주 자신은 19일 밤 12시경부터 마이크를 잡고 선동했다고 증언하고 있다.(현사연 1990a, 4014: 907-8) 그러나 많은 기억에 근거한 증언록에는 그녀의 목소리를 처음 들은 것은 20일 오후부터 저녁 무렵이었다. 말하자면 전옥주 본인은 이미 19일 밤에 활동을 시작했으나 많은 시민들에게 그녀의 카랑카랑한 목소리가 인상 깊게 전달되고 기억에 각인된 것은 바로 이 시점이었다.

ⓒ 황종건

날은 어두워 오고 팔다리에 힘이 빠질 무렵이었다. 갑자기 유동삼거리 쪽에서
수많은 차량의 불빛이 도로 가득 밀려오고 있었다. 시민들은 공수부대 증원군이
온다고 직감하고 순간 공포에 휩싸였다. 누군가 외쳤다. "드디어 민주 기사들이
들고일어났다!" 그것은 공수부대가 아니라 기사들, 시민들의 차량시위대였다

하고 축하하고 결합한 절대공동체였다. 시민들이 공포를 극복하고 투쟁하며 추구하던 인간의 존엄성은 이제 비로소 존엄한 인간끼리의 만남 그리고 바로 이 공동체에서 서로의 인정과 축하를 통해 객관화되었다. 절대공동체에서 시민들은 인간으로서의 정체성을 찾았고 그들은 다시 태어난 것이다.

첫 번째 만남은 학생들과 시민들의 만남이었고 이 만남은 각자 모두의 만남으로 이어졌다. 학생들은 시민들에게 그간 그들만의 싸움에서 불러오던 '운동권 노래'들을 가르쳐주었다. 그러자 이번에는 시민, '민중'들이 그들의 노래, 모두가 아는 노래, 아리랑을 같이 부르자고 했다. 아리랑을 부르자 거리는 온통 울음바다가 되었다. 당시 도청에서 취재하던 《동아일보》 김충근 기자는 아리랑에 대해 다음과 같이 술회했다.

> 그런데 나는 우리의 대표적 민요 아리랑이 갖는 그토록 피 끓는 전율을 광주에서 처음 느꼈다. 단전단수로 광주 전역이 암흑천지로 변하고 방송국, 파출소 등이 불타 도청 앞 광장으로 손에 손에 태극기를 흔들며 모여드는 군중들이 부르는 아리랑 가락을 깜깜한 도청 옥상에서 혼자 들으며 바라보는 순간, 나는 내 피 속에 무엇인가 격렬히 움직이는 전율을 느끼며 얼마나 하염없이 눈물을 흘렸는지 모른다.(한국기자협회 1997, 215-6)

아리랑의 감격은 모두가 인간으로 하나 됨의 느낌이었다. 우리 전통적 공동체의 오랜 감성을 담은 아리랑 가락은 몸을 통해서 그리고 몸의 느린 움직임으로 신비스럽게 전 시민을 하나의 움직임으로 묶어나갔다.[50] 거리에 가득한 시민들의 울음과 눈물은 자신들의 죄, 동료 시민의 처참한 모습을 보고 당장 목숨을 걸고 구하러 달려가지 못한 양심의 가책과 수치의 처절한 고백이자 너그러운 용서였다. 아리랑 가락은 광

　　　　　　　　폭력과 사랑의 변증법 : 절대공동체의 등장

주 시민들의 구원이었다.

시민들은 남녀노소, 각계각층, 특히 예상치 못했던 계층의 사람들, 예를 들어 황금동 술집 아가씨들, 대인동 사창가 여인들이 공동체에 합류하는 모습에 환희를 느꼈다.[51] 어두워질 무렵 어디에선가 하얀 한복 차림의 농민들 50여 명이 쇠스랑, 괭이, 죽창을 들고 타임머신에서 나온 동학농민전쟁 용사들처럼 금남로에 출현했다. 시민들은 열렬한 박수로 환호했다. 흡사 딴 세상에 와 있는 느낌이었다. 시민들은 생면부지의 사람들과 어깨를 끼고 스크럼을 짜 같이 죽기로 하고 싸웠다.[52] 시민들은 몸과 몸으로 하나가 되었다. 그들은 자기가 갖고 있는 무엇이라도 동료들을 위해 희사했다. 시민들은 공통으로 필요한 물건들을 구입하기 위해 모금을 벌이곤 했고 그때마다 삽시간에 놀랄 만한 액수가 모였다. 또한 음식, 담배, 물수건, 치약, 무기가 될 만한 연장, 심지어는 자

---

50 아리랑은 다른 곳에서도 유사한 효과를 가져왔다. 시간은 확실치 않으나 20일 후일 시민군 상황실장 박남선 씨의 증언에 따르면 공용터미널 부근 어디에선가 군중들은 대자보를 읽고 있었다. "대자보를 읽고 있던 시민 중 누군가가 〈우리의 소원은 통일〉을 부르기 시작했다. 노래가 아리랑으로 이어지자 울먹이며 시작한 시민들은 오열과 함께 통곡들을 거리에 쏟아놓기 시작했다. 거리는 순식간에 울음바다가 되었다. (…) '살인마 전두환은 물러가라!' '군은 38선으로 복귀하라!' '내 자식을 살려내라!' 통곡소리와 함께 구호가 거리를 뒤덮기 시작하자…"(박남선 1988, 137)

51 당시 고등학생이던 김행주 씨는 다음과 같이 증언했다. "황금동 쪽으로 갔더니 술집 여자들이 세숫대야에 물을 담아가지고 길거리에 늘어서 있었다. 시위에 참가한 사람들에게 물을 나눠주는 그 여자들을 보니 광주 시내 사람들이 한마음이 된 것 같았다. 평소에는 술집 여자들이 낯설고 불결하게 생각되었는데 그렇게 작으나마 성의를 다해 마음을 나누는 그 사람들을 보니 가슴이 뭉클하기도 하고 따뜻한 이웃이라는 생각이 들었다."(현사연 1990a, 2031: 464)

52 어떤 증언에 따르면 20일 밤 시위에서 스크럼이 너무 강해서 공수가 곤봉을 휘두르는데 도망갈 수가 없었다는 것이다.(현사연 1990a, 1045: 329) 스크럼을 짜는 것은 4·19 때부터 학생 데모에 사용되던 기술이었다. 학생들은 사전에 정의된 집단이며 학교에서 모여서 스크럼을 짜고 나오는 식으로 활용했다. 시민들이 각자 따로 시내에 나온 생면부지의 사람들이 스크럼을 짜고 시위하는 것은 이때 처음 있던 일이었다.

동차 등 모든 것이 자발적으로 동원되었다. 모든 시민들은 각자 할 수 있는 일을 찾았다. 많은 시민들은 혼자 나왔지만 밤새 싸웠다. 또 친구들과 나온 사람들도 뛰어다니다 곧 서로 헤어졌지만 홀로 싸웠다. 그러나 당시 외로움을 느꼈던 사람은 없었다. 모든 시민들은 죽마고우처럼 얘기하고 도와줬다.

절대공동체는 자연스럽게 삶과 죽음을 개인을 넘어 공동체 단위로 정의했다. '살아남기 위해 싸운다', '우리 고장은 우리 손으로 지킨다'라는 말들은 분명히 개인의 목숨과 공동체의 삶이 일치되었음을 보여준다.[53] 그리고 이 생명의 나눔은 헌혈을 통해 피를 나눔으로써 구체화되었다. 이곳에는 사유재산도 없고, 생명도 내 것 네 것이 따로 없었다. 물론 이곳에는 계급도 없었다. 이제는 웃을 일도 심심치 않게 생겼다.[54]

저녁이 되자 어디서 나왔는지 수많은 시민들, 어린아이들 손에 작은 태극기들이 물결치고 있었다.[55] 절대공동체를 이룬 시민들은 애국가를 부르며 태극기를 흔들고 국가의 권위를 주장하기 시작했다. 그 마

---

53 당시 전경의 증언에 따르면, "시민들은 본능적으로 일체감이 형성되는 듯했다. '광주를 지켜야 한다. 우리 손으로'를 외치며 거리로 쏟아져 나왔고, 사방에서 돌진해오는 시위대는 할아버지에서 아린아이까지 똘똘 뭉쳐 있었다."(현사연 1990a, 8002: 1536) 실제로 시위대가 이 말을 구호로 외쳤을 것으로 보이지는 않는다. 다만 어디에선가 인상 깊게 들은 이 말을 시위대의 단결된 모습과 연결해 그렇게 외친 것처럼 생각되었을 것이다.

54 금남로에서 연좌 농성 중 시위대에서 누군가가 오토바이를 요란하게 '후까시'하고 있었고 시민들은 그들을 바라보았다. 그는 자기가 혼자 오토바이로 공수부대를 다 밀어버리겠다며 도청 쪽을 향해 홀로 요란한 소리를 내며 질주해나갔다. 모두 걱정스러운 눈으로 긴장하여 지켜보았다. 거의 다 다가갔을 무렵 그는 급히 오토바이를 돌려 골목으로 사라졌다. 시민들은 모두 웃음을 터트리고 박수를 쳤다. 또한 임철우의 소설에 따르면 차량시위대가 서서히 금남로에 이르자 택시 한 대가 살짝 대열을 빠져 골목으로 들어갔다. 그러자 시민들은 그 택시에 모여들어 택시를 번쩍 들어 전에 있던 시위 대열의 자리에 도로 갖다놓았다. 시민들은 연도에서 큰 소리로 웃으며, 박수치며, '기사님 만세에!'를 외쳤다. (임철우 1997 III, 229)

폭력과 사랑의 변증법 : 절대공동체의 등장

귀 같은 공수부대를 보낸 신군부는 타도의 대상이며 따라서 진정한 대
한민국은 광주 시민들이 대표해야 한다는 것이었다. 이는 시민들이 스
스로의 싸움을 '거룩하다'고 느낌으로써 자연스레 이루어진 것이었다.
이제 공수부대와의 싸움은 애국이었고 시민들은 국가의 권위를 행사했
다. 시민들은 전투에 필요한 모든 물품들을 강제로 '징발'하기 시작했
다.[56] 차량시위에서 아이디어를 얻어 시위대는 버스, 트럭, 심지어는 소
방차 등 대형 차량을 징발했고 휘발유도 징발했다. 일부는 불을 붙여
공수부대 쪽으로 밀어붙였고 청년들은 특공대가 되어 목숨을 걸고 불
붙은 차를 공수부대 쪽으로 몰다 마지막 순간에 뛰어내리는 식의 저돌
적인 공격을 감행했다. 또한 시민들은 버스나 트럭으로 시 외곽을 돌며
시민들을 시내로 수송했다. 차들이 시민 수송에 쓰인 것은 이때부터였
다. 절대공동체는 국가권력으로서 수많은 시민들을 징병했고 시민들의
목숨도 징발했다.[57] 시민들은 밤이 늦어도 차마 혼자 집에 돌아갈 수 없
었다. 그들은 시간 가는 줄 모르고 밤을 새우며 싸웠다.

　　나아가서 시민들은 본격적으로 무장하기 시작했다. 19일까지 일
부 시민들이 자기를 보호하기 위해 각목, 파이프 등을 들었다면, 20일
오후부터는 전쟁을 위해 무장했다. 시민들은 각목, 식칼, 쇠파이프, 연

55　학생들은 초기부터 시위할 때 대형 태극기를 앞세우곤 했다. 그러나 수많은
　　시민들, 수천 명의 시위대가 손에 소형 태극기를 흔들며 시위한 것은 20일 저녁이
　　처음이었다고 판단된다. 이 많은 태극기들이 어디서 왔는지는 알려져 있지 않다.
　　누군가 시민들이 길거리의 명찰 가게 등에서 많이 사서 나누어준 것이 아닌가 추측할
　　뿐이다. 당시 시위대는 여러 가지 노래를 많이 불렀으나 증언에 의하면 애국가를 제일
　　많이 불렀다고 한다.(현사연 1990a, 3071: 690)

56　당시 전매청에 가서 유리창을 깨겠다고 협박하여 담배 10박스를 시민들에게
　　나누어주려고 갖고 온 김연태 씨는 그때 심정을 다음과 같이 증언했다. "담배를
　　강탈했다는 느낌이나 양심의 가책은 없었다. 관청이나 공공기관에 있는 물건들은
　　광주 시민의 것이었고 당연히 우리 시민들을 위해 사용되어야 했다. 우리는 권력이
　　나누지 못한 것을 스스로 나누고 있었다. 그만큼 우리는 떳떳하고 당당한 느낌을 갖고
　　있었다."(현사연 1990a, 3119: 813)

탄집게, 삽, 곡괭이 등 주변에 보이는 흉기나 둔기는 무엇이나 들고 나왔고 목재상들은 사용하기 좋을 만한 각목을 대량으로 만들어 시민들에게 나누어주었다.[58] 총이 있어야 한다고 외치는 사람도 있었고, 실제 20일 저녁 몇 정의 총을 탈취하기도 했으나 실탄은 없었다. 21일 아침에 시민들은 아세아자동차에서 징발한 장갑차로 도청을 지키는 공수부대를 공격하기 시작했다.

20일 밤을 통해 시민들은 스스로 국가의 권위로서 공공기관들을 단죄했다. 시민들은 허위 방송을 일삼는 MBC에 방화했고, 세무서와 KBS에도 불을 질렀다.[59] 이러한 행위는 단순히 감정의 폭발에 의한

---

57   이에 대한 대표적인 예는 배용주 씨 경우일 것이다. 그는 운행 갔다 어렵게 돌아오자 앞차를 따라가라는 회사 중역의 지시에 따라 영문도 모르고 차량시위에 참가했다가 최루탄 때문에 도주했다. 나중에 그는 자신이 몰았던 버스가 전경 4명을 치어 죽였다는 사실을 알았다. 후일 체포되어 사형선고를 받았다.(현사연 1990a, 3056: 653-5) 이 경우는 하나의 예일 것이며 유사한 경우에 생명을 잃은 경우도 있었을 것이다. 시민들은 이때부터 트럭, 버스 등으로 시민들을 수송했다. 즉 길에 젊은이가 보이면 무조건 태워준다고 '타라'고 했다. 이러한 행위는 교통 '서비스'라 할 수도 있지만 다른 시각에서 보면 징병이었다. 많은 시민들은 아무 생각 없이 기쁜 마음으로 차에 탔다가 전투에 휘말리게 되었다. 물론 이 징병에 강제력을 동원한 경우는 전혀 없었다.

58   한 증언자는 20일 아버지가 나가지 못하게 말리자 "왜 당신 자식만 소중한 줄 아시느냐"고 대들고 식칼을 긴 대나무에 매달고 나왔다고 한다.(현사연 1990a, 1039: 301) 이 경우는 상당히 머리를 써서 '사제 창'을 만든 경우이다. 많은 경우 시민들은 언제부터인가 각목을 들고 있었지만 언제 어디서 어떻게 얻었는가는 기억하지 못하는 경우가 많았고 이를 명시적으로 증언한 경우도 있다.(같은 책, 2015: 390, etc.)

59   당시 계엄 당국은 이 대규모 방화들을 '폭도론'의 증거로 TV 등을 통해 계속 보여주었다. 한편 MBC 방화는 시민들에 의해 이루어지지 않았다는 주장이 제기되지만 시민들은 화염병을 던져 방화 의사가 있음을 명백히 했다. 그러나 MBC 방화의 상황은 이러했다. 당시 시위대는 제봉로에서 대치하고 있는 공수부대에게 평화적 시위를 조건으로 협상을 시도했다. 그러나 협상은 거부되고 대표들이 돌아서는 시점에서 공수부대 장갑차가 시동을 걸고 전속력으로 시위대에 달려들었다. 많은 시민들은 피했으나 어린아이 두 명이 깔려 그 자리에서 숨겼고 그 장면은 실로 말로 표현하기 어려웠다. 이에 시위대는 격분하여 MBC에 방화를 시도했다는 것이다.(현사연 1990a, 3058: 661; 임철우 1997 III, 209-11도 참조) 그러나 여러 증언에 의하면 MBC는 시민들이 방화한 것이 아니라는 것이다.

것이 아니었다. 방화에 관한 한 모든 곳에서 시민들은 찬반 논쟁을 벌였고 논쟁의 결과에 따라 행동했다.(현사연 1990a, 4005, etc.) 또한 공동체에 의해서 의사 결정decision making이 이루어졌다. 20일 밤 온 시민이 공수부대와 '사생결단을 낸다'는 말이 누군가에 의해 권위 있게 결정되었고 입에서 입으로 전달되어 이 말은 군 정보망을 통해 심각한 위협으로 군 지휘부에 보고되기도 했다.[60] 나아가서 공수부대를 적으로 정의하자 경찰과 협상하고, 공수부대가 아닌 군대와는 우호적인 관계를 맺으려 했다. 물론 공수부대와도 협상을 시도했다.[61] 시민들의 절대공동체가 나타나고 여기에 국가 권위가 부여되자 공수부대의 의미는 도저히 대화할 수 없는 '악마', '마귀'에서 '정치적인 적'으로 변환되었고 시민들에게 협상의 상대가 되었다. 절대공동체에서 국가로의 의미 전환은 시민들로 하여금 자신의 피해를 줄이기 위해서라면 악마와도 협상을 벌여야 한다는 정치적 행위를 가능하게 했다.[62] 시민들은 애국가를 부르고 태극기를 흔드는 외에도 국가의 의식을 집행했다. 21일 새벽에 광주역에서 발견된 두 구의 시체는 대형 태극기로 덮었고, 아침 8시 시

60　한 증언자는 산수동 오거리에서 들었다고 했다. 이 말을 어디선가 들은 사람들이 아주 많았다.(현사연 1990a, 45; 1035: 283; 2009: 370, etc.) 당시 〈계엄사 상황 일지〉에는 "첩보에 의하면 01:00를 기하여 도청을 목표로 총공격 예정"이라고 기록되어 있다.(같은 책, 52)

61　최초의 협상 시도는 20일 저녁 6시경이었다. 시민 대표를 자칭하는 사람들은 경찰에게 공수부대와 "사생결단을 낼 테니 경찰은 비켜달라"고 했다.(현사연 1990a, 43) 이어 저녁 9시경 MBC 앞에서는 시민들이 공수부대에게 평화적 시위이니 서로 방해하지 말자고 협상을 제의했으나 거절당했다. 마지막 협상 시도는 21일 아침 10시경 도청에서 있었고 이 협상은 결국 발포로 끝났다.

62　칼 슈미트는 나와 적의 구별을 결정하는 것은 고도의 정치적인 일이며 이는 국가가 독점하는 정치적인 행위라고 했다.(Schmitt 1976, 25-76) 광주 시민의 공동체는 공수부대를 애초에 '악귀'에서부터 협상의 대상이 되기도 하는 '정치적인 적'으로 규정했다. 슈미트의 기준에 따르면 시민공동체가 당시 국가로 존재했다고 보아야 한다.

민들은 도청 앞에서 희생된 시민들을 위해 엄숙히 묵념을 올렸다. '짐
승처럼' 맞아 죽은 시민의 죽음은 이제 거룩한 희생이 되었고 이로써
그들의 부활은 기약되었다.

　20일 저녁부터 공수부대는 수만 명에 달하는 시위대에 기가 질려
공포에 떨며 생존을 위해 싸워야 했고 그날 밤 광주역과 세무서 앞에서
는 공수부대의 산발적인 발포가 있었다.[63] 또한 자정이 지나면서부터
공수부대와 경찰은 시위대에게 스피커를 통해 그간의 위압적이고 명령
조가 아닌 공손한 투로, "부모 형제가 기다리는 집으로 돌아가십시오.
지금 집에서는 여러분이 돌아오지 않아 걱정을 많이 하고 계십니다"라
고 존댓말을 하기 시작했다.(김영택 1996, 91; 유족회 1988, 83) 이 시점
에서 비로소 광주 시민들은 공수부대와 공권력에 의해 함부로 대할 수
없는 존재로 인식되었다. 21일 오전 현장에서 병사들을 지휘하던 공수
부대 대대장들, 특히 35대대장 61대대장은 충돌을 극도로 우려하며 협
상에 대단히 적극적이었다.(김영택 1996, 100)

　20일 저녁 이후에 있었던 시위대의 행위들은 전체적으로 폭동의
형태를 띠었다든가 '폭력적 본성'을 발휘한 것으로 볼 수는 없다. 그들
은 이미 절대공동체였다. 모든 시민이 그들의 이성에 추호의 의심도 없
이 국가로서의 권위를 의식하고 전쟁을 수행하고 있었다. 대부분의 경
우 시민들의 자발적 기여와 '징발'의 차이는 미묘하고 별 차이 없듯이
폭동적 행위와 전쟁 수행의 차이 또한 미묘한 것이었다.[64] 폭동적인 행

63　한 증언에 따르면 20일 밤 도망치던 청년 하나가 넘어지자 공수부대 병사 4명이
　　달려들며 "이놈들을 안 죽이면 우리가 죽어!"라고 소리치며 청년의 몸을 몇 차례
　　찌르는 것을 보았다는 것이다.(현사연 1990a, 2002: 352) 이 장면은 당시 공수부대의
　　분위기를 잘 드러내고 있다. 이때부터 공수부대는 살기 위해 싸웠다. 당시 11여단
　　61대대장 안부웅 중령은 후일 5·18 수사 과정에서 20일 밤 공수부대는 공포에
　　사로잡혀 아수라장이었다고 중언했다.(조선일보 1999, 370-1)

ⓒ 황종건

시장에서는 아주머니들이 김밥을 말고 주먹밥을 만들고 각종 음식과 음료수를 시위대에 장만해주었다. 당시 광주 시민들은 모두 각자 무엇을 할 수 있는가를 생각하여 자발적으로 적합한 일을 찾았다.

위도 없지 않았다. 예를 들어 시민들은 시청, 구청, 경찰서 등의 관공서
는 돌을 던져 유리창을 깨고 난입하기는 했지만 방화하지는 않았다. 그
러나 시위대는 시내 거의 모든 파출소에 방화했고 세무서가 불에 탈 때
시민들은 각자 집기 등을 갖고 가기도 했다.[65] 그러나 경찰관이 폭행
당한 경우는 없었다. 시위대에 잡힌 소수의 공수대원들은 처참하게 살
해되었지만 어떤 경우는 잡힌 공수대원들을 고스란히 보낸 예도 있었
다.[66] 또한 운전이 미숙한 사람들이 과속으로 사고를 내는 경우도 많았
지만 이는 파괴 본능의 발휘에 의한 것이 아니라 과도한 의무감이나 다
시 태어난 인간으로서의 희열에 만취되었기 때문이었을 것이다. 그러
나 전체적인 상황으로 보아 폭력, 파괴, 방화의 대상은 무차별적이지 않

---

64 예를 들어 21일 아침 시내 전역에서 아주머니들은 시위대 차량에 음식을 올려주었다.
어떤 아주머니들은 자기 동네 이름을 큰 소리로 외치며 올려주었다. 이 동네 이름을
외치는 행위의 의미는 일종의 '우리도 의무를 자발적으로 기꺼이 다했다'는 출근부에
도장 찍는 식의 선언으로 이해해야 할 것이다.

65 당시 고등학생이던 이지형 씨는 다음과 같이 증언한다. "세무서 안에 들어간 사람들은
불에 타지 않은 물건을 끄집어내었다. 시계, 전자계산기, 호치키스, 사무기기, 라디오
등 갖가지가 있었는데 각자 한두 개씩 물건을 갖고 갔다. 나도 나중에 전자계산기와
라디오를 가져왔다. 어떻게 보면 도둑이라 할 수 있는데, 지금도 빈터를 보면 아, 내가
그랬었지 하는 생각이 든다. 왜 세무서에 불을 냈는지, 왜 사람들은 아무런 죄의식도
없이 물건을 가져왔는지? 다른 사람들은 너무 당연하게 여기는 듯 보였다. 나도 그
당시엔 그랬다. 국민이 낸 세금으로 나라를 지켜야 하는 군인들이 그토록 잔인하게
행동한 것에 대한 분노의 표현임을 확실히 몰랐으면서도."(현사연 1990a, 3066: 677)

66 백행호 씨의 증언에 따르면 20일 오후 싸움에서 가톨릭센터 벽 부근에 있던
공수부대원 20~30명이 시민들에게 포위되었는데 어떤 시민들은 때려죽이자 했지만
다른 사람들이 '공수부대원을 죽이지 말자. 그들에게 피해를 주지 말자'고 해 모두
동구청 뒤로 가도록 내버려두었다는 것이다. "그때 그 열기로 밀어붙였더라면 큰일이
날 상황이었는데 그때까지만 해도 시민들이 순진했고 화가 덜 난 상황이었을 것이다.
그러나 나중에는 아군 적군이 완전하게 구분되었다. 그렇게 살려 보낸 그놈들이
시민들을 배반하고 시민들의 가슴에 총질을 해댄 것이다."(현사연 1990a, 3104: 770)
경찰이나 공수부대가 아닌 31사단, 전교사 병력에 공격을 자제한 예는 수없이 많다.
또한 시민들에게 구타당하고 있는 공수부대를 병원에 데려다주어 생명을 구해준 예도
있었다.

      폭력과 사랑의 변증법 : 절대공동체의 등장

았고 시민들은 모든 경우에 논쟁을 통해 선별적으로 행사했다. 시민들은 도덕성을 잃지 않고 선무방송에서 떠드는 대로 스스로 '폭도'가 되지 않기 위해 진지한 노력을 기울였다.

20일 수만 명에 이른 시위대는 시간도 잊고 피로도 잊고 밤을 지새우며 싸웠다. 일부는 돌아가며 골목에서 거적을 깔고 눈을 붙이기도 했고 근처 여관, 민가 어디에서나 잠깐씩 눈을 붙이고는 다시 교대로 싸웠다. 새벽 4시 광주역에서 공수부대를 몰아내고 승리의 새벽을 맞는 듯했다. 그러나 광주역에서는 처참하게 죽은 시체 두 구가 발견되었고 시민들은 흥분하기 시작했다. 아침 내내 시 외곽에서 금남로로 끝없는 군중들이 모여들었고 시위대는 트럭, 버스를 타고 각목으로 차체를 두드리며 노래를 부르며 시민들을 수송했다. 시위대는 어디 가나 아주머니들이 김밥, 주먹밥, 음료수 등을 수고한다며 올려주었고 차 안에는 먹을 것이 그득 쌓이고 시위대는 전 시민의 뜨거운 성원에 확신을 갖고 결의를 다졌다.[67] 20일 저녁부터 눈에 띄던 음식 제공은 21일 아침에는 전 광주 시민으로 파급되었고 기존 반상회 조직은 돈이나 쌀 등을 갹출하는 조직으로 활용되었다.(현사연 1990a, 3117; 3118) 아침 10시를 전후하여 금남로 시위대는 공수부대의 철수를 위해 협상을 벌이며 공수부대와 근거리에서 긴장 속에 대치했고 시 외곽에는 축제 분위기로 가득 찼다. 금남로를 꽉 채우고 도청을 포위한 시위대는 무려 30만 명을 육박했다. 한 도시 인구 전체가 거의 빠짐없이 시위에 참가한 동서고금의 유례없는 장관이었다.

시위에 적극적으로 참여하다 20일 집에서 보내고 21일 다시 시

---

[67] 한 증인은 다음과 같이 당시의 분위기를 묘사했다. "그들이 갖다준 김밥과 빵, 우유, 음료수 등이 항상 넘쳤다. 그래서 가는 곳마다 먹을 것 걱정은 하지 않아도 되었다. 집 떠나면 고생이라던 말이 여기서는 통할 수 없었다."(현사연 1990a, 2020: 409)

내로 나와 시위에 참여한 이세영 씨는 그 순간을 다음과 같이 술회했다.

시민들이 박수를 보내오고 함성을 보내줄 때마다 우리는 가슴이 벅찼다. 커다란 힘이 되어주었다. 가는 곳마다 아주머니들이 힘내서 싸우라며 김밥과 주먹밥을 차에 올려주었다. 물수건으로 최루탄 가스에 뒤덮인 얼굴을 닦아주기도 했다. 동네별로 아주머니들이 먹을 것을 장만해 나누어주었고 이 가게 저 가게에서 음료수와 빵을 던져주었다. (…) 가는 곳마다 넘치는 시민들의 격려와 보살핌은 어느새 나의 두 눈에 눈물이 고이게 했다. 아무리 눈물을 흘리지 않으려고 애를 써도 그러면 그럴수록 가슴은 뜨거워졌고 눈시울은 젖어 마침내 눈물은 볼을 타고 흘러내리기 시작했다. 아무런 의미도 부여할 필요가 없었다. 나는 자연스럽게 죽음마저도 각오하고 있었다.

이러한 상황에서 정치가 무엇이고 의식이 무슨 의미가 필요한 것인가? 그저 인간 본연의 모습 그대로면 충분했다. 그것이 곧 인간성의 되찾음이었고 인간애에서 비롯된 분노였다. 학생들이 공수들의 대검에 목숨이 난자당하고 시민들이 공수들의 대검과 몽둥이에 온몸이 난자되는 것을 본 시민들의 분노였다. 더 이상 죽어서는 안 된다는 결련한 의지였고 보호 본능이었다. 이것이 바로 운명공동체인 것인지도 모른다. 이제 시민들은 공수들에 대한 분노에서 그치는 것이 아니라 수십 년 계속되어온 이 지역의 사회, 정치, 문화적 소외를 극복함으로써 민주화를 이룩하여 젊은 사람들이 흘린 피를 되찾아야 한다는 의식으로 발전되고 있었다.(오청동 1987, 182)

21일 오전 시민들은 전옥주를 포함하여 시민 네 명을 대표로 뽑

 폭력과 사랑의 변증법 : 절대공동체의 등장

아 계엄사와 협상을 시도했다. 그러나 이때는 이미 공수부대 병사들에
게 은밀히 실탄이 분배되고 집단 발포가 준비된 후였고 따라서 협상은
결렬될 수밖에 없었다. 공수부대는 기어이 오후 1시경 애국가를 신호
로 시민들을 향해 사격을 개시했다. 순식간에 금남로는 피와 통곡의 바
다가 되었다. 공수부대는 도청과 주변의 건물에 숨어 보이는 사람들마
다 저격했다. 1시 30분경에는 한 청년이 장갑차 위에서 웃통을 벗고 태
극기를 높이 휘날리며 도청을 향해 "광주 만세!"를 외치며 달려들었다.
모든 시민들이 긴장되어 그를 응시하는 가운데 한 발의 총소리와 함께
피가 튀며 청년의 목이 꺾어졌다. 이 광경을 본 모든 시민들은 도저히
말로 표현할 수 없는 충격에 눈물로 온몸을 떨었다. 이제는 정말 돌이
킬 수 없는 '전쟁!'이었다.

　　시민들은 곧 총을 얻기 위해 시내, 시외의 무기고로 향했다. 시민
들은 먼저 가장 가까운 나주 지역 파출소로 달려가 오후 2시 30분쯤 총
과 실탄을 탈취했고 곧이어 다른 지역의 무기고들도 잇달아 탈취했다.
오후 3시경에는 다시 광주에 도착하여 광주공원을 중심으로 총과 실
탄을 시민들에게 분배했다. 그들은 광주공원 광장 등에서 나름대로 특
공대 등을 조직했다. '시민군'이 등장하여 시가전을 벌인 것이다. 드디
어 4시 40분쯤에는 도청이 훤히 내려다보이는 전남의대 12층 옥상에
LMG 2대가 설치되었다.[68] 당시 시민들이 총을 잡은 것은 그들에게는
자연스러운 일이었고 따로 큰마음의 결정이 필요하지는 않았을 것이

68　　황석영(1985)은 이 기관총을 쏘아 공수부대가 있는 도청에 우박처럼 총탄이
쏟아졌다고 했으나 시민들은 이 기관총을 쏘지 않았다. 물론 유탄에 의한 시민들의
피해를 우려한 때문이었다. 당시 시민군에는 상당한 기술을 가진 LMG 사수가 있었던
것은 분명하다. 조인호 씨의 증언에 의하면 광주공원에 그 사수가 있었다고 한다.
"그리고 LMG 두 정도 있었는데, 27세 정도의 키가 작은 청년이 월남전 혹은 군대에서
자신이 LMG 사수였다고 도청 쪽으로 3발을 쏘았다. 총소리가 엄청나게 컸다."(현사연
1990a, 2002: 352) 3발씩 쏘는 것은 전형적으로 숙달된 LMG 사수의 사격 방법이다.

다. 20일 오후부터 절대공동체가 형성되고 국가의 권위가 부여되자 무장은 자연스러운 귀결이었다. 21일 저녁 시민군들은 도청에 진입했고 공수부대는 이미 철수한 뒤였다. 감격스러운 승리였다. 곧 승리의 함성은 통곡 소리와 어우러져 광주시를 뒤흔들었다.

광주 시민들이 무려 3개 여단의 공수부대를 나흘간의 투쟁을 통해 물리칠 수 있었던 것은 단적으로 절대공동체를 이루어냈기 때문이었다. 이 절대공동체는 애초에 존재했던 광주 시민들 간의 전통적 농촌 배경의 공동체와는 상당히 다른 것이었다. 이 과정의 경험은 공포를 이성으로 극복하고 인간이 되기 위해 나섰던 각각의 시민들이 다수의 동료들을 만나 하나로 융합되고 그곳에서 새로운 자신, 인간의 존엄성에 의혹이 없는 자신을 발견하는 변화의 과정이었고 이는 해방을 의미했다.

이곳에서는 사유재산 관념은 완전히 용해되어버렸다. 그러나 이 상태는 공산혁명처럼 누구의 재산을 빼앗아 이루어진 것이 아니라 스스로 모든 사람들이 자신의 재산을 모두를 위해 나눔으로써 이루어진 것이었다. 그러나 시민들은 상행위를 존중했고 서로의 재산을 보호해주었다.[69] 또한 이 재산의 나눔은 각자가 공동체를 위해 목숨을 걸고 적과 싸우는 존엄한 존재인 한 당연한 것이었고 따라서 이 나눔은 개인의 생명과 공동체의 삶이 일치됨으로써 자연스러운 것이었다. 또한 인간의 존엄성이 절대공동체에서 객관적으로 확인된 이상 사회적 지위를 차지하기 위한 생계를 넘어선 개인의 재산은 아무런 의미도 필요도 없

---

[69] 예를 들어 MBC 방송국이 불에 탈 때, "방송국 옆 건물에 '문화상사'라는 전자제품 대리점이 있었는데, 그곳에 불이 옮겨 붙을 것을 대비해 사람들이 가전제품을 밖으로 끌어내고 있었다. 나도 그 일을 거들었다. 우리들은 중앙국민학교 쪽으로 전자제품들을 꺼내놓았는데 그것을 훔쳐가거나 훼손하는 사람은 아무도 없었다. 그런데 나중에 들으니 얼마 후에 장동로터리 쪽에서 장갑차 한 대가 오더니 기껏 시민들이 불에 타지 않도록 꺼내놓은 물건들을 밀어버렸다고 한다."(현사연 1990a, 2015: 390)

　　　　　폭력과 사랑의 변증법 : 절대공동체의 등장

었다. 당연히 이곳에는 모든 개인이 지고의 존엄성을 인정받는 이상 계급도 없었다.[70] 나아가서 이곳에는 개인이 죽음의 공포로부터 자유로운 이상 유한성finitude이 극복되고 시간이 아무런 의미를 갖지 않는 영원의 공간이었다.[71] 또한 죽음의 공포를 절대공동체로 극복하는 경험은 모든 세속적 감각과 번뇌로부터의 해방이었다. 여기에는 우리의 일상생활의 모든 욕망과 이상은 아무런 의미가 없는 전체적인 삶, 그 자체만이 있을 뿐이었다.

그러나 개인과 공동체가 하나가 되고 공동체와 주권이 소외되지 않는, 전 광주 시민이 똘똘 뭉쳐 공포를 극복하여 이루어낸 절대공동체는 그 모습이 완성되고 국가권력으로 변환되자 작은 균열이 나타났다. 21일 낮 공수부대가 시민들에게 총탄을 퍼붓자 시민들은 주권자로서 전쟁을 위해 총을 들었다. 21일 오후 광주공원 광장에서 시민들에게 총을 나누어주고 총 사용법을 알려주던 장면을 보고 있던 사람들은 돌연 전에는 보지 못했던 다른 모습을 보았다. 그곳에서 시민들이 총을 잡던 장면을 황석영은 다음과 같이 묘사한다.

그들의 직업은 그곳에서 직접 확인할 수는 없었지만, 대부분은 노

---

70 피에르 부르디외는 사회계급을 재산 또는 생산수단의 소유 여부에 따라 결정되는 것이 아니라 본질적으로 물질적 상징적 가치의 분배에 따라 결정되며 일상적 계급투쟁은 상대 계급의 가치 박탈을 목표로 한다. 존엄성은 가치의 핵심적인 부분이며 존엄성의 배분은 사회계급의 본질적인 요소인 것이다.(Bourdieu 1985)
이 글에서 필자는 계급(class) 개념을 맑시즘에 근거하지 않고 부르디외의 이론에 근거하여 사용한다. 계급 문제에 관한 한 부르디외의 이론이 훨씬 정교하고 현실적이라는 것이 필자의 의견임을 밝힌다.

71 20일부터 많은 시위에 참여한 시민들 중 정확히 언제 어디에서 어떻게 싸웠고 무슨 일이 언제 있었는지 기억하지 못하는 경우가 많다. 이러한 예는 참가자 중 수없이 많으나 증언에 간혹 명시적으로 나와 있는 경우도 없지 않다. 예를 들어(현사연 1990a, 2036: 486, 3109: 785, etc.)

동자, 목공, 공사장 인부 등 직접 노동에 종사하는 사람들이거나 구두닦이, 넝마주이, 술집 웨이터, 부랑아, 일용 품팔이 등이었으며 또한 교련복을 입은 고등학생들도 많았고 가끔은 예비군복을 입은 장년층들도 보였다.(황석영 1985, 121-2)[72]

광주 시민들은 돌연 그곳에서 계급을 보았다. 이전까지 광주 시민들은 자신과 다르다고 생각했던 사람들이 모두 존엄한 인간으로 하나임을 느끼고 감격스러웠다면, 이제는 시민들이 살인 무기를 잡은 순간 서로가 다름을 보고 몸 한 구석이 싸늘하게 식어가고 있음을 느꼈다. 총은 이전의 시민들이 사용하던 무기와는 분명 다른 것이었다. 총이란 누구든지 아무나 사람을 쉽게 죽일 수 있도록 특별히 만든 살인 기계인 것이다. 즉 어린아이가 어른을 죽일 수 있고, 여자가 남자를 죽일 수 있게 만든 것이 총이었다. 이러한 기계가 시민들 손에 쥐어진 순간, 그것을 잡은 시민들이 국가의 힘을 느끼고 '시민군'으로 태어나는 순간, 많은 사람들은 한편으로는 승리를 기대하면서도 홉스Thomas Hobbes적 살

---

72 윤재걸도 유사한 주장을 제기했다. "무기 소지자는 따로 조를 편성, 대열을 만들었다. 편성된 대열은 대부분 10대 후반과 20대가 주류를 이루고 있었다. 그들의 직업은 그곳에서 정확히 알 수는 없었으나 노동자와 종업원 등 현장 근로자와 구두닦이, 넝마주이, 술집 아가씨, 일용 품팔이, 부랑아 등이 대부분이었으며, 고교생 교복을 입은 고등학생들도 상당수가 끼어 있었다."(윤재걸 1988, 93) 그러나 '술집 아가씨'가 총을 들었다는 증언, 여성이 총을 들었다는 증언은 어디에도 없다. 혹시 이 부분은 황석영의 책에서 슬쩍 차용한 것이 아닌가 보인다.
당시 고등학생이던 이봉형 씨는 남평 무기고에서 총을 탈취하여 시민들에게 나누어주며 느낀 점을 다음과 같이 말했다. "총을 달라는 모든 사람들에게 총을 나눠주었는데, 총을 받아가는 사람 중에는 '저 총을 가지고 나쁜 짓이나 하지 않을까' 싶을 정도로 인상이 좋지 않은 사람도 있었지만 어쩔 수 없이 총을 주어야 했다. 이후로 별다른 사고가 없었다니 다행이다."(현사연 1990a, 2004: 356)
또한 재수생이던 윤석진 씨는, "도로에 총을 쌓아놓고 나누어주었는데 나눠준 사람이 학생도 아니었던 것 같다. 그날부터 대학생으로 보이는 사람들은 거의 안 보이기 시작했던 것이다."(같은 책, 3102: 763)

　　　　　　　　폭력과 사랑의 변증법 : 절대공동체의 등장

인 능력의 보편적 평등과 자연상태自然狀態의 악몽을 보았다.[73] 이어 다시 그들은 서로가 다른 삶을 사는 집단, 다른 계급에 속해 있다는 것을 느꼈다. 절대공동체가 국가로 변환되어 그의 무력을 갖추어 완성되었을 때 공동체는 금이 가기 시작한 것이다. 이제는 '누구 총에 맞아 죽을지 모르는' 상황이었다. 5·18의 '계급론'과 '민중론'은 바로 여기에서 시작되었고 후일 5·18의 역사를 처음부터 다시 쓰게 되었다.

계급에 대한 이야기는 이미 19일 오후 시위대의 모습을 기술하며 등장했다. '학생들은 다 빠졌다'는 말은 이미 일부에서 제기되었고(현사연 1990a, 1046: 335, etc.) 이는 부르주아들에 대한 원망과 비슷한 것이었다. 부르주아들은 노동자계급과는 달리 연령 구조상 시위대 전면에서 싸울 것을 기대할 수는 없었고 따라서 부르주아는 그들의 자녀, 대학생들이 대표할 수밖에 없었다. 그러나 대학생들이 없다는 사실과 대학생들이 문제가 된 것은 주로 21일 이후였고 19일부터 이미 학생들이 없었다는 것은 21일 이후에 시민군들의 모습에서 계급을 감지한 이후에 기억을 더듬어 재생한 이야기일 수 있다. 나아가서 대학생들이 '없다'는 말과 21일 오후에 총을 든 사람들은 대부분 노동자계급이었다, 즉 '있다'는 말은 결코 같은 의미일 수 없다. 이 말을 해석하면 대학생들, 부르주아의 자녀들의 경우는 이미 절대공동체에 초대된 사람들이며 이들은 절대공동체의 모습에서 육체적으로나 상징적으로나 첫 번째로 중요한 구성원이었고 따라서 의당 있었어야 하는 사람들이라는 것이다. 그러나 후자, 노동자계급은 술집 아가씨들의 경우와 같이 초대받

---

[73] 총을 잡은 복합적인 기분에 대해 김정기 씨는 흥미 있는 얘기를 하고 있다. "그 사람이 나에게 간단한 총기 취급 요령을 가르쳐주었지만 내게는 건성으로 들렸다. 사람을 죽일 수 있는 총을 내가 갖는다는 두려움과, 한편으로는 공수부대와 맞부딪칠 수 있다는 일종의 마음 든든함이 나를 지배하고 있었기 때문이다."(현사연 1990a, 2001: 350)

지 않은 손님이었지만 당시에 공동체에 합류하여 대단히 고마운 사람
들이었다.

그러나 그들은 시민들이 총으로 무장한 순간 말석에 있지 않고
상석에 있었다. 대학생들에 대한 원망과 노동자계급과 기층민들에 대
한 불안감은 절대공동체와 이전의 광주공동체에서의 계급의 미묘한 관
계를 드러낸다. 객관적으로 노동자계급이 주로 무장했다는 사실은 절
대공동체에 적극적으로 참여하고 국가권력을 의식한 사람들, 또한 이
공동체에서 극적인 일체감과 해방감에 만취했던 사람들은 바로 항쟁
이전에 전통적 공동체에서 경계선으로 밀려나 있던 사람들, 서러움을
당하던 사람들이었다는 사실을 보여준다. 절대공동체에서 모든 시민들
이 존엄한 인간이었지만 어느 틈에 노동자계급은 더욱 존엄한 인간이
되어버린 셈이다. 나아가서 절대공동체가 국가로 진전되고 그 절정에
서 총으로 무장하기 시작하자 이전에 공동체의 주인이라 느꼈던 계급
은 두려움을 느끼고 주춤거리며 물러서고 있었다. 결국 시민들의 무장
을 굳이 정당화하고 '투쟁의 최고 형태' 등으로 찬양하고 큰 의미를 부
여해온 것은 지식인들, 총을 본 순간 겁에 질리고 충격받은 '먹물'들이
었다.[74] 공동체의 변환에서 주객이 전도되는 현상은 이미 5·18의 출발
에서 시민들이 항쟁에 참여하며 겪은 인간적 내면적 과정의 필연적 결
과였다. 절대공동체가 그 모습을 드러내기 시작하면서부터 일부 부르
주아들은 위협을 느끼고 자신들의 재산을 보호하는 일에 급급한 경우
가 많았다.[75]

정통적 공동체에서 절대공동체로의 변환은 '혁명적 상황'이었다.
세상은 어느 틈에 뒤집혀버렸고 앞으로도 공동체는 전과 같지 않을 것
이다. 그러나 이 '혁명적 상황'은 어느 혁명가가 그의 이념이나 말로 이
루어낸 것이 아니었다. 모든 시민들이 인간이 되기 위하여 적과 목숨을
걸고 싸우고 그들이 동료 시민들과 만나 존엄한 인간임을 확인하는 과

　　　　　　　　　　　폭력과 사랑의 변증법 : 절대공동체의 등장

정에서, 죽음을 넘어선 한계 상황에서 성령의 계시처럼 이루어진 내면
적 과정이었다. 절대공동체는 성스러운 초자연적 체험이었다.[76]

---

74 당시 이 시점에서도 전략적으로 생각하던 녹두서점 중심의 지식인들은 공수부대가
발포한 후 다시 좌절해 있었다. 그들은 일단 피신하기로 결정하고 헤어졌다. 그중
김상집은 돌아가다 총을 싣고 들어오는 트럭과 마주쳐 어디서 총을 갖고 오느냐고
물어보았고, 들어오는 차량의 수를 세어보았다. 세어보고는 생각보다 많은 것 같아
해볼 만할 것으로 판단해서 다시 싸움에 가세했다.(현사연 1990a, 4011: 891) 당시
투쟁의 절대공동체에 깊이 몰입했던 사람들과 밖에서 관망하던 사람 간에는 무장
문제에 관한 한 상당한 감각 차이가 있었을 것이다. 실제 시위에 시종 참여했던 많은
학생들은 시민들이 무장하던 시점에서 '도저히 총까지는 못 잡겠다'는 이유로 — 혹자는
'무서워서'라고 말하기도 한다 — 시위에서 이탈하게 되었다.
5월 25일 시민군은 대표 명의의 〈우리는 왜 총을 들 수밖에 없었는가?〉에서 다음과
같이 말했다. "우리는 왜 총을 들 수밖에 없었는가? 그 대답은 너무나 간단합니다.
너무나 무자비한 만행을 더 이상 보고 있을 수만 없어서 너도나도 총을 들고 나섰던
것입니다."(광주광역시 1997 II, 63) 시민군들에게 무장은 너무나 당연한 논리였고
대답 또한 너무나 간단할 수밖에 없었다. 오히려 이 질문이 왜 이 시점에서, 무장한
지 나흘이나 지난 이때에 던져졌고 굳이 대답해야 했는가가 문제일 것이다. 무장
시민군들로서는 당시 다시 시민들을 동원하기 위해서는 이에 대한 대답을 해야 했다.
당시 총기 반납을 둘러싼 갈등과 이날 아침의 독침사건으로 인한 25일의 분위기
때문이었을 것이다.

75 일반적으로 잘사는 동네는 이미 텅텅 비어 있었다는 사실, 일부 잘사는 사람들은
시위대에게 자신의 재산을 내놓는 것을 거부했다는 사실은 이미 알려져 있다.
또한 많은 부르주아들 더 넓게는 중산층들은 당시 주로 노동자들로 이루어진
시위대에게 상당한 공포심을 갖고 있었다. 당시 복개상가 가게 종업원이던 장종필
씨는 다음과 같이 증언했다. "20일은 가게를 빨리 닫았다. 복개상가 상인들이 너무
협조하지 않는다며 계속 그러면 화염병을 던진다는 소문이 나돌아 빨리 문을 닫은
것이다."(현사연 1990a, 3100: 756) 20일쯤부터는 어느 부잣집에 시위대가 불을
지른다는 소문이 나돌아 피신 가는 일도 있었다.(현사연 1990a, 7118: 1422-3) 어떤
차주들은 시위대가 차량을 '탈취'(? 징발!)하는 것에서 시 외곽에 있는 자기 차를 숨기기
위해 온갖 궁리를 했다. 그들은 승용차를 타고, 시위대가 타자고 할까봐 빈자리가
없게 맞추어 탔다. 시위대를 무사히 통과하기 위해 '김대중 석방하라!'는 구호를 차에
붙이고 빠져나가려다 외곽을 지키던 계엄군들의 사격을 받아 죽거나 부상당한 경우도
있었다.(현사연 1990a, 5031: 987-8)

76 해방광주에서 5월 25일 광주사태 수습대책위원회가 시민들에게 공식적으로
제시한 문건인 〈광주사태 원인에 대한 우리의 견해〉에서 광주시를 성역화할 것을
주장했다.(광주광역시 1997 II, 64) 이 주장은 광주 시민들은 항쟁의 체험에서 이미
성스러운 그 무엇을 느끼고 있었음을 간증하고 있다.

ⓒ 김녕만

공수부대는 기어이 오후 1시경 애국가를 신호로 시민들을 향해 사격을 개시했다.
순식간에 금남로는 피와 통곡의 바다가 되었다. 공수부대는 도청과 주변의 건물에
숨어 보이는 사람들마다 저격했다. 시민들은 신발을 챙길 새도 없었다.

젊은 그들이 도청에서

죽음으로 지켜낸 것

대부분의 광주 시민들은 대부분의 대한민국 국민들처럼 애초에 정치적 시위나 데모는 대학생들이나 하는 일이라 여겼고 학생들의 그러한 행동에 대해 찬동하는 경우도 옆에서 박수치는 정도가 합당한 행동이라 여겨왔다. 5월 18일 공수부대가 그토록 잔인하게 진압하는 장면을 목격했을 때에도 발을 구르며 안타까워한다든가 너무하지 않느냐고 항의하는 정도가 고작이었다. 독재와 민주화의 정치적 대결은 오랫동안 군부와 대학생들의 문제였다. 생계에 종사하는 시민들은 정치적인 투쟁에 대하여 그저 방관하는 자세였고 데모를 진압하는 경찰들도 시민들은 일체 건드리지 않았다. 그런 의미에서 우리나라 국민들, 시민들은 비정치화되어 있었다.

시민들에게 이러한 여유 공간을 거부한 것은 군부였다. 1979년 부마사태 당시 일부 노동자들이 데모에 가세하자 유신정부는 공수부대(3공수여단)를 파견했고 그들은 눈에 띄는 대로 곤봉을 휘둘렀다. 어쩌면 그때나 1980년 5월이나 '민중'의 정치적 위험성과 잠재적 힘을 간파한 것은 군부가 먼저였는지 모른다. 부마사태 외에도 1980년 당시 노동계는 사북사태를 기점으로 대단히 불안한 움직임을 보였고, 그런 이유에서인지 5월 광주에 파견된 공수부대는 길거리에서 눈에 띄는 대로 남녀노소를 가리지 않고 폭행을 가하고 트럭에 실어갔다.

나아가서 이미 '경상도 군인들이……'라는 소문과 공수부대 병사들 입에서 나온 유사한 욕지거리는 대결의 구도를 '경상도 군인 대 전라도 모든 사람'으로 상정하여 모든 광주 시민들은 공수부대의 공격 대상의 범위에 속해 있음을 알았다. 어린아이부터 할아버지 할머니까지

     폭력과 사랑의 변증법 : 절대공동체의 등장

공수부대의 폭력으로부터 무사할 수 없었다. 또한 5·18 전 기간을 통해 공수부대는 학생들과 젊은이들을 색출하기 위해 시내 주택가를 가가호호 수색했고 이에 모든 광주 시민들은 불안과 공포에 떨어야 했다. 공수부대는 민가뿐만 아니라 호텔, 여관, 학원, 음식점, 당구장 등 젊은이들이 출입하는 곳은 모두 난입해 닥치는 대로 폭력을 휘둘렀다. 시민들이 가세하게 된 것은 여러 가지 이유가 있었지만 공통의 계기로 인한 것이었다. 인간으로서 도저히 보고 있을 수 없는 비인간적 잔인한 폭력에 대한 분노, 그리고 두려움에 감히 공수부대와 싸우지 못하는 자신에 대한 분노, 여기에 시민들 각자의 한이 더해졌다. 광주의 미래인 젊은 학생들이 죽어간다는 위기의식, 그리고 결코 시민들도, 할머니, 할아버지, 아주머니, 어린아이를 포함하여 모두가 무사할 수 없다는 상황 판단 등도 작용했다. 그러나 어떤 사람들이 먼저 참여했든 간에 그들의 주된 동기는 인간의 존엄성을 파괴하는 폭력에 대한 분노였고 그 분노는 공포를 극복하는 이성적 결단에 의해 분출된 것이었다.

5·18 직전에 전남대 학생회장 박관현 씨는 시민들에게 군부가 무력을 행사할 경우 비폭력 투쟁을 제의했다. 당시 광주 시민들이 이에 어떻게 반응했든지 간에 그들에게 비폭력의 선택은 없었다. 간디가 시도했던 비폭력 투쟁이란 폭력 행사에 의도적으로 반항하지 않고 당하기만 하여 폭력을 행사하는 사람들의 불의와 사악함을 일방적으로 드러내는 전술이었다. 즉 폭력을 행사하는 측을 모든 사람들의 시선에 부각시켜 부당함을 드러내는 것이었다. 이 비폭력 전술의 전제 조건은 폭력 행사를 바라보고 그 광경을 윤리적으로 판단할 사람들의 시선, 즉 관객이 있어야 하는 것이다.

5·18의 경우 군부는 언론을 철저히 통제했고 아무도 광주 밖에서는 광주에서 무슨 일이 벌어지는지 알 수 없었다. 군부는 관객석을 봉쇄하고 광주에만 제한된 폭력극장을 만들었고 관객이 없는 이상 비

폭력은 아무런 전술적 의미가 없는 것이었다. 이 관객의 부재는 공수부대의 폭력의 부당함을 호소하고자 하는 광주 시민들에게 견디기 어려운 고통이었다. 군부의 언론 통제는 광주 시민들을 지원할 타 지역 국민들의 도움을 받지 못하게 했을 뿐만 아니라 폭력적 대결 외에 비폭력의 선택 여지를 없애버렸다. 시민들이 MBC를 세 차례나 공격하고 결국은 불을 지르려 하고 KBS에도 방화하게 된 이유는 바로 관객의 배제에 따르는 수많은 덧없는 희생 그리고 목숨을 걸고 투쟁해야 하는 고뇌와 고독에 따른 좌절감의 표출이었다. 방송국에 방화한 것은 단순히 언론의 자유를 위해 군사독재의 앞잡이 노릇을 하는 못된 방송국을 처벌한다는 추상적 이상을 실현한 것이 아니었다.

시민들이 공수부대와 맞서 목숨을 건 싸움에 참가한 것은 분노에 의한 것이었고 이 분노는 단순히 불의에 대한 심판관, 제삼의 윤리적 행위자의 판단에 의한 것이 아니라 인간의 존엄성의 파괴에 대한 분노였다.[77] 즉 시민들의 분노는 그들의 만행이 정해진 정의의 원칙에 어긋났다는 합리적 판단에 따른 행위가 아니라 사회적 인간으로서 본능적인 반응이었다. 공수부대의 폭력은 폭력의 직접적인 대상 외에도 그것을 목격하는 사람의 존엄성을 짓밟았고 시민들은 스스로 다시 인간이 되기 위해 싸운 것이었다. 이 분노의 과정에서 각 개인의 의식에는 각자가 그간 인생에서 겪었던 각종 서러움과 한이 잠재의식에서 깨어나 더욱 타올랐을 것이며, 이 시점에서 광주 지역의 각종 사회적, 경제적, 구조적 요인들이 한계적 요인으로 작용하게 되었다. 이 총체적인 분노의 양에 따라 어떤 사람들은 먼저 투쟁에 참여했고 따라서 적극적으로

---

77 한나 아렌트(Hannah Arendt)는 폭력 행사에 이르는 분노의 원인을 단순히 "정의에 대한 관념이 침해되었을 때 우리는 분노로 반응한다"라고 했다.(Arendt 1969, 63) 이는 아렌트가 인간의 분노를 깊은 의식 수준에서 추적하여 분석하지 않았기 때문인 것으로 보인다.

　　　　　　　　　폭력과 사랑의 변증법 : 절대공동체의 등장

가담한 사람 중에는 개인적인 한이 많은 사람들이 더 적극적일 수밖에 없었다. 이들이 일부 '자기 한풀이'를 하고 있었다 하더라도 그것은 인간의 존엄성을 짓밟은 공수부대의 폭력에 대한 목숨을 건 싸움으로 모아졌다.

이러한 시민들의 분노는 이성적인 것이었고 이 와중에 가끔씩 모습을 드러내는 '자기 한풀이'는 간혹 폭동적 행위로 나타나기도 했다. 그러나 광주 시민들은 그들이 공수부대와 동일한 모습으로 나타나는 것을 강하게 거부했고 그들의 행위는 폭력에 대한 기계적 반사작용 또는 동물적 폭력 반응이 결코 아니었다. 그러나 일부 시민들이 시민 전체의 분노를 대변하는 단계에서는 그들이 추구하던 인간의 존엄성 회복은 간헐적으로밖에 이루어지지 못했다.

투쟁은 20일 오후부터는 다음 단계로 접어들었다. 공포를 극복하고 존엄성을 회복하는 데 많은 시간을 필요로 했던 시민들이 드디어 시내에 등장하고 또한 그날부터 공수부대는 부드러운 태도를 보이자 공포의 문턱은 한결 낮아졌다. 시위대의 숫자가 늘어나자 시내에는 해방구들이 생기고 이 공간에서 시민들은 공포를 이성으로 극복한 인간으로서 해후하고 축하의 의식을 통해 연대감을 확인했다. 시민들이 추구했던 인간 존엄성의 회복은 개인의 용감한 투쟁에 대한 자기 확신 외에 동료 인간들의 인정 그리고 그들의 새로운 공동체, 절대공동체에서 객관적으로 이루어졌다. 이 절대공동체의 핵심은 사랑, 즉 고결한 존재에 대한 인간의 반응이었다.[78] 이러한 공동체가 등장하자 망설이던 시민들도 절대공동체의 축복을 받기 위해 너도나도 합류했다. 모든 시민들은 동시에 공포에서 해방되었다. 그들은 이곳에서 존엄한 인간으로 세례 받았고 그 값을 하기 위해 더욱 열심히 싸웠다. 시민들은 절대공동체에서 다시 태어났고 이 순간 투쟁은 신명나는 자기창조였다. 모든 시민들은 자기의 목숨, 공동체의 삶을 위해 싸우는 젊은이들을 위해 모든 것을 내놓았고 젊은이들은 거룩한 절대공동체의 이름으로 전쟁을 위해 모든 것을 요구했다. 생명이 공동체로 정의되자 그들은 국가권력을 요구했다. 무장은 당연한 귀결이었다.

시민들의 목숨을 건 싸움은 인간의 존엄성이라는 몫을 위해서였다. 이 몫이 개인에게 실제로 생명보다 중요할 수는 없을 것이다. 그러나 이 몫은 목숨을 건 싸움을 통해서만 확보할 수 있는 것이었다. 그렇다면 인간 존엄성의 직관적 본질은 자기 자신의 이익과 사회적 지위를 추구하는 행위와 그 결과에 있는 것이 아니라 자신의 생명보다 더욱 큰 가치를 인정하고 그것을 위해 자신의 몸과 생명을 바치는 행위에서 발견되는 것이다. 그 가치는 조국일 수도 있고, 신일 수도 있다. 광주 시민들의 경우는 공동체와 동료 시민들의 생명과 존엄성이었다. 즉 인간의 존엄함은 자신보다, 자신의 생명보다 더욱 큰 가치를 설정하고 자신을 극복하며 목숨을 걸고 추구할 때 이루어지는 것이다.

광주 시민들에게 인간 존엄성이 문제시된 것은 공수부대가 동료

78　페르디난트 퇴니에스(Ferdinand Tönnies)는 공동체(Gemeinschaft)를 이익사회(Gesellschaft)와 구별하여 다음과 같이 논했다. "사회적 실체의 확언이 그 자체를 위한 경우와 그러한 실체의 확언이 그로부터 외적인 목표나 목적 때문에 이루어지는 경우가 구별될 때 가장 첨예한 대조가 될 것이다. 첫 번째의 경우는 본질적 의지(essential will) 그리고 두 번째의 경우는 자의적 의지(arbitrary will)라 부를 것이다."(Tönnies 1971, 65) 나아가서 공동체에 대하여 다음과 같이 논했다. "그와 같이 어떤 관계가 사랑이나 애정을 통해 확언되거나 또는 관습과 습관 또는 의무감을 통하여 가치 있게 된다면 공동체(Gemeinschaft, community) 개념의 범위에 있는 것이다." (같은 책, 67)
퇴니에스는 '절대공동체'라는 말을 사용한 적은 없다. 이 말은 이번 기회에 5·18의 특수한 경우를 설명하기 위해 제시된 것임을 밝힌다. 그 근거는 퇴니에스에 따르면 위에서 보듯이 사람과 애정은 공동체의 일차적인 즉 관습이나 습관에 근거한 경우보다 더욱 본질적인 것이며 본문에서 논의한 5·18의 경우 생명과 연관된 사랑에 근거한 그 자체를 위한 사회적 실체이므로 퇴니에스가 제시한 공동체의 범위에서 가장 극단적인 경우라 보여진다. 이 예외적 순수성을 강조하기 위해 절대공동체라는 용어를 사용한다.

　　　　　폭력과 사랑의 변증법 : 절대공동체의 등장

시민을 '개 패듯 팰 때' 그리고 이러한 광경을 보고도 자신이 그를 위해 목숨을 걸고 싸우지 못했다는 사실을 괴롭게 느꼈을 때였다. 즉 인간 존엄성의 문제는 같은 공동체에 속한 두 인간 사이에서 드러난 것이었다. 그는 다시 인간이 되기 위해서라면 나중에라도 다른 동료 시민이 유사한 위기에 빠졌을 때 목숨을 걸고 싸워야 했고, 목숨을 걸고 싸우는 모습을 나 자신과 동료 시민들에게 인정받아야 했다. 인간 존엄성의 회복은 자신의 행위로 궁극적으로 해결될 수 없었다. 절대공동체의 형성은 모든 광주 시민들에게 이 인간 존엄성의 문제에 대한 궁극적 해결책이었다. 인간 존엄성은 분명히 개인들에게 주어지는 사회적 가치라 할 수 있다. 그러나 이 가치의 본질은 어떤 인간이 자신의 생명보다 더 큰 가치를 상정하고 그것을 위해 자기보존의 본능을 극복하고 목숨을 걸고 추구하는 행위를 통해 부여되는 것이다.

5·18에서 광주 시민들이 추구했던 인간 존엄성은 개인들로 하여금 자신의 이익과 지위를 추구하는 행위를 보장하고 최소한의 가치를 파괴하는 행위를 국법으로 금지하는 서양식 근대국가의 법 개념인 인권human rights과는 다른 것이다. 인간 존엄성은 인간이 자기 외에 더 큰 가치를 위해 생명을 거는 행위를 통해 인간 이상의 존재임을 인정하는 것이다. 따라서 인간 존엄성은 인간이 인간을 넘어서는 존재에 대한 인정이며 그런 의미에서 평등과는 정반대되는 측면을 갖고 있다. 인간 존엄성은 인간임을 극복하는 인간 이상의 존재를 '저열한 인간'으로부터 차별하는 기준인 것이며 모든 광주 시민들이 만취했던 절대공동체에서의 희열은 모두가 '대단한 인간', 인간 이상임의 느낌이었다. 유물론materialism은 결코 5·18이 이루어낸 절대공동체의 정신에 접근할 수 없다.

인간 존엄성은 경제 원리에 따라 사회에 분배되는 제한된 희귀재 scarce good는 아니다. 절대공동체는 인간 존엄성이 모두에게 풍요롭게

주어지는 과정이었고 공포에 떨던 모든 광주 시민들의 구원이었다. 절
대공동체에는 인권도 있었고 자유, 평등, 국가, 민주주의 등 모든 이상
이 있었다. 문제는 이러한 단어들을 하나씩 떼어서 서양 사상에서 이상
을 대표하는 개념으로 5·18을 논하면 그 순간 그 개념들은 5·18의 정
신, 특히 절대공동체의 정신을 배신하게 된다는 것이다. 절대공동체에
는 그러한 이상들이 모두 얼크러져 하나의 이름 모를 느낌으로 존재했
다. 오히려 우리는 이 시점에서 니체의 철학, 인간의 삶이 언어와 지식
그리고 철학의 굴레를 벗어나 자신의 가장 밑바닥의 자연적 본질로부
터 출발하여 자신을 극복하는 초인Übermensch의 철학 의미를 다시 음미
해야 할지 모른다.[79]

　　절대공동체의 형성에 가장 크게 기여하고 그곳에서부터 가장 큰
혜택과 축복을 받고 그에 만취해 있던 사람들은 이전에 전통적 공동체
에서 존엄성을 상대적으로 박탈당했던 사람들이었다. 또한 그들이야
말로 절대공동체에 국가의 권위를 부여한 장본인들이었다. 절대공동
체가 국가로서 무력을 위해 총이라는 보편적 살인 기계를 얻게 되었
을 때 그들 계층은 아무런 거리낌이 없었다. 그러나 처음부터 기존 지
역공동체를 사랑하고 떠나려 하지 않았던 사람들은 절대공동체의 형성
을 한편으로 고대하고 그곳에서 축복받고 있었지만 실제 그 모습이 완
성되고 강제적 국가권력이 부여되자 불안을 느끼기 시작했다. 그들은
시위대가 총을 잡은 순간 다시 공포를 느꼈고 총을 잡은 사람들의 계
급을 발견했다. 그들의 불안은 그들의 '지혜', 이러한 절대공동체는 오
래가지 못하며 이 극단적 상황이 끝나면 다시 취기에서 깨어나 현실로

79　니체(Nietzsche 1954; 1966). 그러나 그의 철학이 모두 쉽게 적용될 수 있다는 뜻은
　　아니며 많은 오해의 소지도 있다. 예를 들어 니체는 공동체의 문제에 대해서는
　　원시적인 삶의 방식이라 하며 부정적으로 생각했다. 또한 그는 초인이 공동체를 이룰
　　수 있다는 점도 생각하지 못했다.

돌아가야 할 것이라는 예측, 즉 합리적 사고에서 나온 직관이었을 것이다. 그러나 절대공동체의 경험은 그 사소한 편차에도 불구하고 보편적인 것이었다. 모든 시민들은 절대공동체의 몸의 논리, 삶의 논리, 인간의 원초적 가치를 체험했다. 이 경험은 각종 사회적 역할role과 분류classification의 굴레와 억압을 벗어난 순수한 인간됨이었고 그런 의미에서 모든 억압으로부터의 절대 해방이었고 이는 '혁명적' 순간이었다.

이곳이야말로 어쩌면 루소Jean-Jacques Rousseau가 그렸던 각자 시민들이 주권으로부터 소외되지 않은 주권체였는지 모른다.(Rousseau 1964) 이곳은 바로 루소가 시민사회와 주권을 동일시했듯 국가권력이 절대공동체와 밀착되어 서로 소외되지 않는 곳이었다. 그러나 이 절대공동체는 루소가 제시하듯 개인을 사회에서 격리시켜 자연에서 에밀같이 이성 있는 완벽한 존재를 만들고 다시 그 개인들을 결합시켜 만들 수 있는 것이 결코 아니었다.(Rousseau 1969) 그날 절대공동체는 결과적으로 공포를 극복한 용기와 이성을 지닌 개인이 결합한 모습으로 나타났지만 고독한 개인에서 출발하여 만들어진 것은 아니었다. 오히려 정반대로 절대공동체는 전통적 공동체에서 출발하여, 공동체의 그물망과 의무에서 벗어나지 못하는 개인으로부터 가능했던 것이다. 잔인한 공수부대의 폭력에 공동체가 찢기는 절체절명의 위기 그리고 공동체의 일원으로서 공동체의 의무를 배신하지 못하는 시민 개인들의 고뇌와 용기를 통해서 그리고 이러한 개인들의 만남과 축복과 의식을 통해서 이루어졌다.

이 과정에서 전통적 공동체의 정서를 담은 아리랑은 실로 신비로운 힘을 발휘했다. 절대공동체는 전쟁을 위해 인간을 억압하여 만든 군대 같은 조직이 아니었고, 용기 없는 인간들이 동료의 숫자의 힘에 기대고자 모은 '떼거지'도 아니었다. 절대공동체는 이미 존엄한 전사들의 만남이었고 그들의 행동은 결코 비겁한 인간들이 모여서 저지르는 '폭동'이나 '집단 광란'이 아니었다. 이 절대공동체는 절대적 적에게 증오심을 모으고 사랑만으로 이루어진 공동체였다. 20일 오후 이후부터 시위대에서 간혹 터져 나오는 어린아이 같은 웃음소리들은 그들의 명정한 정신을 일깨우고 있었다. 서양 철학에서 이성은 개인, 고독한 개인으로부터 나오는 것이었다.(최정운 1996) 그러나 5·18민중항쟁은 인간의 이성은 고독한 개인이 아니라 공동체의 일원임을 의식하는 인간들이 이루어낸 것임을 보여준다. 이성은 개인의 능력이 아니라 공동체의 능력인 것이다.

그러나 5·18의 절대공동체와 그곳에서 도출된 국가는 대한민국의 상징을 이어받았지만 현세의 대한민국과는 너무나 공통점이 없는, 짧은 시간에서만 존재할 수 있었던 국가였다. 절대공동체의 형성은 저항할 수 없는 거대한 힘으로 가다온 성스러운 혁명이었다. 이 혁명은 처음부터 절대전絶對戰의 상황에서 이루어진 사회적 경제적 윤리적 원칙, 언어의 속박으로부터 몸, 생명의 해방이었다.[80] 그러나 절대공동체로의 여행은 결코 의도했던 바는 아니었다. 그곳은 지옥의 불길에서 수많은 희생을 치르고 다다른 곳이며 문자 그대로 '유토피아utopia', 없는 곳, 다시 갈 수 없는 곳이었다. 이 절대공동체로 다시 돌아가보려는 시도는 계속 있어왔다. 대표적으로 많은 5·18 용사들은 적을 다시 만드는 일, 공수부대같이 무시무시한 적, 예를 들어 미국을 새로운 적으로 삼은 것도 절대공동체로 회귀한다는 의미였을지 모른다. 또한 5·18의 경험을 통해 군부로부터 전염된 '폭력만능주의'와 반자유주의 또한 그곳으로의 회귀의 의미가 없지 않았다. 또한 실제 그날의 지옥의 불길

---

80   '절대전'의 개념은 클라우제비츠에서 원용하고 있다.(Clausewitz 1976) 그러나 5·18의
      전개 과정은 클라우제비츠의 전쟁 당사자들의 상승작용으로 설명하는 절대전과는
      전혀 다르다. 이 개념은 오히려 당시 시민들의 내적인 인식과 투쟁을 현실에서
      벌어지는 국가들 간의 전쟁을 대조시키는 데 유용할지 모른다.

    폭력과 사랑의 변증법 : 절대공동체의 등장

을 통하지 않고 언어와 이론과 이념으로 절대공동체로 가는 길을 알아내려는 시도도 있었지만 결국 대부분은 적을 다시 만들어내는 일로 귀착되고 말았다. 5·18민중항쟁에 뚜렷한 이념이나 이론이 없었다는 것은 결코 부끄러운 점이 아니다. 오히려 우리는 이론의 진공 상태였던 5·18의 체험을 통해 도리어 기존의 이념, 서양의 이념들이 보여주지 못했던 전혀 새로운 현실이 가능하다는 것을 알았다. 체험의 원초적 순수성이야말로 5·18의 가장 값진 부분일 것이다. 우리는 혁명가 없는 순수한 혁명을 잠시나마 맛보았고 그 기억은 새로운 이념을 만들어낼 실험장이자 원료가 될 것이다.

당장 공수부대가 물러가자 첨예한 문제는 그 투쟁의 날들을 체험해보지 않은 사람들, 집에서 숨어 지내던 사람들, 광주가 해방되자 그제야 도청에 나온 사람들, 그들은 그 투쟁, 절대공동체에서의 투쟁을 겪은 사람들을 결코 이해할 수 없었다는 것이다. 그들은 왜 또 목숨을 걸고, 이제 또 무엇을 지키기 위해, 결코 이길 수 없는, 또 수많은 사람들을 희생시킬 싸움을 하겠다는 것인지 도저히 이해할 수 없었다. 용사들또한 그날의 그 체험을 다른 사람들에게 말로 전달해줄 수 없었고 무엇을 위해 왜 다시 목숨을 바쳐 광주를 지켜야 하는지 결코 설득시키지못했다. 젊은 그들이 그날 새벽 도청에서 죽음으로 지켜낸 것은 누군가오랫동안 기억해야 할 절대공동체의 결코 잊을 수 없는, 죽음을 넘어선이들만이 살갗으로 느꼈던 그 새로운 세상의 바람의 진실일 것이다.

3부

삶과 진실:
해방광주의 고뇌

1 절대공동체의 균열과 분절

21일 저녁 계엄군이 물러가고 시민군이 도청을 점령하자 온 도시는 승리의 환호에 휩싸였다. 무장 시위대는 차량을 타고 시내를 질주하며 구호를 외치며 노래를 불렀고, 거리의 시민들은 박수를 치며 "만세!"를 불렀다. 시민들은 지나가는 시위 차량마다 음식, 음료수 등을 올려주었다. 승리와 해방의 기쁨은 절대공동체를 이루어 싸웠던 모든 시민들의 몫이었다. 그러나 이 시점에서 벌써 절대공동체는 안과 밖에서 균열을 보이기 시작했다.

일부 시민들은 총을 잡고 시민군으로 다시 태어나자 수건으로 얼굴을 가렸다. 이른바 '복면부대'가 나타난 것이다. 21일 아침부터 복면을 한 시위대가 간혹 눈에 띄기는 했지만(현사연 1990a, 4013: 905) 본격적으로 복면부대가 등장한 것은 시민들이 무장하던 시점이었다.(같은 책, 3021: 576; 3076; 701; 6004: 1029-30; 6015: 1068, etc.) 계엄군이 사진을 찍어 얼굴을 가려야 한다는 말도 있었지만 그것은 복면부대의 등장을 설명하지 못한다. 사진을 찍는 것이 두려웠다면 차라리 집으로 돌아가면 되던 시절이었다. 복면부대가 등장한 배경은 광주 시민들은 투쟁 과정에서 절대공동체를 이루자 언제부터인가 자신의 정체와 옆에 있는 시민들의 정체에 대한 관심을 잃어버렸고 이윽고 얼굴마저 필요 없어졌기 때문이었다. 복면부대는 자신의 얼굴과 정체를 지워버린 시민들이었다.[1]

21일 새벽 3공수여단이 퇴각한 뒤 광주 역사驛舍에서 처참하게 일그러진 시체 두 구가 발견되었다. 분노한 시민들은 이들이 누구인가도 묻지 않고 리어카에 실어 태극기로 덮어 피 묻은 발목을 드러낸 채

　　　　　　　　　　　　　　　　　　　　　　　　　　　　삶과 진실 : 해방광주의 고뇌

온 시내를 끌고 다니며 그들의 처참한 모습을 보여주었다. 물론 평상시에는 생각도 못할 일이었다.[2] 오후에도 금남로에서 총을 맞아 죽은 시신들을 광주 외곽 도시로 싣고 다니며 그곳 주민들을 선동했다. 이를테면 이곳에서는 죽은 사람들조차 절대공동체의 일원으로서 태극기로 얼굴을 가린 채 온 시내와 전남 일대를 누비며 공수부대의 만행을 증언하고 시민들을 선동한 셈이었다. 절대공동체의 전사들은 모두 산 자나 죽은 자나 얼굴이 필요 없었다.

시민들이 무장했을 때 이미 절대공동체에는 가시적인 변화가 나타났다. 첫 번째 사실은 21일 오후 최대 5,000명의 시민들이 총을 잡았다 하더라도 오전에 도청 앞 시위에 참가했던 30만 군중의 대부분, 29만 5,000명은 총을 잡지 않았다는 것이다.[3] 우선 여자들이 식칼이나 부지깽이, 연탄집게 등을 들었다는 증언은 많지만 총으로 무장했다는 증언은 어디에도 없다. 또한 군중의 많은 수는 노인들과 아이들이었고 따라서 그들은 총을 잡지 못했다. 그러나 대부분의 청장년 남자들의 경우에도 총이 부족해서라기보다는 총을 보자 두려움을 느꼈다든지 또는 어떤 이유에서든 총을 잡지 않았다. 그들은 총을 잡지 못했거나 총을 잡는 것을 거부했을 것이다. 그중 많은 사람들은 거리에 남아 시민군들에게 환호하기도 하고, 구경도 했겠지만 나머지 시민들은 더 이상 길에

---

1 김상집은 21일 오후 복면을 했고 그에 대해서 아래와 같이 증언했다. "그때까지만 해도 운동권에서 전면적으로 나서지 않았기 때문에 나는 복면을 하고 모자를 써버려 눈만 보이는 상태로 서로가 누군인 줄 몰랐지만 나는 믿는 마음으로 상황에 대처했다."(현사연 1990a, 4011: 891) 복면부대는 서로의 믿는 마음을 전제로 나타난 모습이었다.

2 전날 20일 아침에도 이미 전남주조장 앞에서 시체 한 구가 발견되었다. 그러나 시민들은 당시만 해도 끌고 다니며 시신을 시민들에게 보여주며 동참을 호소하지는 않았다. 당시 시신은 김안부 씨였다는 것이 알려져 있다. 반면 21일 새벽에 발견된 시신들은 누구인지 일반적으로 알려져 있지 않다.

3 계엄사에 따르면 피탈된 소총은 5,400정 정도였다.

머물러 있을 수 없어 집으로 돌아갔을 것이다. 이제 총격전이 시작된 상황에서 맨손으로 또는 각목이나 들고 싸운다는 것은 아무런 의미 없는 일이었다. 무장을 거부하고 집으로 돌아간 시민들은 가끔 시민궐기대회에 참석했겠지만 22일 이후에 총을 잡고 시민군에 가담한 경우는 아주 소수였고 동원된 제한된 수의 대학생들뿐이었다.

이로써 21일 오후에 이른바 '일반 시민'은 '시민군'들과 최초로 분리되어 투쟁에서 소외되었다.[4] 무장하기 이전의 절대공동체에서는 여자, 노인, 아이들까지 광주 시민 모두가 전사였다면 이제 전사는 비교적 소수에 불과했고 나머지 대다수 시민들은 '일반 시민'으로 전락하게 되었다. 시민군은 시민의 연장이었지만 21일 저녁때부터 그들은 총을 멘 모습으로 외관에서 확연히 구별되는 집단이 되었다. 복면부대의 등장은 이미 그 시점에서 총을 든 사람과 들지 않은 사람이 외관으로 구별된다는 의식에서 비롯된 것이었다. 이때 '일반 시민'들은 시민군들, 특히 외관으로 구별되는 복면부대를 향해 '그들은 대체 누구일까?' 하는 질문을 던지기 시작했을 것이다. 복면부대는 절대공동체의 망령들이었고 그들은 필경 무섭게 보였을 것이다.[5]

나아가서 무장한 시민군들도 불과 몇 시간 전, 공수부대의 발포 전에 절대공동체의 일원이었을 때처럼 자유롭게 행동하지 못하게 되었다. 시민들은 총을 들면서부터 광주공원 등 여러 곳에서 조를 편성하

---

4 '일반 시민'이라는 말이 공식화된 적은 없었다. 반면 '시민군'이라는 말은 21일부터 일부 쓰였지만 23일에 이르러 공식화되었다. 당시 YWCA에서 일하던 운동권 학생들은 〈민주 시민 강령〉을 작성하며 회의를 거쳐 '시민군'이라는 말을 공식 용어로 결정했다.(서청원, 〈아아, 광주여! 어두운 역사의 통곡이여〉, 한국기자협회 및 1997, 277)

5 많은 사람들, 예를 들어 김영택은 그들이 계엄사에서 의도적으로 시민들을 선동할 목적으로 보낸 첩자가 아닌가 하고 의심했다. 그들은 주로 끝까지 투쟁할 것을 외치고 다녔다.(김영택 1996, 156-7) 그러나 절대공동체는 투쟁에 그 본질이 있는 것이며 따라서 이들 복면부대의 언동이 과격했다는 것은 결코 이상한 일로 볼 수는 없다.

    삶과 진실 : 해방광주의 고뇌

© 5·18기념재단

© 5·18기념재단

일부 시민들은 총을 잡고 시민군으로 다시 태어났다. 21일 저녁 계엄군이 물러가고 시민군이 도청을 점령하자 온 도시는 승리의 환호에 휩싸였다. 무장 시위대는 차량을 타고 시내를 질주하며 구호를 외치며 노래를 불렀고, 거리의 시민들은 박수를 치며 "만세!"를 불렀다. 시민들은 지나가는 시위 차량마다 음식, 음료수 등을 올려주었다.

는 등 조직화되어 제한된 임무가 부여되었다. 오발 사고를 조심하고, 계엄군의 사격으로부터 서로 보호하며, 또 시가전을 위해 여러 가지를 준비해야 했다. 시민들은 무기를 든 순간 전처럼 이리저리 마음대로 왔다 갔다 할 수 없었다. 군사 지식과 경험을 가진 예비군 지휘자들의 지시에 따라 총기 교육을 받고 조를 짜서, 지시에 따라 같이 행동해야 했다. 일부는 특공대를 만들어 도청을 공격하고 또 일부는 공수부대가 다시 공격할지 모르는 시 외곽의 여러 거점을 지키기 위해 보내졌다. 이러한 행동 규제를 군에 갔다 온 시민들은 당연한 것으로 받아들였고 군에 갔다 오지 않은 시민들은 그들의 지시에 따랐다. 밤에는 '담뱃불-담배연기'라는 너무나 친숙하고 너무나 사나이답고 낭만적인 암구호를 공연히 서로 한 번씩 불러보며 한때 옛날로 돌아가보기도 했을 것이다. 광주공동체의 투쟁은 당장 형식을 바꾸게 되었다.

21일 저녁 시민군들이 얼추 진짜 군대처럼 보이기 시작했을 무렵 시민군들 간에는 자신들을 지휘하는 사람은 공수부대 대위 출신이라는 소문이 퍼졌다.(현사연 1990a, 77; 6015: 1070) 즉 시민들은 그들의 적인 공수부대에 못지않은, 그들보다 더욱 용맹하고 전략, 전술에 능한 지도자를 기대하고 그의 지휘 아래 승리를 고대했다. 그러나 현재 확인해보면 증언록 어디에도 공수부대 대위 출신으로 시민군을 지휘했던 사람은 보이지 않는다. 광주 시내에는 오히려 엄청난 수의 용감한 시민들이 시민들을 각자 골목마다 지휘하고 있었고 단 한 사람, 유일한 카리스마적 지도자는 아직 나타나지 않았다. 어쩌면 당시 시민군들을 실제로 지휘하던 어떤 사람이 공수부대 대위 출신이라고 자신을 과장해서 소개한 것이 그렇게 눈덩이처럼 커져버렸는지 모른다. 어쨌든 무장 이전에 모든 시민들은 스스로 위대한 전사이며 모든 동료들의 위대한 모습을 사랑했지만 무기를 들고 조직이 이루어진 후부터 그들은 누구인가 자신을 의탁할 더 위대한 지도자를 생각하기 시작했는지 모른다.

  삶과 진실 : 해방광주의 고뇌

절대공동체를 이루어 공수부대와 목숨을 걸고 투쟁하던 광주 시민들 중에서 자신의 이름과 신분을 공공연히 밝힌 사람은 거의 없었다. 개인의 이름을 크게 알린다는 것은 자신이 곧 저격의 표적이 되어 목숨을 내놓는 일이나 다름없었고 나아가서 이런 상황에서 '내가 누구다!' 하고 외치는 것은 바로 지도자가 되겠으니 '나를 따르라!' 하는 지도자의 명령에 해당하는 것이었다. 전옥주는 당시 유일하게 모든 시민들에게 자신의 정체와 신분을 밝힌 사람이었다.[6] 그녀는 21일 아침 도청 앞에서 세 명의 시민들과 같이 시민 대표로 협상에 나서기는 했지만 여성의 몸으로 투쟁의 지도자가 될 수는 없었다. 그러나 시민들이 무장을 하고 조직이 이루어지며 자기 이름을 큰 소리로 밝히는 사람들이 하나둘 나타나기 시작했다. 21일 오후 저녁 무렵 시민들이 무장하던 시점에서 문장우는 광주공원 광장에서 자신의 이름과 신분을 큰 소리로 밝혔다. 당시 상황은 다음과 같았다.

그 와중에서 나이가 마흔 살 정도 되는 분이 메가폰을 들고 시민들을 향해 LMG 교육을 시키고 있었다. 그러나 누구도 집중하는 것 같지 않았다. 무기 탈취를 주도했던 나는 그의 메가폰을 빼앗아 시민들 앞에 나섰다. 질서를 잡아 체계적으로 일을 하겠다는 생각이었다. 원래 목청이 큰 나는 더 크게 외쳤다.

6　당시 동아일보 김충근 기자는 전옥주를 만난 일을 다음과 같이 증언한다. "그(전옥주)는 시위대 속에 어떤 군 첩자가 들어와 있는지도 모를뿐더러 시민 대열에서 한 발자국이라도 이탈하면 저격당하거나 끌려갈지 모른다는 불안 때문에 시민 속에서 먹고 자고 용변도 옷을 입은 채 본다고 말했다. 당시 그는 멜빵 청바지를 입고 있었는데 자기의 엉덩이께 바지춤을 직접 만져보라고 내밀었다. 내가 바지춤을 쥐었을 때 실제 옷은 눅눅히 젖어 있었고 배설물이 반고체 상태로 엉켜 있음을 직감했다. 그리고 그녀의 입과 머리에서는 며칠째 양치질과 세수도 못한 탓에 악취가 풍겼다."(김충근, 〈금남로 아리랑〉, 한국기자협회 외 1997, 217-8)

"저는 학운동에 거주하는 광주 시민 문장우입니다. 몇 년 전에 하사로 제대하고 현재 학운동에서 예비군 소대장직을 맡고 있습니다."

이렇게 신분을 밝히니 시민들이 모두 쳐다봤다.(현사연 1990a, 2025: 435)

사람들은 놀란 눈초리로 그를 바라보고 그의 말을 따랐다. 그는 시민들에게 총기 사용법을 가르쳐주고 지역방위대를 조직하여 그들을 이끌고 학운동 배고픈다리 방면으로 나갔다. 어떤 시민이 자기 이름과 신분, 정체를 밝히는 것은 당시 하나의 큰 사건이었다. 김원갑도 최초로 이름이 알려진 사람들 중 하나였다.[7] 그러나 이 사람들은 웬일인지 5·18의 영웅 반열에 오르지는 못했다. 시민들이 지도자에 대해 기대한 것은 그들이 절대공동체의 전사에서 조직의 일원으로 전락하며 자신의 존재가 작아졌다고 느낀 시점에 나타난 것이었다.

---

[7]   김상집은 21일 오후 상황에 대하여 다음과 같이 증언한다. "6시에 광주공원에 모인다는 소식을 사람들로부터 전해 듣고 광주공원으로 갔다. 공원은 많은 사람들로 혼잡을 이룬 가운데 한쪽에서는 무기를 나눠주고 있었다. 이런 가운데 어떤 청년이 지휘자를 뽑자고 제안했다. 지원자가 나타나지 않자 그 청년이 지휘자로 나섰다. 후에 알고 보니 그들이 바로 김화성, 김원갑이었다."(현사연 1990a, 4011: 891) 이들은 원치 않았던 지휘자가 된 셈이다. 김화성에 대하여는 아직 별로 알려진 것이 없다. 김영택에 의하면 "밤을 도청에서 새운 김원갑은 아침 7시쯤 시민군 500여 명을 지휘하면서 시내 요소요소에 바리케이드를 치는 한편 돌고개 쪽, 교도소 쪽, 백운동 쪽, 운암동 쪽, 지원동 쪽, 광천동 쪽 그리고 고속도로 진입로 등 7개소에 임시초소를 세우고 600여 명을 배치시켜 계엄군의 동태를 감시하는 한편 시내 주요 건물에도 시민군을 배치시켰다."(김영택 1996, 127) 그러나 그의 이 부분의 활동에 대해 다른 증언이 없다. 많은 시민들은 22일 아침 7시경부터 김원갑이 광주공원 광장에서 차량들을 등록시키고 통제하는 장면을 목격했고 이재의에 따르면 낮에 김원갑이 도청 내에서 탁월한 능력으로 수많은 업무를 처리하는 것을 목격했고 그를 불러 같이 시민군을 조직하는 작업을 했다는 것이다.(현사연 1990a, 1045: 332) 김원갑의 경우 여러 증언에서 22일 상황에서는 많이 등장하지만 그 이후의 일은 별로 알려진 것이 없다.

　　　　　　　　　　　　　　　삶과 진실 : 해방광주의 고뇌

그러나 아직도 절대공동체에서 자신의 존재를 찾은 대다수의 시민군들은 주변에 있는 동료들의 정체와 신분에 관심이 없었다. 그들이 총을 잡고 목숨을 걸고 광주를 지키고 있는 이유는 그들의 존엄성을 확인시켜준 절대공동체에 있다는 것을 알았고 총을 잡지 않은 대다수 시민들도 절대공동체의 경험에 그들의 존재 의미를 찾고 있었다. 그저 보기에 총을 멘 시민군인 것같이 보이면 친구처럼 불러 이야기하고 음식을 나누어 먹었다.[8] 밤에 보초를 서며 그들은 서로 자기소개를 했지만 이름 등은 곧 잊어버렸고 자신이 속한 집단이 '신분이 다양했다'는 사실에 그냥 흐뭇하게 느꼈다. 이름은 중요한 사항이 아니었다. '노동자', '학생', '회사원' 등의 분류로 아는 것이 보통이었다. 후일 대부분의 시민군들은 자신과 옆에서 마지막까지 싸웠던 사람들의 얼굴, 이름, 목소리도 기억하지 못했다. 어떤 시민군들은 자신의 신분을 속이기도 했지만, 특별한 지위를 요구하지 않고 백의종군하는 한 신분은 별로 중요한 문제가 아니었다.[9] 심지어 많은 시민군들이 편성된 조에는 지휘자가 따

---

[8] 한 예로 신만식 씨는 다음과 같이 회고했다. "구시청사거리를 지날 무렵 평소 알던 술집에 들렀다. 그곳에서는 총을 멘 시민군 몇 명이 술을 마시고 있었다. 그들은 나를 보더니 반갑게 맞아주었다. '동지 어서 오시오.' 나도 스스럼없이 그들과 어울려 술잔을 주고받았다. 그 후 그중의 몇 명과 함께 도청으로 들어갔다. 도청 안으로 들어가는 데는 별다른 제약이 없었다. 우리는 군인이 아니면 거의 우리 편으로 간주하고 통성명도 없이 일했다. 그러나 박남선, 김화성, 윤석루 씨 등은 당시에도 자신의 이름을 밝히고 다녔기 때문에 도청 안에 있으면서 그들의 이름을 알 수 있었다."(현사연 1990a, 1044: 322)

[9] 문순태의 단편소설에서 토마스의 친구가 광주에서 그를 만난 이야기를 다음과 같이 하고 있다. "나는 그 바보를 따로 은행 모퉁이로 데리고 가서 총을 버리고 구두통을 메야 살 수 있을 것이라고 말해주었습니다. 그랬더니 그 바보는 내 말은 들은 척도 않고, 턱 끝으로 나와 같은 서클의 멤버를 가리키며, 저 또마 친구한테 내가 구두닦이라는 말 하지 말았으면 좋겠다. 쟨 내가 대학생인 줄 알고 형 형 한단 말야. 구두닦이가 부끄러워서 숨기려는 게 아니구, 쟨 내가 대학생이 아니라는 걸 알게 되면 나를 무시해서 믿고 따르지 않을 것 같아 그래. 쟨 겁이 많아 갖구 나만 졸졸 따라다니거든."(문순태, 〈일어서는 땅〉, 한승원 외 1987, 31)

로 없었고, 운전사 마음대로 하든지, 민주적으로 조원들이 의논해서 결정하는 경우가 많았다. 총을 잡지 않은 '일반 시민'들의 관계도 크게 다르지 않았고 절대공동체의 투쟁 기억은 5·18의 시민정신으로 나타나게 되었다.

시민들이 총을 잡고 시민군이 탄생하고 '일반 시민'들과 시민군이 구별되고, 다시 시민군들은 군대처럼 조직되자 절대공동체는 서서히 그 마력을 잃어가게 되었다. 시민들과 시민군들에게 21일 밤에 나타난 첫 번째 증세는 그간 잊혀졌던 죽음에 대한 공포가 서서히 다시 찾아오고 있었다는 것이다. 당시 전남매일신문사 편집국 부국장이던 문순태 씨는 다음과 같이 21일 밤을 회고했다.

우리 집은 광주의 외곽 지역(순환도로변)에 있었기에 마지노선이 된 셈이었다. 길 건너편에는 군인들이 탱크를 앞세우고 둔취하고 있었으며, 시내 쪽인 우리 집 옥상에는 왜소하고 창백한 대학생들이 밤이 되면 마구 공포탄을 쏘아대곤 했다. 나는 총을 든 학생들에게 가서 군인들이 몰려오는 것도 아닌데 왜 총을 쏘아대느냐고 하면서 잠시 눈을 좀 붙이라고 했다.
"우리들은 너무 무서워서 하늘에 대고 무턱대고 총을 쏴대야만 이 밤을 넘길 수가 있습니다. 우리는 너무 무서워서 잠을 잘 수가 없습니다."(한승원 외 1987, 13)

총을 잡은 젊은 시민군들은 총을 시험해보느라, 재미 삼아, 무서워서 등 여러 가지 이유로 하늘에 대고 공포를 쏘곤 했다. 어떤 사람들은 헬기에 노출될까 두려워 가로등을 깨기 위해 총을 쏘기도 했다.(현사연 1990a, 2031: 465) 앞이 안 보이는 캄캄한 밤에 총소리가 나니 다른 시민군들도 무서워서 자기도 한 방 쏘고 하는 식이었다. 시민들과 시민

     삶과 진실 : 해방광주의 고뇌

군들은 서로 공포를 주고받으며 공포를 키워나갔다. 황석영은 21일 밤
을 다음과 같이 묘사했다.

> 광주 시민들이 소등을 하여 온 시가지는 캄캄칠흑이었다. 캄캄한
> 밤하늘 위로 가끔씩 외곽도로에서 발사하는 기관총의 예광탄이
> 불꽃놀이처럼 스쳐 지나갔다. 밖에서 무섭게 질주하는 시민군의
> 암구호 연락 차량과 계엄군을 추격하는 병력 수송용 차량 이외에
> 는 개미새끼 한 마리 얼씬하지 못했다.(황석영 1985, 129)

당시의 한 관찰자는 21일 밤을 다음과 같이, 약간 과장일지 모르
지만, 묘사했다.

> 시내 일원에서 캄캄한 밤의 정적을 깨고 간헐적으로 들려오는 총
> 성에 심약한 시민들은 불안과 공포에 떨어야만 했다. 계엄군도 무
> 서운 존재였지만, 이제는 무장한 시민군 또한 두렵기만 한 적으로
> 보여지기 시작했던 것이다.(김양오 1988, 114)

이젠 '누구 총에 맞아 죽을지 모르는 판'이었다. 21일 밤 시내에
는 이미 누군가 사태 수습을 위해 각계각층 별로 도청으로 모여달라는
방송을 하고 다녔지만 대부분 "밖의 상황이 너무나 흥분된 상태였기 때
문에 도청에 들어갈 엄두가 나지 않았다."(조비오 1994, 33)

이러한 상황에서 정치적으로 가장 중요한 집단은 무장 시민군들
이었다. 21일 저녁 공수부대가 도청에서 철수한 이후에 도청에는 누가
무슨 일을 하고 있었는가에 대해 충분한 증언이 확보되지 못하고 있다.
당시 대부분의 무장 시민군들은 계엄군의 재진입에 대비하여 지역방
위에 나섰다. 일부는 교전을 하기도 했고 대부분 밤을 새우며 계엄군의

공격에 대비하여 경계 근무를 했다. 그러나 도청은 일부 시민군들만이 들어갔을 뿐 대체로 많은 사람들이 북적대지 않았고 비교적 한적했던 것으로 보인다.[10] 말하자면 도청을 접수하여 빨리 해방광주를 통제할 조직을 만들어야 한다고 생각했던 시민군들은 별로 없었다. 오히려 많은 사람들은 도청에 들어왔다가 어떤 이유에서건 공연히 '이곳은 내가 있을 자리가 아니라는' 생각이 들어 또는 너무 '무서워서' 다시 나와 다른 시민군들을 만나 지역방위에 참가한 경우가 많았다.[11] 또한 열심히 싸웠던 많은 시민들은 적이 사라지자 피로가 엄습하여 깊은 잠에 빠지기도 했다.[12] 21일 밤 도청에는 학생들은 전혀 없었고 전체적으로 무장

---

10 도청 뒤편에 살던 주민들의 증언은 당시 도청은 조용했고 "비어 있었다"는 것이다. 그러나 아주 비어 있었던 것은 아니었고 다만 비어 있는 것처럼 보일 정도였다고 판단된다.

11 김용균 씨는 다음과 같이 증언했다. "오후 7시경 도청 분수대를 한 바퀴 돌고 비장한 각오로 도청 안으로 들어갔다. 그런데 어찌된 일인가! 이상하게 도청이 비어 있었다. 조금 전까지만 해도 도청을 철통같이 지키고 있던 계엄군들은 온데간데없이 사라져버렸다. 그 대신 무거운 정적만이 내려앉아 있었다. 우리가 도청을 장악했다는 실감이 나지 않았다. 어둠에 잠겨 휑뎅그렁하게 서 있는 도청은 오히려 싸늘한 기분을 자아냈다. 더 이상 머무른다는 것이 무서워 무엇에 쫓기듯 도청을 빠져나와버렸다."(현사연 1990a, 2021: 414) 또한 김태헌 씨는 아래와 같이 증언한다. "도청을 시민군의 손으로 접수한 시민군들은 일단 안도의 한숨을 내쉬었지만 곧바로 더욱 중요한 일을 찾아 해야 했다. 나는 이후에 계속 상황에 낙관할 수 없다는 생각이 들었다. 크고 더 치열한 상황이 있게 될 경우 아직은 어린 나에게 자신감이 부족했다. (…) 나는 투쟁을 계속하겠다는 다짐을 하며 도청을 빠져나왔다. 내가 도청에 계속 남아 있기에는 아무래도 걸맞지 않은 것 같았다. 아는 사람도 별로 없을뿐더러, 내가 알고 있는 것이 너무 빈약하다는 사실에 자신감이 없어졌기 때문이었다. 오히려 내가 있어야 할 곳은 계엄군과의 전투를 하는 격전장이어야 한다는 생각이 들었던 것이다."(오청동 1987, 237)

12 김상집은 다음과 같이 증언했다. "8시경 도청으로 들어가보니 이미 계엄군은 조대 뒷산으로 퇴각해버리고 도청 안의 화단에 시체들만 있었다. 우리는 신원 파악을 해야 한다며 화단에서 시체를 파내었다. 그 후 도청을 빠져나와 친구인 노준현 누나 집으로 가서 준현의 소식을 일러주고 잠을 잤다."(현사연 1990a, 4011: 891) 이후 학생수습위 부위원장을 맡아 강경 입장을 고수했던 김종배도 집에서 자고 나왔다.(같은 책, 1014: 206)

    삶과 진실 : 해방광주의 고뇌

시민군들이 있기는 했지만 많지는 않았다. 더구나 기묘한 일은 이 사람들의 활동은 22일 이후로 연결되지 않았다는 점이다.[13]

이 와중에 정치 세력들은 이미 21일 저녁부터 나름대로 해방광주를 통제하기 위해 은밀히 활동하기 시작했다. 그동안 민주화운동에 참여하여 널리 알려진 '재야인사'들과 가톨릭 신부들은 이날 저녁에 남동 성당에 모여 사태를 논의하고 다음날 만나기로 했다.[14] 또한 계엄사 측도 밤에 여기저기 전화하여 수습 대책을 상의하기도 하고 조직과 공작을 준비하기도 했던 것으로 보인다.[15]

---

[13] 1988년 국회 청문회에서 김인곤 의원은 다음과 같이 지적했다. "그것은 21일 오후 22일 오전까지 도청을 점거한 사람들이 학생도 과격분자도 시위 군중도 아니었다고 하는 사실을 그런 의아심을 가질 수 있는 사실을 발견했다는 것입니다. 22일 11시경 자칭 시민군의 도청 장비 상황을 보면 입구에 2명이 보초를 서고 있었는데 이들은 21일 저녁부터 22일 11시까지 밥을 굶고 있었고 도청 직원에게 밥을 달라고 사정하여 도청 직원이 그 청년에게 누구의 지시로 보초를 서느냐고 물어보니 30대 사람이 서라고 해서 서 있다고 답변을 했습니다. 도청 서무과에서는 학동 소재 고아원 출신인 엄문남이라고 하는 사람이 그 당시 35살 먹었습니다. 당시 도청 상황을 총지휘하고 있었으며 지방과에서는 자칭 치안원이라고 하는 사람들이 약 15명 정도가 있었는데 이들은 모두 무전기를 가지고 있었고 이 무전기를 능란하게 조작할 수 있었다고 여기에 나왔습니다. 또 당시 외부인 중에 처음으로 전남대학교 오병문 교수가 방문하여 사태 파악 차 약 3·40분 동안 있었지만 그들 중에 단 한 명도 그 오 교수를 아는 사람은 없었습니다. 그리고 당시 순수 학생들은 무기 휴대를 하지 않았는데 도청 안의 그 청년들은 의도적으로 무기를 휴대하고 시민 출입을 통제했습니다. 다시 말해서 그들은 학생도 시위 군중도 아니었다는 의아심입니다. 그들은 그 후 양식 있는 시민 대표와 학생들이 나타나자 없어져가지고 광주나 전남 지방에 그 자태를 나타내지 않고 있다는 사실입니다."(광주광역시 1997 IV, 236-7)

[14] 김성용 신부는 21일 상황에 대하여 다음과 같이 증언했다. "남동에는 내가 호남동에서 모임이 무산되고 오후 5시경에 비가 조금씩 내릴 때 골목으로 해서 집에 도착했는데 그때 'Y' 측 사람들과 홍남순 변호사 등 10여 명이 기다리고 있었습니다. 소위 재야인사들이죠. 그래서 그때 벌써 시간이 다 됐으니 다음날 10시에 모이자고 했던 것이 첫 번째가 될 것입니다. 그때 장지권 신부님, 정규완 신부님 등도 오셨지요."(〈좌담〉, 윤공희 1989, 176)

[15] 당시 기자로 시내를 취재하던 김영택 기자는 밤 11시 집에서 보안사 전남지역대 정보과장 김중령의 전화를 받았다. 이미 10시경 당시 도청 출입 보안사 박기정이 사전에 11시에 전화할 것이라 귀띔한 후였다.(광주광역시 1997 IV, 651-2)

　이들의 일부는 5·18 이전 지도층이던 사람들이었고 다른 사람들은 정치적으로는 소외되어 있었으나 사회적으로는 지도층이라 자부한 사람들도 있었다. 말하자면 절대공동체는 이제 곧 분해되고 다시 기존의 사회체제로 돌아갈 것이라는 일반적인 기대를 하고 있었다. 또 이러한 변환 과정의 여러 문제들을 우려하며 광주의 사회·정치적 엘리트들은 과도기의 새로운 정치 갈등에 대비하고 있었다. 그러나 절대공동체의 투쟁에서 새로이 부상한 집단인 무장 시민군들은 정치 갈등에 민감한 편은 못 되었다. 그들의 현 위치는 불가피한 것이었고 그들은 분명히 먼저 발 빠르게 준비하던 엘리트 집단들의 정치 행위의 표적이었다. 절대공동체는 혁명적인 상황, 즉 세상이 뒤바뀐 상태였고 따라서 절대공동체에서 부상한 집단인 무장 시민군들은 기존의 지배층과는 너무나 사회적 거리가 멀어 교신이 안 되는, 협력할 수 없는, 그런 종류의 계급 집단이었다. 크게 보아 이 두 개의 집단들 틈에서 새로운 집단이 나타났다.

　절대공동체가 분해되며 새롭게 제기된 문제는 개인과 집단의 정체성 문제였다. 한편으로 이 문제는 권력 문제였고 다른 한편 이 문제는 계급 문제였다. 절대공동체에서는 아무도 물어보지 않던 질문, '당신 누구야?', '당신 뭐야?' 하는 질문들은 해방광주에서는 어디서나 튀어나왔고 여기서 요구되는 답은 늘 신분과 계급에 관련된 것이었다. 이 질문에 어떤 사람들은 다른 사람들보다 훨씬 잘 대답할 수 있었고 또 어떤 사람들은 대답을 해도 도무지 들리지 않았다.

　　　　　　　　　　　　　　　　　　　　　삶과 진실 : 해방광주의 고뇌

2 정치와 계급

22일 새벽 광주 시내는 여전히 전쟁터를 방불케 했다. 그러나 7시쯤에는 누군가 "무장한 시민들은 광주공원으로 모여달라"고 방송을 하고 다녔고 또한 "거리를 청소합시다", "질서를 지킵시다" 하고 방송하고 다니던 사람들도 있었다. 이들이 과연 누구였는가에 대해서는 별로 알려진 바가 없다. 광주공원 광장에는 7시경부터 김원갑을 중심으로 청년들이 차량들을 등록시키고 번호를 매겨가며 임무를 부여하는 등 시민군들의 가장 중요한 무기였던 차량들을 통제하기 시작했다. 그들은 주유소도 지정하여 필요한 연료도 확보했다. 9시쯤에는 약 1,000명에 가까운 시민군들이 광장에 모여앉아 그야말로 야전군 본부를 방불케 했다. 광장 한쪽에는 많은 무기가 쌓여 있었고 무기를 나누어주고 총기 교육을 시켜 계엄군과 대치하고 있는 지역으로 출동시켰다. 그리고 이미 새벽 6시쯤에는 몇 백 명의 시민군들이 차를 나누어 타고 도청을 접수하기 위해 진입했다.(현사연 1990a, 1029; 263) 도청에 진입한 시민군들은 도청 건물 1층 서무과를 '상황실'로―지극히 겸손한 이름을 붙인 시민군 사령부로―사용하고 조직 정비와 계엄군이 버리고 간 장비 점검에 착수했다.

해방광주를 통제하려는 첫 번째 조직적 행동은 아침 8시 10분에 열린 부지사와 도청 간부와 일부 직원들의 회의였다. 도지사도 출근하려 했으나 간부들의 만류로 나오지 않았다.(김영택 1996, 128) 그리고 정시채 부지사는 광주의 유지들 그리고 각계각층의 대표, 재야인사들에게 전화를 걸어 '수습위원회'에 참석해달라고 요청했고, 어떤 사람들은 차량으로 시내를 돌아다니며 '각계 대표'들은 도청으로 모여달라고 방송했다. 오전 중에는 부지사실에 수십 명의 각계각층의 유지들이 사태 수습을 위해 모였지만 이른바 알려진 재야인사들은 거의 이곳에 나오지 않았다.[16] 또한 오전 11시에는 도청 보이스카우트 사무실에서 전남대 교수회의가 열렸고 이는 비슷한 목적을 위한 것으로 보인다. 그러나 대부분 나오지 않았고 7, 8명만 참석했을 뿐 실패였다.(현사연 1990a, 1002: 133-4) 일단 부지사실에는 사람이 너무 많아 발언이 중구난방으로 전개되어 회의가 진행될 수 없었다. 참석했던 윤공희 대주교는 각계각층에서 1명씩만 선출하여 제한된 수로 수습위를 구성할 것을 제의하고 본인은 조비오 신부에게 가톨릭 대표를 부탁하고 돌아갔다. 이런 식으로 대표들이 선임되어 수습위원회는 정오쯤 이종기 변호사를 위원장으로 15인으로 발족했다. 이들은 회의를 통해 7개항의 요구 조건에 합의하여 계엄군 측과 협상하기 위해 상무대로 갔다. 그들이 김기석 전교사 부사령관을 대표로 한 계엄군 측 협상단과 마주앉은 것은 오후 1시 30분쯤이었다.

　　한편 김성용 신부가 주임신부로 있는 남동성당에는 부지사가 주재한 도청 수습위원회 결성 모임에 참가하기를 주저한 이른바 '재야인사'들, 민주화운동에 참여한 경력과 집단의식을 가진 인사들 10여 명이 전날 저녁에 약속한 대로 모였다.[17] 이들을 흔히 '남동성당파'로 불렀다. 이들은 현재 도청 수습위에는 믿을 만한 사람들이 참여하고 있지 않다는 판단 하에 그들과 거리를 유지하며 신중히 참여할 것을 계획하고 있었다. 그들은 조비오 신부를 통해 도청 수습위를 주시하고 있었다.

16　22일 아침 도청 2층 부지사실로 간 정규완 신부는 다음과 같이 말한다. "2층 부지사실로 들어서면서 평소에 시국 때문에 걱정하고 민주화를 위해 자주 만나던 사람들을 볼 수 있을 줄 알았는데 그런 분들은 보이지 않고 생소한 사람들만이 있을 뿐이었다. 몇몇 직원들과 함께 정 부지사가 나름대로 애를 쓰고 있었지만 치안 공백의 이런 상태일수록 특출한 지휘력을 발휘해 군중을 안심하고 이끌 수 있는 지도자가 필요하다는 것을 절실히 느꼈다."(정규완, 〈큰 아픔에 작은 참여〉, 윤공희 1989, 124)

23일 한때 이들은 '8개항'을 작성하여 경찰서장을 통해 계엄사와 독자적인 협상을 시도하기도 했다.(윤공희 1989, 54) 이들 재야인사들이 집단적으로 도청 수습위에 참여해 이곳을 사실상 접수한 것은 25일이었다. 이른바 '독침사건' 이후, 시민군 상황실장 박남선이 수습위 회의장에 들어와 수습위원들을 위협하여 그들이 거의 도청을 빠져나간 후였다. 그들은 이후 수습위를 장악하여 전과는 다른 입장을 표명했다.

한편 장동로터리 부근에 있는 녹두서점에는 항쟁 기간 동안 화염병을 만들고, 정보를 수집해가며 시위에 적극 참여하고 〈투사회보〉 등의 유인물들을 만들던 또 하나의 집단이 있었다. 이곳에서 운동권 경력이 있는 윤상원을 중심으로 한 청년들이 아침 일찍부터 모여 앞으로의 행동에 대해 논의하고 있었다.[18] 이들을 흔히 '녹두서점 팀'이라 불렀고, 이들이 23일 본거지를 YWCA로 옮긴 이후에는 'YWCA 팀'이라고 불렀다. 그들의 첫 번째 활동은 검정색 리본 2,000여 개를 제작하여 도청 앞에서 시민들에게 나누어준 것이었다. 또한 윤상원은 22일 오전

17　이들이 집단의식을 갖고 있었다는 사실은 조아라 장로, 송기숙 교수의 증언 등 여러 곳에 잘 나타난다.(현사연 1990a, 1003; 1007) 도청 수습위원들의 남동성당파에 대하여 장휴동은 다음과 같이 증언한다. "그런데 어느 날부터인가 광주의 재야인사들이 도청으로 파고들어왔다. 김성용 신부를 비롯해 남동성당에 모였던 사람들이 온 것이다. 내가 처음 합의문을 발표하고 그것을 결의할 때 그것은 전체 의견으로 그 자리에는 조비오 신부님 조아라 씨도 계셨다. 그런데 그분들이 다른 재야인사들과 함께 들어와서는 기존의 수습위원들을 완전히 어용으로 몰고 지신들이 수습위원회 주체가 되어야 한다는 식이었다. 게다가 그분들이 주장하는 수습안의 내용이 이미 제시된 7개항과 별다른 차이도 없었다."(현사연 1990a, 1010: 185) 이 증언에 따르면 남동성당파는 수습위 장악 외에 다른 목적은 없었다는 것이다.

18　당시 녹두서점을 운영하던 김상윤은 예비검속을 당한 상태였다. 따라서 김상윤(1949년생)보다 한 살 아래이던 윤상원(1950년생)이 이 팀의 대장 역할을 하게 되었다. 아침에는 윤상원 외에 김영철, 김상집, 정유아, 이행자 등이 참석했다.(현사연 1990a, 4011: 891) 전날 오후 발포 이후 피신을 결정했기 때문에 일부만 모인 상태였고 나머지 멤버들은 23일 오후에 돌아왔다. 당시 〈투사회보〉는 광천동에서 제작되고 있었고 윤상원은 시내의 여러 시위 장소들 외에 이 두 곳을 모두 지휘하고 있었다. '투사회보 팀'은 25일에야 YWCA로 옮기게 되었다.

　　　　　　　　　　　　　　　　　　　　　삶과 진실 : 해방광주의 고뇌

11시경 도청에 들어가 이미 학생 대표 격이었던 김창길을 만나고 후배들을 통해 도청 내의 동향을 파악하는 등 발 빠르게 항쟁의 결과를 최대한으로 이끌어내기 위해 움직이기 시작했다.[19] 이들 조직의 핵심은 들불야학 팀, 광대 팀, 송백회, 현대문제연구소 등이었다. 이들은 바로 가두방송 장비와 기동력을 확보하기 위해 전남대 스쿨버스를 거의 강제로 확보하고 방송 장비를 준비했다. 또한 저녁때 후배 대학생들을 모아 학생수습위를 장악하려 했으나 서로 약속 시간이 맞자 않아 일단 실패하고 소수만 우선 참가시켰다.[20] (현사연 1990a, 4011: 892) 그들은 23일부터는 YWCA로 모든 홍보 및 기획 조직을 집합시켰다.

해방 첫날 22일, 무장 시민군들은 폭력수단을 거의 독점하고 있었지만 각종 조직을 장악하는 등의 정치적 활동은 거의 하지 못하고 있었다. 그 이유는 우선 21일 오후부터 저녁 내내, 22일에는 거의 하루 종일 외곽 지역에서 전투가 벌어졌기 때문이다. 여기저기 출동하다보니 도청 주변과 내부에 신경 쓸 겨를이 없었던 것으로 보인다. 22일 새벽 6시경부터 광주공원에서 무장 병력이 여러 대의 차량으로 도청에 진입했지만 그들은 어떤 이유에서인지 1층의 서무과만을 장악하고 2, 3층 도청 간부들의 방들은 손대지 않았다. 그들은 수습위원들, '수습'이라는 일에 강한 반감을 갖고 있었지만, 그들을 제압할 엄두를 내고 있지 못했고 그저 각자 일에 바빠 공존하고 있는 상태였다. 또한 여러 방면에서 도청에 들어온 사람들은 대단히 이질적이었다. 이들은 서로 경계하

---

19   당시 녹두서점 팀의 입장을 정상용은 다음과 같이 확실하게 증언한다. "그때 제일 다급한 문제는 도청 내의 시민수습대책위원회의 수습파를 제거하는 일이었다. 그들 수습파는 일부 항쟁파의 의견을 배제하고 무기 반납을 주장했는데 이들이 수적으로 우세였다."(현사연 1990a, 1015: 210)

20   윤상원은 22일 이재의를 통해 후배 손남승을 상황실에 배치했고 그는 학생이라는 신분을 속이고 상황실에서 일했다. 그는 가끔 녹두서점에 들러 상황을 설명해주었고 곧 윤상원과 상황실장 박남선을 연결해주었다.(같은 책, 1046: 335)

고, 여차하면 총을 들이대며, 공포를 쏘기도 하고, 수류탄을 들이대는 등 신경전과 배짱 싸움을 치열하게 벌였다.[21] 22일 아침에는 간첩과 계엄사 첩자들에 대한 경계심이 팽배해 있었다. 시내에서 광주 시민들의 질서정연한 모습과는 대조적으로 도청 안에는 극도로 살벌한 분위기였다. 22일 시민군들은 광주공원에서 여전히 무기를 나눠주고 조를 편성하고 있었고 복면부대는 하루 종일 시내를 질주하며 투쟁을 외치고 다녔다.

후일 시민군 상황실을 장악한 박남선은 경계 임무를 지휘하고 22일 아침에 잠깐 들렀다가는 다시 지역방위대들을 순찰하고 오후에야 도청에 들어왔다.[22] 도청에 들어온 그는 당시 도청에 있던 다른 시민군들과 여러 차례 갈등을 치른 후 22일 밤쯤에야 위치를 확보하고 '상황실'이라는 공식적 조직을 만든 것은 11시쯤이었다. 그가 상황실장으로 본격 활동한 것은 23일에 이르러서였고 출입증을 발부하여 상황실 통제를 시작했다.(박남선 1988, 41) 그는 이 당시도 도청 위층에서 벌어지

---

21 22일 아침 도청에 들어간 이재의는 다음과 같이 증언했다. "도청 상황실은 차츰 드나드는 사람들이 늘어나 도저히 통제가 불가능하게 되어버렸고, 계엄군 측의 정보요원이나 공작원이 끼어들어올 수 있는 가능성이 높아졌다. 따라서 사람들을 믿을 수가 없었다. 특히 '조사반장'을 담당했던 40대의 남자 두 사람은 스포츠형 머리에 날카로운 눈매로 보아 형사 같은 인상을 짙게 풍겼다. 이들은 거동이 수상하고 시민군에게 잡혀온 사람들을 자기들 멋대로 처리하는 등 의심스러운 점이 한두 가지가 아니었다. (…) 결국 친구와 나는 이들 둘을 쫓아낼 계획을 세웠다. 나는 한 손으로 소총에 실탄을 장전하고, 다른 손에는 수류탄을 쳐들어 보이며 책상 위로 올라가 큰 소리로 외쳤다. (…) 그러자 모두들 일사불란하게 움직였지만 역시 조사를 담당했던 자가 못마땅한 듯 버티고 앉아 있었다. 나는 수류탄을 그의 턱밑에 들이댔다. '그럼 여기서 당신과 내가 자폭해버릴 자신이 있소?' 다그치자 어쩔 수 없는지 사내는 상황실 밖으로 나갔다. (…) 나중에 조사반장을 했던 사람 중 한 명이, '정 그렇다면 나는 가겠소. 그런데 예비군들을 빨리 조직하시오.' '당신이 직접 하면 될 것이 아니오?' '내가 정보만 주는 거요.'"(현사연 1990a, 1045: 331-2)

22 박남선의 경우는 21일 오후 노획한 무전기에서 '광주천에서 합류하자'는 소리를 듣고 그쪽으로 다시 공격할지 몰라 시민들과 함께 그곳에서 매복했다. 그러다가 밤에 오인 사격으로 밤새 총을 쏘며 그곳에 묶여 있었다.(박남선 1988, 153-7)

   삶과 진실 : 해방광주의 고뇌

는 시민수습위원회나 학생수습위원회 등의 활동에 별로 관심을 갖지 않았다.(같은 책, 166-7) 해야 할 일이 너무 많아 바쁘기도 했겠지만 그는 애초에 도청의 전체 조직을 장악해야 한다는 정치적 감각을 갖추고 있지는 못했던 것으로 보인다. 결국 도청을 장악할 의사를 갖고 기회를 보던 윤상원이 박남선에 대해 알게 된 것은 23일이었고 그들이 처음 만난 것은 24일 오후였다.

해방광주 기간에 걸쳐 시민수습위원회는 대단히 불안정한 조직이었다. 수습위에 참가한 사람 중 상당수는 다음날 도청에 나타나지 않기도 했고 일부는 사퇴하기도 하여 수시로 수습위는 재편되어야 했다.[23] 또한 수습위원회는 그 구성에서 주로 '친여 성향' 인사들이 참여하고 있다는 의혹을 받고 있었다. 수습위원들은 '과잉 진압론'에 대해서조차 거부 반응을 보이고 있었고(윤공희 1989, 176; 현사연 1990a, 1003:

---

[23] 당시 수습위원으로 활동했던 윤영규 씨는 국회 청문회에서 다음과 같이
말했다. "나도 수습위원 너도 수습위원 많은 사람들이 수십 명, 수백 명이
수습위원이었습니다."(광주광역시 1997 V, 291)

[24] 윤영규 씨는 또한 국회 청문회에서 다음과 같이 말했다. "저는 이종기 변호사님이
함께하는 수습위원회에 22일부터 가담을 했습니다. 그런데 그분들이 자꾸 무슨
주장이 나오느냐 하면 빨리 무기 걷어서 갖다바치고 말하자면 빨리 해결하자… 그런
식의 논조로 자꾸 몰고 가요. 그래서 거기서 저 혼자 반대해보아도 안 되겠고 경우에
따라서는 우리 조비오 신부님께서 아주 강한 반대를 하셨습니다마는 또 서로 바쁘니까
합석이 안 되고 이것 안 되겠어요. 그래서는 제가 밖으로 와서 YWCA에 가서 보니까
홍남순 변호사님, 조아라, 이성학 그런 노인들이 이제 소위 광주의 재야 쪽 원로들이
계세요. 그래서 어르신들이 빨리 들어오셔서 수습위원회를 구성해줘야지 현재 그
수습위원회 가지고는 도대체 광주 문제를 해결할 수가 없겠습니다 하고는 강하게
제가 요청을 했었습니다. 그때 바로 제가 그러고 있을 당시 또 우리 조비오 신부님을
동원하고 해서 남동 측 수습위원회가 구성이 된 그래서 결국 수습위원회는 남동 측
정부 측에서는 저희들보고 강경파라고 그러는데…"(광주광역시 1997 V, 293)
또한 김성용 신부는 다음과 같이 증언한다. "한편 무기 회수에 노력하고 있는
수습대책위를 돕기 위하여 오전 중 도청에 들렀다. 그러나 장모 목사와 장모 씨가
계속 전화통을 잡고 당국의 지시를 받아 어용 노릇을 하고 있는 인상을 받았다. 학생
대표와 시민 대표가 연달아 들어와서 무기만 회수하면 무엇하느냐 어르신들이 빨리
수습해달라고 호소했다."(김성용, 〈분노보다는 슬픔이〉, 윤공희 1989, 54)

224

138) 많은 증언에 의하면 실제로 그들 일부는 계엄사의 입장을 대변하고 있었던 것으로 보인다.[24] 수습위원들이 가장 중요한 일로 여겼던 것은 계엄사와의 협상이었다. 22일 정오쯤 시민수습위가 결성되자 곧 계엄사와 협상하기 위해서 떠났고 그들은 이 길만이 더 이상의 희생을 줄일 수 있는 유일한 방법이라 믿고 있었다. 그러나 그들은 동질적인 집단이 아니었고 협상 결과에 대해서도 개인적으로 다르게 평가하고 있었다.[25]

한편 도청 주변에는 아침부터 소식이 궁금한 시민들과 집에 돌아오지 않는 가족들을 찾는 시민들이 몰려들기 시작했고 아침 9시쯤에는 누군가 차량으로 시내를 돌며 도청 앞으로 모이자고 방송하고 다녔다.[26](현사연 1990a, 82) 또한 헬리콥터에서 박충훈 국무총리 서리가 광주에 내려온다는 방송을 들은 수많은 시민들은 큰 기대를 걸고 도청 앞으로 몰려들었다. 정오쯤에는 약 7, 8만 명의 시민들이 모였고 박충훈 총리가 오지 않는다는 소식에 시민들은 분노했다. 곧 도청 옥상에는 조

---

25 첫 번째 협상에 대한 평가는 혼란되어 있었다. 윤공희 대주교는 다음과 같이 회고한다. "수습위원들이 상무대로 갔던 시각부터 도지사와 세 차례의 통화를 했다. 첫 번째 통화에서는 '협상이 잘되었다. 계엄군은 절대로 투입하지 않는다'는 내용이었다. 두 번째는 상무대 쪽에서 시내로 장갑차들이 들어오고 있다는 소식이 있어 그 사실 여부를 확인하는 전화를 했을 때였는데 '협상이 잘 안 됐다'고 했다. 세 번째 통화는 국무총리 서리(박충훈)가 담화 발표 후 저녁때였다. 통화 내용은 '수습이 불가능하다'는 말이었다."(윤공희 1989, 16-7) 조비오 신부는 협상 현장에서 협상의 내용을 녹음이나 속기 등으로 기록을 남기자고 제안했으나 아무도 지지해주지 않아 무위로 그쳤다.(조비오 1994, 36) 그가 이해한 바로는 협상에서 아무것도 양보받은 것이 없었는데도 일부는 잘되었다고 좋아하는 인상이었다. 실제로 24일 수습위가 만들어 배포한 〈계엄사와의 협상 결과 보고〉라는 문건에는 계엄사 대표가 '과잉 진압'을 인정한 것으로 나와 있으나 이는 사실이 아니라 수습위원들이 시민들에게 그렇게 자신들의 입장을 옹호한 것으로 보인다.

26 당시 유흥업소 종업원이던 김낙길 씨는 자발적으로 무장한 방송차에서 마이크를 잡고 "광주 시민 여러분! 도청 앞으로 집결합시다"라고 방송을 하고 다녔다고 증언했다.(현사연 1990a, 4005: 863)

삶과 진실 : 해방광주의 고뇌

기가 계양되고 애국가가 울려퍼지고 자연스럽게 집회가 성립되었다.[27] 그리고 오후에는 각 병원에 있는 시신들이 도청 앞 광장 분수대 앞으로 옮겨졌고 시민들은 묵념을 올리고 숙연한 집회를 가졌다. 오후 5시쯤 수습위는 계엄사와의 협상에서 돌아와 시민들에게 협상 결과를 보고했다. 군중들은 처음에는 그런대로 수긍하는 분위기였지만 장휴동이 무기를 회수하여 계엄사에 반납하여 사태를 수습해야 한다고 발언하자 강하게 반발했다. 그들은 야유를 퍼붓고 일부 시민군들은 총을 겨누고, 공포를 쏘고, 청년들, 그중 조선대생 김종배는 단상에 뛰어올라 마이크를 빼앗아 "야! 이 광주 시민들의 피를 팔아 출세하려는 놈들아. 너희들은 필요 없다. 다 꺼져라" 하고 소리쳤다.(현사연 1990a, 1014: 204) 수습위원들은 자리를 피했고 이로써 궐기대회는 수습위에 대한 비판 기구로 등장하게 되었다.

다수의 광주 시민들, 특히 도청 앞에 모인 군중들을 적극적으로 활용한 사람들은 바로 녹두서점을 중심으로 움직이던 윤상원 외의 운동권 청년들이었다. 22일 낮에 있었던 자발적인 시민들의 집회에서 아이디어를 얻어 다음날부터 '민주수호를 위한 시민궐기대회'(궐기대회)를 주최하기로 하고 저녁부터 준비를 서둘렀다. 곧 그들은 주변의 여러 운동권 집단들을 통해 학생들을 동원하여 YWCA와 연계시켰고, 당장 23일에는 도피했던 운동권 청년들이 일부 돌아오자 이들 조직을 가동시켰다. 운동권 청년들은 23일 그들의 본부를 녹두서점에서 도청에서 가까운 YWCA에 집결하여 대중 동원을 위한 상당한 규모의 조직을 운영했다. 한편 조직의 수뇌부는 호남동에 있는 보성기업 사무실에 모여

---

27 조기를 계양한 것은 당시 YWCA 신협에 근무하던 김영철(32세)이었던 것으로 알려지고 있다.(현사연 1990a, 1595) 그도 녹두서점을 중심으로 활동했고 25일 밤 항쟁지도부 기획실장을 맡고 27일 새벽 도청을 사수하다 체포되었다. 그는 고문 후유증으로 정신질환으로 고생하다 사망했다.

중요한 사항은 따로 논의하는 등 조직 관리와 보안도 기하고 있었다.

해방 첫날 제일 늦게 만들어진 정치 기구는 학생수습위원회였다. 그러나 학생수습위를 독자적인 정치 세력 또는 조직으로 볼 수는 없다. 오히려 독특한 정치·사회적 조건에서 여러 정치 세력들의 필요에 의해 만들어진 하나의 기구로 이해해야 할 것이다. 학생수습위원회는 해방광주의 정치 중심에 위치한 갈등의 장이기도 했다. 대학생들은 시민수습위의 '어른들', 노인들과는 달리 몸으로 일하고, 싸울 수도 있는 젊은이들이었고 당시 가장 중요한 세력인 노동자, 기층민 출신 시민군들과 같은 나이 또래이자, 그들의 전우였고 라이벌이기도 했다. 학생들은 사건을 일으켜놓고는 모두 도망갔다는 비난을 받기도 했지만, 5·18에 처음부터 참여한 사람들이었고, 무장 시민군들과 시민수습위원들을 연결시켜줄 수 있는 유일한 집단이었다.

대학생들이 22일 학생수습위를 만들어 도청을 장악한 것은 그들의 집단적 정체성과 사회적, 계급적인 지위 때문이었다. 22일 아침 도청에서 전남대생인 김창길과 재수생이었던 김원갑의 대면, 대결 장면에서 이는 극적으로 나타난다. 김원갑은 21일 오후에도 앞장서서 시민들과 함께 싸우고 22일 아침까지 시민군 조직을 정비하는 등 혁혁한 기여를 한 투사였고 반면 김창길은 전남대 서클연합회 행사부장으로 투쟁 기간 내내 사촌누나 집에서 숨어 지내다 22일 아침에 별 생각 없이 도청에 궁금해서 나온 처지였다. 다음은 김창길의 증언이다.

그들에게 학생증을 보여주며 도청 안으로 들여보내달라고 했다. 도청에 들어가서는 지휘자부터 찾았다. 젊은 청년 한 명이 나왔다. 어느 학교에 다니는 누구냐고 물었더니 처음에는 고려대를 다닌다고 했다가 전남대를 다닌다고 했다가 말이 횡설수설이었다. 꼬치꼬치 캐물었더니 그제야 재수생이라고 고백했다. 그가 바로 김원갑이다.

"이 문제는 재수생이 앞장서서 해결될 것이 아니다. 대학생이 먼저 민주화 시위를 했고 지금의 상황도 그 연장으로 볼 수 있다. 그런데 재수생이 네가 책임자로 일을 수습할 수 있겠느냐? 그러니 학생 지도부가 정식으로 구성될 때까지 내가 일을 맡아보마."
내 신분을 얘기하며 이렇게 설득했지만 김원갑은 끝내 양보하려 들지 않았다. 그때 마침 2층에서는 시민수습대책위원회가 구성되어 앞으로의 향방을 의논하고 있었던 모양이다.(현사연 1990a, 1013: 203)

'대학생'은 당시 양자가 모두 지위와 역할을 인정하는 계급이었다. 김원갑은 4·19의 신화인 '고대생'으로 거짓말을 하려다 또 전남대생으로 거짓말을 하려다 들통이 나 약점을 잡힌 셈이었다. 그 자신도 아무리 시민군 전사라 해도 전 광주 시민들로부터 영웅 칭호를 받지 못한 이상 재수생(삼수생?)의 신분으로는 청년 지휘자의 지위를 유지하기 어렵다는 사실을 이미 인정한 셈이었다.

22일 아침 일찍 집에 유서를 써놓고 도청에 나와 처음부터 시민수습위원회에서 활동한 장휴동은 신속하게 대학생들의 정치적 중요성을 간파하고 아침에 도청에 들어온 김창길을 위원장으로 그리고 황금선을 총무로 하여 조직화를 시도했다. 김창길에게 위원장을 맡긴 이유는 "건장하고 믿음직스럽"다는 인물의 외관에 대한 평가였고 황금선을 총무에 임명한 것은 "말하는 게 조리가 있"다는 이유였다.(현사연 1990a, 1009: 184) 장휴동은 자신이 이렇게 원시적인 감각으로 급조한 학생위원회를 수습위원회에 소개하고 김창길을 계엄사와의 회담에 동행시켰다. 그러나 정식으로 대학생들이 조직된 것은 오후 5시쯤 시민궐기대회가 끝나갈 무렵 명노근 교수와 송기숙 교수에 의해 시도되었다. 명 교수가 대학생들이 조직되어야 한다는 필요성을 느낀 것은 누구인지도 모르는 위험한 사람들이 총을 들고 설치는 상황을 시민들이 불안하게 생각한다는 이유였다.[28] 명 교수는 핸드마이크로 대학생들은 남도예술회관 앞으로 모여달라고 공고했고 100여 명의 학생들이 회관 앞에 모였다. 두 교수는 이 중에 전남대생 및 조선대생 10여 명을 선발하여 도청으로 들어갔다.

당시 대학생 조직이 갖는 정치적 의미는 이미 도청에 있던 시민군들도 얼추 눈치는 채고 있었다. 따라서 이미 도청 상황실에 자리 잡고 있던 노동자 시민군들은 반발했고 당장 살벌한 상황이 연출되었다. 시민군들은 송 교수에게 총이나 수류탄을 들이대고 위협했다. 그들은 '수습'이라는 말에 우선 반발했고 대신 '전투 본부'를 만들어야 한다고 주장하며 대학생들이 나서는 것에 반발했다. 이에 대해 송기숙 교수는 현재 시민군은 조직력이 없고 따라서 수습을 하여 질서를 잡아야 싸우든지 말든지 할 것이라는 논리로 대응했다. 또한 대학생 문제에 대해서는 다음과 같은 반론을 폈다.

> "자네 말도 맞는데, 그럼 누가 누군지 모르는 판에 어떤 사람들이 앞에 설 것인가? 총 들고 싸웠다는 사람들이 앞장을 선다면 그가 누군지 모르는 판이라 총을 들었던 시민군들부터가 우선 그들을 믿지 않을 것인데, 그러면 그런 사람들이 어떻게 지도력을 발휘하지? 지금 모든 사람들이 믿을 수 있는 건 학생밖에 없잖아?" 그는

---

[28] 명노근 교수의 증언에 따르면 도청에 "들어가려는 찰나에 전남대학 출신 후배 하나가 나를 붙들었다. '무정부 상태가 되어 지금의 상황에서는 뭔가 가닥을 추려야 합니다. 선생님 같은 분이 나서서 학생들을 동원하여 수습을 했으면 좋겠습니다. 제가 학생들 동원에 주력하겠으니 설득을 좀 시켜주십시오.' 나는 후배의 말을 듣고 그렇게 하자고 쾌히 승낙했다."(현사연 1990a, 1012: 200-1) 이 대사에서 '후배' '무정부 상태' '가닥을 추려야' '학생들' 등의 말의 의미를 새겨볼 필요가 있다.

       삶과 진실 : 해방광주의 고뇌

내 말에 반론을 내세우지는 못했으나 납득하는 것 같지는 않았다.(현사연 1990a, 1007: 162)

노동자 출신 시민군들은 '누가 누군지 모르는 사람'들인 반면 학생들만이 '모든 사람들이 믿을 수 있는' 사람들이라는 주장은 그의 개인적인 의견이 아니라 당시 광주에서 가지는 일반적인 생각이었다. 시민군들은 학생들 조직을 받아들이지 않을 수 없었다. 송 교수는 시민군들과의 여러 차례에 걸친 격론 끝에 결국 밤 10시경 전남대 학생회 간부들이 돌아오면 그들에게 인계한다는 조건 하에 학생수습위를 결성했다. 위원장에는 이미 계엄사에 협상 차 다녀왔다는 이유로 김창길이 맡게 되었고, 부위원장에는 궐기대회 단상에 뛰어올라 소리쳤던 조선대생 김종배가 선임되었다. 대학생들에 대해 반감을 갖고 있는 상황실의 시민군들은 '재야인사' 교수의 용기와 논리 있는 언변에 경의를 표하지 않을 수 없었다.[29]

대학생들은 항쟁을 시작해놓고 모두 뒤로 빠진 것에 대해 시민군들에게 비난의 대상이었지만 한편으로는 그들이 시작한 이상 그들이 책임져야 한다는 '대학생 책임론'이 시민들 간에 대두되었다. 이 '대학생 책임론'은 계급 담론으로 대학생들은 '믿을 수 있는 사람들'이며 동시에 노동자 시민군들에 비하여 조직력이 있다는 논리로 뒷받침되었다. 대학생들은 '믿을 수 있는 사람들'이라는 이야기는 분명히 상대적으로 기층민, 노동자 출신 무장 시민군들은 '누가 누군지 모르는', 따라서 믿을 수 없고, 조직력도 없고, 총을 맡길 수 없는 위험한 사람들이라는 계급적 편견을 드러내는 말이었다. 물론 그 편견이 객관적 근거가 없는

---

29 회의가 끝나고 송기숙 교수가 차편을 부탁하자 시민군은 즉각 차를 대기시키고 무장호위까지 붙여서 집에까지 데려다주었다.(현사연 1990a, 1007: 163)

말은 아니다. 대학생이란 대학교라는 공적 기관에 소속되어 있고 또한 학교의 거대한 선후배 관계의 그물망에 얽혀 있어 각 개인이 검증될 수 있는 정체를 갖는 집단이라 할 수 있다. 한마디로 대학생은 노동자들과는 달리 '누구냐?' 또는 '무어냐?' 하고 물었을 때 누구라고 잘 대답할 수 있던 사람이었다.

당시 상황으로 보아 시민수습위원들과 시민군들이 같이 앉아 이야기하고 토론한다는 것은 도저히 불가능한 일이었고 대학생 조직만이 그들을 연계시키고 양측에 영향력을 행사할 수 있었다. 말하자면 절대공동체가 서서히 힘을 잃어가고 있었지만 실존하는 상태이며 기존 공동체가 이미 부상한 과도기 상황에서, 평소에는 같은 자리에 앉을 수 없는 두 계급이 대두한 상황에서, 대학생들은 기존 공동체의 지배계급의 일부로서 그리고 절대공동체의 투사의 일부로서 부상하게 되었다. 사회계급으로서 대학생들의 복합적 지위를 축약한 말이 이른바 '대학생 책임론'이었다. 어떤 집단의 사회 · 정치적 책임을 스스로 주장한다거나 다른 집단이 그들에게 책임을 부과하는 것은 그들의 계급적 지위를 확인하는 행위였다. 또한 운동권 청년들은 학생수습위를 그들이 새로운 권부인 도청에 접근하는 통로로 활용했다.

해방광주의 정치적 갈등은 주로 학생수습위원회 안에서 이루어졌다. 이들의 일부는 항쟁에 목숨을 걸고 참가해온 사람들이며 따라서 계속 '피의 값'을 받아내기 위해서 싸워야 한다는 입장이었지만 다수는 항쟁을 겪지 않은 사람들로 더 이상의 희생을 막아야 한다는 입장이었다. 이런 상황은 모두에게 괴로운 일이었고 이 와중에 이들은 여러 번 사퇴하겠다며 도청을 나갔다. 그러나 그때마다 주변의 '어른들'은 "학생들이 빠져나가면 총들은 불량배들이 지배하게 된다. 그렇게 되면 광주는 어떻게 되겠는가"라고 만류했고 마지못해 그들은 다시 학생수습위로 돌아오곤 했다.(김영택 1996, 178-9) 광주의 원로들, 기존 공동체에

     삶과 진실 : 해방광주의 고뇌

서 '누구다' 하면 알 만한, 개인적 정체를 가진 사람들의 참여와 무장 시민군의 지위는 이미 어쩔 수 없는 여건이었고 이들은 사회적으로 너무나 먼 거리에 있는, 상호 간에 교신이 안 되는 집단들이었다. 이 상황에서 학생들은 그들의 의사와 상관없이 이들을 연결해주기 위해, 이들 간의 갈등을 품어주기 위해 나서지 않으면 안 되었다. 학생들도 자신들의 어려운 위치를 너무나 뼈저리게 느끼고 있었다.

해방광주에서 도청을 중심으로 한 정치 세력들의 움직임은 사회 계급들 간의 갈등과 헤게모니의 틀 안에서 이루어졌다. '일반 시민'들은 절대공동체 이전의 공동체의 '일상생활'로 돌아가려고 했고 따라서 이들은 계급적 편견을 도청 내의 조직에 여러 가지 형태로 부과하고 있었다. 반면 노동자 출신 시민군들은 절대공동체의 혁명적 상황에서 지배계급들과 처음으로 어깨를 나란히 겨루고 있었다. 지배계급은 노동자계급 시민군들의 최소한의 지위를 인정해주지 않을 수 없었다. 그러나 이들의 정치적 역량은 해방광주의 벽두에서 이미 한계를 드러내게 되었다. 대학생들이 해방광주에서 가장 중요한 집단으로 부각되고 계속 동원된 것은 바로 이러한 상황에서였다.[30]

---

[30] 황석영의 표현을 빌리면, "학생들의 입장은 약간 미묘했다. 나이 어린 청소년들이 무기를 함부로 다룬다거나, 무장 세력의 대다수를 이루고 있는 사람들이 대부분 사회의 밑바닥 생활을 해온 룸펜 계층의 청년들이었기 때문에 과격화될 수 있으며 시민들의 안전을 해칠 수도 있다는 우려 때문에, 일반 시민들의 학생들에 대한 신뢰가 컸다."(황석영 1985, 191-2)

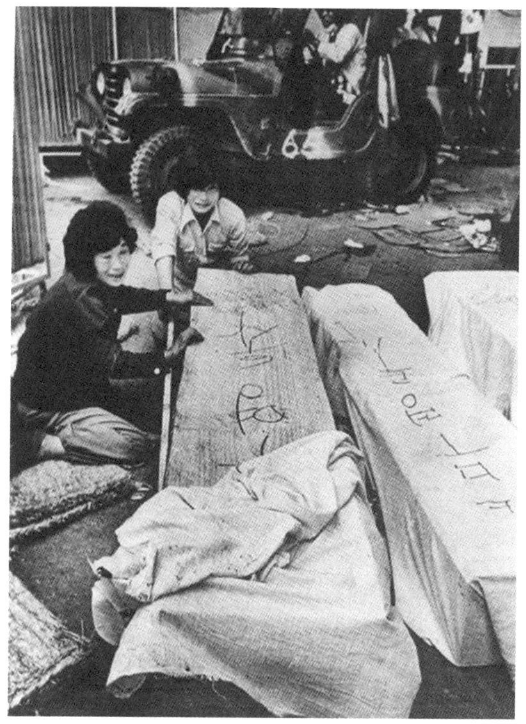

© 황종건

도청 안에 임시로 마련된 유해 안치소에서 시신을 확인하고 넋을 잃은 가족들. 당시 어머니들은 자식을 찾으러 온 병원의 시체실을 다 뒤지고 돌아다녀야 했다.

3 일상으로의 복귀

21일 시민들이 무장하면서 절대공동체는 외형적인 변화를 겪고 이어서 서서히 그 내부도 변질되기 시작했다. 기존 공동체로 돌아가려는 힘이 절대공동체에 여러 방향으로 침투했다. 반면 절대공동체에 머무르려고 하는 시민군들은 절대공동체를 지키려 했다. 대부분의 시민들은 두 가지 원칙, 기존 공동체와 절대공동체 그리고 질서 회복과 명예회복을 위한 투쟁을 모두 인정하지 않을 수 없었고 이들 간의 갈등은 모두에게 괴로운 일이었다.

기존의 공동체가 복구되고 절대공동체가 분열되는 과정에는 여러 가지 논리와 감정들이 작용했다. 첫째, 개인의 정체와 계급 문제가 등장했다. 둘째, 기존 공동체의 핵심 제도인 가족의 감정과 의무감이 되살아났다. 마지막으로 생명의 소중함이 개인의 재등장과 함께 다시 부각되었다. 투쟁을 직접 체험하지 않고 해방되자 도청에 나온 사람들은 생명의 소중함을 당연한 궁극적 가치로 제시했고 이러한 입장은 투쟁의 열기가 식어가며 설득력을 더해가고 있었다. 인명 피해를 줄여야 한다는 논리는 계엄사의 무기 반납 요구와 일치하고 있었지만 이는 보편적 가치로서 결코 논박될 수 없는 이념이었다. 많은 광주 시민들이 그토록 싸웠던 것은 공동체의 삶을 위해서였고 투쟁에 직접 참가했던 시민들에게는 그 자신의 생명의 소중함은 뒷전으로 밀려나 있었다. 상이한 삶과 죽음의 관념이 부딪치는 것은 누구에게나 당혹스러운 경험이었다. 개인의 정체와 개인의 생명에 대한 가치는 권력과 지배의 논리와 불가분의 관계에 있음이 해방광주에서 여실히 드러났다.

송기숙 교수는 무기 회수 및 반납을 선택의 여지없이, 괴롭지만

　　　　　　　　　　　　　　　　　　　　　　　　　　　　　　삶과 진실 : 해방광주의 고뇌

받아들일 수밖에 없었다며 당시의 생각을 다음과 같이 회고한다.

2,000여 명이 죽었으면 운동의 차원에서는 그것으로 충분했다. 거기에 1, 2,000명이 더 죽어보았자 그 의미가 죽음의 수에 비례하는 것은 아니라는 생각이었다.(현사연 1990a, 1007: 162)

여기에서 삶과 죽음은 개인의 차원에서, 수를 셀 수 있는 사건으로 나타나고 있다. 이러한 식의 개인주의적, 공리주의적 죽음에 대한 관념에 비해 절대공동체의 투쟁에서 공동체 단위로 느껴진 죽음은 삶의 끝이 아니라 삶의 연속이자 투쟁의 연장이었다. 공동체의 삶을 지키는 전사는 자신이 죽어서도 자신의 시신을 이끌고 시민들을 독려해가며 계속 싸우는 존재였다. 그러나 생명의 개별성과 전체성은 각자에게 당연한 것으로 이들 간의 갈등과 모순은 결코 논쟁으로 해결될 성격의 문제가 아니었다. 따라서 도청 내의 수습파와 항쟁파의 갈등은 여차하면 서로 총을 들이대는 식으로 살벌하게 진행될 수밖에 없었는지 모른다.

해방의 새벽에 광주 시민들의 첫 번째 관심은 소식 없는 가족들을 찾는 일이었다. 많은 시민들은 아침부터 시내 종합병원으로 몰려들었고, 수습위와 도청 간부들로서 첫째로 봉사해야 할 일은 이들을 도와주는 일이었다. 22일 오후 모든 병원 영안실의 시신들은 도청 앞 광장으로 옮겨졌고 시민들은 죽은 동료들에게 공식적 의례를 치렀다. 저녁에 신원이 밝혀진 시신들은 상무관으로 그리고 신원이 밝혀지지 않은 시신들은 도청 앞뜰로 분리해 옮겨졌다. 개인들이 자신의 정체를 다시 찾아 집으로, 고향으로 돌아가는 것은 죽은 사람들부터 시작된 셈이다. 물론 시신들은 여전히 공공의 소관이었지만 슬픔을 나누고 오열하는 것은 가족들의 특권이었다. 시신들의 처참한 모습과 가족들의 오열은 시민군들에게 원수들에 대한 적개심을 더욱 불러일으켰지만, 다른 한편 며칠간 까맣게 잊고 있었던 부모님과 가족들 생각에 눈시울을 붉히기도 했다. 가족이라는 오랜 공동체는 절대공동체에 침투한 저항하기 어려운 힘이었다.

표면적으로 해방광주가 겪었던 가장 큰 갈등은 무기 회수 문제였다. 일반적으로 무기 회수의 첫 번째 이유는 계엄사의 위협과 계엄군이 재진입할 때 시민들의 인명 피해를 줄이자는 목적이었던 것으로 알고 있다. 정해진 시간까지 무기를 반납하지 않으면 탱크, 장갑차, 헬리콥터 등의 최신 중화기를 총동원하여 무력으로 진압한다는 계엄군의 위협은 실제로 공수부대의 만행을 보아온 사람들에게는 엄청난 공포였다. 계엄사는 수습위와의 협상에서 여러 차례 이런 협박을 반복했다. 어느 날은 연병장에 가득 찬 탱크, 헬리콥터 등을 보여주기도 했다. 군인들이 다시 들어온다면 중화기를 동원할 것이며 총을 든 시민군들뿐만 아니라 얼마나 많은 무고한 시민들이 희생을 치러야 할지 상상하기조차 힘든 일이었다. 억울하고 분하지만 한 사람이라도 더 살리기 위해서는 한 사람이라도 더 무장을 해제시켜야 한다는 것이 조비오 신부를 비롯한 수습위원들, 항쟁을 경험하지 않았던 원로들의 양심이었다. 그러나 투쟁에 참가했던 대부분의 시민들은 이들과는 다르게 느끼고 있었다.

군부의 입장에서 보면 광주 문제에 대한 당시 최선의 해결책은 모든 시민들로 하여금 무장을 해제하고 무기를 반납하도록 하여 광주시를 단시일에 무혈점령하는 것이었을 것이다. 그렇게 되면, 모든 광주 시민들이 과거를 '반성'한 것으로 전제하고 군부는 5·18의 모든 치부를 없었던 일로 돌리고 '폭도론'으로 끝까지 밀고 나갈 수 있었을 것이다. 그러나 광주 시민들 중에서 명예회복 등의 목적을 이룰 때까지는 어떠한 희생을 치르더라도 끝까지 싸워야 한다는 사람들, 이른바 항쟁파는 군부에게 이러한 최선책을 절대 허용하지 않았다. 광주 시민이 살아남기 위해서는 투쟁의 진실을 지켜야 한다는 것이었고, 그것이 바

  삶과 진실 : 해방광주의 고뇌

23일부터 도청 앞에서 궐기대회가 시작되었다. 엄청난 군중들은 도청 앞 광장 분수대 주변에 모여 장관을 이루었다. 모든 광주 시민들은 몸으로 나와 목소리로, 열광과 야유와 항의로 참여했다.

로 그들에게는 광주 시민의 생명이었다. 물론 수습파는 계엄사의 입장을 대변했다기보다는 그들 나름의 가치에 충실했다. 그렇지만 여기에서 삶과 죽음이라는 관념의 갈등 전선이 그어졌다. 해방광주에서 삶과 진실은 모순된 주제가 되었다. 당시의 급박한 상황에서 철학적 논쟁을 벌일 수는 없지만 서로 정반대의 결과를 야기했다. 개인의 생명이 인도주의적 가치이며 광주 시민들을 사랑하는 사람들이 지키려는 것이었다는 점은 부정할 수 없지만 이는 광주 시민들을 영원히 '폭도'로 몰려는 군부의 정치적 전략과 현실적으로 일치되었고 이는 항쟁파의 입장에서 보면 광주 시민의 '피를 팔아먹는' 행위였다.

계엄사는 시민군들을 비무장화시키기 위해 수습위와의 협상을 이용했던 것으로 보인다. 수습위원들로 하여금 무기 회수에 박차를 가하도록 압력을 가하는 한편 시민들에 대한 수습위의 입장을 옹호해주기 위해 협상 때, 특히 총기를 걷어 와서 반납할 때는 상으로 구속자 일부를 석방시켜주기도 했다. 22일에는 848명을 석방시켰고 23일에는 34명을 석방시켜 수습위원들과 함께 도청으로 돌아와 궐기대회에서 시민들에게 환영의 박수를 받도록 했다. 이러한 행사는 항쟁파를 궁지에 몰아넣기 위함이었다.

해방 첫날 대다수의 광주 시민들은 무기 회수에 찬성했다. 실제로 22일 오전에는 한편에서는 무기가 계속 분배되고 다른 한편에서는 무기가 회수되기 시작했다.[31] 시민들이 무기 회수에 찬성한 것은 계엄군의 진입 시 피해를 줄이자는 것이었지만 그렇다고 전적으로 동의한 것은 아니었다. 22일 시민들이 자연스럽게 도청 앞에 모여 시작된 궐기대회에서 시민들은 무기 회수에 찬성했다. 그런데 잠시 후 군중들은 계엄

31　오전 중에 무기를 회수하자고 차량으로 방송하며 시내를 돌던 사람은 황금선이었다. 그는 아침에 도청에 가서 사람들이 얘기하는 것을 들어보니 무기를 회수해야겠다는 생각이 들어 독자적으로 방송을 하고 다녔다는 것이다. (현사연 1990a, 1021: 239)

사와의 협상을 보고하던 수습위원에게 야유를 보내고, 공포를 쏘고 단상으로 뛰어올라 마이크를 빼앗았다. 궐기대회는 곧 투쟁의 분위기로 바뀌었다. 극단 '광대'의 리더이며 다음날부터 궐기대회 사회를 보았던 김태종은 22일 궐기대회의 분위기를 다음과 같이 증언한다.

> 그런데 협상보고대회를 개최했는데 수습위원들이 우리가 무기를 회수하고 질서를 유지하자 이렇게 말했을 때에는 모든 시민들이 찬성을 했습니다. 그런데 수습위원들이 더 이상 사태를 확대시키지 말고 우리가 빨리 무장 해제를 해가지고 정부의 사과를 기다리자 이런 식으로 사태 수습에만 급급한 발언을 했습니다. 이렇게 임시방편적이고 미온적이고 굴욕적인 발언을 했을 때 광주 시민들은 분개했습니다. 따라서 광주 시민 몇 사람이 분수대 연단 위로 올라가서 마이크를 빼앗고 수습위원들을 밀쳐냈습니다. 이런 상황을 저는 보면서 광주 시민들의 진짜 마음은 이것이 아니구나 하는 것을 느꼈습니다.(광주광역시 1997 V, 353)

시민들은 첫날 무장을 해제하고 '질서'를 회복하자는 데에는 동의했다. 그러나 무장을 해제하고 총기를 계엄사에 반납하여 계엄군이 무력을 사용하지 않고 진입할 수 있도록 하여 싸움을 끝내자는 데에는 강하게 반발했다. 일단 총기를 회수하는 행위 자체에는 차이가 없지만 그 목적과 다음 이어질 행동에 대해서는 민감하게 반응한 것이다. 해방광주에서의 총기 회수는 계엄사의 강요에 의해 시작된 것은 아니었다. 시민들은 이미 계엄사와의 협상 이전에 질서 회복을 위해 총기 회수를 시작했다.[32] 시민들이 원한 것은 무기 회수를 통한 질서와 군부와의 투쟁, 한마디로 '두 마리 토끼'였다. 말하자면 안전한 삶과 목숨을 건 투쟁을 모두 원했던 것이다.

21일 시민들에게 총을 나누어주던 첫날부터 중·고등학생들은 문젯거리였다. 그들 중 일부는 거절당했고 일부는 급한 상황에서 총을 받기도 했다. 어떤 곳에서는 고등학교 2학년부터는 총을 나누어주고 총기 교육을 시키기도 했다. 21일 오후에 시민들이 무장하여 도청을 공격할 때는 중학생들도 특공대로 조직되어 도청을 공격하기도 했다.(현사연 1990a, 2014: 386-7) 그러나 해방광주에서 시내에 고등학생 심지어 중학생들도 총을 들고 다니고 더구나 수류탄까지 옷에 달고 다니는 모습은 보는 사람들의 간담을 서늘하게 했다. 해방이 되자 중·고등학생은 무기 회수의 첫 번째 대상이 되었다. 이유는 철없는 애들이 총을 갖고 다니는 것이 위험하다는 것이었고 실제로 불량 청소년들은 여기저기서 문제를 일으키기도 했다.(현사연 1990a, 4002: 836) 그러나 고등학생의 경우 해방광주에서 철저하게 시민군에서 배제된 것은 아니었다. 26일 저녁 마지막 항쟁을 준비할 때 많은 고등학생들은 집에 돌아가라는 말에도 일부는 끝까지 싸우겠다고 버텼고 따라서 그들은 도청 수비대로 끝까지 남아 있었고 일부는 기동타격대로 조직되기도 했다. 고등학생은 5·18에서 가장 많은 피해를 입은 집단이었다.

나아가서 총이 나도는 이상 범죄의 위험이 상존했고 무장하지 않은 '일반 시민'을 총을 든 시민군들로부터 보호해야 한다는 의견이 강하게 제기되었다. 또한 계엄사에서 광주를 '폭도'가 들끓는 '무법천지'라 매도하고 있는 이상 시민들은 그렇지 않다는 것을 스스로에게도 증명하고자 했다. 도청 상황실에서는 해방 첫날부터 광주시의 모든 관공서, 주요 빌딩, 금융기관, 심지어는 경찰서장 집 그리고 소문난 부잣집에 무장 경비원을 세웠고 이는 시민들의 재산을 지키기 위해서였다. 22

---

32 이 문제는 목포의 예를 들면 더욱 명쾌할 것이다. 목포의 경우는 계엄사의 강요가 없었지만 21일에 시민들이 무장한 것에 불안을 느껴 당시 시위를 주도하던 세력들은 다음날 낮 12시부터 3시 사이에 총기를 회수했다.

     삶과 진실 : 해방광주의 고뇌

일 아침에 파견된 일부 지역방위대는 범죄 예방을 위한 것이었다.[33] 그리고 조직되지 않는 시민군 한두 명이 길에 총을 갖고 다닐 경우는 강제로 무기를 회수했다.(박남선 1988, 44-5) 무장 시민군은 결국 도청경비대, 지역방위대, 기동순찰대, 광주공원의 시민군들 정도였고, 그 외에는 개인적으로 존재할 수 없었다.

범죄는 해방광주의 시민군 지도자들에게 가장 민감한 문제였다. 그 이유는 바로 상당수의 광주를 지키는 시민군들이 이전에 범죄의 세계와 가깝게 있던 노동자, 기층민 계급들이기 때문이었다. 도청 지도자들은 시내에는 폭동의 위험이 상존한다고 보았고 도청에서 활동하던 사람들은 시민군들의 평소 거친 행동과 말씨 때문인지 언제 노동자, 기층민 출신 시민군들에게 총에 맞아 죽을지 모른다는 두려움에 사로잡혀 있기도 했다.[34] 또 어떤 시민들의 경우는 의분에 못 이겨 총을 들었으나 '불량배들'과 시민군으로 어울려 다니기가 싫어서 스스로 총을 놓고 돌아간 경우도 많았다.[35]

---

33   22일 아침 7시경 광주공원 상황에 대해 조철웅 씨는 다음과 같이 증언했다.
"한쪽에서는 각 차량에 번호를 붙여 시 외곽 지역을 방어하는 일을 분담하고 있었다. 나는 어떤 나이 드신 분이 변두리 동네에 불량한 아이들이 설치고 다닐지 모른다면서 범죄를 방지하는 의미로 지역을 지켜달라고 해서 한 지프차에 올랐다."(현사연 1990a, 2018: 398)

34   26일 새벽에 있었던 이른바 '죽음의 행진'에 대해 당시 수습위원으로 활동하던 장사남 씨는 다음과 같이 증언했다. "나는 수습위원들과 걸으면서 '아! 나는 이제 죽는구나. 계엄군의 발포로 죽을 수도 있고, 총을 든 시민군의 발포로 죽을 수도 있겠구나' 하는 처절한 생각에 사로잡혔다. 바로 그때 우리들의 행진을 '죽음의 행진'이라고 칭하는 것이 가장 적합한 것 같아 내가 맨 처음으로 '죽음의 행진'이라는 이름을 붙였다."(현사연 1990a, 1006: 152) 26일 오후 교구청의 명령으로 김성용 신부는 서울로 떠났다. 윤공희 대주교의 증언에 의하면 본인이 26일 오후 '양쪽에서 총을 맞을 것 같은 위험을 느낀다'며 떠나기를 원하여 공식적으로 명령을 만들어주었다는 것이다.(윤공희 1989, 22) 결국 김 신부가 떠나게 된 계기는 26일 '죽음의 행진'에 이어 벌어진 계엄사와의 협상에서 최후의 통첩만 받고 돌아와 어느 쪽에도 신임을 얻기 어려운 상황에서 양심의 가책과 생명의 위협을 느꼈기 때문인 것으로 보인다. 그러나 김 신부 자신은 대주교의 명령으로 서울로 갔다고만 증언했다.

　　5·18 기간을 통해 부르주아들은 노동자나 기층민 시민군들은 물
론 총을 갖지 않은 기층민들에게 공포를 느꼈고, 생명과 재산을 지키는
일에 급급했다.(현사연 1990a, 7118: 1422) 해방 기간에 일부 부르주아
들은 기층민들과 시민군들에게 공연히 전에 없이 공손하고 간혹은 비
굴한 태도로 대하는 경우도 많았다. 절대공동체의 등장 그리고 기층민
들의 무장으로 세상이 뒤바뀐 것 같았고 무슨 일이 벌어질지 모르는 상
황에서 평소에 구박했던 그들에게 이제라도 미리 손을 좀 써놓는 것이
나을 것이라고 생각했을 것이다.[36] 물론 시민군들은 당시에 사명감을
갖고 있었고 결과적으로 모범적인 민주 시민으로 행동했지만 노동자,
기층민 시민군들에 대한 중산층 '일반 시민'들은 불안해하는 사람들이
많았다.

---

[35]　송태헌 씨는 다음과 같이 증언하고 있다. "나에게 시내 지리와 무기 다루는 데
　　　능통하니 상황실장을 해보라고 권했지만 워낙 학문이 짧은데다가 악필이어서
　　　사양했다. (…) 아무나 운전하던 때라 운전 부주의로 광주역 앞에서 교통사고로 차에
　　　타고 있던 사람들이 떨어져 죽었다는 말도 들었다. 그리고 구두닦이, 양아치들이 총
　　　들고 거만스럽게 다니는 것을 보자 왠지 싫었다. (…) 이런 행동을 민주화의 의지 또는
　　　시민들의 단결된 행동이라고 듣기 좋은 말로 미화하지만 그때 당시는 안 죽기 위한
　　　하나의 수단일 뿐이었다."(현사연 1990a, 2029: 457) 그는 22일 무기를 반납하고 집으로
　　　돌아갔다.

[36]　당시 미화요원이던 김광영 씨는 19일 공수부대에게 구타당하고 병원을 찾아가
　　　외상으로 치료받고 마침 거의 벗은 상태라 헌 옷을 좀 빌려달라고 했다.
　　　"'치료해주었으면 그만이지 옷까지 주란 말이오?' 하고 톡 쏘았다. 참으로 무안하고도
　　　서글펐다. 맨발에다 상의를 벗은 상태로 콜박스 사거리로 걸어가고 있자니까,
　　　시민들이 다가와 입고 있던 와이셔츠와 슬리퍼를 벗어주었다. (…) 계엄군이 물러나고
　　　난 22일 복음외과에 가니까 의사가 이런 말을 했다. '선생님 옷을 드리려고 했는데
　　　그냥 가버리시데요.' '참, 세상이 변하니 의사까지 변했네. 나한테 선생이란 호칭까지
　　　써가며 말이야.' 하고 나는 혼자 중얼거렸다. 그러면서도 의사는 치료비는 꼬박꼬박
　　　받았다."(현사연 1990a, 3083: 717)
　　　한편 위성삼 씨는 다음과 같이 증언하고 있다. "22일 아침에 보니 도로에 많은 사람이
　　　모여 있었다. 도청을 시민군이 장악했다고 모두들 기뻐하고 있었다. 한 시민이
　　　고생했다며 자기 집으로 밥을 먹으러 오라고 했다. 그 동네에서는 꽤나 잘사는 집으로
　　　행여나 우리가 해코지할까봐 미리 손을 쓰는 것 같았다."(같은 책, 1038: 297)

243　　　　　　　　　　　　　　　　　　　　　

23일은 오랜만에 맞이한 너무나 평온하고 화창한 날이었다. 윤공희 대주교는 그날 아침의 상쾌함을 다음과 같이 회고한다.

한결 가벼운 마음으로 내려다보는 창밖의 전경이 전에 없이 아름답게 보였다. 청소하러 다니는 사람들이 탄 트럭이 보인다. 청소원들이 머리에 눌러쓴 푸른색의 새마을 모자가 어쩌면 이렇게 평화스럽게 보이는지.(윤공희 1989, 17)

시내에는 새벽 6시부터 중·고등학생 700여 명이 거리 청소를 하여 거의 깨끗한 모습을 되찾았고 거리를 질주하는 시민군의 차량들도 오후부터는 눈에 띄게 줄었다. 무기를 잡지 않은 '일반 시민'들 간에도 절대공동체의 분위기는 아직도 생생히 살아 있었고 이는 전례 없는 질서의식으로 표출되었다. 한편 녹두서점 팀은 이날 아침부터 대자보를 써 붙이고, 플래카드를 내걸면서 낮 12시 도청 앞 광장에서 있을 '제1차 민주수호 시민궐기대회' 소식을 알렸다. 그 외에도 광주자유미술인협의회 회원들도 많은 수의 플래카드와 대자보를 붙였다. 말하자면 23일부터 운동권 청년들은 '일반 시민'들을 대상으로 선전전을 벌이기 시작했다. 또한 궐기대회에 참가하는 시민들의 손에는 '학동', '신안동', '중흥동' 등 미리 준비한 피켓들이 들려 있었다. 이러한 모습들에는 중요한 정치적 변화가 시작되고 있었다.

이날부터 '시민군'은 공식적인 용어로 확립되었다. 그러나 실제로 이날 일어난 가장 큰 변화는 무기를 잡지 않은 '일반 시민'들이 중심적인 정치 범주로 등장했다는 것이다. 우선 위에서 보듯이 그들은 정치 집회의 동원 대상이 되었다. 동원은 이전처럼 투쟁을 위한 것이 아니라 집회 자체를 위한 것이었다. 또한 이날부터 도청의 수습위원들과 YWCA 팀은 '일반 시민'들이 정상적인 일상, 경제생활에 임하도록 해야 한다는 점에 합의했고 그렇게 공식적으로 권고했다. YWCA에서 아침에 작성하여 전일빌딩 앞에 붙인 4개항의 〈민주 시민 강령〉 중 하나는 시민들에게 '일상으로 돌아가'자는 것이었다.[37] 한편 수습위는 한술 더 떠서 시민들에게 '이성을 회복합시다'라고 공지했다.[38] 23일부터 항쟁파나 수습파나 모두 '일반 시민'들은 정치적 동원의 대상이었다. 또한 '질서'라는 명제, 모든 개인화된 시민들, 기존의 질서로 돌아가겠다는 시민들의 삶을 공식적으로 승인한 것이다. 이러한 공고들은 광주시의 비상시국이, 또는 '총동원 체제는 끝났다'는 선언이나 다름없었다. 이러한 '일상으로 돌아간다'는 공식적 입장은 '일반 시민'들을 안심시키고 그들의 정치적 지지를 얻기 위해서였지만 그 결과는 시민들 간의 투쟁 분위기를 가라앉히는 결과를 초래했을 것이다. 같은 맥락에서 26일부터 〈투사회보〉는 〈민주시민회보〉로 이름이 바뀌었다. 이렇게 결정한 근거는 투쟁이 장기화될지 모른다는 것과 이제 '일반 시민'을 주요 독자로 삼아야 한다는 담론의 판단이었다.[39]

광주 시내가 평온을 되찾자 투쟁 기간에 이루어진 절대공동체와 다시 모습을 찾아가는 기존 공동체 간에는 대치의 선이 드러나기 시작했다. 당시 시민군이던 김현채 씨는 23일 아침을 다음과 같이 회고했다.

---

37 이 문건은 최초로 '시민군'이라는 말을 공식화했다. 〈민주 시민 강령〉은 다음의 4개항으로 되어 있었다. 1. 시민은 시민군을 믿고 적극 협조합시다. 2. 위장된 계엄군 및 불순분자를 주의합시다. 3. 질서 회복에 힘씁시다. 4. 평소 생활로 복귀합시다. 궐기대회에서 낭독했던 문건으로 보이는 시민 대표 명의의 〈민주 시민 여러분〉에서는, "가게 문이 닫혀 있습니다. 방금 들은 소식에 의하면 스스로 조직된 시민군이 다 지켜준다는 것입니다. 염려 마시고 내일부터 생업에 종사합시다"라고 했다. (광주광역시 1997 II, 47)

38 23일 시민수습위원회와 학생수습대책위원회 명의의 〈광주 시민 여러분께 알려드립니다〉에서는 "시민 여러분께서는 각 직장별 일상 업무에 복귀할 수 있는 이성을 회복합시다"라고 했다. (같은 책, 44)

   삶과 진실 : 해방광주의 고뇌

공원에 도착해서 보니 공원으로 올라가는 계단의 우측 사자탑 밑에 할아버지들이 앉아서 이야기를 나누고 계셨다. 그런데 얼핏 할아버지들 속에서 아버지의 모습이 눈에 띄었다. 나는 인수에게 아버지가 앉아 계신다고 말하고 일행들 속으로 몸을 숨겨보았다. 나는 대원들과 함께 식당 안으로 들어갈 때까지 숨어서 아버지를 지켜보았다. (…)

식당을 나오면서 계단을 보니 아버지는 아직도 그 자리에 앉아 계셨다. 아버지가 우리 대원들을 향해 고개를 돌리시자 나는 다시 몸을 숨겼다. 차에 올라와 차창 밖으로 아버님을 보면서 왠지 자꾸 눈시울이 젖을 것 같아 이를 악물었다. 눈길이 떠나지 않았다. 아버지는 나를 보지 못하셨는지 옆 사람과 뭐라 말씀을 나누고 계셨다.

서울에서 내려와 한 번도 집에 들어간 적이 없어 아버지는 내가 광주에 있으리라고 생각도 못했을 것이다. 나는 철도 위에서 공수들에게 심하게 맞고 나서부터 참여하여 이제껏 집안 식구 생각은 손톱만큼도 하지 못했다는 생각에 자책감이 들어 견딜 수가 없었다. 한편으로는 이미 죽기로 맹세한 특수기동대원들 앞에서 아버지께 나는 죽기로 맹세하고 광주를 지키기 위해 싸우겠노라고 떳떳하게 말하지 못하는 나 자신이 밉고 안타깝기도 했다. 지금쯤

---

39 이에 대해 황석영은 다음과 같이 설명한다. "제목을 바꾼 이유는 지금까지 〈투사회보〉가 집중적으로 취급했던 투쟁의식 고취와 투쟁 방향에 대한 제시라는 차원을 극복하고, 항쟁이 장기화될 조짐을 보이자 보다 체계적이고 내용에 있어서도 투쟁 전위보다는 일반 대중을 의식한다는 뜻이었다. 또한 항쟁에 대한 당위성을 밝히는 논설 형식으로 전환하여 대중에서 항쟁의 지속성을 주장하자는 생각이었다. 항쟁 기간 동안에 진행된 민중언론의 창설과 선전조의 운영은 민중의 목소리를 반영하면서 시민들의 행동 통일에 기여한 바가 많았다. (…) 〈민주시민회보〉는 매체 자체를 투쟁의 무기로 사용했다는 점에서 특기할 만하다."(황석영 1985, 154) 물론 이 변화의 결정은 25일, 독침사건 직후에 이루어진 것으로 이해해야 할 것이다.

막내 자식은 서울에 있는 것으로 알고 안심하고 계실 아버지를
생각하니 가슴이 아려왔다. (⋯)

내가 아버지의 눈에 띄었더라면 아마도 그 자리에서 아버지께 붙
들려 집으로 돌아갈 수밖에 없었을 것이다. 내가 만약 죽게 되더
라도 이 참혹하고 온 시민이 하나 되어 싸워야 하는 실상을 보셨
으므로 이해해주실 것이다. 그리고 남들 앞에서 그래도 내 자식은
자유와 정의를 위해 싸우다 죽었노라고 자랑스럽게 생각하시리
라.(오청동 1987, 107-8)

한편 처음부터 적극적으로 시위와 투쟁에 참여하고 22일부터 도
청에서 조직을 편성하는 등 고군분투하던 이재의는 23일 밤 피곤하여
집에 잠시 들렀다가 가족들에게 붙잡혀 눈물을 머금고 강제로 광주를
떠나야 했다.(현사연 1990a, 1045: 333)

투쟁의 취기가 다소 가시자 전통적 공동체의 중심 조직인 가족은
시민군들 개개인에게 양심의 힘을 회복하고 있었다. 많은 시민군들은
부모 및 가족을 피해 다녔고 형제를 만나면 곧 집에 들어간다고 거짓말
을 하기도 하고 부모님께 거짓말을 부탁하기도 했다. 시민군들에게 투
쟁의 '의리'와 가족에 대한 의무와의 갈등을 해소할 수 있는 방법은 없
었다. 이런 이유로 많은 시민군들은 총을 놓고 집으로 돌아가기도 했
다.[40] 또 다음과 같은 염경태 씨의 이야기도 예외적인 경우는 아니었을
것이다.

---

[40] 유승규 씨의 경우는 전형적인 예라 할 수 있다. "25일 아침 도청 정문 앞에서 보초를
서고 있는데, 산수동에서 같이 살던 할머님이 나를 찾아오셨다. 시골에서 아버님이
오셨다면서 집으로 가자고 하셨다. 나는 가지고 있던 총을 옆에 있던 친구에게
넘겨주고 집으로 갔다."(현사연 1990a, 1035: 284)

  삶과 진실 : 해방광주의 고뇌

도청과 시내를 왔다 갔다 하며 지내던 중 우연히 도청 안에서 거
울을 보게 되었다. 그런데 거울에 비친 내 모습이 어찌나 추레하
던지 스스로도 깜짝 놀랄 정도였다. 맞춰 입은 지 얼마 되지 않은
양복바지는 물론이고 웃옷까지 군데군데 찢겨져 너덜너덜했다.
머리는 더부룩하게 자라 있고, 며칠 동안 세수 한 번 못해본 얼굴
은 보기가 민망할 정도로 지저분했다. 그때까지 외모에 대하여 신
경 쓸 생각을 못했던 것이다. 세수를 하려 했으나 씻을 곳이 없었
다. 그제야 비로소 집에 들어가야겠다는 생각을 했다. 그날이 25
일이었다.(현사연 1990a, 2015: 391)

그야말로 거울의 마술이었다. 거울에 비친 자기 얼굴을 바라본 시
민군은 나르키소스Narcissus가 되어 더 이상 전사일 수 없었다. 그가 거
울에서 본 모습은 자기 얼굴뿐만 아니라 '집', '가족'들의 얼굴이었고 그
들에 대한 생각은 곧 동료와 광주공동체에 대한 '의리'와 상반되는 '이기
심'이었다. 가족은 개인의 정체를 형성하는 권력체였다. 갑자기 치미는
부모님 생각에 총을 멘 시민군들은 눈물을 머금었고 그들은 한 방편으
로 자신의 이름과 주소를 작은 종이에 적어 호주머니에 넣고 다니기도
했다. 총에 맞아 벌집이 되어 산산이 찢겨 죽어도 누군가 그 쪽지를 보면
시신이나마 가족의 품에 안기기를 기대하는 최소한의 효도(?)의 한 방편
이었을 것이다.

기존 공동체의 관계가 절대공동체에서도 타당한 유일한 관계는
친구였다. 시민군들은 우연히 친구를 만나면 뛸 듯이 기뻤고 같이 더욱
용감히 싸웠다. 친구에 준하는 학교나 고향 선후배 관계 역시 절대공동
체의 투쟁 상황에서는 큰 힘이었다. 동서고금에서 호연지기로 높이 평
가한 친구 관계의 특이성은 바로 여기에서 드러난다. 세상이 어떻게 변
하든, 변치 않는 유일한 관계는 친구였고 시민군들은 친구 관계를 조직

에 이용하곤 했다.[41] 이런 상황에서 가족 없이 자신의 몸뚱이와 친구 관계에 전적으로 의존해서 사는 기층민 시민군들은 '의리 하나는 끝내주는' 수밖에 없었고 끝까지 시민군으로 남아 있으려 했다.

당시 시민군들은 조직이 허술하여 이러한 분위기 변화에 취약했다. 21일, 22일 광주공원에서는 예비군들이 조를 편성하여 지역방위, 순찰 등의 임무를 맡았지만 그들은 전혀 통제되지 않았고 그냥 뿔뿔이 흩어져버린 경우가 많았다.(현사연 1990a, 2015: 390etc.) 또한 시민군들은 막무가내로 다니다가 사고를 내고 시민군 병력에 손실을 가져오는 경우도 허다했다.[42] 시민군들은 총기 수거반이 오면 개인적으로 총을 내주고 훌쩍 집으로 들어가버리면 다시는 조직에 합류하지 않았다. 21일 발포가 시작되고 광주공원 및 시내에서 시민군이 조직될 당시에는 일사불란하게 움직였지만 22일부터 당장 눈앞에 그들의 적이 사라지고 서서히 긴장이 풀리자 가족들 걱정이 되살아나기 시작했다. 시민군은 처음부터 자발적으로 참여한 이상 아무도 서로의 행동을 통제할 수 없었다.

22일의 분위기는 한편에서는 수습해야 한다고 하며 다른 한편에서는 투쟁해야 한다는 입장이 직접 부딪치고 서로 총을 들이대는 상황

---

[41] 박남선은 상황실 조직을 친구와 후배들을 중심으로 만들었다.(박남선 1988, 167)

[42] 당시 시민군 순찰대로 활약한 김태헌 씨의 증언에 따르면, "YWCA 정문 앞에 차를 세운 운전사는 '전일빌딩 옥상에 계엄군 2명이 있다고 하니 폭파해버려야겠다'며 차 안에 있던 뇌관 2개를 들고 나갔다. 옆에 앉아 있던 내가 안 된다고 말려도 막무가내로 차에서 내렸다. 그러나 막상 건물 안으로 들어가려 했으나 모든 문이 철저하게 잠겨져 있었다. 운전사는 잠겨 있는 문을 몇 번 차대더니 하는 수 없이 돌아왔다. (…) 아주머니 몇 분이 광주를 빠져나가려는 듯이 좁은 길을 따라 빠른 걸음으로 걸어가고 있었다. 그 아주머니들을 본 운전사는 힘겹게 차의 방향을 바꾸어 아주머니들이 있는 비아 방향의 길로 들어섰다. 나는 우리에게 정해진 구간을 벗어난다며 말렸지만 운전사는 아랑곳하지 않았다." 그리고는 곧 총격에 이어 전투가 벌어져 증언자는 총에 맞아 실명했다.(오정동 1987, 242-4)

     삶과 진실 : 해방광주의 고뇌

이었다. 반면 23일에는 도청 안에서는 수습파들이 우세해졌고 이를 우려한 운동권은 궐기대회를 통해 그들에 맞섰다. 항쟁파는 무기를 계엄사에 반납한다는 데는 결사반대였지만 23일의 분위기에서는 일단 질서를 위해 무기를 회수하는 데는 찬동하지 않을 수 없었다. 그들은 유사시에는 회수한 총으로 시민들을 재무장시킨다는 조건 하에서 무기회수에 협력하기로 했다.[43] 수습위가 공식적으로 무기 회수를 결정한 것은 이날 오후였지만 이미 상당수의 시민군은 자발적으로 총을 반납하고 돌아가는 사람들이 많았다. 이날 오후부터 수습위의 총기 회수반은 시 외곽의 시민군들을 찾아다니며 적극적인 활동을 시작했다. 많은 사람들이 23일을 통해 무기를 반납했고 김창길은 총 200정을 계엄사에 반납하고 대신 석방된 34명의 시민들에게 궐기대회의 군중들은 요란한 박수를 보냈다. 그 와중에 투쟁 분위기는 급속히 가라앉고 무장 시민군들은 총을 반납하고 집에 가거나 도피해버려 시민군은 급격히 줄어들었다.[44] 수습파와 항쟁파는 23일부터 계엄사에 무기를 반납하는 문제에서 부딪치기 시작했다. 김창길은 100정의 총을 계엄사에 반납하고 반응을 보겠다고 하고는 몰래 200정을 갖고 갔던 것이며 이 때문에 항쟁파는 분노하고 그를 의심하게 되었다. 당장 박남선은 무기 반출 금

---

43   박남선은 수습위원들의 무기 회수에 대해 다음과 같이 말했다. "밖으로 나갔더니 광주의 저명인사들인 목사, 신부, 교수, 변호사들이 모여서 '시민수습대책위원회'를 구성하여 수습 방안을 마련하고 계엄분서로 가서 협상을 해야 한다고 했다. 수습보다는 우선 무장 시민들의 질서를 잡아나가는 것이 급선무라고 생각한 나는 도청 앞에 모여 있는 무장 시민들과 지도급 인사들로 보이는 사람들에게 우선 '시민군'의 지휘 계통을 확립하고 만일의 사태에 대비할 수 있는 조치를 취해야 그다음 협상이 될 수 있다고 말했다. 무장 시민들과 그분들은 고개를 끄덕이며 응해주었다. 그것은 가장 필요한 일이었기 때문이었다."(박남선 1988, 165) 또한 도청에서 강경파의 입장을 끝까지 고수했던 김종배는 당시 입장을 다음과 같이 말했다. "그러나 무기 반납에는 반대했지만 시민들로부터 무기를 회수하자는 데는 거의 모든 사람이 의견의 일치를 보았다. 군인들이 시내에서 철수한 상태에서 총기를 휴대하고 다녔으므로 시민들이 불안해할 뿐 아니라 위험 부담 또한 컸기 때문이다."(현사연 1990a, 1014: 206)

지 명령을 내렸다. 한편으로는 시민군들 간에는 무기 회수에 대한 불만과 위기의식이 팽배해가고 있었고[45] 도청 내 항쟁파의 대표 학생수습위 부위원장 김종배와 수습파의 대표위원장 김창길의 대결은 서로 신변의 위협을 느끼는 상황으로 치달았다.[46]

무기회수반은 지역방위대 및 조직된 시민군들에게도 접근하여 적극적으로 무기를 회수했다. 노동자 출신, 특히 기층민 출신 시민군들은 무기를 회수하러 다니는 '배웠다는' 사람들 그리고 '가졌다는' 사람들에 대해 노골적인 계급적 적대감을 갖게 되었다. 당시 식당종업원으로 특수기동대로 활약하던 김현채 씨는 다음과 같이 증언했다.

며칠인지는 모르겠는데 특수기동대 차를 타고 순찰을 도는데 양동다리에서 승용차에 탄 사람들이 무기를 회수한다고 했다. 우리

---

44 대표적인 예는 문장우가 조직하여 이끌던 학운동 지역방위대였다. 그는 21일 저녁 방위대를 조직하여 약 140명에 달하는 시민군을 조직했으나 23일 오후 무기 반납을 요청받고 반납했다. 그는 영문을 알아보기 위해 도청에 갔으나 '무언가 잘못되고 있다'는 느낌을 받고 나주로 도피했다. 그는 이미 무기 탈취를 주도하고 수많은 군중 앞에서 자신의 이름을 밝힌 처지였다.(현사연 1990a, 2025: 436-8) 문장우가 무기 반납을 결정한 이유는 도청에서 일단 무기를 회수하여 타격대를 조직하고 다시 무기를 나누어준다는 말을 믿었기 때문이었다.(같은 책, 2024: 431)

45 당시 어떤 시민군들은 총기 회수를 하고 다니는 조비오 신부를 '어용'이라고 면전에서 비난하기도 했고 무장 시민군들이 수습위원들을 개인적으로 위협하는 경우가 허다했다.(현사연 1990a, 1011: 192)

46 장휴동은 다음과 같이 당시 상황을 말한다. "나도 그때 신변에 위협을 느껴 권총을 차고 있었다. 무기를 반납하고 수습하려 한다는 것 때문에 실제로 도청 안에서 젊은이들이 권총을 들이대고 나를 위협하기도 했다. 뿐만 아니라 집에도 못 들어가고 여관에서 잠을 잤다. 시민들로부터 계속 항의, 협박 전화가 빗발쳤기 때문이다. 우리 가족들도 집에서 편히 자지 못하고 여기저기 친척집으로 거처를 옮길 정도였다. 나는 저녁에도 잠을 못 이루고 많은 생각을 했다."(현사연 1990a, 1010: 186) 또한 김창길도 다음과 같이 말한다. "날이 갈수록 도청 안은 살벌해졌다. 의견을 달리하는 사람들끼리 한자리에 모여앉아 각자 생각을 얘기하고 토론하는 게 아니라 권총을 들이대고 위협하는 식이었다."(같은 책, 1013: 104)

     삶과 진실 : 해방광주의 고뇌

는 그들의 머리에 총을 쏴버리고 싶었다. 어떻게 되든 광주를 지키고 싸워야 할 판에 무기를 회수한다는 것은 스스로 자폭하는 것이나 다름없다고 생각했다.(현사연 1990a, 2041: 509-10)

'승용차에 탄 사람들'이란 식당종업원에게는 너무나 명확한 뜻을 가진 말이었다. '질서'를 위한 무기 회수는 처음부터 계급 편견에서 시작된 것이었고 이러한 반응은 당연한 것이었다. 그러나 무기회수반은 '질서'를 위해 시민들의 무기를 회수하는 단계를 지나 '질서' 문제와는 관계없는 조직된 지역방위대를 찾아다니며 집요하게 무장 해제를 시키기 시작했다. 무장 해제를 하려는 사람들과 무기를 들고 있는 시민군들 사이에는 총을 들이대는 노골적인 갈등이 빈번했고 무기 회수에 실패하는 경우도 생겼다.

23일의 무기 회수 작업 경험을 바탕으로 24일 새벽부터 수습위원회의 성직자들은 생명을 구하기 위해 계엄군과 대치하고 있는 지역방위대를 돌며 본격적인 무기 회수 작업을 시작했다. 이들은 계엄군과 바로 앞에서 총을 겨누고 있는 시민군이었다. 이들에게서 무기 회수를 하는 것은 쉬운 일이 아니었다. 그래서 그들은 사전에 시민군들을 설득할 방법을 면밀히 준비했다.[47] 수습위원들이 시민군들에게 주로 제시한 주장은 시민들의 생명을 보호해야 한다는 것이었다. 즉 공동체를 위해 총을 든 사람들은 자신의 생명은 포기한 지 오래지만 전 광주 시민

---

[47] 조비오 신부는 23일 밤 회의를 다음과 같이 회고한다. "장세균 씨와 김창길 씨의 요청으로 23일 밤 이종기 씨, 장세균 씨, 신용순 씨, 김재일 씨, 남재희 신부와 본인은 도청 보사국장실에서 함께 밤을 새우면서 당시 학생 대표 김창길에게 무기 회수 및 반납하는 데 흔들리지 말고 우리 수습위원들과 적극 협력하라고 장시간 설득했다. 또한 장세균 씨의 제안으로 무기 회수 방법을 논의했다. 방법1. 24일 4시에 대용식과 음료수를 분배하면서 얼굴을 익혀둔다. 방법2. 두 번째 대면 시 무기를 회수하고 불응할 때는 맨투맨 식으로 설득한다."(조비오 1994, 152-3)

의 생명에 대한 주장에는 마음이 약해질 수밖에 없었다.[48] 또한 어떤 경우에는 당시 식사 제공이 원활히 이루어지지 못했던 점에 착안하여 몇 끼째 굶어 기진해 있던 시민군들에게 음식을 준비해주며 달래기도 했다.(조비오 1994, 40) 또 무장 해제를 시키기 위해 기층민 시민군들에게 접근할 경우에는 계급적 약점을 역이용하여 공략하기도 했다.[49] 나아가서 그들은 기층민 시민군들을 무장 해제시키기 위해 돈을 모아주기도 했다.(같은 책 153-4; 광주광역시 1997 V, 294)

해방광주에서 투쟁의 열기가 식어가고 대부분의 시민들은 각자 일상생활로 돌아갈 궁리를 하기 시작하자 시민군들에게는 여러 방면에서 문제가 발생하게 되었다. 처음에는 모든 지역방위대에 필요한 식사 등을 그 지역 주민들이 자발적으로 했지만, 23일부터는 도청에서 식사를 차량으로 보급하는 체제로 바꿀 수밖에 없었다. 그러나 시민군 조직

---

48 조비오 신부는 시민군들에게 다음과 같이 설득했다고 한다. "계엄군이 시한을 정해놓고 무력 진압을 강행하려 하고 있다. 만약에 무기 회수가 늦어지면 광주를 지키려는 충정과 정열로 총을 들고 있는 시민군뿐 아니라 일반 시민들까지 엄청난 인명 피해가 날 것이다. 그러니 인명 피해와 보다 큰 비극과 불행을 막기 위해서는 무기 회수를 해야 한다."(조비오 1994, 39-40)

49 당시 수습위원이던 윤영규 씨는 국회 청문회에서 갱생원 출신 시민군 30여 명에게 무장 해제를 호소하던 상황을 다음과 같이 증언했다. "'너희들 때문에 광주 온 시민이 폭도라는 누명을 쓰게 됐으니까 너희들만 무장 해제를 해준다면 문제는 끝나겠다' 하고는 간곡히 하니까 그중 젊은 애 하나가 저한테 하는 말이 '여보시오! 당신만 애국자요? 우리도 애국 한번 합시다.' 저는 그 순간에 그 말에 대해서 쇼킹하게 받아들여졌습니다. '너희들 배운 놈들만 애국자냐 우리같이 무식하고 배우지 못한 놈들도 애국할 수 있다 애국할란다.' 그러한 말로 저희들에 대한 조크랄까 비양거림이랄까 그러한 느낌으로 그 말을 받아들였습니다."(광주광역시 1997 V, 293-4) 증언자는 그들의 계급적 약점을 치고 들어가 총기 반납 논쟁의 주도권을 잡았다. 그러자 젊은이는 지지 않고 날카롭게 상대의 의표를 찔렀다. 그러자 증인은 그 젊은이의 말에서 말이 되지 않았던 부분을, 약자 계급의 지배계급에 대한 원한에 대한 개인적 가책을 끄집어내게 되었다. 이 대화 이전에 두 사람은 모두 계급 갈등, 배운 자와 못 배운 자의 갈등을 이미 겪고 예상하고 있었던 것이다. 이 경우 수습위원은 총기 반납을 요구하며 '폭도론'을 역이용한 것이다.

  삶과 진실 : 해방광주의 고뇌

이 취약하여 외곽 지역방위대의 식사 보급에 문제가 발생했다.[50] 수습위의 총기 회수반은 이 시민군 조직에 생긴 약점을 파고들어간 셈이었다. 특히 기층민 출신들에게 큰절도 하고, 무릎 꿇고 빌기도 하고, 먹을 것을 가져다주며 등을 두드려주기도 하면서 모든 광주 시민의 생명을 구하기 위해서는 각자 무기를 반납해야 한다고 설득했다.

무기 회수 작업이 집요하게 이루어지자 24일에는 모두 합쳐서 4,000여 정의 총과 1,000개 이상의 수류탄이 회수되었고 이제 무장 시민군의 숫자는 몇 백 명 정도밖에 되지 않았다. 그리고 22일 아침에 자발적으로 만들어졌던 시민군 조직들, 예를 들어 특수기동대도 24일을 전후하여 해산되었다. 당시 남아 있는 병력이라고는 도청경비대와 기동순찰대 일부 그리고 무장 해제를 당한 채 도청 안에서 여러 가지 일을 도와주며 재조직되기만을 기다리며 도청 주변을 배회하던 사람들뿐이었다.[51] (현사연 1990a, 2027: 448) 도청 상황실도 동요하는 기색을 보였다.(박남선 1988, 187) 25일 '독침사건' 이후에는 또 많은 시민군들이 총을 놓고 돌아갔고 지역방위대는 25일 오전 중 거의 다 무장 해제되었다.[52] 회수반은 위에서 인용했듯이 질서를 지킨다는 이유를 넘어 각자가 그리고 모두가 살아남기 위해 총기를 '반납'해야 한다고 호소하며

---

50   25일 이후에는 도청에 식량이 떨어져 시내의 시민들에게서 구해 와야 하는 경우가 있었다.(현사연 1990a, 1042: 314; 2032: 474) 26일에 항쟁지도부는 식량 문제를 시청에 공식적으로 요청해 해결하려 했다.

51   특수기동대로 활약하다 무장 해제를 당한 김현채 씨는 다음과 같이 회고한다. "무기를 모두 반납하고 나자 허탈하고 할 일이 없어져버린 듯했다. 나는 수위실 옆에 세워져 있는 차 안에 들어가 잠을 잤다. 잠을 자고 일어나서도 할 일을 찾지 못하고 도청 주변을 서성이다가 상무관에 가보았다. (…) 나는 분향하러 온 시민과, 가족을 확인하기 위해 시체의 신원을 알려는 사람들을 안내하고 일대의 질서를 정리하는 일을 인수와 함께 시작했다."(오청동 1987, 112-3) 그리고 그는 26일까지 기다려 기동타격대에 들어가 마지막까지 도청에서 싸웠다. 물론 이 과정에서 집으로 돌아간 시민군들이 더 많았을 것이다.

다녔다. 그들은 한 정의 총이라도 더 회수하는 것이 한 명의 생명을 살리는 일이라고 생각했다. 이제는 계엄사에 무기를 반환하는 문제가 아니라 시민군들의 무기 회수 문제를 놓고 수습파와 항쟁파는 모두 신변의 위협을 느낄 정도로 살벌하게 싸우기 시작했다.[53]

25일 밤 항쟁지도부가 들어선 이후부터 도청 내에서는 무기를 다시 나누어주고 시민군을 재조직해야 한다는 입장과 이를 반대하는 입장이 첨예하게 대립했다.(현사연 1990a, 2028: 452) 따라서 이 시점부터는 무기 반납은 이미 물 건너간 문제였다. 26일에도 도청에는 수습파와 항쟁파가 동거하고 있었고 한편에서는 무기를 회수하고 다른 한편에서는 절대 안 된다고 고함치고 총을 들이대는 사태가 하루 종일 벌어졌다.(현사연 1990a, 1038: 297; 1039: 303) 26일 저녁 마지막 회의 때의 논쟁은 모두 살아남기 위해 무기를 버리고 조직을 해산하고 도청을 계엄군들에게 비워줄 것인가, 그렇지 않으면 도청에서 최후까지 싸울 사람

---

52 조비오 신부는 도청 외곽의 시민군 숫자에 대해 다음과 같이 진술한다. "그들(공단 입구에서 그가 무장 해제시킨 사람들) 중 일부는 도청 밖으로 나가고 약 70~80명은 도청 수비 병력에 동참했다. 그러나 도청에는 주로 대학생들이 있었기 때문에 나중에 공원으로 갔을 것이다. 이들이 무기를 반납하기 전에는 외곽 지역을 경계하던 시민군 병력이 많았다. 광주공원에는 150~200명, 서방 쪽에 50~60명, 백운동 철길, 학운동 다리, 교도소 가는 쪽, 고속도로변에 각각 1개 중대 병력 정도가 주둔했다. 내가 그들에게 식사 보급을 했기 때문에 자세히 기억한다."(조비오 1994, 42) 광주공원을 빼고 위에서 열거한 지역은 모두 그가 다른 수습위원들과 무장 해제시킨 시민군들이 있던 지역이고 그들의 숫자이다. 광주공원에 있는 사람들은 어떻게 되었는지 별로 증언이 없다.

53 정규완 신부는 독침사건 이후의 수습위 분위기를 다음과 같이 말한다. "이 사건으로 인해 '총기 회수'는 꺼낼 수도 없었다. 전날까지도 나왔던 정 부지사와 주변 사람들은 보이지 않고 썰렁한 분위기였다. 독침사건으로 인해 아침에 큰 소란이 있었던 모양이다. 독침사건 이후부터는 사태를 염려하며 노력했던 사람들도 수습위원들도 나타나지 않았다. 이런 상황 속에서 남동성당에 모였던 수습위원들이 자연스럽게 도청에 모이게 되었고 학생들의 이야기를 직접 듣게 되었다."(정규완, 〈큰 아픔에 작은 참여〉, 윤공희 1989, 127)

삶과 진실 : 해방광주의 고뇌

들은 남아서 싸울 것인가의 문제였다. 해방광주를 통해 수습파와 항쟁파의 갈등의 명분은 고정되어 있었던 것이 아니라 계속 변화하고 있었다. 그들의 갈등은 어떤 말과 주장으로 표현되는 정해진 원칙을 중심으로 벌어진 것이 아니라 말로 표현될 수 없는 삶과 죽음의 관념들과 관련되어 있었다.

무기 회수로 인해 시민군 숫자는 줄어들었고 계엄군과의 항쟁을 생각하는 사람들은 병력 손실에 심각한 문제를 느끼지 않을 수 없었다. 그러나 도청 지도부나 상황실장은 시민들을 시민군에 동원할 권위를 갖추지 못했고 예비군 동원은 항쟁파의 영원한 꿈이었다. 결국 이러한 가라앉는 분위기에 대처하는 유일한 방법은 시민군들을 시민들로부터 신뢰받을 수 있고, 규율 있는 조직으로 만드는 수밖에 없었다. 24일부터는 기동순찰대 조직을 강화해보려 시도하기도 했다. 또 상황실은 시민군을 관리하고 통제하기 위해 조직원 명단을 작성할 생각도 했지만 후일 화를 미칠까봐 시도하지 않았다. 그나마 참여하여 같이 싸우는 사람들에게는 고마움 이외의 감정을 갖지 못했다.[54] 보통 시민군들을 통제하는 방법이라고는 도청에서 밥을 해서 식사를 가능한 한 제때 보급하고 기회가 되면 지휘자는 감동적인 연설로 그들의 충성심에 호소하는 길밖에 없었다.

그나마 유일한 해결책은 대학생들을 동원하는 길밖에 없었고 이는 상황실장 박남선도 적극 동의한 방향이었다. 당시에 규율을 부과할

---

[54] 시민군 상황실장 박남선은 이렇게 술회한다. "나의 지휘를 따르고 있는 병력들은 일원화되고 잘 훈련된 조직적인 군대가 아니었고 심지어는 나를 가까이서 돕고 있는 간부와 참모진조차도 불과 5, 6일 전에 만나서 함께하고 있는 사람이 대부분이었을 정도로 그야말로 급조된 전투군이었기 때문이었다. 그러나 나는 잘 훈련되고 조직화된 군대가 아니라는 점에 대하여 한 번도 실망한 적이 없었고 오히려 목숨을 바쳐 아무런 보급도 없이 싸워나가는 우리의 시민군이 자랑스러웠지만 한편으로는 그들의 생명에 대한 염려와 불안을 떨칠 수가 없었다."(박남선 1988, 33)

수 있는 유일한 사람은 대학생들이었다. 대학생들은 자신이 다니는 학교가 있었고, 학교에는 선후배 관계가 있었다. 이 관계를 이용하여 그들에게는 반말이나 명령도 가능했고 '일어서 앉아' 등을 시키며 정신을 통일시키는 등의 조직의 규율을 만들어낼 수 있었다. 도청 지도부 및 YWCA에서는 매일 대학생들의 참여를 차량 방송으로 그리고 궐기대회가 끝난 후 마이크로 호소했다. 상황실장을 포함한 도청 지도부는 도청을 경비하는 노동자 시민군들은 마지막 기간에 가능한 한 대학생들로 대체하려고 노력했다. 그 이유는 '믿을 수 있다'는 사실과 "통제력을 대폭 높"이기 위해서였다.(정상용 외 1990, 302) 25일 저녁 김창길은 도청 지하에 있는 TNT 문제를 제기했다. 즉 "만약 불순분자에 의해 폭파된다면 광주 시민은 다 죽을 것이다. 그런데 현재 폭발물을 지키는 사람들은 서로 얼굴도 모르고 지휘 체계도 잡혀 있지 않았는데 이대로 방치할 수는 없다. 수습위원 중에 신부나 목사가 많으니 신자들을 데려와 병력을 교체"해달라는 것이었다.(조비오 1994, 45) 다시 말하면 '아는 사람', 신분을 파악할 수 있는 사람, 예를 들어 학생이나 신도 같은 사람들에게 중요한 임무를 맡겨야 한다는 것이었다. 당장 신부들은 믿을 만한 청년 신도들을 수소문하여 급히 데리고 왔다. 그러나 이미 25일 밤에는 윤상원이 YWCA에서 데려와 무장시킨 대학생들로 도청 경비 병력이 모두 교체된 후였다. 이들은 윤상원의 쿠데타 병력이었다. 여기서 지적해야 할 점은 윤상원이 도청 경비 병력을 대학생들로 대체시킨 명분도 동일했다는 것이다.[55]

　해방광주는 절대공동체가 분해되며 일상으로의 복귀가 진행되는 과정이었다. 일단 광주 시민들에게 무기를 계엄사에 반납하고 계엄군을 무혈 입성시키는 것은 생각할 수 없는 일이었다. 그러나 대부분의 시민들은 질서와 일상적 삶으로 돌아가는 것을 원했고 따라서 제한적인 무기 회수에는 찬성했다. 질서를 위한 무기 회수에는 계급적 편견이 개입되지 않을 수 없었다. 그러나 계엄사의 협박과, 이보다 더욱 중요한 이유로 생명의 가치의 등장으로 인해 제한적인 무기 회수는 시민군의 전면 무장 해제로 나아가게 되었다. 개인의 정체와 가족의 의무가 재등장하며 개인의 생명의 소중함이 재평가되었고, 이는 필연적으로 절대 공동체를 분해하는 결과를 초래했다. 수습위의 총기 회수반은 질서 회복 차원을 넘어 개인의 생명과 시민들의 생명을 구하기 위해 헌신적으로 총기 회수에 전념했다. 광주 시민들은 통제된 가운데 일상으로의 복귀가 이루어질 것을 원했지만 이는 현실적으로 이루어지기 어려웠다. 수습파와 항쟁파의 갈등은 24일 이후에 이르면 합리적 토론으로 해결될 수 없음이 명백해졌다. 김창길이나 김종배가 합리적 사고가 부족한 사람들이어서가 아니었을 것이다. 오히려 그들 앞에 걸려 있는 문제, 삶과 죽음에 대한 다른 관념들의 갈등은 합리적 토론을 통해 합의에 이를 수 있는 문제가 아니었다. 그들은 서로를 이해하기도 했지만 결코 서로 이해하지 못한 어떤 부분이 있었고 이는 타협할 수 없는 부분이었다.

광주 시민들이 해방 첫날부터 원했던 것은 그들의 삶과 군부와의 투쟁이었다. 이는 같이 이룰 수 없는 두 개의 목표였다. 현실적으로 이

---

55 YWCA 신협에 근무하던 김길식 씨는 25일 아침부터 YWCA로 갔다. "저녁 7시에 학생들이 100명쯤 모여서 사태 수습을 위한 회의를 갖고 도청으로 들어갔다. '도청에서는 폭도 같은 사람들이 총을 장악하고 있어 인식이 좋지 못하니 학생들이 질서를 회복하자'는 내용의 회의였다."(현사연 1990a, 1039: 303) 또한 김한중 씨는 25일 밤 YWCA에서의 상황을 다음과 같이 증언한다. "도청에서 온 어떤 시민이 우리를 모아놓고 이런 말을 했다. '광주가 지금 부랑아들에 의해 통치되고 있다. 그들은 신경이 날카로워진 상태라 효율적인 수습이 되지 않고 있다. 그러니 대학생과 교체해야 되겠다.' 우리는 자정이 되자 비를 맞으며 도청으로 갔다. 2층에 있는 부지사실(?)은 분위기가 몹시 살벌했다. 나는 '수습위'의 상황에 대해 전혀 모른 채 어떤 신부의 일장 연설을 들은 후 그곳에서 잤다."(현사연 1990a, 1041: 310) 또한 근무 교대하는 과정에서 무장 시민군들의 반발을 우려하여 학생들에게 교대 시 그들에게 '며칠간 잠도 못 자고 피곤할 테니 교대해주겠다'고 정중히 이야기하라는 지시가 있었다.(황석영 1985, 194)

'두 마리 토끼'를 같이 잡을 수 있는 유일한 방법은 외부의 지원, 즉 타 지역의 봉기와 미국의 지원이었다. 이를 통해서만 그들은 삶과 진실을 모두 확보할 가능성이 있었다. 광주 시민들은 고독했고 그들은 미국의 지원이나 미국 대사의 중재를 너무나 간절히 바랐다.[56] 25일 독침사건 이후 대부분의 중산층 시민들은 계속되는 이 비상시국에 대해 참을성을 잃어가고 있었다. 어떤 사람들은 공공연히 이제 어서 계엄군이 들어와서 이 사태가 종료되었으면 좋겠다는 말을 하기도 했다.[57]

---

[56] 당시 신 고르넬리오(Cornelius Cleary) 신부는 시민들과 대화할 때면 늘 '미국 대통령에게 연락해달라'는 부탁을 받곤 했다고 술회한다.(신 고르넬리오 신부, 〈나도 광주 사람입니다〉, 윤공희 1989, 112)

[57] 많은 수습위원이나 후일 증언을 남긴 사람들에게 이런 종류의 전화를 걸어온 경우가 많았다.(김영택 1996, 225) 또한 정규완 신부는 다음과 같이 회고했다. "당시 기득권을 가지고 있던 지식층이나 사회적 위치를 점하고 있던 사람들의 경우에는 성신강림주일(25일) 무렵부터는 조금씩 불안한 마음을 가졌던 것 같습니다. 그들은 '언제까지 이렇게 비정상적인 상태가 계속될 것인가' 걱정을 하고 있었습니다. 따라서 정상적인 상황 속에서만이 자신의 위치가 보장되는 사람들은 조심스럽게 우려를 표명하기도 했습니다. 내가 잘 아는 친구는 전화로 '이렇게 언제까지 갈 것이냐, 어떻게든지 지금 끝을 내야 될 것이 아닌가' 하고 불만을 털어놓기도 했습니다."(〈좌담〉, 윤공희 1989, 185) 또한 당시 시위에 적극 참여했던 화랑을 경영하던 임춘식 씨는 다음과 같이 증언했다. "그러나 궐기대회 때는 열기가 많이 가라앉았다는 느낌을 받았다. '무정부 상태'라고는 하나 부끄러운 상황이 단 한 건도 없었고 의로운 일을 향한 가열찬 투쟁이었다는 것을 알았지만 계속적으로 이 상황이 유지되면 안 될 것 같다는 느낌을 받았다."(현사연 1990a, 3082: 714)

 삶과 진실 : 해방광주의 고뇌

4

마지막
항쟁과
죽음의
의미

계엄군은 진압작전 준비를 진행시켜 나갔다. 21부터 광주를 외부와 철저히 차단하여 항쟁이 확산되지 못하게 막았고, 24일에는 공수부대들을 송정리로 불러 진압작전의 구체적인 계획과 예행연습에 들어갔다. 드디어 25일 11시 49분 계엄사령관은 진압작전이 27일 00:01 이후 명령에 따라 실시한다는 '상부충정작전 지침'을 예하부대에 하달했다. 최규하 대통령의 광주 방문은 진압작전이 모두 준비된 상황에서 정해진 수순에 따른 유화 제스처였다. 그리고 26일 새벽에는 시민들의 전의를 시험해보고 작전을 위한 보급 및 수송로 확보를 위해 탱크와 부대를 진입시켰다. 예상대로 시민들의 분위기는 많이 가라앉아 있었고 공개적인 사인을 주자 항전의 의지가 약한 시민군들은 속속 이탈했다. '죽음의 행진'에 참여한 시민 대표들이 전교사 부사령관과 10시쯤부터 회담하는 동안 10시 30분부터 전교사 사령관은 3, 7, 11공수여단장과 보병학교, 포병학교, 기갑학교장 등을 불러 작전에 대비한 지휘관 회의를 열었다. 26일 낮에는 진압 시 위험 요소라 판단된 전옥주를 납치하는 데 성공했고 오후 4시 40분에 신군부는 한미연합사령관으로부터 작전에 대한 동의를 얻었다. 글라이스틴 미국 대사는 이날 오후 광주 도청으로부터 신군부와 중재에 나서달라는 전화 요청을 받았지만 거절했다.[58]

윤상원을 중심으로 한 운동권 집단은 해방광주에서 마지막까지

---

58 거절한 사유를 다음과 같이 밝혔다. "그러한 역할이 미국 대사에게 합당치 않으며, 또 한국 당국이 받아들이지 않을 것으로 그는 믿었기 때문이다."(정상용 외 1990, 297)

싸워야 한다는 입장을 처음부터 견지하며 항쟁파와의 연합을 주도면밀하게 추구했다. 그들은 처음에는 학생수습위원회를 통로로 도청에 접근했고 당시 시민군 총사령관 격인 상황실장 박남선을 포섭하여 수습위를 장악할 수순을 밟아나갔다. 24일 궐기대회는 면밀한 준비와 전두환 화형식 등으로 수습위를 궁지에 몰아넣었다. 개회 전에 이미 불안감을 느낀 도청의 수습파들은 앰프 장치의 전원을 끊는 등 대회가 열리지 못하도록 방해했지만 회의를 준비한 사람들은 경찰 페퍼포그 차의 앰프 장치를 이용하여 강행했다. 시작 때부터 도청 수습위에 대한 비난은 예정된 것이었다. 오후 3시쯤 시작된 회의는 시민수습위원회를 강하게 비난하여 몰아세웠고 도청 간부들의 궐기대회 방해 공작을 폭로하자 시민들은 분노를 표출했다.[59] 전두환 화형식을 하는 등 분위기가 고조되었고 비가 내리는 가운데도 시민들은 우산도 펴지 않은 채 비를 맞으며 지켜보았다. 궐기대회는 저녁 7시쯤까지 열기를 뿜었다.

　궐기대회가 끝날 무렵 윤상원은 처음으로 상황실에서 박남선을 만났다. 그들은 대화에서 곧 상황의 성격과 행동 방향에 대해 의견일치를 보았다.(박남선 1988, 189) 당시 박남선은 돌아가는 복잡한 분위기에 지쳐 있는 상황이었고 윤상원은 그에게 다시 싸울 힘을 불어넣어준 셈이었다.[60] 윤상원은 확신을 갖고 거사를 구상했고 YWCA 팀의 수뇌부는 이날 저녁 7시 30분쯤 보성기업에서 비밀회의를 가졌다. 이날 밤 도청 수습위 회의는 살벌하게 진행되었고 강경파는 사퇴를 선언했지만 다시 합류하여 새로이 개편되었다. 강경파와 온건파의 타협으로 김

59　김성용 신부는 이 회의를 단상 옆에서 지켜보다 시민들의 수습위에 대한 강한 불신에 충격을 받았다고 한다. "이래서는 안 되겠다. 저렇게 신뢰를 받지 못하는 수습대책위는 이제 끝이다. 이렇게 판단한 나는 도청 내에 들어갔다. 그리고 의인의 피를 요구하는 것이 이 사태를 근본적으로 수습하는 방법이라고 역설했다."(김성용 신부, 〈분노보다는 슬픔이〉, 윤공희 1989, 55)

창길은 위원장에 유임되었지만 대학생과 시민군은 같은 조직으로 통합되었다. 이로써 24일 밤 학생수습위는 사실상 해체된 셈이었다. 그리고 다음날 25일 아침 10시 윤상원과 정상용은 YWCA 2층으로 재야인사 어른들을 불러 회의를 갖고 투쟁파의 도청 진입에 대한 재가를 얻었다. 물론 그들의 입장을 지지한 사람들은 소수였고 대다수는 침묵을 지켰을 뿐이다. 재야의 어른들은 궐기대회 연단에 서달라는 청년들의 요구에 끝까지 응하지 않았지만 그들이 도청을 끌고 가려는 방향, 최후까지 도청을 사수한다는 방향에 대하여는 묵인했다.

　　계엄사는 이러한 분위기를 파악하고 찬물을 끼얹으려고 시도한 것이 25일 아침 8시에 일어난 독침사건이었다. 도청뿐만 아니라 전 시내의 분위기는 급속도로 식어갔고 항쟁을 주도하는 사람들은 사건 이후 동요하는 도청 분위기에 맞서 싸워야 했다. 상황실장이 낮에 궐기대회에 시민군을 대변하는 〈우리는 왜 무기를 들 수밖에 없었는가〉라는 글을 발표한 것도 바로 이런 분위기를 돌파하기 위해서였다. 그러자 낮에 곧 시민수습위원회는 '무조건 무기 반납'을 결의했다. 이 소식을 전해 들은 박남선은 무장 경비병을 대기시키고 회의장에 뛰어들어 총으로 위협하고 그들을 내쫓다시피 했다.[61] 당시 상황에서 박남선은 자신의 위치를 의식하고 적극적으로 윤상원의 계획을 도왔다.[62] 오후 2시쯤

---

[60]　23일 저녁 박남선은 주로 온건파가 주도하는 학생수습위원들과 회의를 가졌으나 졸다가 먼저 나와버렸다. 그러나 24일 오후에 윤상원을 만나고 난 후 저녁 8시에 있었던 수습위와 도청 간부들의 연석회의에서는 전혀 달랐다. "나는 그동안 '수습위'에 대한 불만이 한꺼번에 타올라 터져 나왔다. 자리를 박차고 일어난 나는 의자를 집어던지면서 이런 식으로 끝까지 무기를 반납하자고 주장한다면 차라리 도청을 폭파해버리고 놈들과 끝까지 싸우겠다고 고함을 버럭 질러버렸다. 그러자 몇 명이 겁먹은 표정으로 소리 없이 회의장을 빠져나갔고 몇 명은 결정을 내리지 못하고 안절부절못했다. 결국은 뜻을 같이하는 사람만이 남았다. 우리들은 자체 회의를 갖고 지금까지 발생한 광주의 모든 문제와 앞으로의 방향 설정을 같이하자는 데 의견을 같이하고 조직을 새로이 편성했다."(박남선 1988, 190)

　　삶과 진실 : 해방광주의 고뇌

기존 수습위원들이 거의 도피한 상황에서 남동성당파는 청년, 학생들의 강력한 요구에 따라 수습위에 합류하여 수습위는 또다시 재편되었다. 곧 대변인을 맡은 김성용 신부는 4개의 요구 사항을 제안했고 이는 만장일치로 통과되었다. 또한 이날로 계획되었던 시민궐기대회에서의 '무기 반납식'은 백지화되었고 대회는 계속 투쟁 분위기로 지속되었다. 이날부터 박남선은 자신이 통제하고 있는 무력을 배경으로 도청의 여러 부서들을 모두 자신의 통제 하에 두기 시작했다.

저녁 7시쯤 윤상원은 YWCA에서 70명의 대학생을 이끌고 도청으로 들어왔다. 박남선은 그들을 도청 안에 있던 30명을 합쳐 100명의 대학생을 무장시키고 도청 경비를 그들로 교체시켰다. 그리고 학생 수습위원들과 도청 3층 식산국장실에서 회의를 열어 새 집행부를 만들 것을 결의했다. 거사 시간은 마침 김창길이 계엄사에 협상 차 가 있어 도청에 없던 때였다.[63] 도청으로 돌아온 김창길은 9시경 사퇴했다. 드디어 10시 새 집행부는 '민주시민투쟁위원회'로 도청 내무국장 부속실

61　박남선은 당시 상황을 다음과 같이 말한다. "나는 자리를 박차고 일어나 무장 병력 20여 명을 데리고 2층으로 올라가 2층 복도와 부지사실 문 앞에 M16으로 무장한 병력을 배치시키고 내 지시가 있으면 무조건 전부 사살해버리라고 명령한 뒤 부지사실 문을 군화발로 차고 들어갔다. 부지사실에는 독립투사인 최한영 수습위원장과 부지사 정시채… 저명인사들이 모여 있었다. 나는 허리에 차고 있던 권총을 빼어 들어 하늘을 향해 총구를 겨누었다가 천천히 내려 그들을 겨눈 채 '어느 놈이 마음대로 무기 반환을 결의했느냐?'고 악을 버럭 쓴 뒤 '앞으로 이제까지의 죽어간 사람들의 피를 배반하고 그따위 소리를 지껄이면 모두 죽여버리겠다!'고 그중의 한 사람에게 정면으로 총을 겨누면서 경고했다."(박남선 1988, 198)

62　박남선은 다음과 같이 말한다. "그때까지 도청의 분위기는 수습위에서 어떤 결정을 내리더라도 무장 병력을 장악하고 있는 내가 따르지 않으면 무위로 끝나버리게 되어 있었다."(박남선 1988, 199)

63　김창길은 그때 심정을 다음과 같이 말한다. "김 신부님의 말씀에 따라 25일 다시 계엄사로 갔다. 그런데 계엄사에 다녀와서 보니 정상용, 윤상원 등이 김종배와 함께 완장을 두르고 도청을 활보하고 다녔다. '아! 이제는 틀렸구나' 하고 생각했다."(현사연 1990a, 1013: 204)

264

에서 출범하며 새로운 투쟁노선을 공식화했다. 이로써 학생수습위원회
는 해체되고 항쟁지도부가 탄생한 것이다. '민주시민투쟁위원회'는 일
반적으로 '항쟁지도부'로 불렸다. 새 지도부가 성립되고 김창길이 사퇴
하자 취사부도 도청을 떠났고 새 지도부는 도청의 모든 조직을 새로 정
비해야 했다. 25일 밤의 항쟁지도부 재편은 사실상 쿠데타 방식으로 이
루어졌고 이는 엄청난 정치적 변화였다. 항쟁지도부가 탄생하자마자
저녁 전국 TV 뉴스에는 강경파가 주도권을 잡았다는 발표가 나왔다.
군부는 면밀한 정보를 수집하고 있었던 것이다. 군부는 이 시점에서 이
미 진입작전을 확정한 상태였고 다음날 새벽에는 탱크를 진입시켜 압
력을 가했고 도청에 남아 있던 17명의 수습위원들은 모두 걸어가서 탱
크를 몸으로 막자고 제안하여 이른바 '죽음의 행진'을 했다.

　　새로운 항쟁지도부의 주된 임무는 최후의 항전을 준비하는 일, 시
민의 일상생활의 불편을 해소해주는 일 그리고 마지막으로 최후의 항
전까지의 시간을 버는 일이었다. 26일 아침에는 미국 항공모함이 도착
했다는 사실을 알리는 벽보를 붙였다. 많은 시민들은 미국 항공모함이
그들을 도와주리라 기대하고 있었을지도 모르지만 윤상원은 그들이 결
코 광주를 도우러 온 것이 아님을 잘 알고 있었다. 항쟁지도부는 정오
무렵 궐기대회에서 7개항의 〈80만 광주 시민의 결의〉를 채택하여 정치
적 입장을 공식적으로 밝혔다. 이 결의문은 정부에 대해 명예회복뿐만
아니라 민주화를 요구했고 그들은 이러한 요구가 받아들여지지 않으
면 끝까지 투쟁한다는 입장을 밝혔다. 당시 그들은 신군부가 이 결의를
도저히 받아들일 수 없다는 것을 알고 있었다. 이 결의는 다만 항쟁지
도부 모두 최후의 일인까지 싸우다 죽겠다는 의사 표시이자 온 국민들
에게 보내는 그들의 유언이었다. 물론 마지막까지 평화적 해결을 시도
한다는 문화인으로서의 정치적 제스처는 잊지 않았다. 궐기대회가 진
행되는 도중에 헬리콥터가 하늘에서 '군은 곧 소탕에 나섭니다'라고 쓴

　　　　　　　　　　　　　　　　　　　　　삶과 진실 : 해방광주의 고뇌

전단을 뿌렸다. 궐기대회가 진행되는 도중 다음날 새벽 계엄군이 진입한다는 확실한 정보가 전해졌고 지도부는 이 정보를 시민들에게 말할 것인가 말하지 않을 것인가를 놓고 심각하게 고민했다. 결국 그들은 시민들에게 이 사실을 솔직히 알리기로 하고 마이크로 시민들에게 말했다. 당장 군중들의 분위기는 가라앉았다. 이 와중에 자연스럽게 그들이 할 수 있는 말은 "최후까지 싸울 사람은 남고, 나머지는 집으로 돌아가십시오"였다. 각자의 선택에 따라 행동하자는 말이었다. 약 500명의 시민이 최후까지 싸우겠다고 남았다.

최후의 항전을 준비하는 데 가장 중요한 일은 시민군을 재조직하는 일이었다. 이미 지역방위대는 무기 회수로 대부분 붕괴되었고 많은 시민군들이 집에 돌아가버린 상황이었다. 25일부터 지도부와 시민군들은 병력 부족을 느끼고 친구들을 동원하기도 하고 무작위로 권유하는 등 동원에 노력하고 있었다.[64] 25일 YWCA에서 데려온 100명 가까운 대학생들은 배치에 실패하여 상당수가 이미 사라져버린 상황이었다. 26일 정오 무렵 상황실장 박남선은 윤석루를 대장으로 그리고 이재호를 부대장으로 하여 2층 식산국장실에 모여 '기동타격대'를 조직했

---

[64] 당시 목공이던 천순남 씨는 25일 도청에서 시신들을 둘러보고 밥을 얻어먹고 나오는 길이었다. "밥을 다 먹고 나서 도청 정문 쪽으로 내려갔더니, 상황실장이라고 하는 박남선 씨가 주민등록증을 보여달라고 했다. 주민등록증을 확인한 후 무기를 다룰 수 있느냐고 물었다. 내가 다룰 줄 모른다고 하자, 그는 한 사람이라도 더 무장해야 한다며 M1과 실탄 한 클립을 주었다. 박남선 씨는 총을 든 여섯 명에게 경찰 버스에 타라고 명령한 뒤 사람을 수송하라고 지시하고, 현재 식량이 떨어지고 있다며 '식량 보급 차량'이라고 쓴 빨간 천을 달아주었다. 그러면서 먹을 것을 시민들에게 청해 구해오도록 했다." 그 후 천순남 씨는 27일 새벽까지 항전하다 계엄군에 붙잡혔다. (현사연 1990a, 1042: 314)
나일성 씨는 26일 오후 시민군이던 친구를 만나 그의 권유로 '기동순찰대'에 자원했다. 도청에서 간단한 면접을 치른 후 대원이 되었다. 곧 기동순찰대는 기동타격대로 개편되었다. (같은 책, 2035: 483) 또한 김태찬 씨의 경우도 기동타격대를 조직한다는 소리에 "애들을 긁어모아" 기동타격대에 마지막 조로 들어갔다. (같은 책 2032: 474)

다. 이 조직은 5·18에 있었던 시민군의 조직 가운데 가장 잘 조직되고 무장된 조직이었다. 그러나 이 조직도 규모 면에서는 너무나 초라했다. 조당 6명 내지 7명씩 7개 조에 불과했다.[65] 항쟁지도부는 이때 27일 향토예비군을 동원할 계획을 이미 짜놓은 상태였다.(현사연 1990a, 4011: 894) 그러나 시간이 주어지지 않았다.

26일 저녁에는 마지막 회의가 있었고 여기에는 전날 사퇴한 김창길도 참석했다. 수습파는 무기를 놓고 조직을 해산하자는 결의안을 내놓고 논쟁을 벌였다. 투표에서는 다시 다수결로 무기 반납과 조직 해산이 결정되었지만 윤상원은 무장한 박남선과 윤석루를 회의장에 들여보내 수습파들을 총으로 위협하여 쫓아냈다.[66](현사연 1990a, 1013: 205) 김창길과 황금선은 회의장을 나온 후 도청 내의 학생들과 청년들에게 무기를 버리고 집에 가야 살 수 있다고 호소하고 다녔고 박남선은 분노하여 권총으로 위협사격을 하며 그들을 도청 밖으로 쫓아냈다. 이때 또 상당수의 학생들과 시민군들이 도청을 빠져나갔다. 이때가 저녁 9시가

---

[65]   그간 많은 저서에는 13개 조로 편성되었다고 나와 있으나 이는 아마 애초의 계획이 아니었나 보여진다. 기동타격대원들의 실명 증언에 의하면 7개 조가 마지막 기동타격대 예비부대였다.(현사연 1990a, 2032: 474; 2036: 489 etc.)

[66]   김한중 씨는 YWCA에서 26일 밤에 일을 하고 있었다. "밤에 정상용 씨가 왔다. 그는 몹시 괴로워하면서 '방금 도청에서 대책회의가 있었는데, 김창길을 비롯한 온건파가 득세했기 때문에 우리는 아무래도 무기를 놓아야 할 것 같다'고 했다. 누군가가 큰 소리로 '동지의 피값, 광주 시민의 피값을 저버릴 수 없다. 우리는 절대 무기를 놓을 수 없다'고 말했다. 그는 '여러분의 뜻을 알겠다'고 하며 다시 도청으로 가고, 우리는 '무기를 절대 놓아서는 안 된다'는 결의를 새롭게 했다. 잠시 후 강경파 김종배 씨가 와서는 '온건파에게 눌려 평화를 유지하는 것으로 의견이 모아졌으니 집으로 가십시오'라고 말했다. 그 말에 일부는 총을 놓았다. 화가 치밀어 오르는 나는 큰 소리로 '우리가 목숨을 걸고 광주를 지키자고 말한 것이 언제인데 벌써 무기를 반납하자고 하느냐. 수습위원의 의견은 대다수 시민의 뜻이 아니기 때문에 따를 수 없다. 우리가 어찌 계엄군과 타협할 수 있겠느냐. 당신이 가서 수습위의 결정을 번복시켜라' 했다. 몇 사람이 맞장구를 쳤다. 그는 '알았다'며 다시 도청으로 갔다. 잠시 후 무전기로 연락이 왔다. '이제 강경파의 의견이 수렴되었다'는 것이었다. 우리는 기쁜 마음으로 총을 들었다."(현사연 1990a, 1041: 310)

    삶과 진실 : 해방광주의 고뇌

조금 못 되었을 즈음이었다.

소설에 따르면 윤상원은 도청 간부들과의 마지막 회의에서 다음과 같은 말을 남겼다고 한다.

> 물론, 오늘밤 우리는 패배할 것입니다. 아마 죽게 될지도 모르지요. 그러나 우리 모두가 총을 버리고 그냥 이대로 아무 저항 없이 이 자리를 넘겨줄 수는 결코 없습니다. 그러기엔 지난 며칠 동안의 항쟁이 너무도 뜨겁고 장렬했습니다. 이제 도청은 결국 이 싸움의 마침표를 찍는 자리가 된 셈입니다. 시민들의 그 뜨거운 저항을 완성시키고, 고귀한 희생들의 의미를 헛되게 하지 않기 위해서는 누군가가 이곳을 마지막까지 지켜야만 합니다. 저는, 끝까지 여기 남겠습니다. 물론 다른 분들은 각자의 결정에 따르도록 하십시오.(임철우 1997 V, 391)[67]

박남선은 후일 당시의 심정을 다음과 같이 증언했다.

> 또한 '시민수습위'에서도 몇 사람을 제외한 대부분이 함께 살아남아야 한다 하면서 무기를 반납하고 해산하자고 주장하고 있었다. 물론 죽느냐? 사느냐? 하는 기로에서 한 길을 선택해야 할 권리는 누구나 있었지만 이곳 광주에서는 그럴 수가 없었다. 광주를

---

[67] 《윤상원 평전》에는 다음과 같이 말한 것으로 되어 있다. "우리는 저들과 맞서 끝까지 싸워야 합니다. 그냥 도청을 비워주게 되면 우리가 싸워온 그동안의 투쟁은 헛수고가 되고, 수없이 죽어간 영령들과 역사 앞에 죄인이 됩니다. 죽음을 두려워하지 말고 투쟁에 임합시다. 우리가 비록 저들의 총탄에 죽는다고 할지라도 그것이 우리가 영원히 사는 길입니다. 이 나라의 민주주의를 위해 끝까지 뭉쳐 싸워야 합니다. 그리하여 우리 모두가 불의에 대항하여 끝까지 싸웠다는 자랑스러운 기록을 남깁시다. 이 새벽을 넘기면 기필코 아침이 옵니다."(전사연 1991, 321)

지키고 끝까지 싸우는 것이 사는 길이며, 광주를 포기하는 것이
죽는 길이었다. 앞으로 우리는 광주를 지키기 위해서 도청을 사수
하고 끝까지 항전하는 길밖에 없는 것이었다.(박남선 1988, 214)[68]

물론 우리는 평소에 이렇게 생각하지 않는다. 당시 도청에 있었던
수많은 사람들도 그 피어린 항쟁의 절대공동체의 구원을 겪지 않았던
사람들도 이렇게 생각하지 않았다.

26일 계엄군이 오늘 쳐들어온다는 통보를 받은 도청 간부와 시민
군들은 각자 나름대로 엄숙히 '최후의 만찬'을 가졌다. 어떤 사람들은
제과점에서 가져다준 양과자로, 어떤 사람들은 소주와 빵으로 각자 자
신이 음식과 삶을 대하고 있는 모습을 다 빈치의 예술적 영감으로 비추
어보았다. 구태의연한, 이미 낡아빠진 예술적 영감은 그래도 왠지 그들
의 삶과 죽음을 멋있고 뜻있는 것으로 보여주었다. 그리고 젊은이들은
대부분 최후라는 것을 알고 서로 마지막 인사와 격려를 나누고, 도저히
물리적으로 지킬 수 없는 도청과 광주를 새벽까지 사수했다. 실제로 죽
음을 각오한 사람들이 얼마나 되었는지는 알 수 없다. 어떤 사람들은
의리 때문에 차마 도청을 빠져나가지 못했을 것이며 또 어떤 사람들은
분위기에 휩쓸려 자기도 모르게 그렇게 되어버렸는지도 모른다. 그중
에 또 꽤 많은 사람들은 새벽까지만 잘 버티면 살 수 있다고 진정으로
믿은 사람도 있었는지 모른다. 하여튼 수많은 사람들은 속으로 무슨 생
각을 했는지는 몰라도, 각자 '살고 싶은 사람은 집에 가라'는 권고를, 광

68　　그는 국회 청문회에서 당시의 생각을 다음과 같이 밝혔다. "그래서 저희들은 적어도
　　　우리의 요구조건이 받아들여지지 않는 한 이대로 총을 놓을 수는 없다, 만약에 죽는다
　　　하더라도 우리 광주 시민은 역사 앞에서 불의 앞에 꿋꿋이 끝까지 대항했다는 그러한
　　　기록이라도 남기자, 우리는 이대로 물러설 수만은 없다 하고 굳은 각오와 결의를 한 뒤
　　　도청을 사수하고자 했습니다."(광주광역시 1997 V, 316)

주 시민의 이름으로 또는 우리나라의 민주주의의 이름으로, 거부하고 스스로 죽음의 길을 택했다.

총기 회수와 강경, 온건파들을 중재해보려고 백방으로 노력하던 조비오 신부는 26일 저녁 그들의 마지막 회의에 참여했다. 그러고는 자신이 주임신부로 있는 계림동 성당 주보主保 축일로 미사를 집전하기 위해 도청을 나오던 때를 다음과 같이 기억하고 있다.

사제인 나는 지금까지 시민의 피해를 가능한 한 줄여야 한다고 생각했기 때문에 솔직히 내심으로는 온건파의 의견에 가까웠다. 왜냐하면 모두가 옥쇄당하는 것이 명약관화한 일이기 때문이었다. 병력을 보충해도 막강한 화력을 지닌 정예 공수특전대를 당할 수 없을 것이라고 넌지시 말해보았으나 강경 입장을 돌릴 수는 없었다.
강경파의 주장이 원칙적으로는 옳은 말이었다. 그러나 현실적으로 비극을 초래할 수밖에 없는 운명을 피하기보다는 정면으로 부닥치겠다는 결의였던 것이다. 실로 용감하고 장하고 아까운 광주의 젊은이다운 기백이었다. 긴장과 두려움 속에서 서로의 의견은 정면으로 대립되었지만, 싸움은 없었다. (…) 싸움에 승산이 없다고 판단한 온건파는 이날 밤 도청을 빠져나갔다. 이제 도청은 강경 대응을 결의한 시민군에 의해서 장악되었다. 200여 명의 남아 있는 시민군들이 총기를 들고 전열을 가다듬고 있을 때, 도청 입구에서 기다리고 있던 계림동 신자들의 연락이 왔다. 부득이 성당에 가봐야겠다고 주변에 있던 사람들에게 이야기하고 도청 문을 나섰다. 그때가 저녁 8시 45분경이었다.
도청 정문을 나설 때, 한편으로는 비겁하게 나 혼자만 살기 위해 빠져나가는 것 같은 심정과, 또 한편으로는 저 많은 젊은이들이

아까운 목숨을 잃는 운명의 밤일지도 모른다는 생각이 들어 눈물
이 흐르기 시작했다. 닦아도 닦아도 눈물은 걷잡을 수 없이 자꾸
만 흘러내렸다.(조비오 1994, 47-8)

조 신부는 발이 부르트도록 생명을 구하기 위해 총기 회수를 하
러 다녔다. 그러나 그는 마지막 날 밤 강경 입장을 고수하는 사람들에
게 싸움에 이길 수 없으며 무기를 놓고 살아야 한다는 말을 "넌지시"밖
에 말하지 않았다. 처음에 그의 입장이 어떠했는지는 알 수 없지만 이
시점에서 조 신부는 싸움에 져서 옥쇄를 하더라도 누군가 그곳에서 싸
워야 한다는 것을 발설하지는 않았지만 절감하고 있었다. 그의 말과는
달리 그는 "내심으로는 온건파의 의견에 가까"운 것이 아니라 내심 강
경파였다. 그는 다만 사제의 입장 때문에, 생명을 보호해야 하는 교회에
서의 지위 때문에 개인의 생명을 위한 양심으로 행동했던 것이며 이는
교수들도 마찬가지였을 것이다. 눈물이 하염없이 흘러내린 것은 그 안
에 삶의 가치와 진실을 위한 죽음, 희생의 가치, 두 양심이 갈등했기 때
문이며 그는 사제로서 진실을 위해 그 장한 젊은이들을 희생의 제단 위
에 바치고 돌아섰기 때문이었다. 조비오 신부는 '두 마음', 두 양심이었
고 김성용 신부 또한 그랬을 것이다.(현사연 1990a, 1008: 177) 그 두 양
심 중 어느 하나도 위선은 아니었다.

그리고 조비오 신부는 그날 밤 미사에서 다음과 같은 강론을 했다.

아벨의 무고한 피로 인하여 죄인은 하느님의 징벌을 받고 광야를
헤매는 생활을 해야만 했다. 국민의 세금으로 양성된 군인들이 무
고한 시민을 죽인 동족상잔의 비극은 비참하게 끝나는 것이 아니
다. 영문을 모르고 죽어간 시민들의 목숨과 불의에 항거한 젊은이
들의 피는 광주뿐만 아니라 우리나라의 역사를 도탄에서 구할 수

있는 의로운 피가 될 것이다. 의인의 억울하고 애통한 죽음과 그 피는 하늘에 사무쳐서 하느님께서는 우리의 염원을 꼭 들어주실 것이다.(조비오 1994, 48-9)

그는 젊은이들을 희생의 제단에 바치고 돌아와 그들의 죽음을 생각하며 하느님께 복수를 위한 기도를 했다. 그는 그들의 희생을 대가로 모두의 구원을 간구하고 다시 그들의 생명을 앗아간 악귀들의 벌을 구했다. 27일 새벽 시내에 울려퍼진 애끓는 어린 여학생의 호소, "우리는 끝까지 싸울 것입니다. 우리를 잊지 말아주십시오!"라는 절규에 모든 광주 시민들은 조비오 신부와 함께 자신들의 삶을 위해 젊은이들을 희생시켜야 했던 가책과 그들에 대한 복수 그리고 그들의 구원의 염원을 가슴에 새기고 있었다.

27일 새벽 계엄군은 사방에서 밀려 들어왔다. 이어 총성이 울리고 외곽에 나갔던 기동타격대는 도청으로 속속 돌아왔다. 도청 정면에 서치라이트를 비추며 계엄군이 일제 사격을 시작했다. 시민군들이 모두 정면으로 응사하는 동안 뒷담을 넘어 들어온 3공수 특공대는 도청 건물로 잠입하여 보이는 대로 총을 난사하고 여기저기 수류탄을 까 넣었다. 그러고는 확인 사살까지 했다.(현사연 1990a, 1044: 323) 많은 시민군들은 특공대가 들어오는 것을 보았지만 차마 방아쇠를 당기지 못했다. 일부 살아남은 시민군들은 손을 들어 항복했고 그들은 모두 '굴비처럼' 엮여 버스 4대로 상무대 영창으로 끌려갔다. 이날 새벽 도청에서 사망한 숫자는 아무도 정확히 알지 못한다.[69]

69 당시 공수부대 특공대였던 홍모 중사가 광주특위위원과의 인터뷰에서 당시 상황을 다음과 같이 진술했다. "도청에 진입해 들어가 무조건 보이는 대로 쐈다. 투항 자체가 불가능한 상황이었다. 손들고 나오는 사람을 그대로 있으라고 할 수 없었다. 시체가 드문드문 널려 있었다. 한 방에 서너 명 정도씩 있었는데 17구는 분명히 훨씬 넘었다. 시체는 보병부대(20사단)가 끌어내고 있었고 방마다 시체가 널려 있었다."(정상용 외 1990, 312) 당시 상황을 통제하던 시민군 상황실장 박남선은 500명 내지 600명이 도청에 있었다고 했고 계엄분소장으로 진압작전을 지휘했던 소준열 장군은 당시 도청에 360명이 있었다고 증언했다.(광주광역시 1997 IV, 240) 당시 각자 나름대로 면밀한 정보에 근거해서 나온 숫자였을 것이다. 새벽에 도청에서 계엄군에 잡혀간 사람은 버스 4대에 약 200명이었다. 이 숫자는 객관적인 것이고 따라서 사망한 사람은 160명에서 400명 사이가 될 것이다.

     삶과 진실 : 해방광주의 고뇌

5

광주의 진실을

죽음으로 지키다

어떻게 보면 해방광주는 제대로 한번 싸워보지도 못하고 너무나 비참하게 끝났다. 그리고 아까운 젊은 인재들을 너무나 많이 쓸데없이 희생시키고 말았다. 그러나 오히려 종합해보면, 매정한 말일지 모르지만, 항쟁파나 수습파나 모두 각자 해야 할 일을 했다고 말할 수 있을지 모른다. 살고 싶은 사람들은 다 살았고 죽기를 작정한 사람들도 반 정도는 살았다. 최후의 한판은 실컷 싸워보지 못했는지 몰라도 그 젊은이들의 피어린 항쟁은 결국 광주의 진실을 지켰다. 철저하게 포위된 절해의 고도에서 그들이 세상과 교신하는 방법은 시간의 차원을 통해서만 가능하다는 것을 알았고 그들은 스스로 까만 화석이 되어 이 땅의 진실을 그들을 핍박하던 자들이 다 재가 되어버린 지금, 자유로 부활하여 우리 후손들에게 웅변하고 있다. 어쩌면 그들이 그 어떤 다른 길을 선택했더라도, 몇 천 명의 예비군을 동원했거나 모두 살아남기 위해 총을 버리고 도청을 비워줬더라면, 지금 우리에게 남겨진 5·18의 유산은 이만 못했을 것이다.

해방광주의 복잡한 상황 전개는 5·18의 민중들이, 즉 학생이나 운동권, 노동자가 혁명의 의도가 없었음을 극명하게 보여준다. 무장 시민군들이 도청을 점령했을 때 그들은 도청 1층에, 출입이 편리한 곳에 자리 잡았다. 더구나 특별한 경우, 회의에 참석하거나 특별히 요청이나 명령을 받지 않은 이상 2층 도청 간부 사무실과 회의실에는 올라가지 않았다. 또한 그들은 시민군 본부를 '상황실', 시민군 사령관을 '상황실장'이라는 극히 겸손한 명칭을 사용했다. 이런 겸손이 특별히 칭찬받아야 할 일이라고 볼 수는 없지만 그들은 혁명적 분위기에서도, 세상이 바뀐 듯한 분위기에서도 기존의 광주 유지들, 지배계급으로 구성된 수습위원회의 존재를 부정하지 않았다. 시민군들은 그들을 싫어했지만 수습위 자체를 결코 없애버리려는 생각은 하지 않았다. 말하자면 당시 광주는 옛날로 돌아가지 않겠다고 선언하지는 않았던 것이다.

운동권 청년들이나 '재야인사'들의 입장은 정치적 지배 집단은 바뀌어야 한다고 생각했다. 하지만 '일반 시민'들이 일상적 경제생활로 돌아가야 한다는 점에는 모두 찬동했고 그들의 재산을 보호하기 위해 노력했다. 즉 경제나 공동체에 대해서 그들은 부정하지 않았다. 시민들 그리고 유지들은 기층민 시민군들의 혁명적 의도에 대해 의혹을 품고 경계하고 두려워했지만, 시민군들은 자신이 광주 시민들을 지키기 위해 총을 들었다는 사실에 자부심을 느끼고 있을 뿐이었다. 그들의 절대공동체는 적에 대한 분노 그리고 공포를 극복한 각자의 용기와 용기 있는 시민에 대한 사랑으로 이루어졌다. 너무나 자발적으로, 그 존재 이유를 묻지 못한 채 이루었던 삶의 한 형태였다. 그들의 절대적인 사랑은 적에 의존되어 있었는지 모른다. 그들의 절대공동체가 순수했던 만큼 그들은 공동체를 반드시 지켜야 할 이유를 찾지 못했고 따라서 절대공동체가 개인들로 분해되지 말아야 할 이유 또한 찾지 못했다.

해방광주에서 가장 눈에 띄는 정치적 사건은 매일 한 차례, 26일에는 두 차례나 있었던 시민궐기대회였다. 엄청난 군중들은 도청 앞 광장 분수대 주변에 모여 장관을 이루었다. 모든 광주 시민들은 몸으로 나와 목소리로, 열광과 야유와 항의로 참여했다. 그러나 이 시민궐기대회는 독특한 정치적 상황에서 자생적으로 만들어진 제도로서 이를 우리가 정치학 교과서에서 본 고대 그리스 식 직접민주주의 제도로 포착하고 찬양하는 것은 잘못이다. 22일 해방 첫날에 있었던 모임은 누군가 아침에 도청으로 모이자고 방송했고 국무총리 서리가 광주에 온다는 소식도 있었지만 시민들은 자발적으로 모였다. 그러나 이 집회는 사망자들에 대한 애도와 의례에 이어 도청 시민수습위원들의 협상에 대한 문제로 논의의 초점이 맞추어졌다. 따라서 시민궐기대회는 사태 해결에 대한 시민들의 독자적 의사 결정보다는 수습위의 활동을 비판하는 데 주력하게 되었다. 말하자면 도청 수습위에 의존하게 되어버렸다. 그보다 앞서 궐기대회는 출발부터 계엄군에 대한 분노와 성토로 시작되었고 그런 의미에서 이미 적, 계엄군의 존재에 의존되어 있었다.[70]

다음날 23일부터의 궐기대회는 운동권 청년들이 주동이 되었다. 대학생들이 비무장화된 '일반 시민'들을 동원하여 연출한 연극을 방불케 하는 집회였다. 사회는 연극반의 남녀 주연급 배우들이 맡았고, 단상에 오른 '각계 대표들'도 연극반 배우들이 나서기로 계획하여 꾸민 연극이었다.(현사연 1990a, 4001: 834) 시 낭송도 있었다. 물론 시민들의 의사가 반영이 안 된 것은 아니었다. 그러나 이 궐기대회는 22일에 자생적으로 표출된 시민들의 의사를 의도적으로 재생산하고 시민들의 여론을 주도하려는 의도에서 행해진 정치 활동이었다. 단적으로 궐기대회는 시민들 간의 투쟁 분위기를 고조시키고 수습위에 압력을 가하여 투쟁을 계속해야 한다는 목표를 위한 정치 활동이었고 도청의 수습위도 이를 파악하고 있었다. 적이 사라진 상황에서 일상생활로 돌아간 '일반 시민'들의 투쟁 분위기가 가라앉는 것을 방지하기 위한 행위이기도 했다. 24일에는 전두환 화형식도 있었다. 인형을 불태우는 등 멋진 장면도 만들어내고 이를 계기로 수습위에 압력을 가해 도청을 장악하는 작업을 시작했다.

---

[70] 22일 궐기대회를 본 박남선은 당시의 느낌을 다음과 같이 회고했다. "시민들은 비극적 사태의 해결이 어떻게 되어야만 한다는 개인적인 견해를 가지고 있었지만 그것을 아직까지는 통일된 의견으로 수렴시켜줄 조직을 갖추기 못하고 있었다. 그러므로 자연발생적으로 터져 나온 것은 현 사태를 몰고 온 계엄 당국에 대한 개인적 분노와 원통함에 대한 일종의 한풀이였다."(박남선 1988, 164)

     삶과 진실 : 해방광주의 고뇌

이 궐기대회에서 시민들은 절대공동체의 투쟁 분위기를 상기시키고 가끔은 자발적으로 연단에 올라가 각자 한풀이를 하기도 했다. 24일 이후 연극적 요소는 점차 세련되어졌고 화형식 등 볼거리들이 생기자 시민들은 점차 궐기대회를 투쟁의 경험과 분위기의 일부를 재생산하는 하나의 '카니발carnival'로 즐기게 되었다.[71] 카니발의 요소는 26일 마지막 날 궐기대회에서 확연히 드러났다. 당시 지도부는 밤에 계엄군이 진입한다는 사실을 알았고 그들은 숙고 끝에 시민들에게 이 사실을 공표했다. 이 사실이 알려지자 궐기대회에서 열기를 뿜던 군중들은 술렁대기 시작했고 분위기는 찬물을 끼얹은 듯 가라앉았다. 이 상황을 황석영은 다음과 같이 묘사했다.

> 궐기대회장의 고조되었던 분위기가 일시에 싸늘해지면서 광장에는 비장한 침묵이 깔렸다. 드디어 올 것이 오는 모양이구나. 사람들은 서로 얼굴을 마주보지 않고 각자의 생각에 깊이 잠기는 듯했다. 침묵한 시민들의 눈에는 눈물이 고이고 있었다.(황석영 1985, 204)

이 순간 시민들은 딴 세상, 가상의 세계에서 현실로 추락한 충격을 느낀 것이다. 궐기대회의 시민들은 합리적 의식으로 공통의 현실 문제를 고통스럽게 논의하고 있었던 것이 아니라 고뇌와 고독을 달래기 위해 또 하나의 세계를 만들어 눈요기, 귀요기를 하며 언론의 자유를 만끽하며 한을 풀고 있었던 셈이었다. 궐기대회는 고통스런 현실 문제를 해결하기 위해 합리적으로 논의하는 자리가 아니라 서로가 서로를 위로해주고 상처를 만져주는 자리였다.

---

71 카니발(Carnival)의 개념에 대하여는 바흐친(Bakhtin 1984)을 참조할 것.

당시는 민주적 의사결정을 할 수 있는 상황이 아니었다. 조국의 민주화만이 그런 비극을 방지할 수 있는 길임을 확신했지만, 그것은 내일의 일이었다. 당장 윤상원의 경우도 무장한 대학생들로 쿠데타를 감행하고 수습파들을 몰아내지 않으면 안 되었다. 아마 다수결의 결과에 따라 무기를 놓고 도청을 계엄군들에게 비워줬더라면 6월 항쟁은 없었을 것이며 지금 이 시간도 '5공' 치하였을 것이다. 현실적으로 우리의 민주주의는 궐기대회의 대중 선동과 윤상원의 쿠데타, 그리고 권총을 빼든 박남선의 위협 등 비민주적인 행위를 통해 가능했던 것이다.

한편 궐기대회에 모인 시민들이 비난하던 도청 수습위는 해방광주의 운명이었다. 수습위는 21일 금남로에서 전투가 끝나자 누구에 의해서인가 바로 구성되었다. 수습위는 어떤 사람들로 구성되든 간에 '각계각층'의 대표들이 모인 자리이며, 이 '각계각층'이라는 수습위의 헌법은—누구나 받아들이지 않을 수 없었던 원리는—이미 그 존재 이유로 절대공동체의 분해를 전제로 한 것이었다. 절대공동체는 절대 단수單數였고 '각계각층의 대표'는 복수複數로 이루어진, 말하자면 계급으로 분화된 기존의 공동체의 재현을 뜻하고 있었다. '질서'는 절대공동체를 분해하는 것이었지만 누구나 받아들이지 않을 수 없는 대명제였다. 절대공동체는 잠시만 가능할 뿐이라는 것은 누구나 아는 일이었고 복수의 계급이 존재하던 '일상'으로 돌아가야 한다는 것은 이미 운명이었다. 물론 '일상'으로 돌아간다는 것이 고정된 것은 아니라 하여도 선택의 여지가 많은 상황은 아니었다. 그 '일상'의 모습은 도청 수습위나, '재야인사'들이나 '운동권'들이 일방적으로 만들 수 있다고 생각하지 않았고, 모든 '일반 시민'들이 알고 있는 그 '일상' 이상의 모습을 생각하지 않았다. 시민군들은 '수습'이라는 말에 반대하고 '투쟁'을 원했지만 그것은 시간의 문제였다. '투쟁'을 원한 사람들이라고 해서 새로운 '일상'을 생각한 것은 아니었고 그들은 '수습'이라는 주제를 결코 논박하지 못했다.

이들 수습위와 함께 다시 모습을 드러낸 것은 가족의 권위와 애정이었다. 화창한 날씨에, 말끔하게 치워진 거리 그리고 질서 정연한 모습으로 돌아간, 갑자기 너무나 생소한 광주의 봄 거리에서 시민군들은 하나둘 그동안 까맣게 잊고 있었던 노부모님 그리고 형제들을 떠올렸다. 광주 시민들은 궐기대회에서 투쟁을 외쳤지만 그들 자신들의 투쟁이라기보다는 그들이 투쟁했던 며칠 전의 진실, 그리고 앞으로 투쟁으로 쟁취할 더욱 따사로운 민주화된 봄날을 생각했을 따름이었다. 투쟁의 진실을 결코 잊을 수 없었던 젊은이들은 이 따사로운 봄날, 가족 생각, 그리고 다시 돌아온 죽음의 공포와 또 싸워야 했다.

수습위, 운동권, 재야, 시민군은 모두 시위대의 구호에 따라 도청으로 모였다. 도청은 새로운 권부로, 그러나 이미 과거가 침투하여 싸움을 벌이는 장소였다. 이곳은 그간 유보되었던 정치가 새로 시작되는 곳이며 또한 이곳에서는 절대공동체에서는 존재가 유보되었던 개인들이 그들의 정체를 다시 밝혀야만 하는 장소였다. 주민등록증, 이름, 직업, 나이 등이 이 도청이라는 장소에서는 새롭게 요구되었다. 이곳은 계엄군의 첩자와 불순분자의 준동이 예상되는 장소이자 새로운 정치권력이 자신의 정체를 밝히는 장소였다. 온 시내가 절대공동체의 화기애애한 분위기에서 투사들이 민주 시민으로 자리 잡아갈 때, 도청에서는 서로 쏘아보고 의혹의 눈초리로 아래위를 훑어보았으며, 여차하면 총을 들이대고, 수류탄을 들이대며, 천정에 공포를 쏘아대는 살벌한 분위기가 난무했다. 도청은 광주의 내란 지역이었다.

이 살벌한 내란을 구제하려는 사람들은 바로 개인의 생명을 구하려는 종교인들이었다. 그러나 그들이 구하려는 것은 세속적 개인들의 육체적 생명이었고 결코 영혼의 삶이 아니었다. 그들이 내세운 또 하나의 상징은 이미 시민들이 무장하던 시점에서 분절되어버린 '전 광주 시민'의 생명이었다. 그러나 그들이 구하겠다는 것은 집단의 생명, 영생이 아니라 세속적 개인의 생명의 집적集積으로서의 생명이었다. 그들은 결국 이상적 수습위로서 이미 '각계각층'으로 분산된 광주를, 기존의 계급 사회로서의 광주를, 그 안의 각 개인의 생명과 재산을 보호하려고 나선 것이다. 이들은 비무장화된 '일반 시민'들의 안전과 재산을 보호하기 위해 무기를 회수하여 평화적 해결을 원했고, 이들의 주장은 이미 자신의 생명에 관심이 없던 사람들조차 거부할 수 없는, 거부할 명분을 찾지 못한 문명의 이념이었다. 그들이 구하려던 생명은 종교적 의미의 생명은 아니었다. 김성용 신부는 이미 '의인의 피'만이 모두를 구원할 수 있다는 것을 공언했다.

수많은 광주 시민들은 죽은 시민들을 찾아와 길게 줄을 서서 분향을 했고 또 가족을 찾기 위해 신원 확인이 안 된 시신들을 돌아보았다. 그때의 심정을 당시 재수생이던 정상현 씨는 이렇게 말한다.

도청 앞에 사망자들의 관을 놓고서 숙연한 분위기 속에서 대회를 했으며, 하얀 휘장을 두른 트럭 등에서 새로 관을 내리면 함께 애국가를 제창했다. 그런데 정말 이상한 것은, 개인적으로 한두 명의 죽음은 정말로 슬픈데 한꺼번에 많은 죽음을 대하니 그 후로는 죽음에 대해서 감각이 무디어져버린 것이다.[72](현사연 1990a, 3073: 696)

---

[72] 공수들에게 붙잡혀 구타당하고 나온 박해일 씨는 자기를 찾아 시체를 보고 다니던 어머니의 경험을 다음과 같이 전한다. "병원마다 시체실은 다 뒤지고 다니셨대요. 그러면서 어머니께서는 시체들을 많이 보았는데 처음과는 달리 나중에는 시체들이 시체로 느껴지지 않더라고 했어요. 보호자가 찾아가지 않은 시체는 아무렇게나 버려져 있어서 사람 시체라기보다는 어장에 말려진 생선 같더래요. 그런 끔직한 시신들을 보면서도 아들을 찾아내기 위해 구더기와 썩은 냄새가 진동하는 시체 사이를 뒤지고 다니신 겁니다."(현사연 1990a, 7139: 1461)

     삶과 진실 : 해방광주의 고뇌

도청 주변에서 학생들이나 시민군들이나 특별히 할 일이 없으면 시신들을 관리하는 일을 돕는 경우가 많았고 많은 전사들, 예를 들어 김종배의 경우, 일부러 시신 관리를 자청하기도 했다. 처참하게 일그러지고 잘려나간 시신들을 대하고 그 악취를 견딤으로써 그들은 자신이 왜 거기에서 총을 들고 서 있는가를 슬픔과 분노를 통해서 그 이유를 되새기려 했는지 모른다. 나아가서 시신을 돌보는 일은 너무나 가깝게 서 있는 죽음의 그림자와 공포와 맞닥뜨려 그 공포와 친숙해지고 공포를 순치시키려는 노력이었을 것이다. 코를 찌르는 악취와 싸움으로써 앞으로 닥쳐올 죽음의 공포의 충격을 줄이고 죽음이란 별것 아니라는 약간이나마 편안한 생각을 가지려고 했을 것이다. 그들에게 죽음은 투쟁의 연속이며 따라서 삶과 죽음은 별 차이 없는 투쟁의 전략적 선택이라는 절대공동체의 논리는 해방광주에서 하루하루 다가오는 자신에 대한 관심과 그에 따르는 죽음의 공포에 저항해야 했다.

그러나 죽음의 공포로부터의 저항은 개인의 수준을 넘어 권위에 의존함으로써 성공할 수 있었고 그들은 신과 또 신과 같은 지도자와 동료들과의 조직을 필요로 했다. 우선 그들은 자신이 복종할 수 있는 지도자를 원했다. 카리스마적 지도자는 절대공동체가 와해되며 죽음의 공포로 작아진 시민들이 자신들을 얽어매기 시작할 시점에서 구했던 것이다.[73] 광주 시민들은 절대적 지도자를 아직 갖지 못했다. 상황실장 박남선은 후보자에 불과했고 아직 시련을 통과하지 못했다.[74] 시민군 지도자의 임무는 시민군을 조직하고 그들을 이끌고 싸워 이겨야 하는

---

[73] 막스 베버는 카리스마적 권위(Charismatic authority)의 등장을 "비일상적(unusual) 특히 정치적 경제적 상황"에서 나타난다고 하여 상황과 인물의 등장을 동일한 논리로 파악했다.(Weber 1978, 1121) 그러나 실제로 극도로 비일상적 상황인 5·18의 경우에서는 별도의 권위체가 전혀 없는 상황, 절대공동체가 분해되는 단계에서 나타났다.

것이었다. 조직력은 노동자 출신 시민군들의 약점이었고 이는 해방 첫
날 흡사 극복할 수 없는 노동자계급의 원죄처럼 보였다. 대학생들의 도
청 진출은 바로 이 시민군들의 약점을 보완하기 위해서였다. 그러나 박
남선 이하 기층민 출신 시민군들을 자세히 관찰할 기회를 가졌던, 학생
신분을 속이고 상황실에 근무했던 윤상원의 후배는 그들에 대해 다음
과 같이 말한다.

> 그러나 5월에 대해서만큼은 많은 것을 배울 수 있었다. 사회과
> 학 공부의 이론으로는 느낄 수 없던 민중들의 폭발적인 힘에 나
> 는 놀랐다. 노동판에서 욕지거리를 하며 화를 내면서 서로 맞잡고
> 싸우는 힘들, 오직 가진 것은 몸뚱아리 하나뿐이라는 그 힘이 그
> 리도 큰 힘인 줄은 몰랐다. 비록 조직 역량이 부족했을지는 모르
> 지만 합리적이고 탄력적인 조직들을 만들어내고 있었다.(현사연
> 1990a, 1046: 338)

시민군은 21일 오후 그리고 22일 오전 중에 광주공원에서 주로
조직되었다. 수백 명의 시민군들을 광장에 앉혀놓고 문장우 외 이름을
밝히지 않은 수십 명의 30대 예비군들이 그들에게 총기 교육을 시키고
그들을 조별로 나눠 차량과 무기를 분배하고 임무를 부여했다. 우선은
도청 공격을 위한 특공조들을 조직하여 출전시켰고, 저녁때부터는 대
부분 지역방위대로 계엄군과의 대치 지역으로 보내고 일부는 제한된

---

74 학생으로 신분을 속이고 상황실에 근무했던 손남승 씨는 박남선에 대해 다음과 같이
평한다. "박남선 씨는 학생들에 대해서 비교적 호의적이었다. 그는 중장비 운전사라
했고 공수특전단 출신이라고 자기소개를 했다. 특히 실전 경험이 있기 때문에 상황
판단이 뛰어났고 육성이 컸으며 언변이 뛰어났다. 나는 혁명 과정에서 나타나는
영웅이 저런 타입이 아닐까 하는 생각을 갖기도 했다."(현사연 1990a, 1046: 336)

　　　　　　　　　　　　　　　　　　　　　삶과 진실 : 해방광주의 고뇌

지역을 순찰하여 문제가 있으면 보고하는 순찰대의 임무를 맡겼다. 대부분의 특공대는 용감히 싸우다 총에 맞아 죽거나 부상당하여 그날로 조직은 사라져버렸다. 저녁때 만들어진 순찰조들의 경우는 많은 증언에 따르면 조장이 따로 임명되었다는 사실이 별로 없는 것으로 보아 거의 운전사 마음대로 방향을 정하든가 조원들이 상의하여 결정하는 경우가 대부분이었다. 순찰조들은 급조된 조직으로 내부 규율이 없어 오래 유지되지 못하고 대부분 당일 또는 다음날 중으로 뿔뿔이 흩어진 것으로 보인다.

시민군이 도청을 점거한 후 상황실은 시민군의 운영을 거의 도맡게 되었다. 해방 첫날 무장한 시민군들은 주로 도청 안이나 근처에 운집해 있거나 차 안에서 자고 있다가 외곽 지역 어디에서 전투가 벌어졌다고 하면 근처의 총 든 사람들은 모두 차에 타서 출동하곤 했다. 그야말로 아무런 조직도 없는 떼거지들처럼 이리저리 몰려다녔던 것으로 보인다. 또한 도청 정문, 도청 내부, 주요 관공서, 주요 건물, 도청 지하실 화약고 등의 경비는 임의로 맡겨졌고 어떤 지점 또는 건물의 경우는 시민군들이 자체 집단을 만들어 스스로 경비를 맡기도 했다. 예를 들어 전일빌딩은 한 집단의 시민군들이 경비를 자임하고 있었다. 그러다 누가 총을 놓고 집에 가면 다른 사람이 아무나 그 자리를 메우기도 하고 또한 수습위나 학생수습위에서 일을 도와달라고 하면 서로 얼굴이 익은 사람들끼리 자발적으로 돕기도 했다.(현사연 1990a, 2021: 414-5 etc.) 다만 첫날부터 상황실에서는 차량을 통제했고 차량에는 운전사가 지정되었다. 운전사에게 임무의 영역이 할당되었고, 출동할 때는 상황실에서 차량통행증을 받아야 하는 규제가 생긴 것으로 보인다.

23일 이후에야 도청 상황실은 최소한의 조직이 장악한 것으로 보인다. 박남선은 친구와 후배들에게 부실장, 통제관, 경비반장을 맡기고 출입증을 만들어 최소한의 보안을 유지했다.(박남선 1988, 178) 그러나 절대공동체의 야수 같은 전사들을 조직원으로 포박해야 하는 본질적인 문제는 하루 이틀에 해결할 수 없는 문제였다. 도청을 중심으로 한 모든 시민군 조직의 문제점은 누가 어떤 조직에 있는가를 파악할 수도 없고 따라서 개인의 움직임을 통제할 수도 없었다는 것이다. 시민군이란 처음부터 절대공동체의 정신에서 각자 자발적으로 가담한 것이며 따라서 서로 누가 누구인지도 모르는 상황, 그저 약간 낯익은 얼굴끼리만 서로 교신하는, 그런 상황이었다.[75] 시민군의 명부를 만들 생각도 했지만 후일 이 명단으로 인하여 개인들이 피해를 입을까 두려워 만들지 못했다. 이런 상황에서 조직은 통제할 수 없었고 통제할 수 없는 이상, 당시 계엄군의 첩자를 경계하는 상황에서, 시민군 조직은 불신의 대상이 되기도 했다. 결국 도청 상황실과 주변의 시민군들은 서로 만난 지 얼마 되지 않은 상황에서 짧은 시간에 나눈 인간적인 정을 바탕으로 급조된 군대였다.

지역방위대는 21일 오후 특공대들을 제외하고는 주로 광주공원에서 제일 먼저 조직된 부대였다. 초기에 7개 지역에서 계엄군과 대치하고 있었고 이 지역에는 나름대로 지휘자와 조장 등으로 하여 지역 예비군들과 시내에서 지원 나온 시민군들로 조직되어 있었던 것으로 보

---

75 이러한 상항을 박남선은 "도청 안에는 모든 조직이 자생적으로 이루어져가고 있었다"라고 좋은 말로 표현했다.(박남선 1988, 168) 당시 26세의 대학생이던 위성삼 씨는 25일 궐기대회가 끝나고 대학생은 YWCA로 모이라는 방송을 듣고 그곳으로 갔다. "내가 YWCA로 가자 머리가 긴 여자(이름 모름)와 이연이라는 학생이 학생증 제시를 요구했다. 나는 학생증을 보여주었다. 30여 명의 학생들이 모였다. 곱슬머리의 한 청년이 도청으로 들어가자고 제의했다. 대표 다섯 명을 뽑았는데, 나는 대표로 선출되어 도청으로 들어갔다. 도청 2층에서는 수습대책회의를 하고 있었다. 회의 중에 상황실과 조사부 통제가 어렵다고 하여 내가 도청 내 총경비 책임을 맡기로 했다. 나는 무기를 통제해야 하고 시민군들은 복장을 깨끗이 하여 시민들이 불안해하지 않도록 해야 한다고 말했다."(현사연 1990a, 1038: 297) 처음 들어간 사람에게 이런 책임을 맡겼다는 것은 당시 조직이 전무했다는 증거일 것이다.

   삶과 진실 : 해방광주의 고뇌

인다. 자세한 기록이 나와 있는 지역방위대는 문장우가 조직하고 지휘한 학운동 지역방위대였다. 21일 저녁 시민군을 벤츠 고속버스 11대에 태워 학운동 배고픈다리 쪽에 도착하여 12명씩 1개 조로 편성하여 6개 조를 이루었다. 그러다가 나중에는 11개 조, 본부까지 12개 조로 확장되었다. 이 방위대에서 지휘자는 소대장이었고, 보좌관 그리고 각 조마다 팀장이 있었다. 23일 새벽에는 총격전이 있었고 계엄군 첩자 2명을 체포하는 등 상당한 전력을 보유했지만 23일 오후 도청에서 나온 총기 회수반에 총을 반납하고 해산되었다.(같은 책, 2025: 435-8) 그 외의 지역방위대는 주로 24일을 전후로 모두 해산되었다.

당시 시민군 조직의 전형적인 모습은 기동순찰대일 것이다. 이들은 해방 첫날부터 도청에서 시내의 치안에 문제가 생겼거나 또는 대치 지역에서 전투가 벌어졌을 때 차에 타고 출동했다. 필요한 경우에는 물품도 나르기도 했고, 경찰과 군이 하는 역할을 구분하지 않고 동시에 수행하는 조직이었다. 전체 조직도 따로 없었고, 어떤 종류의 형식화된 기구도 전무한 상태였다. 사실상 한 조는 차 한 대와 무전기 한 대가 전부였고, 대원들은 임의로 가입하기도 하고 집에 돌아가기도 했다.(같은 책, 2038: 496) 22일 오후 김화성은 20~30명의 청년을 모아 5명씩 5대의 차에 타라고 한 뒤 무전기를 한 대씩 그리고 각자에게 전경 모자와 우의를 주고 순찰을 하라고 했다. 이런 식으로 기동순찰대는 급조되어 만들어진 조직이었다.(같은 책, 2039: 501) 23일에도 대원을 모았으나 아무런 형식적 절차도 없었다. 그러나 24일부터는 상황실에서 기동순찰대 조직의 재정비가 시도되었던 것으로 보인다. 누군지 모르지만 그가 새로 모집하는 청년들 50~60명을 도청 현관에 모았고, 스스로 지휘자 노릇을 했다.[76](같은 책, 2037: 492) 26일에도 지원자 모집이 있었고 그때는 간단한 면접을 거친 후에 입대가 허용되었다.(같은 책, 2035: 483)

그러나 일반적인 기동순찰대의 지휘체계에 대한 증언은 없다. 전체가 몇 개 조로 운영되었는지도 알려져 있지 않다. 어떤 기동순찰조는 총기를 회수하러 다니기도 하고 다른 조는 총기 회수를 반대하여 수습 위에 공개적으로 저항하고 집기를 부수고 총을 겨누기도 했다.(같은 책 2038: 496) 즉 일원화된 조직체계가 없었다. 그래도 시민들은 기동순찰대라고 쓰인 차가 지나가면 박수를 치고 손을 흔들어 환영을 표시하곤 했다. 기동타격대가 조직되며 기동순찰대가 모두 흡수된 것은 아니었고 일부 기동순찰대는 여전히 남아서 활동하고 있었다.(같은 책, 2027: 448)

조직된 시민군 중에는 '특수기동대'라 불리던 사람들이 있었다. 특수기동대는 24인승 마이크로버스에 타고 다니는 12명 내지 14명으로 조직된 무장한 시민군들이었다. 21일 오후에 광주공원에서 개인적으로 자원하여 만들어진 사적 조직으로 도청의 통제를 받지 않고 오히려 도청 상황실과 협조 관계에 있던 독자적인 시민군 부대였다.[77] '특수기동대'라는 이름은 "당시 텔레비전에서 테러 진압대 활동을 그린 외국영화 제목"에서 땄다고 하며 당연히 그 이름은 차체 양쪽에 크게 페인트로 쓰여 있었다.(같은 책, 2041: 509) 그들의 지휘자는 누구였는지는 아직 모르지만 두 사람이었고 한 사람은 해병대 출신이고 다른 사람은 무전기를 잘 다룰 줄 알았다고 한다. 대원들은 모두 '죽기를 각오'하는 언약을 한 뒤 차에 탔다. 대원들 중 어떤 사람들은 이전부터 서로 친

---

76 신분증과 통행증을 발급받았다고 하는데 언제 어떤 형태로 받았는지는 증언이 없다.(같은 책, 2027: 448)

77 김여수 씨는 21일 오후 도청 앞에서 그 마이크로버스를 탔다고 증언하고 있으며(같은 책, 2040: 505) 김현채 씨는 22일 오후쯤에 광주공원에서 그 차를 탔다.(같은 책, 2041: 508) 차는 한 대였고 이 두 사람은 서로 이름을 알고 있었다. 두 사람 모두 기동타격대에 가담했다. 특수기동대에서 기동타격대에 가담한 사람은 증언에 따르면 모두 4명이었다.

   삶과 진실 : 해방광주의 고뇌

구였으나 나머지는 끝까지 서로 이름도 알지 못했다. 대원들은 당시 소총과 실탄을 각자 갖고 있는 상태였고 차에는 TNT 두 박스, 기관총(캘리버50 또는 LMG) 그리고 많은 수류탄과 실탄이 실려 있었다. 23일에는 아세아자동차에 가서 철판을 얻어 차창을 막았다. 그들은 계엄군과 대치하고 있는 지역을 돌아다녔다. 그러다가 무전을 통해 전투가 벌어지는 지역이 파악되면 참전하는 식으로 활동했다. 대원들은 강한 자부심을 느끼고 있었고 서로 동지애를 느꼈다. 그들은 모두 언제 죽을지 모른다며 자신의 이름과 주소가 적힌 종이쪽지를 호주머니에 넣고 있었다.(같은 책, 2038: 497) 식사는 주로 도청에서 해결했고 잠은 차 안에서 자거나 여관에서 자기도 했다. 이들의 대부분은 24일 또는 26일에(증언이 엇갈림) 어떤 이유인지는 몰라도 무장 해제되었고 그중 일부는 도청 근처를 배회하다 26일 기동타격대에 가담했다.(같은 책, 2040: 505)

　　5·18 시민군 조직의 상징은 단연 26일에 조직된 기동타격대였다. 기동타격대는 도청 지도부가 공식적으로 조직한 유일한 시민군으로 상황실장이 윤석루를 대장으로 이재호를 부대장으로 임명하여 조직되었다.(박남선 1988, 54) 기동타격대에는 해방광주의 독특한 상황을 위해 개발된 새로운 조직 기법이 시도되었고 이는 부대장 이재호가 구상한 것으로 보인다. 이 부대는 총기 회수의 대상이 아님을 명확히 했다. 또한 창설 당시 공식적인 의식을 행하고 선서도 하여 대원들에게 소속감과 뿌듯한 자부심을 부여해주었다. 대원증도 발급했고 옷도 전원 깨끗한 전투경찰복을 입었으며 방석모를 썼다. 어떤 조장은 공수부대 베레모를 쓰기도 했다. 나아가 기동타격대는 거의 노동자 출신의 20세 전후의 젊은이만으로 이루어진 조직이었다. 대학생들은 당시 도청경비대에만 배속시켰던 것으로 보인다. 또한 1개 조당 6명 내지 7명의 소수로 조직하여 한 대의 차량으로 이동하며 상호 관리가 가능하게 했고 각 조는 이전의 친구 관계나 선후배 관계에 있는 사람들을 배치시켜 결속을

다졌다. 마지막으로 기동타격대는 대원들 개인의 정체identity를 독특한 방식으로 만들어냈다. 이름이란 절대공동체의 분위기에서 서로 잘 모르기도 하거니와 별 의미가 없었다. 그리고 외우기도 어려운 상황이었다. 그래서 모든 개인들에게 별명을 각자 짓게 하여 붙였다. 예를 들어, '찐빵', '백곰', '범' 등 기억하기 좋고 부르기 편하고 친숙한 느낌의 이름을 짓고 모자에 조별과 별명을 함께 썼다. 예를 들어 전경들의 방석모 옆에 '제1조 백곰'이라고 쓰고 다닌 것이다.(현사연 1990a, 2032: 474; 2036: 489; 2038: 497)

이로써 처음으로 시민군은 해방 후 닷새 만에 새로운 종류의 개인을 조직의 공식적 제도로 만들기에 이르렀다. 이는 개인이 용해된 절대공동체에서 출발한 시민군 조직으로서는 획기적인 진전이었다. 원래 조직에서 규율이란 물리적으로 장악된 개인에서 바로 출발하는 것이 아니라 각 개인의 여러 속성, 역사, 사회적 지위, 사회적 관계에 대한 장악을 통해서 출발하는 것이다. 해방광주에서 규율을 갖춘 조직을 만든다는 것은 나름대로 독특한 개인을 형성해내지 않고서는 불가능한 것이었다. 당시 새로운 개인이란 이전의 사회관계를 떠난 인간이었다. 개인이 조직의 공식적인 제도가 됨으로써 조원들은 함부로 조를 이탈해도 안 되고 조를 바꿀 수도 없었다. 무엇보다 부대장 이재호는 이 모든 조직을 스스로 구상했고 대원들의 존경을 한 몸에 받고 있었다.

기동타격대는 해방의 마지막 날 새로운 조직 기법을 발명했지만 그들에게는 실컷 싸워볼 만한 인원도 없었고 조직을 확대 발전시킬 만한 시간도 없었다. 이러한 새로운 조직 기법 때문인지 26일 밤의 위급한 와중에도 기동타격대원은 한 사람도 조직을 이탈한 사람이 없었다.[78](같은 책, 2032: 474) 또한 특기할 만한 사항은 기동타격대 대원들은 나중까지 스스로 기동타격대원임을 자랑스러워했고 당시에도 서로가 서로를 알고 오랫동안 기억하고 아껴왔다는 사실이다. 그들은 조직

     삶과 진실 : 해방광주의 고뇌

에서 개인의 지속적인 정체를 가진 것이다.[79] 그러나 광주 시민들에게는, 시민군들에게는 너무나 시간이 없었다. 당연히 군부는 그들에게 충분한 시간을 결코 줄 리가 없었다.

기동타격대와 도청의 젊은 학생들은 나름대로 열심히 싸웠지만 그 자리에서, 그때 계엄군을 이길 수는 없었다. 그들은 다만 광주의 진실, 투쟁의 진실을 죽음으로 지켰을 따름이었다. 당시 윤상원을 비롯한 항쟁파들은 마지막 회의에서 그날 밤만 넘기면 아침이 올 것이라고 여러 가지 이유를 들어 강변했다. 그러나 사실 그날 밤 모든 젊은이들이 나름대로 모여 '최후의 만찬'을 들었듯이 살아남을 수 있으리라고 진정으로 믿은 사람들은 많지 않았을 것이다. 윤상원의 강변은 그들을 이해하지 못하는, 절대공동체의 투쟁의 진실을 겪지 않은 사람들에게 자신들, 진실을 아는 사람들만이라도 끝까지 싸울 수 있는 자유, 선택의 자유를 인정받기 위한 의미였을 것이다. 그리고 그들은 결코 미친 사람들, 싸움에 중독된 그런 비정상적인 인간이 아니라는 것을 말하고 싶었을 것이다. 그들은 적들이 진실을 영원히 파괴하지 못하도록, 모든 광주 시

---

78   다만 2조는 밤에 출동 나갔다가 가벼운 교통사고가 나는 바람에 늦어서 여관에서 자고 도청에서 싸우지 못했다. 그리고 27일 아침 계엄군에 체포되었다.(같은 책, 2036: 489) 5조도 26일 밤에 공용터미널 로터리에 출동 나갔다가 여관에서 자고 27일 새벽 도청 전투에 참여하지 못했다.(같은 책, 2039: 502)

79   당시 6조 대원이었던 나일성 씨는 다음과 같이 증언한다. "27일 계엄군의 시내 난입 때 나와 같이 있었던 사람은 우리 소대원 6명과 나중에 합류하게 된 고등학생 2명을 포함하여 8명이었다. 그중 소대장 박인수는 목에 총상을 당했고, 세 사람은 상무대 헌병대에서 만났다. 그런데 나머지 3명은 행방이 묘연하다. 부상을 당했으면 부상자 명단에 있어야 하고 사망했으면 망월동에 묻혔어야 하는데 기를 쓰고 찾아봐도 없다. 그렇다면 이들은 어떻게 된 것일까."(같은 책, 2035: 485) 이들은 서로 이름, 주소 등을 알고 있었음에 분명하며 이는 시민군 조직에서 아주 예외적인 경우이다.(같은 책, 2041: 510) 6조의 경우 모두 다 친구 아니면 이미 알던 얼굴들이었다고 증언했다. 그러나 3조에 속했던 염동유 씨는 한 사람 빼고는 이름을 몰랐다고 증언하고 있다.(같은 책, 2037; 493) 그런가 하면 1조는 모두가 친구, 고향 선후배로 이루어져 있어 모두가 잘 알고 단결력도 좋았다고 한다.(같은 책, 2038: 497)

민들을 '폭도'로 생매장하지 못하도록 하기 위해서 명정한 정신으로 그 자리에 남았을 것이다. 그리고 투쟁의 진실을 깊은 땅 속으로 감추어 자신들의 몸과 함께 언젠가는 우리 앞에 진실로서 부활할 수 있도록 화석으로 만들고 싶었을 것이다.

광주 시민들은 그날 새벽 어린 여학생의 절규를 들었다. 그러나 그들은 너무나 무서워서, 자신의 생명을 지키기 위해 거리에 나가지 못했다. 광주 시민들은 자신들이 살아남기 위해 어린 자식들을 희생의 제단에 바치고는 뒤도 돌아보지 않고 자신들의 동굴로 뛰어 들어와 벌벌 떨며 공포의 밤을 지새운 것이다. 젊은이들의 죽음은 자신들이 인간이었던, 인간으로 싸웠던 그 시절의 모습을 지켜줄 유일한 길이었다. 그리고 그들의 죽음에 대해 복수를 맹세했다. 그 여학생이 "우리를 잊지 말아주십시오!"라고 절규하듯 광주 시민들은 자신들의 사람됨을 지키기 위해 죽어야 했던 자식들의 복수의 맹세를 영원히 잊을 수 없었다. 자식을 희생시킨 죄인으로서 그들은 복수의 맹세를 통해서만 하루하루 살아나갈 수 있었는지 모른다.

광주 시민들은 결코 죽지 않았다. 계엄군이 철수한 5월 31일 밤과 6월 1일 새벽 사이 시내 곳곳에 특히 전남매일신문사 앞길과 지산동 법원 앞길의 모든 전신주에 붉은색으로 '살인마 전두환'이라는 저주가 붙어 있었다. 다음날 2일 《전남매일신문》은 김준태 시인의 〈아 아, 광주여! 우리 민족의 십자가여!〉로 그 뜨거웠던 열흘이 결코 꿈이 아니었음을 눈물로 일깨워주었고, 《광주일보》도 '무등산은 알고 있다'라는 특호 활자로 침묵의 시위를 벌였다. 광주의 피는 지워지지 않았다. 그리고 그 희생의 제단 위에서 우리의 역사는 다시 시작되었다.

     삶과 진실 : 해방광주의 고뇌

© 황종건

5·18의 작전 코드, '화려한 휴가'는 공수부대의 잔혹함을 여실히 드러낸다. 공수부대의 진압은 부마사태 때부터 공적으로 용인된 국가 폭력수단이었고, 여기에 사적 원한을 폭력으로 자유롭게 해소하게 한 잔인성의 카니발이었다.

4부

해방광주를 어떻게 해석할 것인가:
해석의 시도와 이론적 문제점

1 폭력의 성격

　　우리나라에서 1980년 5월 18일 낮까지만 해도 정치적 목적을 가진 시위, '데모'는 대학생들의 특권이었다. 대학생들은—비록 공부라고는 한 자도 하지 않는 학생이라 할지라도—'지식인'이라는 사회적 정의로 인해 그리고 부르주아 계급의 일부로서 사회 체제를 부정하지 않는 계급이라는 이념적 지평에 대한 전제에서 그들에게는 특권이 부여되었다. 대부분의 시민들은 대학생 데모의 명분에 동의해도 신분이 맞지 않아 함께하지 못하는 경우가 많았고 특히 노동자나 거리 상인들은 자신의 행색이 부끄러워 감히 가담할 생각을 하지 못했다. 또한 많은 시민들은 부유한 가정에서 태어나 공부를 시켜주는데도 '하라는 공부는 안 하고' 데모나 하는 대학생들을 미워하기도 했다.

　　대학생 데모는 분명히 폭력을 사용했다. 그리고 그 폭력은 데모를 진압하는 경찰의 폭력과 상응되는 것이었고 그런 의미에서 양자의 폭력은 '게임'을 이루고 상징적 폭력 수준에 머물러 있었다. 대학생들과 경찰의 폭력은 한편에서는 비판의 대상이었지만 동시에 우리 사회에서 용인되어왔다. 불특정 다수의 방석 장비를 착용한 경찰들에게 돌을 던지고, 유리창을 깨고, 전경들은 최루탄을 쏘고, 간혹 학생들을 곤봉으로 때려 머리에서 피를 흘리는 장면들은 시민들에게는 가슴 아프고 괴로운 일이었지만 언제부터인가 참고 견디며 그저 구경이나 해야 하는 일로 되어 있었다. 이런 정치 폭력은 4·19 이후 구조화되었고 이 폭력의 구조화는 5·16의 명분 중 하나였다. 그러나 박정희 정권도 이 구조를 쉽게 깨지는 못했다. 우리 사회는 대학생들의 데모를 정치 비판의 합리적 형태로 용인해주고 민주주의의 한 부분으로 인정해왔기 때문이었다.

　　해방광주를 어떻게 해석할 것인가 : 해석의 시도와 이론적 문제점

　　박정희 정권은 '개발독재'의 특권으로 대학생들과 경찰의 폭력 게임을 가끔 중단시킬 수 있을 따름이었다. 대학생들의 데모가 어떤 수준을 넘어가면 계엄을 선포하고 탱크를 앞세워 군대를 대도시에 진주시키면 이 게임은 당분간 중지되었다. 국민들은 계엄이 불법임을 알았지만 대학생들의 특권과 개발독재의 특권을 모두 인정해주는 차원에서 비판은 했지만 용인했다고 볼 수도 있다. 그러나 3선개헌은 국민들과 지식인들이 용납할 수 없는 공개적 독재 선언이었고 박 정권 또한 통상적인 정치 게임으로 돌파할 수 없다는 인식 하에 이 폭력 게임의 균형을 영원히 뒤집고자 했다. 1971년 박 정권은 '위수령'을 발동하여 수도경비사령부 병력을 대학에 진입시켜 학생들을 구타하고 연행했다. 이 때부터 대규모로 대학생 데모 주동자들과 그들을 지원하는 지식인들을 검거하고 고문하기 시작했다. 그러나 고문拷問이란 그 말이 뜻하듯 무엇을 물어보기 위해 고통을 주는 것이 아니라, 이때부터는 엄청난 구타와 견디기 힘든 고통으로 정치적 의지를 꺾고 나아가서 인간으로서의 존엄성과 저항의 '영혼'을 말살하기 위한 비인간적 정치 행위로 전락했다.

　　이때부터 박 정권과 이를 군사독재로 규정하는 민주화를 요구하는 지식인들의 갈등은 전과는 다른 처절한 양상을 띠어갔다. 1972년 유신 이후에는 본격적으로 대학생 데모 자체를 불가능한 상황으로 만들어가려 했다. 정부의 모든 정보 기능을 갖는 부서는 정권에 반대하는 대학생들과 지식인들을 감시하고 억압하는 데 치중하기 시작했고 1970년대 후반부터는 군대, 특히 정치적으로 활용 가능한 부대들에게 데모 진압작전을 체계적으로 훈련시키기 시작했다. 1979년 말 10·26 직전의 부마사태는 새로운 계획의 실험장이었다. 결과는 일견 대성공이었다. 데모 진압 훈련을 받은 공수부대는 대학생 데모로 촉발된 사태를 일거에 평정했다. 그러나 한편 부마사태는 당시 중앙정보부장의 눈에는 국가가 더 이상 정통한 권력을 행사할 수 없는 상황으로 보였고 이는 대통령의 암살로 이어졌다. 결국 부마사태와 공수부대의 진압은 상반된 해석을 낳았다.

　　부마사태에서 발휘된 국가기관의 폭력은 통상적 관념의 국가권력 행사를 넘어서는 것이었다. 공수부대의 데모 진압은 단순히 경찰보다 강력한 진압 수단을 사용하는 것이 아니었다. 이는 교범에 따라 훈련된 사항을 '실시'하는 것을 넘어 혹독한 공수부대 훈련의 스트레스 그리고 직업 군인들이 갖는 전통적인 사회에 대한 열등감과 질시, 나아가서 '비싼 돈 주고 대학 다니는 놈들'에 대한 계급적 적대감이 쌓인 야수들을 풀어놓는 것이었다. 그들은 보이는 대로 아무나, 아무 데나 실컷 구타하고 기분을 풀었고 장교나 지휘관들도 부하들을 대도시에 진압 명령과 함께 풀어놓으면 그들을 통제한다는 것은 불가능하다는 것을 이미 잘 알고 있었다. 더구나 아무리 충정훈련을 많이 받았다고 해도 공수부대는 공식적으로 '특수전', 즉 적의 후방에 침투하여 적을 교란시키는 임무를 위한 강도 높은 훈련을 받고 늘 목숨을 내놓고 사는 군인들이며, 그들에게 데모 진압은 준엄한 임무라기보다는 일종의 '소풍' 또는 '바람 빼기'라는 것을 그들이 모를 리가 없었다. 5·18의 작전 코드, '화려한 휴가'는 공수부대와 데모 진압의 구조적 관계를 여실히 드러낸다. 공수부대의 진압은 부마사태부터 합목적적·공적 국가 폭력수단의 사용뿐만이 아니라 거기에 덧붙여 사적 원한을 폭력으로 자유롭게 해소하는 잔인성의 카니발이었다.

　　1980년 초는 위와 같은 정치 폭력의 역사적 흐름에서 예외적인 시간이었다. 말하자면 고전적인 대학생들과 전투경찰대의 폭력 게임이 재개된 시기였다. 공식적으로 대통령이 '민주화'를 시대 과제로 선언한 이상 부마사태를 바로 반복할 수는 없었다. 오히려 당시 집권을 계획하던 신군부는 학생들의 고전적인 데모를 유도하여 그것을 더 극적으로 만들어 '민주화'의 흐름을 차단할 구실을 찾고 있었다. 서울에서 대학생

　　　　해방광주를 어떻게 해석할 것인가 : 해석의 시도와 이론적 문제점

데모로 전투경찰이 버스에 치여 죽는 장면은 그들에게는 너무나 기다려왔던 종류의 그림이었다. 그러나 광주에서와 같이 경찰은 진압을 포기하고, 시민들과 학생들이 하나가 되어 평화적 시위가 전개된 것은 실로 신군부에게는 경악이 아닐 수 없었을 것이다. 대학생 데모가 혼란이 아니라 화합으로 나타난다면 신군부는 자리가 없어질 것이고 이른바 'K공작'[1]은 물거품이 될 위기였다. 5·17쿠데타는 이러한 상황에서 결행된 '서울의 봄'이라는 예외적인 시대가 끝나고 역사의 상궤常軌로 돌아간다는 선언이었다. 신군부는 이미 1980년 초부터 '충정훈련'을 실시하며 이에 대비해왔다.

5월 18일 아침 일찍 광주교육대학 학생이던 임영남 씨는 학교에 테니스를 치러 가고 있었다. 교문에는 공수부대 군인들이 10명쯤 보였지만 별 생각하지 않고 들어가려 했다. 이 장면은 5·18 직전 아무도 그 엄청난 사태를 예측하지 못한 시점에서 준비된 폭력의 성격을 보여준다.

그들과 나 사이는 12미터 정도 되었는데 그때 군인들이 "어이! 학생 이리 와봐" 하며 마치 아는 사람처럼 부드럽게 불렀다. '별일 없겠지' 하는 생각으로 그쪽으로 가려는데 슈퍼마켓 아주머니께서 극구 만류하시며 못 가게 하셨다. 그래서 안 가고 바라보고 있었다. 그러다가 나는 데모도 안 했는데 어쩌랴 싶어서 도로를 건넜다. 그들에게 2, 3미터 정도 가까이 갔을 때 달려와서 날 붙잡았다. 그러고는 몸이 약간 뚱뚱한 하사 1명이 수위실 왼쪽에 있는

____

1   'K공작'이란 1980년 3월 보안사 언론반장 이상재가 '단결된 군부의 기반을 주축으로 지속적인 국력 신장을 위한 안정 세력을 구축'한다는 목적으로 전두환 보안사령관의 결재를 받아 실행한 언론 회유 공작 계획이다.

결명자차 밭으로 나를 끌고 갔다. 군복 가슴에 낙하산 마크가 있는 공수부대였다. 나를 밭으로 끌고 와서는 말 한마디 없이 무조건 군화발로 다리를 차서 넘어뜨리고는 배를 차고 끝이 둥근 검은 색깔의 곤봉으로 어깨, 등을 때렸다. 나는 엉겁결에 당해서 맞다가 소리쳤다.

"왜 나를 때려요!"

"너 학생이지?"

"그렇소. 나는 이 학교 학생이오."

"너 같은 학생 놈들 때문에 사흘을 굶었어. 너희들이 뭘 안다고 데모질이야. 너 같은 놈 몇 명을 죽여도 나는 죄가 되지 않아."

그렇게 말한 뒤에도 한참을 때리다가 하사는 단검을 빼더니 나를 찌르려고 했다. 순간 내가 학교로 잡혀올 때부터 난감한 표정을 짓던 수위 아저씨가 우리에게로 왔다. (…) 우리에게로 온 아저씨는 "군인 아저씨! 이 학생은 데모는 않고 운동만 하는 학생이오. 내가 보장합니다"라고 하시며 통사정을 하셨다. 그러자 지켜보고 있던 소위가 "인제 그만해둬"라고 했다. 그러자 하사가 "이놈들 때문에 사흘을 굶었는데 그냥 둬요?" 하며 불만스런 표정을 지었다. 그러자 소위가 "내가 보기에도 데모도 않고 착실한 것 같고 수위 아저씨 말을 들으니 사실인 것 같으니 풀어줘" 했다. 그런 후 나를 바라보면서 "학생은 공부나 하지 데모할 생각은 말아. 그리고 학교 근처에는 얼씬도 하지 말아야 돼" 하며 가라고 했다. (…) 슈퍼마켓 앞을 지나오는데 아주머니께서 "내가 무어라고 그러던가, 가지 말라고 하니까는. 내 말이 맞제" 하시면서 안쓰러워하셨다.(현사연 1990a, 6001: 1023)

공수부대 병사들은 학생들을 붙잡아 실컷 구타하려고 마음먹고

  해방광주를 어떻게 해석할 것인가 : 해석의 시도와 이론적 문제점

있었다. '마치 아는 사람처럼 부드럽게 불렀다'는 것은 그들의 의도가 처음부터 악의적이었음을 보여준다. 또한 당시 그 정도의 폭력, 발로 차고 주먹으로 때리고, 곤봉으로 어깨와 등을 때리는 것은 수위 아저씨 눈에도 안됐기는 했지만 참을 수 있는 수준의 폭력이었다. 우리 사회에서 별로 놀랄 것 없는 수준의 폭력이었다. 우리 사회의 폭력성도 5·18의 폭력에 일부 책임이 있다.

그러나 하사가 '단검'을 빼들자 수위 아저씨가 어렵게 달려들어 평계를 대가며 말렸다. 말하자면 '단검'을 들이대는 장면에서 폭력의 도가 지나쳤다고 생각한 것이었다. 그러자 장교는 놀라지 않고 '인제 그만해둬'라고 점잖게 개입했다. 그는 하사관과 사병들이 그런 폭력을 행사하는 것을 대수롭지 않게 생각하고 또 그러리라고 기대하고 있었던 것이다. 그리고 그 하사의 폭력은 명령에 따른 것은 물론 아니며, 학생들의 정치적인 입장이나 행동에 대한 것이라기보다는 계급적인 원한과 자신의 고달픈 군대 생활에 대한 원한을 풀겠다는 것이었다. 장교 또한 으레 그럴 것으로 기대하고 있었다. 장교도 '단검'을 빼든 순간에 개입했지만 수위 아저씨와는 달리 장교는 놀라지 않았다. 장교가 그만하라고 말한 것은 하사에게 명령이 아니었다. 그러자 하사는 본인의 원한을 정당한 폭력의 근거로 항의했다. 이들에게는 구타가 상하관계에 근거한 명령에 해당되는 사항이 아니었다. 하사관의 항의에 장교는 오히려 학생 중에는 착실한 학생도 있다는 이상한 방법으로 변명했고, 하사관은 장교의 체면을 보아 응했다. 장교의 생각도 대부분의 학생들에게 더 심한 폭력을 행사할 수 있다는 뜻이기도 했다.

장교는 학생에게 충고했다. 장교의 생각에는 당시에 그냥 학교에 머무르다 갈 것으로 쉽게 생각하고 있었던 것으로 보인다. 다시는 학교에 오지 말라는 충고는 앞으로는 자기 부하들이 지금보다 훨씬 끔직한 수준의 폭력을 행사할 것을 경고한 것이었다. 공수부대 병사들은 5·18

이 시작되기 이전에 누구나 걸리면 시원하게 두들겨 패겠다고 단단히 마음먹고 왔고 하사로서 당시에 '단검'을 빼서 찌른다는 것은 별로 대단한 일도 아니었다. 그리고 장교들은 부하들의 그런 원한을 시민들에게 폭력을 행사함으로써 풀어줄 수밖에 없고 또 풀어주어야 한다고 생각하고 부하들을 이끌고 광주에 왔다. 이 장면은 이 점을 여실히 보여준다. 5·18 공수부대의 폭력은 결코 현장의 어떤 상황 때문에 우발적으로 야기된, 군인들과 시위대 간의 상승작용의 결과가 결코 아니었다.

다음은 소설 《봄날》에 나오는 광주로 출동하는 공수부대 병사들의 대화이다. 물론 이 대화는 픽션이지만 사실적 근거가 없지 않을 것이며 당시 병사들의 생각을 단적으로 드러낸다.

"혹시 이거. 전번 부마사태 때 꼴 되는 게 아닌가 몰라."
"제발 좀 그렇게만 되었으면 좋겠다 쓰발. 안 그래도 열 받쳐 죽겠는데. 화끈하게 분풀이라도 해보게 말씀야. 대학생 개자식들이 설치지만 않았으면 우리가 이 지랄을 치며 좆빠지게 고생하지 않아도 될 거 아니냐구. 쌍놈의 간나아들!"
"하여간 세상은 불공평해. 어떤 놈들은 팔자 좋아 대학까지 보내줘도 불만이라고 날마다 데모나 하고, 또 어떤 놈들은 짠밥 씹어가며 뺑이만 치다가 그런 자식들 뒤치다꺼리나 하겠다고 왔다리 갔다리 이 고생이야."(임철우 1997 II, 9-10)

이 대화에서 병사들은 광주에서 기회만 오면 누구에게라도 실컷 폭력을 행사하겠다는 의사를 밝히고 있다. 그들은 대학생들에 대한 계급적 원한과 자신들의 고된 군대 생활 그리고 현재 비상이 걸려 고생하고 있는 등의 고통에 대한 원한을 학생들을 실컷 구타하며 풀어야겠다고 마음먹었다. 그리고 특기할 사항은 이미 병사들은 부마사태를 잘 알

 해방광주를 어떻게 해석할 것인가 : 해석의 시도와 이론적 문제점

고 있고 비슷한 기회가 오면 자신들도 못지않게 분풀이를 하겠다는 의
사를 밝히고 있다는 점이다. 부대 안에서 들었던 부마사태 소식은 이미
그들로 하여금 민간인 폭력에 '맛을 들여서' 광주에서는 한 술 더 뜬 사
적 폭력을 준비하도록 하는 요인이었다. 5·18의 공수부대 병사들은 환
각제를 복용하지는 않았지만 미리 그런 종류의 폭력 행사, 더 '신나는'
폭력을 마음속으로 준비하고 있었다.

　　18일 오후부터 광주 시내에 출동한 공수부대는 실로 터무니없는
폭력을 행사하기 시작했다. 일단 이 폭력에는 장교, 하사관, 사병이 따
로 없었고 순서를 나름대로 정해서 함께 즐기는 회식 같은 즐거움을 위
한 행사였다.[2] 그들이 술을 마시고 수통에다 술을 담고 다녔다는 것은
자연스러운 일이었다. 또한 그들은 시민들을 구타하고 대검으로 찌르
며 눈도 깜짝하지 않고 즐거운 표정을 감추려 하지도 않았다.[3] 그들은
'인간 사냥'을 즐기고 있었다. 나아가서 공수부대 병사들은 그들의 동료
가 부상당하거나 죽으면 보복으로 눈앞에 보이는 사람들에게 무자비하

2　당시 11여단 하사관은 다음과 같이 증언했다. "잠시 시간이 흐른 뒤(2-4분) '하차'
명령이 하달되더군요. 이 명령이 곧 우리 귀에는 '무자비하게 젊은 사내는 두들겨
패라'는 지시로 들렸습니다. 그 금남로의 비극은 1980년 5월 18일(19일의 잘못-
필자) 10시 30분쯤 이미 시작이 되었답니다. 차량에서 하차하니 이미 다 시위대는
뿔뿔이 도망치고 누군가에게는 이 증오심을 풀어야겠는데 시위대는 없고, 모두 다
그 근처 관광호텔, 다방, 이발소 등등 건물을 수색하기 시작했답니다. (…) 4~5명의
종업원이 불과 2, 3분 사이 하얀 와이셔츠에 나비넥타이는 간 곳이 없이 시멘트
바닥 위에 나뒹구는 것이었습니다. 다시 일으켜세워서 4명을 전체 벽에 뒤로 기대게
하자 마침 지역대장 소령이 오더군요. 구타에는 장·사병이 따로 없었습니다.
그는 무릎을 꿇게 한 다음 신고 있는 군화로 있는 힘을 다해서 얼굴을 한 번씩 차는
것이었습니다."(정상용 외 1990, 179)
공수부대에 잡혀가 구타당하던 경험을 강길조 씨는 다음과 같이 증언한다. "그 사이
말할 수 없이 구타를 당했다. 매일 수백 대씩 구타당했다. 장교들이 백여 대를 때리고
가면, 이하 하사관들이 와서 다시 구타를 하고, 다음엔 사병들이 또 그렇게 했다.
그렇게 구타당하다보면 하루 24시간이 어떻게 지나간 줄을 몰랐다."(현사연 1990a,
7134: 1451)

게 폭력을 가했고 보복은 정당한 폭력의 사유로 인정받았다.[4] 또한 공수부대 병사나 하사관들이 현금이나 물건을 강탈하고, 술값을 요구하며 구타한 경우도 있었다.(현사연 1990a, 3047: 637; 7058: 1308, etc.) 심지어는 '귀찮다'는 이유로 살인을 명령한 장교도 있었다.[5]

공수부대 병사들의 이러한 사적 폭력을 공식적인 차원에서 묵인하고 인정하는 담론적 장치는 바로 '공산당'이라는 말이었다. 한 예로 당시 35세의 나전칠기공이던 허현 씨는 자신이 공수부대에 잡혀 구타당하던 상황을 다음과 같이 증언한다.

공수대가 옆에 있는 사람의 등에 올라갔다. "이놈의 새끼, 하라는 공부는 안 하고 지랄이야." "학생이 아니오. 심부름 갔다 오다가 우연히 잡힌 거요" 하자 그 사람을 한바탕 때린 뒤에 이번에는 내 등에 떡하니 오르며, "이놈의 새끼가 학생이구만" 했다. 그때 내 나이 35세였는데 어이없는 말이었다. 그들은 군화발로 내 엉덩이를 차면서 "이 새끼 죽여야 한다"고 난리였다. (…) 이어 5, 6명의 공수대가 차 안으로 올라오더니 군화발을 내지르며 몽둥이를

---

3 당시 40세의 고석남 씨는 잡혀가서 구타당하던 때를 다음과 같이 회고한다. "아무 죄도 없는데 영창 신세를 져야 한다니 비통했다. 맞으면서도 머릿속은 빠져나갈 구실만 찾느라 고심했다. '노가다판에서 일하는데 이제 끝나 서석동 집엘 가는 길이오'라고 하소연했다. 그렇지만 통하지 않았다. 처음 검문소와 마찬가지로 귀에 들어오지도 않는다는 표정이었다. 도리어 그들은 나의 고통을 즐기느라 여념이 없었다. 한참을 때리다 힘들었던지 쉬어가면서 때리는 계엄군의 얼굴에는 흐뭇해하는 미소가 어렸다."(현사연 1990a, 7110: 1409)

4 공수부대에 잡혀가서 그런 상황을 당한 사람들의 증언은 너무나 많다. 한 예는 다음과 같다. "또한 그들은 작전 나갔다가 대원이 죽거나 부상당하면 그 시체를 갖다놓고, '너희 같은 놈들이 죽였다. 너희들도 이렇게 죽어봐라' 하면서 짐승을 잡듯이 두들겨 패서 한 명씩 한 명씩 죽였다."(현사연 1990a, 7134: 1452)

5 23일 오후에 있었던 주남마을 버스 승객 학살사건의 경우 공수부대 장교는 부상당한 학생을 "귀찮게 왜 데려왔느냐? 사살하라"고 명령했다.(현사연 1990a, 5022: 971)

 해방광주를 어떻게 해석할 것인가 : 해석의 시도와 이론적 문제점

휘둘렀다. "이 공산당 놈의 새끼들. 다 죽여야 해. 이 개새끼들 하라는 공부는 안 하고 이놈들 때문에 잠도 못 자고 이 고생이란 말야." 그들은 살기가 등등했다.(현사연 1990a, 7141: 1463)

'공산당'이라는 말은 '공산당과 마찬가지'라는 뜻으로 쓰인 비유였고 적에게도 해서는 안 되는 비인간적 폭력을 정당화하는 이유이자, 욕인 동시에 농담이었다. 당시 '불순분자론'은 광주 시내 그리고 모든 장소에서 이루어지던 비인간적 폭력과 긴밀한 관계를 맺고 있었다. 계엄사는 공식적으로 '광주사태'를 '고첩'들과 '불순분자'의 선동이라고 했지만 그들이 실제로 그렇게 믿었다기보다는 폭력 행사를 전국적으로 정당화하고 무엇보다 폭력이 행사되는 모든 현장을 지지해주는 담론이었다. 광주 시내에는 '공산당'이 준동한다는 말을 대부분의 병사들은 진지하게 받아들이지 않았고 으레 또 하는 소리로 이해했을 가능성이 많다. 동시에 병사들은 "이 공산당……!"을 외치며 자신들이 실컷 폭력을 행사하는 데 편한 마음을 느꼈을 것이다. 실제로 '불순분자'들의 소행으로 5·18을 공식적으로 설명한 것은 도청 앞에서 발포가 준비되고 있던 시점이었다.

그러나 무엇보다 비인간적 폭력의 최악의 요인은 공수부대 병사들이 각자 동료들과 벌이는 폭력과 잔인성의 경쟁이었다. 특히 전설적인 '유언비어'로 남은 잔학한 행위들은 개인들 간의 경쟁심에서 자행되고 있었을 것이다. 이는 시내의 모든 곳에서 벌어지고 있었지만 공수부대에 잡혀갔던 시민들의 증언에서 잘 드러난다. 군인들 중에는 간혹 자신의 이름이나 경력, 출신 등을 구타당하는 사람들에게 가르쳐주는 경우가 있었는데, 대부분 자신의 잔인함과 악독함을 더욱 자랑하며 혹독한 구타와 고문을 가했다.[6] 어떤 군인들은 폭력을 당하는 사람에게 자신의 기술과 잔인함을 직접 설명하고 과시하는 경우도 있었다. 위에서 이미 한 차례 인용한 바 있는 강길조 씨의 증언을 들어보자.

> 공수대원들은 상당수가 월남전 얘기를 입에 올리기를 잘했는데, 그중 한 명은 대검을 빼어 들고, "이 대검은 월남에서 베트콩 여자 유방을 사십 개 이상 자른 기념 칼이다" 하고 자랑하며 그 대검으로 앞사람의 더벅머리를 탁 쳤다. 머리카락이 잘려나가면서 스포츠머리처럼 되었다.(같은 책, 7134: 1451)

더구나 21일 공수부대에게 잡혀서 전남대로 끌려간 김연태 씨의 증언을 들어보면 이렇다.

> 피범벅이 되어 신음하는 사람, 머리가 터진 사람 등 200여 명은 넘을 것 같았으며, 30세 정도 되어 보이는 한 사람은 두개골이 벌어져 차마 쳐다볼 수 없는 참혹한 모습이었다. 그런데 공수 한 명이 그 부상자를 워커 끈으로 꿰매고 있었다. 참혹했던 그 광경을 어찌 말로 다 표현할 수 있으랴! 그 기막히고 환장할 장면을 (…) 그들은 짐승이었다.(같은 책, 3119: 814)

이 경우 실명 증언이 아니었다면 귀를 의심하지 않을 수 없었을 것이다. 이 장면의 해석은 간단치 않다. 이 병사는 하나의 잔인한 '난센스 조크'를 하고 있었던 셈이다. 그는 인간이 도저히 생각할 수 없는 기상천외의 잔인성을 자랑하고 있었다. 잡혀온 사람들을 공포에 떨게 만

6　계엄군이나 헌병 중에는 간혹 '나도 전라도 사람이다' 또는 '고향이 전라도 00이다'라고 밝히는 경우가 있었다. 그러면서 더욱 혹독한 폭력을 휘둘렀다.(현사연 1990a, 7110: 1409; 7120: 1426; 7158: 1514 etc.) 이 경우는 자신이 경상도 군인에 못지않다는 것을 보여주고 싶다는 뜻이었을 것이다.

　해방광주를 어떻게 해석할 것인가 : 해석의 시도와 이론적 문제점

들고 또 나아가서 같이 있는 동료 군인들에게 자신의 잔인함과 '유머 감각'을 동시에 과시하고 있었던 것이다. 이 정도에 이르면 폭력은 아름다움이 아니라 죽음의 공포와 추악함을 추구하는 예술의 경지에, 반예술反藝術에 이르렀다고 단언할 수 있다.

이러한 경쟁은 개인들끼리만 하고 있었던 것이 아니라 각 부대 간에도 이루어지고 있었다. 나중에 도착한 3공수의 경우는 그간 시내에서 작전했던 7공수 11공수만큼 시원하게 분풀이를 하지 못했다고 아쉬워하고 있었다. 그들은 아마 시민들이 두 여단에 비해 3공수는 별게 아니다 또는 '물'로 볼 것을 걱정했는지 20일부터 전남대에 잡혀간 시민들에게 차마 눈뜨고 못 볼 참혹한 가혹행위를 저지르고 증언에 따르면 죽이는 일도 서슴지 않았다. 실제로 그런 말을 하는 병사들도 있었다. 또한 전남대에서 이동해 교도소를 지키던 3공수와 교대한 20사단 군인들은 자신들이 결코 공수부대에 못지않다는 것을 잡혀온 시민들에게 증명하려고 했다.[7] 그들은 부대마다 나름대로의 우열을 시민들에 대한 폭력과 잔인성으로 증명하려 했다. 광주 지역에 오랫동안 주둔하고 있었던 향토사단이나 상무대 군인들도 이 경쟁에서 빠지지 않았다. 군인들은 나름대로 자기들끼리 경쟁하고 그리고 부대별로 경쟁을 벌이고 있었고 그들은 폭력과 잔인성으로 자신들의 전투력과 군기 등을 증명하려 했다.

7　강길조 씨는 20사단이 교도소에 교체되어 배치되던 때를 다음과 같이 증언했다. "공수부대 병력이 20사단으로 교체된 후 우리는, '가혹행위가 조금은 덜하겠지' 하고 기대했는데, 그 기대는 완전히 무너져버렸다. 마치 공수부대와 잔혹성을 경쟁이라도 하듯이 이 중위라는 사람이 '우리는 최전방에서 북괴군 목을 베어오고, 우리 전우도 목이 잘리는 DMZ에서 왔다. 공수부대 그 까짓 새끼들하고 우리는 질적으로 다르다'면서 쇠파이프로 앞정강이를 까고, 허리와 무릎, 머리를 가리지 않고 구타했다. 특히 '이젠 잠을 좀 잘 수 있으리라'는 실낱같은 기대마저 허망하게 무너졌다."(같은 책, 7134: 1453)

나아가서 공수부대 병사들은 구타를 일삼으며 잡혀온 시민들을 장난감처럼 갖고 놀았고 여러 가지 방법으로 괴롭혔다. 잡혀가면 늘 구타의 명분으로 '게임'을 시켰다. 제일 흔한 것이 부동자세로 서 있거나 앉아 있게 하고 조금이라도 움직이면 사정없이 구타하는 것이었다. 더 비인간적인 경우는 조금이라도 눈동자를 움직이면 담뱃불로 얼굴이나 눈알을 지지는 이른바 '재떨이 만들기', 그리고 발가락을 대검 날로 찍는 '닭발 요리' 등이었다.(같은 책, 7145: 1476, etc.) 교도소에 교대하여 진주한 20사단 병사들은 잡혀온 시민들을 꿇어앉히고 밤에는 양쪽 발가락을 붙이고 자라고 했다. 물론 그것은 불가능했고 수많은 사람들이 무수히 구타당하고 그 후에는 밤에 잠을 잘 수 없었다.(같은 책, 7147: 1479) 이러한 행위는 폭력을 게임으로, 결코 이길 수 없는 형식만의 게임으로 만들어 폭력을 이중으로 즐기는 형태였다. 또 그뿐만이 아니라 3공수 병사들은 전남대에서 교도소로 잡혀온 시민들을 트럭에 꼭꼭 채워 이동시키며 차 안에 최루탄 분말을 뿌려 넣고 사경을 헤매는 모습을 보며 즐겼다. 그들은 교도소에 도착하여 시민들을 차에서 내리게 한 후 모두 처형한다며 총을 겨누고 최후를 맞는 인간의 모습을 보고 즐거워했다. 물론 장난이었다.[8] 그리고는 별의별 게임을 만들어 폭력을 가하며 보고 즐겼다.[9] 이 모든 폭력과 폭력의 다양한 응용 및 고차원화된 기괴한 폭력들은 인간의 존엄성을 짓밟는 인격 모독으로 귀결되었다.[10]

이러한 각종 수단을 동원한 공적이자 사적 폭력 행사는 그들의

---

[8]   한 시민은 차에서 내린 후를 다음과 같이 증언한다. "그런데 우리들 앞에는 무장한 차량이 우리를 겨누고 있었고, 공수부대원들이 실탄을 장전한 채로 우리를 겨누고 있어 '이제 다 죽는가보다' 하고 생각했다. 여기저기서 우는 소리도 들리고 이름을 부르기도 하고 온통 아수라장이었다. 그런데 어디선가 머리가 하얗게 센 사람이 지휘관인 듯한 세 사람 중 가운데 있는 사람에게 다가와 뭐라고 이야기했다. 그 후 공수부대원들이 '앞에 총'을 했다. 그때 나는 '휴우' 한숨을 내쉬고 '이제는 살았구나' 하는 생각을 했다."(같은 책, 7145: 1475)

   해방광주를 어떻게 해석할 것인가 : 해석의 시도와 이론적 문제점

공식적 지휘계통과 묘하게 연관되어 있었다. 일단 이런 종류의 폭력은 명령에 의한 것은 아니었던 것으로 보인다. 대대장급 이상의 지휘관들은 이런 폭력과 거리를 유지하고 있었다.[11] 물론 이러한 폭력은 그들 몰래 이루어지고 있었다기보다는 병사들은 '대대장님'이 오시면 잠시나마 구타를 멈추고 엄숙한 분위기를 만들어 지휘관들에게 예의를 차렸을 것이다. 그러나 하급 지휘자들의 태도는 전혀 달랐다. 일단 그들은 자신의 분풀이를 사병들과 같이하고는 그들의 폭력 수위를 조절해주는 정도였다. 가끔씩 장교들이 하사관들과 사병들의 구타를 저지하는 경우가 있기는 했지만 위의 경우에서 보듯 그것은 명령이 아니라 충고 정도였다.[12] 물론 그들은 여전히 명령에 살고 죽는 군인들이었다. 그것은 21일 아침 도청 앞 수많은 군중들과의 대치 상황에서 부동자세를 견지한 것을 보면 확인할 수 있다. 그러나 시민들을 구타하고 대검으로 찌르

---

9   김옥환 씨의 증언에 따르면, "그곳에서 두 부류로 분류하여 판정이 무거운 사람들(A급, B급)은 같이 붙들려온 사람들끼리 서로 가슴을 때리게 했다. 분하고 안타까운 일이었지만 그들이 시키는 대로 할 수밖에 없었다. 공수대원이 몽둥이를 건네주면서 '만약 네가 가만히 치면, 네가 맞을 줄 알라'고 겁을 주었기 때문이었다. 사람들은 같이 잡혀온 동료를 서로 힘껏 때렸다. 정말 눈뜨고는 못 볼 광경이었다. 인간을 불신하게 만들고 인간을 동물로 만드는 행위였다. 그리고 판정이 가벼운 사람(C급, D급)은 그것을 지켜보고 있었다."(같은 책, 7143: 1470)

10   강길조 씨의 증언을 또 들어보면, "며칠째 물 한 모금 입에 대보지 못했으므로 탈진상태에 빠진 우리가 물을 달라고 아우성치자 공수 한 명이 '야, 오줌 줘라'고 말했다. 그러자 공수 한 명이 즉석에서 물컵에다가 오줌을 싸서 주었다. 한 사람이 그걸 덥석 받아 시원한 냉수를 마시듯이 벌컥벌컥 들이마셨다. 목구멍으로 넘어가는 소리가 지금도 귀에 너무나 선명하게 남아 있다. 우리는 이미 사람이 아니라 동물이었다. 그때 느꼈던 치욕감은 지금도 잊을 수 없다. (…) 우리는 시체들 틈에서 식사와 대소변을 봤는데 똥오줌도 잘 나오지 않아 일을 보는 도중에도 구타당하는 일이 잦았다. 인간이기를 포기하고 체념했을 때에야 비로소 그들이 보는 앞에서 대소변을 볼 수 있었다."(같은 책, 7134: 1452) "또한 상무대 헌병들은 기합을 주는데도 늘 인격 모독적이었다. 상무대에서 한번은 기합을 주는데 화장실까지 포복해서 혀끝에 똥을 묻혀가지고 선착순으로 돌아오는 것이었다. 그래서 잡혀 있던 사람들이 모두 포복으로 화장실에 가서 혀끝에 똥을 묻혀가지고 온 적도 있었다."(같은 책, 7145: 1476)

는 것은 장교가 명령으로 '해라', '하지 말아라' 하는 사항이 아닌 것으로 모두가 이해하고 있었다. 그러나 또한 상관들은 병사들의 폭력의 결과에 대해 철저하게 은폐시켜주고 있었다. 결국 공수부대의 공식적 지휘계통은 병사들이 공적, 사적 폭력 행사에 대한 충분한 공간을 마련해주고 가끔씩 임의로 충고해주는 정도로 개입하고 또한 그 결과, 즉 사람들이 죽고, 다치는 사고는 철저하게 은폐해주는 역할을 하고 있었다.

그러나 이러한 폭력이 행해졌던 공간의 울타리는 신군부에 의해 공식적으로 둘러쳐져 확보되어 있었다. 기본적으로 부마사태 때 이미 전시적 폭력demonstrative violence은 공수부대 시위 진압의 공식적 교리로 확립되었고, 진압작전이 지연되자 '과감한 타격'을 공식적으로 명령하고 있었다. 또 이미 1980년 초에 새로운 치명적 진압봉을 제작하여 사실상 부마사태 때보다 더욱 강력한 폭력을 공식적으로 명령한 것이나 다름없었다. 이 공간에서, 이 기회에, 상관들의 비호 하에 마음껏 휘둘러진 병사들의 사적 폭력의 광란은 1980년 5월 우리의 부끄러운 국가권력의 모습이었다.

5·18에서 당시 계엄군의 잔학한 폭력 사례를 열거하자면 끝이 없을 것이며 이는 단적으로 군대가 스스로 국가권력이기를 포기한 경우로 이해할 수밖에 없다. 한마디로 그들은 야만으로 돌아가 잔인한 폭

11　김승철 씨 증언에 의하면, "그곳에 있으면서 제일 바랐던 것은 소령 이상의 영관급 장교가 오는 것이었다. 그것은 그때는 맞지 않는 순간이기 때문이다. 전남대에 있을 때 장군이 한 번 우리에게 온 적이 있는데 그때는 얼마나 큰 휴식시간이었는지 모른다."(같은 책, 3057: 657)

12　예를 들면 다음과 같은 증언에서 보여주는 장면이다. "한동안 진압봉으로 두들겨 맞은 다음 우리는 손을 뒤로 하여 혁띠로 묶였다. 바지가 벗겨져 손 사이에 끼워졌다. 우리는 국민은행과 주택은행 사이에 끌려가 2, 3시간 꿇어앉아 있었다. 오랫동안 다리를 구부리고 있었더니 발이 저리고 피가 통하지 않아 감각이 없어져버렸다. 군인들의 군화발 소리와 구타, 비명 소리가 계속해서 들려왔다. 지휘관급으로 느껴지는 어떤 사람이 '야, 됐다. 그만해라' 하는 것이었다."(같은 책, 7133: 1448)

　해방광주를 어떻게 해석할 것인가 : 해석의 시도와 이론적 문제점

력의 카니발을 즐기고 있었던 것이다. 이러한 문제들은 국가권력의 문제를 초월한 인간성의 문제로 귀착될 수밖에 없다. 당시 한때 교편을 잡았던 황남열 씨는 다음과 같이 당시의 심정을 회고했다.

> 5·18 후 나는 참으로 고민이 많았습니다. 그때 당시 총을 쏘고 다녔던 사병들이 모두 내가 교육계에 몸담고 있었던 시절에 배출된 애들인데 교육자의 한 사람으로 책임을 통감했습니다. '도대체 인간의 존엄성에 대해 그토록 가볍게 생각할 수 있을까'라는 회의를 느끼기도 했습니다. 시민들에게 총을 쏘았던 사병들도 군인이기에 앞서 우리 국민이고 동족인데 아무리 상관의 명령이라 해도 동족을 향해 발포하라는 명령에 복종하는 것은 절대 훌륭한 군인이 아닙니다. 나는 '우리 국민성이 그렇게 잔인한가'라는 반문을 수없이 했어요.(같은 책, 5035: 997)

물론 이 문제는 인간의 문제이지만 인간 본성의 문제라기보다는 각종 사회·정치적인 문제가 중첩된 것이었다. 우리나라 군대 조직의 오래된 문제들, 그리고 오랜 전통으로 누적되어온 군대와 사회의 적대 관계 그리고 1970년대 이후 첨예화된 계급들 간의 적개심, 그리고 이 모든 문제들을 결코 모르지 않는 가운데 공수부대를 대도시 시위 진압 작전에 동원한 정권의 성격 등이 쌓이고 뒤얽혀 일어난 가공할 폭력의 축제였다. 인간이 도저히 제정신을 가지고는 불가능한 종류의 폭력을 발휘하고 난 후 그들은 기어이 발포까지 감행했다.

그리고 신군부는 적어도 공식적으로는 자신들이 보낸 군인들의 이러한 행위에 놀라지 않았다. 실제로 신군부의 핵심이 아닌 군인들은 당시에도 경악했지만 공수부대 장교들과 대부분 공수부대를 거쳤던 신군부 핵심들은 크게 놀라지 않았다는 것은 특기할 만한 사실이다. 그러나 적어도 그들은 문제가 있다는 사실은 느꼈던 것으로 보인다. 언론을 철저히 통제하고 '유언비어 유포 죄'로 광주에서 일어난 일을 말하는 것을 국가권력을 동원하여 차단했고, 나아가서 모든 구속자들이 출감할 때는 출소 후 일체 발설하지 말 것을 서약 받았으며 발설할 경우 생명이 위험할 것이라는 창피한 이야기를 별을 단 장군들까지 동원해 말하도록 했다. 이런 것을 보면 문제를 느끼긴 했던 것으로 보인다.

이런 종류의 국가 폭력을 전체적으로 근대국가 또는 세계자본주의체제의 구조적 결과로 볼 근거는 없다. 세계에는 수많은 자본주의 사회와 근대국가가 있지만 이런 종류의 폭력을 국민에게 행사한 예는 별로 없을 것이다. 또한 이런 종류의 국가 폭력은 비민주적 독재 권력의 보편적인 속성으로 이해할 수도 없다. 결국 5·18에서 보여준 우리나라의 국가 폭력은 독특한 경우로 이해해야 할 것이다. 이 폭력의 특이성을 이해하는 것은 근대국가의 공적 권력이 어떤 원인에 의해 그리고 어떤 과정에서 사적 폭력을 가해 시민들을 대상으로 광란의 카니발을 벌이게 되었는가를 분석하는 문제일 것이다. 나아가서 이 문제는 1960년대 1970년대의 고도의 경제 성장 시대를 통해 나타난 우리 사회의 일그러진 인간형들, 괴수들의 등장의 문제일 것이다.

박정희 정권은 3선개헌 이후부터 스스로 정통성의 위기를 의식하게 되었다. 그때부터 사적인 성격 또는 가산제적家産制的, patrimonialism 성격을 강하게 띠어왔다.[13] 이러한 흐름은 1970년대 중반부터 재벌 위주로 시도되던 시기에 절정에 달했다. 국가권력은 시장을 중심으로 한 경제 정책에서 사적 이해를 직접 보호해줌으로써 경제 발전과 국방을 도모해온 것이다. 5·16 '혁명주체세력' 일부의 재부상은 근대국가의 퇴행에 해당되는 것이었다. 그리하여 국가권력은 사적, 집단적 이해와

---

[13]　Patrimonialism에 대하여는 베버(1978, 1006-69)를 참조할 것.

편견을 대표하는 정권의 통제 하에 있었고 이러한 이해와 편견은 국가권력 기구의 작동 원리를 바꾸어놓게 되었다. 5·18에서 문제시된 호남 차별도 이 시기에 국가기관 안에서 공식화되었다. 결국 국가권력은 각종 사적 집단—정권의 핵심 집단과 부르주아들—의 이해뿐만 아니라 계급적 편견과 교만을 표출하고 그 교만은 사회와 군대 안에 존재하는 각종 개인적 원한과 경쟁심 그리고 계급적, 지역적 적대감을 활용하게 되었다. 이에 각종 계급 집단의 편견과 교만 그리고 이해와 원한은 정당한 이유로 공공의 지위를 인정받게 되었다.

신군부의 핵심인 '하나회'는 유신체제 하에서 자라난 전형적인 사적 집단이었고 이들은 12·12로 국가권력을 장악하여 그들만의 국가권력을 행사할 기회를 엿보고 있었다. 결국 5·18 공수부대의 폭력은 국가기관을 통제하는 사적 집단이 명령하여 행사된 것이지만 그 폭력의 내용은 그들로서도 도저히 통제할 수 없는 것이었다. 처음부터 맹수를 풀어놓은 이상 통제가 불가능하리라는 것을 기대했겠지만 부마사태에서 한 번 '사람 고기 맛을 본' 이 맹수들의 만행은 애초의 상상을 훨씬 능가하는 것이었다.

5·18이라는 특정한 사건에 나타난 국가권력의 폭력은 결코 단순히 자본주의, 근대국가로 특징되는 문명의 구조의 결과라 볼 수는 없지만 이에서 드러나는 요인들은 결코 특이한 것으로 볼 수는 없다. 이러한 요인들은 별도의 이론적 분석을 요하며 이를 통해서 5·18 국가 폭력의 특이성을 이론적으로 이해할 수 있을 것이다. 여기에서 일단 모든 광주 시민들이 합의하고 있는 5·18의 구조적 원인으로서의 민족분단은 결정적 요인이었음이 확인된다. 엄청난 규모의 군사력 보유 그리고 모든 변화 단계를 정당화했던 안보 논리는 민족분단의 현실에서 직접 또는 간접적으로, 간혹 왜곡시켜 원용하고 있었다. 그러나 국가의 공적 권력과 사회의 사적인 이해와 원한들이 어떻게 서로 뒤얽혀 5·18의 국

가 폭력이라는 특정한 경우를 이루게 되었는가는 중요한 이론적인 문
제임이 틀림없다.

2

저항의
논리

공수부대의 폭력이 광주 시민들을 자극하여 더 큰 규모의 저항을 야기하기 위한 것이었다고 볼 구체적 근거는 없다. 다만 시민들은 공수부대의 그러한 야만적 폭력을 도저히 감수하고 있을 수 없었다. 공수부대의 폭력이 인간의 존엄성이 파괴되고 그것을 보는 사람들의 존엄성마저 파괴한다고 느낀 근거는 어떤 정의正義의 원칙에 어긋난다는 판단이었다기보다는 폭력이 인간의 신체에 가해지는 모습에 대한 판단이었다. 공수부대가 인간의 신체를 가격하고 난자하는 모습이 광주 시민들에게 '개 패듯 팬다', '아무리 짐승에게라도 그렇게 잔인할 수 없다'고 보였던 것이며 이는 참을 수 없는 본능적 분노를 야기했다. 인간 존엄성의 첫 번째 기준은 비록 우리가 그 기준을 명쾌하게 언어로 나열할 수 없다 해도 인간의 신체에 대한 행위의 양태에 관한 것이다. 그러나 신체에 대한 행위는 일차적으로 인간의 존엄성이 파괴되는 부정적인 기준으로 나타났다.

나아가서 인간 존엄성의 다음 기준은 용기였다. 용기란 과연 인간들이 인간의 가치를 판단하는 동서고금의 보편적 기준이며 이 기준의 타당성은 5·18의 경우에 뚜렷이 드러난다. 시민들은 동료 시민의 신체적 존엄성이 파괴되는 것을 보았고 그들을 도와주지 못한 자신의 용기 없는 모습에서 비참함과 이중의 분노를 느꼈다. 시민들은 자신의 비참함을 느낀 순간 자신이 그간 가난이나 차별을 통해 느꼈던 한이 잠재의식에서 깨어나와 자신의 비참함과 그에 대한 분노에 가세하게 되었다. 이러한 심리적인 내면적 과정을 통해 사회구조적 요인들이 비인간적 폭력에 대한 분노에 의해 동원되는 것이다.

　　해방광주를 어떻게 해석할 것인가 : 해석의 시도와 이론적 문제점

　　그리고 시민들은 인간으로서의 최소한의 가치를 찾기 위해 용기를 내어 몸을 움직여 목숨을 건 항전에 임하게 되었다. 따라서 5·18의 광주 시민들의 저항은 분노와 이성, 비이성과 이성의 혼합이었다. 용기는 인간이 존엄해지는, '인간'보다 더욱 존엄해지는 적극적인 기준으로 나타난다. 용기는 곧 인간의 자기보존self-preservation의 본능을 극복하고 어떤 숭고한 가치에 스스로 목숨을 거는 데 있는 것이다. 이로써 인간은 죽음을 극복한, 시간의 한계를 극복하는 신의 속성을 지닌 존재로 다시 태어나는 것이다.

　　다음 단계에서 시민들은 길거리에서 목숨을 걸고 용감하게 싸우는 위대한 동료 시민을 만나 서로 위대한 인간끼리의 절대공동체를 형성하게 되었다. 이 절대공동체에서 시민들은 스스로 위대한 인간임을 확인하고 서로를 축복하고 모든 사회적 속박과 제약으로부터 절대 해방을 경험했고 80만 광주 시민은 이 절대공동체에 합류했다. 모든 시민들은 이 순간 '이젠 죽어도 좋다'는 극도의 환희를 느꼈고 투쟁은 축제로 변했다. 절대공동체는 광주 시민들이 공수부대와의 목숨을 건 투쟁 과정의 산물이었다. 모든 개인들은 오랜 사회적 속박의 그물망에서 최초로 해방을 맛보았고 절대 평등의 공동체에서 용해되어버렸다. 시민들의 개인적 정체는 절대공동체로 흡수되어 모두 '무명용사'로 싸웠다. 아직도 망월동에는 11기의 무명용사들이 있듯이 '무명용사'는 5·18 특유의 전설이 되었다. 절대공동체의 경험은 '뜨거움', '뜨거운 투쟁'이라는 표현 이상의 언어로 표현된 일은 별로 없었으나 5·18 전설의 중요한 부분이었다.

　　절대공동체는 태초에 인간에게 정치공동체로서의 국가가 태어나는 과정이었다. 절대공동체가 이루어지자 시민들은 자신들에게 국가의 권위가 있음을 느꼈다. 그들은 자신들의 의사가 절대적으로 옳다는 확신을 느끼고 적과의 전쟁을 수행했다. 80만 전 광주 시민은 하나의 절대적 주체로 등장했고 따라서 그들은 일상적 행위 기준을 벗어나는 행위들을 추호의 의문도 없는 정당한 것으로 확신했다. 그들은 각종 물자를 징발하고, 목숨도 징발하고, 서로의 희생을 요구하고, 죽은 자의 시신도 동원했다. 나아가서 악마와의 협상도 시도했다. 국가의 권위가 나타나자 절대공동체에는 '혁명의 냄새'가 나기 시작했다. 기존 사회에서 주변에 밀려나 있던 계급들은 절대 평등의 상황에서 절대공동체의 중심을 차지했고 기존 사회에서 스스로 지배자로 자처하던 계급은 절대공동체의 주변으로 밀려나 점차 위협을 느끼게 되었다. 세상이 뒤바뀐 것이다. 광주의 기존 공동체를 적으로부터 모든 시민들이 나서서 지킨다는 자연스런 논리는 기존 지배계층이 배신자로 전락하는 모순을 낳은 것이다.

'민중'의 등장은 투쟁 과정에서 나타난 절대공동체 형성의 산물이었다. 사회과학 개념으로서 민중의 이론적 난제는 이들이 5·18 투쟁 이전 단계의 사회에서 하나의 주체성을 갖고 있었다는 것을 포착하는 것이었다. 민중은 투쟁 과정에서 나타난 현상이지만 이를 투쟁이라는 행위 이전부터 존재했던 투쟁의 주체로 이해하는 것은 곤란할 것이다. 물론 5·18에서 나타난 민중을 이전의 사회에서 차지하고 있던 계급적 위치를 역추적하여 분포를 밝혀내는 일은 가능하겠지만 그 계급들의 통일적이며 일관된 이해나 주체성을 밝히는 일은 결코 용이하지 않다. 민중이야말로 독재의 최대 피해자이며 민주주의를 가장 고대하던 사람들이라는 단언은 '민주화론'으로 경도된 초기 '민중론'의 사후적 해석에 불과하다. 나아가서 민중의 일부로 나타나지 않았던 부르주아들이 과연 민중의 적이었던 신군부를 지지하고 있었는가도 전혀 쉽게 확언할 수 있는 문제가 아니다. 민중의 핵심을 차지하던 수많은 사람들은 당시 전두환이 누구인지도 모르는 경우가 많았다. 부르주아들은 '의리 없는' 개인주의자들에 불과했는지 모른다.

　　　해방광주를 어떻게 해석할 것인가 : 해석의 시도와 이론적 문제점

민중의 등장은 5·18에서만 나타난 특이한 현상은 아니었고 여러 나라의 많은 사회·정치적 투쟁의 역사에서 이미 나타난 현상이었다. 외국의 여러 경우에도 정치교리doctrine로서 민중주의populism의 실패는 민중을 현상으로 파악하지 못하고 주체로 이해하고자 했던 오류에서 비롯된 것이었다. 투쟁 과정에서 나타난 민중을 투쟁을 준비하는 과정에서 하나의 거대한 계급으로 인위적으로 결속시키려는 계획은 실패로 끝날 수밖에 없었다. 계급이란 정치가가 만들 수 있는 것이 아니다.

또한 혁명의 이론과 실천 측면에서 늘 문제시된 것은 1980년대에 제시된 민중의 협의狹義의 범위, 즉 사회 밑바닥의 '기층민'들이었다. 맑스와 엥겔스도 '계급이 없는 프롤레타리아트'가 권력을 잡으면 '계급 없는 사회'가 될 것이라고 한때 이야기했던(Marx & Engels 1973) 기층민들, '계급 없는 무산자들'은 그들의 기대와는 달리 결국 혁명의 전위대가 될 수 없음이 드러났다. 이들은 혁명을 촉발시키고 혁명 과정에서 어디선가 나타났다가는 어디론가 사라져버리는, 예를 들어 프랑스혁명의 상퀼로트sans culotte[14]와 같은 혁명의 도깨비들인 것이다. 현대 서구 사회에서 민주주의의 안정화를 추구하는 사회민주주의적 지식인들이 문제 삼는 '탈계급 집단déclassés'도 유사한 종류의 기층민들을 지칭한다. 이른바 민중은, 광의로든 협의로든 사회·정치적 투쟁 과정에서 흔히 나타나는 집단임에는 틀림없지만 사회 변동이나 개혁을 이끌고 갈 '주체'로 이해하는 것은 현실에 맞지 않는다.

5·18을 논할 때 1980년대 이후 계속 강요되어온 '주체'의 문제에 대하여 김성국 교수는 다음과 같이 비판했다.

---

14 상퀼로트는 프랑스어로 '퀼로트를 입지 않은 사람'이라는 의미로 당시 귀족들이 입었던 짧은 하의 퀼로트를 입지 않은 계급들을 가리킨다. 혁명의 주축 세력이었으나 혁명 이후 여러 정파에 가담하다 분열되기도 했다.

필자는 5·18에서 항쟁의 주체 설정은 어떤 면에서는 '반민중적' 뉘앙스를 풍기기도 하는 좌파 엘리트 혁명론의 잘못된 유산이라고 생각한다. 이른바 직업혁명가 혹은 혁명전문가의 지도성을 전제하고 여기에 혁명의 전위대로서, 그리고 '혁명의 주체로서 프롤레타리아의 역사적 사명'을 가정하는 계급혁명론의 결정주의가 5·18의 경우에도 초역사적으로 재차 적용되고 있는 것이 아닌가 싶다. 혁명이 전개되는 과정에서는 수많은 사람들이 참여하거나 혹은 동원된다. 그러나 각자는 각 개인의 역할을, 각 계층·계급은 나름대로의 역할을 수행할 뿐이다. 그런데도 가장 열심히, 그리고 가장 적극적으로 싸운 사람들만을 따로 선별하여 이들을 특권적으로 등급화하는 역사적 관행은 좌우파를 막론하고 현실 권력 혹은 담론의 지배자들이 '체제 유지용 불평등 논공행사 전략' 혹은 '분할 정복divide and conquer' 책의 일환으로 활용하는 것이다.(한국사회학회 편 1998, 122)

주체론은 혁명주의의 도그마를 되풀이하고 있는 것에 불과할 수도 있다. 무엇보다 경험적인 차원에서 문제는 5·18을 통해 주체, 즉 싸우는 시민들이 '나는 무엇으로서 싸우고 있는가'에 대한 답은 과정을 통해 변화하고 중첩되어왔다는 사실이다. 물론 이 질문은 사후事後에 던져진 질문이며 당시에 거리에서 싸우던 시민들은 이런 생각을 할 겨를이 없었다.

광주 시민들이 항쟁에 목숨을 걸고 참가한 것은 일차적으로 어떤 명분을 의식하고 결정한 것은 아니었다. 의식意識, consciousness의 수준에서는 무엇보다 '도저히 참을 수 없어서'였다. 시민군 상황실장 박남선은 다음과 같은 말로 증언을 마친다.

 해방광주를 어떻게 해석할 것인가 : 해석의 시도와 이론적 문제점

정치적으로 이용하고 광주를 매도하고 광주 시민을 우습게 보는
모든 것에 거부한다. 우리는 단순히 지역감정이나 개인감정으로
일한 것이 아니다. 우리에게는 그러한 힘이 쏟아져 나올 때는 그
만한 상황이 전제되어 있었기 때문이다. 누가 우리를 욕하고 나무
랄 수 있는가. 백 번의 공부나 학습보다 한 번의 행동에서 체득한
그 어마어마한 사건! 나는 이것을 존중한다. 이것이 나에게는 생
명으로 와 닿기 때문이다.(박남선 1988, 223)

우선 첫 번째 단계에서 광주 시민들이 5·18 때 시위에 가담하고
투쟁한 것은 인간으로서였다. 즉 최소한의 인간의 도리를 다하기 위해
서였다. 굳이 5·18의 투쟁의 주체를 논하자면 바로 '인간'이었다. 물론
이런 주장이 5·18의 투쟁은 상황의 논리로 이해해야 한다는 뜻은 결코
아니다. 광주 시민들이 저항에 나서게 된 이유는 우리가 흔히 언어로
표현하지 않는 인간의 존엄성에 대한 가치 때문이었다. 반복해서 말하
자면 5·18이 이러한 '인간'으로서의 투쟁, 이념이 결여된 순수한 항쟁
이었기에 5·18은 우리의 위대한 역사인 것이다.

그러나 절대공동체가 등장하자 공동체의 경계境界, boundary가 의
식되고 또한 시민들의 내면적 과정에서 한계 요인으로 작용했던 개인
적 한이 절대공동체에서 새로운 공통의 의미를 찾으며 '전라도 사람',
'광주 시민'이라는 보다 협소하고 구체적인 정체가 나타난 것으로 보인
다. 또한 이러한 이차적 정체의 형성에는 '경상도 군인이……' 하는 '유
언비어'도 큰 힘으로 작용했을 것이다. 그리고 다음 셋째 단계에서 절
대공동체의 절대적 평등과 '세상이 뒤집히는' 상황이 벌어지자 계급으
로서의 정체가 의식된 것으로 보인다. 그러나 이 계급이라는 주체는 노
동자계급 또는 기층민 계급이 부르주아에 대한 적대감을 느끼고 표출
해서라기보다는 오히려 부르주아 자신들과 프티부르주아들이 기층민,

노동자들에 대해 공포심을 느낌으로써 외부로부터 먼저 형성된 것으로 보인다. 노동자 시민군들이 부르주아에 대해 적대감을 의식하게 된 것은 주로 해방광주에서였으며, 이에 대한 계기는 이전의 공동체에서의 원한이었다기보다는 이전 공동체에서 느꼈던 이질감을 배경으로 당시 공동의 투쟁에 대한 '의리'와 충성심의 문제였던 것으로 보인다. 특히 23일부터 본격적인 무기 회수가 시작되며 노동자, 기층민 출신의 시민군들은 '유지', 부르주아들에 대해 상당한 적대감을 표출하기 시작했다.

5·18 투쟁의 동기와 주체를 일차적으로 사회적으로 축적된 이해와 원한으로 보는 통상적인 사회운동론적인 시각은 경험적으로 맞지 않는다. 사회구조적인 문제들은 이차적으로 작용한 한계 요인들이었다. 나아가서 지적되어야 할 문제점은 이러한 구조적 조건에 근거한 불만과 원한이 과연 5·18 같은 투쟁으로 해결될 수 있다고 5·18에 참가한 광주 시민들 자신이 믿었겠는가 하는 점이다. 호남 차별에 대해서는 당시 군부는 광주 시민을 지역주의의 원흉으로 매도했고 계급 차별에 대해서는 오히려 많은 참여자들은 더욱 심한 고통을 당해왔음을 보고 있다. 호남 차별에 대한 원한이 5·18에 크게 작용해온 것은 사실이지만 과연 호남 차별을 느꼈던 사람들에게도 5·18의 투쟁이 호남 차별의 문제를 해결해줄 수 있는 합리적 방법이라고 생각하지는 않았을 것이다. 사회 계급적 원한으로 5·18을 설명하는 데 대해서는 노동자계급은 5·18에서 자신들의 지위를 향상시키려는 목적을 갖고 싸운 것이라 볼 수 없으며 오히려 그들은 잃을 것이 없는 처지라서 마지막까지 싸웠다는 기존의 설명으로 충분히 반박될 수 있을 것이다.[15] 지역 차별의 문제나 계급 차별의 문제는 항쟁의 전개 과정에서도 나타나듯이 일차적인 요인이 아니라 그 과정에서 편승한 이차적인 요인으로 보아야 할 것이다.

21일 공수부대가 시 외곽으로 철수하고 시민들이 광주시를 장악

　해방광주를 어떻게 해석할 것인가 : 해석의 시도와 이론적 문제점

했던 시대, 이른바 해방광주는 한마디로 일단 적이 눈앞에서 사라진 상황에서 어쩔 수 없이 맞이해야만 했던, 절대공동체의 취기에서 깨어나 서서히 현실로 돌아오는 괴로운 시간이었다. 전술했듯이 해방광주는 혁명의 시대는 아니었다. 시민군들이나 운동권 청년들이나 기존의 지배계급과 지식인층의 지위를 완전히 부정한 일은 없었다. 일부 시민군들 특히 '복면부대'는 과격한 투쟁일변도를 부르짖고 다녔다는 것은 여러 각도에서 지적되어왔다. 그러나 그들이, '복면부대'가 혁명적 노동자계급이었다거나 계엄사의 '프락치'들이었기 때문이 아니라 그들은 당시에 절대공동체와 기존의 광주공동체 사이의 변환 과정의 한가운데, 이를테면 문턱threshold에 자신들을 잠시 위치시켰던 리미널한 존재 liminal entity였기 때문이라고 이해해야 할 것이다.[16] 당시 계엄사와의 투쟁은 그 자체로 혁명적 의미는 없는 것이었다.

또한 이곳 해방광주에는 '국민주권'이라는 개념이 없었다. 주권은 절대공동체에서는 명쾌하게 존재했다. '광주 시민'은 당시 명쾌한 의

---

15 여기에서 정도상의 소설 속 대사를 다시 논할 필요가 있다. "학생들은 배운 게
있어농께 그저 그거 안 해도 지 목구녁은 채울 수 있응께 발라버린 것이고, 갸들은
못 가진 한도 있고 데모하나 안 하나 때밀이는 때밀이고 공돌이는 공돌잉께 싸우는
것이고, 무엇보다도 갸들이 의리 하나는 끝내중께."(정도상, 〈십오방 이야기〉, 한승원
외 1987, 316-7)

16 위에서 논의했듯이 '복면부대'는 절대공동체의 망령이었고 한편 자신의 정체가 밝혀질
것을 두려워하는 사람들이었다는 것은 그들은 곧 기존의 공동체로 돌아갈 기대를
하고 있는 사람들이었음을 보여준다. 따라서 그들은 두 공동체의 어느 책임 있는
자리에도 속하지 않은, 두 공동체 사이에서 당분간 특수하고 자유로운 지위에 있게 된
사람들이었다. 그들은 어느 쪽에도 자신을 위치 짓지 않은 자유롭게 혹은 무책임하게
행동할 수 있는 존재였다.
'리미널러티(Liminality, 역치성)' 개념은 빅터 터너(Victor Turner)가 종교적 의식(儀式)
과정을 인류학적으로 분석하며 논의하고 있는 개념이지만 5·18의 상황에서도
제한적으로 적용될 수 있을지 모른다. 절대공동체의 상황은 시민들의 일상생활과
일상의 사회구조가 완전히 정지된 또 하나의 현실, 흡사 어떤 의식이나 드라마 같은
가상현실과 유사한 또 하나의 독자적 현실을 이루었던 상태였기 때문이다.(Turner
1969; 1974)

지를 지닌 개체로 나타났고 그 개체는 전쟁 당사자였다. 그러나 해방광주에 이르면 절대공동체의 잔재와 분위기는 남아 있었지만 이 개체는 공식적으로 분해되었다. 해방광주에서는 '국민', 현실적으로는 시민들의 의사가 공동체의 삶의 문제를 결정한다는 정치제도도 없었고 그러한 사상도 사라져버린 이상 국민주권이 존재했다고 말할 수 없을 것이다.[17] 해방광주의 어떤 권위체도 시민들의 '일상생활'을 결정짓는다거나 시민들을 시민군에 징집하는 권위를 의식하거나 행사한 적은 없었다. 군부와의 전쟁은 절대공동체에서는 공동체의 문제였지만 해방광주에서는 철저하게 개인의 선택 문제였다.

해방광주는 원칙적으로 기존 사회의 지도층과 투쟁의 아들인 시민군들의 공존과 협조를 원하고 있었고, 이 두 세력의 공존을 통해 그들의 삶과 투쟁의 진실을 모두 지키기를 원했다. 이 두 가지를 모두 지킬 수 있는 길은 현실적으로 외부의 도움밖에 없었고 절대 다수의 광주 시민들은 광주 외 다른 지역에서의 봉기나 미국의 도움만이 그들이 원하는 것을 동시에 지킬 수 있다는 것을 알았다. 광주는 철저하게 고립되어 있었고 미국은 광주 시민들을 지켜주는 역할을 공식적으로 거절했다. 군부의 강요에 의해 광주 시민들은 삶과 진실 간의 '소피의 선택 Sophie's choice'을 해야만 했다. 강요된 선택은 자신의 가슴에 못을 박는 일이었다. 외부의 도움에 의해 신군부가 타도되지 않는다면 광주 시민

17　한상진은 해방광주를 분석하며 '국민주권'을 하나의 키워드로 제시했다.(한상진,
　　〈광주민주화운동에서 본 국민주권과 승인투쟁〉, 한국사회학회 편 1998, 60) 한상진은
　　5·18을 헤겔이《정신현상학》에서 제시하여 최근 악셀 호네트(Axel Honneth)가
　　전개시킨 '인정투쟁(struggle for recognition, Der Kampf um Anerkennung)'으로
　　설명하고 있다.(Honneth 1995) 인정투쟁의 개념은 대단히 포괄적이며 따라서 특정한
　　사건에 적용하기에는 대단히 어색한 측면이 있다. 물론 5·18에는 인정투쟁적인
　　요소가 대단히 광범위하게 발견된다. 5·18을 인정투쟁으로 해석하는 문제와 이에
　　대한 비판은 이 책에서는 일단 회피하고 다음 연구로 미루는 게 현명하리라 본다.

들은 당장 계엄군의 재진입을 맞아 생명과 진실의 양자 중 하나를 선택해야 했다.

한편 21일 광주를 포위하여 고립시킨 계엄군이 공공연히 협박했듯이 '고향이 황폐화'되고 '생업과 가정이 파탄되지' 않도록 광주 시민들은 그들의 삶과 모든 시민들의 생명을 지켜야 했다. 그러나 동시에 광주 시민들은 결코 자신들이 '폭도'가 아니라 선량한 시민이라는 사실을, 수많은 시민들의 죽음이 결코 '개죽음'이 되지 않도록 모두의 명예를 지켜야 했다. 그들이 이것을 지켜내지 못한다면 광주는 영원히 '폭도'의 도시, '반역의 도시'로 그들의 자손들은 영원히 그 피맺힌 차별을 벗어나지 못할 것이다. 결국 이 선택은 두 가지 죽음 중 하나를 고르는 일이었고, 선택의 행위는 자신을 스스로 살인의 공범으로 만드는 것이었다. 나아가서 시민군들과 운동권 청년들이 생각한 투쟁의 진실은 '폭도'의 누명을 벗는 것 외에 절대공동체의 바람의 진실, 해방의 전설을 지키는 것이었다. 결코 원해서 간 길은 아니지만 투쟁 과정을 통해 피와 눈물로 느꼈던 절대공동체에서의 뜨거운 가슴의 기억은 결코 망각되어서는 안 될 소중한 것이었다. 이 절대공동체의 바람의 진실은 그날 광주의 그 거리에서 절대공동체를 숨 쉬어보지 않았던 사람들은 결코 이해할 수 없는 것이며 말로 아무리 설명해도 전달될 수 없는 것이기도 했다.

해방광주의 마지막에 이루어진 선택은 삶과 진실의 어느 한쪽을 버리지 않고 일부씩이라도 확보하는 길이었다. 수백 명의 젊은이들을 희생의 제단에 올려놓아 그 악귀들에게 바치고 대신 시민들의 육체적 삶을 얻고, 그 젊은이들이 죽음으로 증언한 진실을 영원한 복수의 맹세와 함께 지키기로 한 것이었다. 이는 양자 간의 선택을 거부한 현실과 역사를 가로지르는 제삼의 선택이었고 광주 시민들의 영혼을 말살하고 그들의 치부를 영원히 가리려는 군부에게서 승리를 빼앗은 것이었다.

그 젊은이들이 광주 시민들의 명예회복을 넘어 지키려 했던 절대 공동체의 경험, '바람의 진실'은 5·18 이후 우리의 사상과 정치 실천의 역사를 복잡하게 만들었다. 일부 운동권에 몸 담게 된 그날의 투사들은 절대공동체의 투쟁 경험에서 칼 슈미트의 경우처럼 정치적 인간의 '진리'를 보았을 것이다. 적과 아를 구분하는 것은 정치적인 것의 본질이라는 것, 정치공동체는 동질성을 그 조건으로 하며 지도자는 결단으로 민족의 운명을 이끌고 가야 한다는 것이었다. 1980년대를 통해 조직 절대주의와 절대적 지도자를 옹립하고 그에 복종하는 운동권의 관행은 그들이 5·18에서 얻은 첫째 교훈이었는지 모른다.

그러나 이들의 첫째 교훈, 조직 절대주의는 5·18의 왜곡이었다. 절대공동체에는 조직도 없었고, 지도자도 없었다. 절대공동체는 모든 시민들이 자발적으로 참여한 것이며 그 안에서 모든 시민들은 자유를 양도한 적이 없었다. 따라서 1980년대 운동권 조직은 5·18의 경험을 재현하고 있던 것이 아니라 베버적 의미에서 일상화routinization, Veralltäglichung, 즉 절대공동체의 어떤 부분을 영속화하기 위해 다른 부분을 희생시킨 상태에 다름 아니었다.(Weber 1978, 1121-48) 5·18 이후 우리와 광주 시민들은 투쟁을 계속해야만 했던 현실을 부정할 수 없다. 그러나 눈앞에서 공수부대가 사라진 상황에서 일상의 삶을 계속적인 투쟁을 위해 조직한다는 것은 무리가 따를 수밖에 없었다.

절대공동체는 잠시밖에 존재할 수 없는, '일상생활'이 정지되어 순수한 인간공동체로 존재했던, 한순간의 절대 해방이었고 곧 다시 억압된 현실로 내려올 수밖에 없는 비일상적 현실이었다. 무엇보다 절대공동체에는 평화가 없었고 생산 활동이 이루어질 수 없었다. 5·18과 같은 절대적 투쟁의 경험과 계속되는 투쟁의 현실은 우리가 스스로 그날의 적의 모습으로 우리의 모습을 바꾸게 되고 한때의 '진실'이 '진리'인 것처럼 착각하게 되는 대가를 치를 수밖에 없었다. '진실'을 '진리'

로, 공동체를 위한 투쟁의 의무과 보람을 인류의 영원한 참모습으로 착
각하고 일상생활의 세계로 돌아올 것을 고집스레 거부했던 슈미트는
이상적 파시즘으로 빠졌고 그 위험은 5·18의 후예들에게 상존하는 것
이다.

절대공동체의 그 뜨거운 기억은 그 자체로 새로운 사회의 구체적
인 청사진이라 볼 수는 없다. 이 경험은 우리의 일상적 사회 현실과 대
립되는 하나의 가능성의 영감이었을 뿐이다. 우리는 복수의 맹세와 더
불어 이 영감으로 새로운 역사를 시작하게 되었다. 이때부터 우리의 역
사는 목적론적teleological 실천의 연속이었고 순례의 발걸음으로 인식되
어왔다. 순례의 목적지와 그곳의 지명地名은 1980년대 중반부터 사상투
쟁의 몫이었다. 뜨거웠던 절대공동체의 바람은 한때 '민족공동체'로 불
렸고 또 한때는 '높낮이 없는 세상', '사회주의'로 불리기도 했다. 이 두
이름은 갈등도 했지만 서로 투쟁의 소중한 전우임을 고마워했다. 그러
나 이 두 모델, 순례지는 서구인들의 성지이며 그들에게서 알려진 곳이
었다. 더구나 이 성지들은 그 뜨거웠던 기억을 되살리기 위해 우리가
서구 역사에서 찾아낸 곳이 아니라 이미 우리에게 알려져 있던 곳이었
다. 그곳의 성스러움은 5·18 이후에 비로소 느껴지게 되었다. 그러나
이 서구인들의 성지들도 그들이 한때 이르러 머물렀던 현실 속의 장소
가 아니라 아직도 이름밖에 없는 곳이며 이제는 그들도 더 이상 열렬히
추구하지 않는 잊혀진 성지에 불과한 곳이었다.

'민족공동체'는 일견 우리 자신을 말하는 것 같지만 서구의 사상
이며 일단 '민족'이란 '상상의 공동체imagined community'에 불과한 것이
다.(Anderson 1991) 우리 민족의 삶의 구체적 내용을 우리가 스스로 채
워나가지 않는 이상, 이 '민족'이라는 말 자체는 공허한 껍데기에 불과
할 뿐이다. 한때 그 말은 민족개조론을 의미하기도 하고, 국가주의를 뜻
하기도 하고, 안보와 경제 발전을 지칭하기도 했음은 모두가 잘 아는

사실이다. 이 말은 우리 민족의 삶의 구체적인 모습, 우리 문화를 풍요롭게 담지 못하면 파시즘, 전체주의 등 사랑보다는 증오를 앞세운 삶을 파괴하는 정치로 나갈 위험을 안고 있다. 한편 사회주의는 오랫동안 서구 지식인들이 추구해온 이상 사회의 모습이었지만 이제는 현실성이 부정되고 사회주의는 자본주의 하의 지식인들―자본가들에게 지배자의 자리를 빼앗긴 사람들―의 꿈에 불과했다는 사실은 이미 누구나 알고 있다. 사회주의는 이제 서구에서는 성지가 아니라 자본주의 사회를 하루하루 개량과 개혁을 통해 인간적인 곳으로 만들어가는 영감의 이름일 뿐이다. 민족공동체와 사회주의는 그 뜨거운 가슴의 기억의 이름이자, 순례의 목적지의 좌표 없는 이름뿐인 곳이었다.

그럼에도 이 뜨거운 영감에 인도되는 순례의 발걸음은 결코 끝나서는 안 된다. 그렇다면 우리의 순례는 '성지'라고 착각하는 곳을 성급히 밟고 멈추어서는 안 된다. 그렇다면 순례의 발걸음을 서두르는 것도 위험한 행동일 것이다. 또한 우리의 순례 자체는 목적지, 그 성지는 존재하지 않을지도 모른다는 것을 알면서도 자신을 속이며 느린 걸음으로 계속 나아가야 하는 '시지프스'의 운명일지 모른다. 그렇다면 이제는 특별한 배타적인 성지를 상상하고 그곳으로 매진하는 숨찬 순례의 발걸음보다는 지금 우리의 발걸음이 닿는 곳 그리고 한 발 앞에 닿을 수 있는 곳을 감사한 마음으로 바라보고 실수 없이 나아가는 '운명을 사랑하는' 지혜로운 순례를 해야 할지 모른다. 그렇다면 그 성지가 어디인가에 대한 사상 투쟁은 결코 한때의 일로 끝나서는 안 된다. 이 투쟁은 모든 발걸음을 옮길 때마다 반복되어야 한다.

그 희생에 대한 복수와 구원의 기대 그리고 투쟁의 계절의 뜨거움의 기억으로 우리의 역사는 처음부터 다시 시작되었다. 우리의 5,000년은 다시 쓰이기 시작했다. 결국 이 뜨거움의 기억에서 무엇을 우리가 해석해낼 수 있고, 그것을 무어라 우리말로 이름 붙일 수 있고, 어떤 길

　　해방광주를 어떻게 해석할 것인가 : 해석의 시도와 이론적 문제점

을 찾아낼 수 있는가는 5·18의 후예들이 오랫동안 짊어져야 할 부담일 수밖에 없다. '칼레의 시민'들이 그 기억만을, 기억 그대로 부둥켜안고 간 것은 우리에게 더욱 풍요로운 교훈, 오랫동안 음미해야 할 교훈을 남기기 위해서였는지 모른다. 무엇보다 명심해야 할 것은 그 뜨거운 투쟁이 그토록 소중한 기억이었던 이유는 그 핵심이 사랑이었기 때문이었다. 그러나 사랑은 우리 마음대로 되는 것이 아니다. 사랑을 하겠다는 의지는 늘 증오에 다다른다는 진부한 진리는 우리의 최근 역사를 복잡하게 만들어왔다. 우리는 이제 구애求愛만을 반복할 것이 아니라 묘방妙方이나 묘약妙藥을 찾아야 할지 모른다.

© 나경택

© 나경택

절대공동체는 광주 시민들이 공수부대와의 목숨을 건 투쟁 과정의 산물이었다. 모든 개인들은 오랜 사회적 속박의 그물망에서 최초로 해방을 맛보았고 절대 평등의 공동체에서 용해되어버렸다. 시민들의 개인적 정체는 절대공동체로 흡수되어 모두 '무명용사'로 싸웠다. 아직도 망월동에는 11기의 무명용사들이 있듯이 '무명용사'는 5·18 특유의 전설이 되었다.

3 그날 이후

계엄사는 27일 새벽 투항한 시민군들을 체포하여 버스 4대에 실어 상무대 영창으로 끌고 갔다. 끌고 가는 과정이나 그곳에서 계엄사가 시도한 일은 모진 구타와 고문 그리고 배고픔으로 시민들이 투사가 되어 확인한 인간으로서의 존엄성을 박탈하고 생명을 구걸하는 비열한 짐승으로 만드는 일이었다. 엄청나게 적은 양의 식사로 그들로 하여금 먹이를 구하는 동물에 불과하다는 자기 확신을 심으려 했고 살인적인 구타는 그들에게 생명을 연장하기 위해 모든 것을 배신하도록 강요했다. 그러나 젊은 투사들은 스스로 목숨을 끊어가며 존엄성을 지키려고 했고 또 다른 이들은 살아남아 복수의 날을 손꼽아 기다렸다. 그 모진 고문과 배고픔으로 그들은 그곳에서 짐승처럼 살아남았지만 한때 맛보았던 인간으로서의 존엄함을 영원히 빼앗지는 못했다.

더불어 상무대 영창에서 괴로웠던 일은 학생들과 노동자 출신 시민군들의 갈등이었다. 모진 매질이 한 차례 지나간 후 그들은 서로가 너무나 다른 사람들이라는 것을 피부로 느꼈다. 그들 간의 첫 번째 갈등은 바로 음식이었다. 학생들과 부르주아 지식인들은 그들의 가족들과 친지들이 사회관계의 그물망을 동원하여 사식도 들여보냈고 비밀리에 면회도 했지만 노동자들은 늘 그래왔듯이 자신의 몸뚱아리 하나에 의존해 살 수밖에 없었다. 노동자들이 당장 살기 위해 앞뒤가 맞지 않는 행동을 해왔다면 지식인 부르주아, 대학생들은 자신들끼리만 어울려 그 알량한 사식을 노동자들과 나누어 먹는 일이 없었고 그들은 자신들만 생각하는 개인주의자들이었다. 학생들과 일반 시민들은 서로 나누어 앉기 일쑤였고 그들은 서로 취미도 다르고 그 지옥에서 생존해나

가는 방식도 달랐다. 그들은 서로 다른 계급으로서 평생 처음 살을 부비며 겪어본 것이다. 물론 해방광주에서도 그들은 이미 갈등을 겪었지만 콩나물시루처럼 같이 살며 철저하게 그들의 다름을 몸으로 느낀 것은 상무대 영창에서 처음 겪은 일이었다. 많은 사람들은 서로에 대한 실망, 원망 그리고 적대감을 안고 현실로 돌아갔다.

한때 부상자회 회장을 역임한 박옥재 씨는 당시의 어려움을 다음과 같이 하소연하고 있다.

우리 부상자회는 미성년자에서 80 노인에 이르기까지 성원들이 천차만별인 데다 출신이나 학력, 성장 과정 등도 각양각색이어서 통솔하기가 어렵고 9년여의 통한 속에서 살아온 사람들이어서 주의주장이 강하다. 그래서 일사불란하게 지휘하기란 어렵지만 5·18에 직접 참가한 주역들로서 진상규명과 이에 따른 책임자 처리 문제 등이 끝난 다음에는 민주화를 외친 영령들의 뜻에 따라 민주화, 조국통일에 노력하는 회원이 되고, 또…(현사연 1990a, 7073: 1343)

광주 시민들, 한때 극도의 동질감을 나누었던 전우들은 어느 틈엔가 극도로 이질적인 사람들이 되어버린 것이다. 그날 금남로에서 서로가 하나임을 살갗으로 느꼈던 사람들이 이제는 어느 틈에 '각양각색'의 인간이 되어버렸고 그들은 그 어느 때보다도 살벌하게 다투고 있었다.[18] 더구나 이제는 죽음의 두려움도 잊어버린 용사들은 패배의식과 죄의식에 젖어 통제할 수 없는 상태가 되어버린 것 같기도 했다. 이러

---

18   5·18 이후의 계급 간의 갈등에 대한 최근의 연구로는 다음을 참조.(김두식, 〈5·18에 관한 의미구성의 변화과정과 지역사회의 변화〉, 한국사회학회 편 1998).

한 절대적 동질성의 기억과 현실에서의 갈등의 간격은 미국에 대한 증오와 그리고 다른 한편에서는 '김대중 선생'을 중심으로 한 제한된 정치적 단결로 메워져왔는지 모른다.

그러나 많은 사람들이 호소하는 5·18 이후 광주의 갈등은 객관적 현상이라기보다는 주관적 인식에 불과한지도 모른다. 오히려 그들은 서로 한때 너무나 사랑했기에, 너무나 많은 것을 기대했기에 현실의 삶에서 서로에게 겪은 작은 실망의 충격이 너무나 크게 느껴졌는지 모른다. 도리어 5·18 이후 광주의 계급 관계는 서로가 너무나 다른 삶을 사는 집단이라는 사실을 알아버린 이후에 다시 계급 간의 더욱 현실적인 이해에 근거한 새로운 연대가 이루어져왔다고 봐야 할지 모른다. 상무대 영창에서 벌어진 일은 학생들과 노동자들의 갈등만으로 끝난 것은 아니었던 것으로 보인다. 그곳에서 적어도 1980년 10월, 11월까지 보냈던 사람들은 좀 더 복합적인 경험을 갖게 되었다. 기동타격대원으로 상무대 영창에 있었던 이재춘 씨는 다음과 같이 증언했다.

감방 안에서 가장 얄미운 사람들은 학생들이었다. 학생들은 각자의 환경이 어느 정도 좋았기 때문에 먹는 것도 우리들보다 훨씬 잘 먹었다. 우리가 먹는 것을 기대하는 것은 거의가 감방에서 주는 2인에 1그릇씩 지급되는 식기에 담겨진 적은 양의 밥과 저질의 반찬이 고작이었다. 그렇기 때문에 먹는 것에 대한 집착이 강했는데 실제로 학생들은 사식이 들어와도 나눠먹을 줄을 몰랐다. 그래서 많은 갈등을 낳았다.

그러나 이러한 갈등은 함께 살다보니 점차 가셔갔다. 잡혀온 학생들은 거의가 예비검속자들이었기 때문에 그들에 대한 조사는 간단하게 끝나버려 학생들이 우리들에 대한 조서를 함께 의논해주기도 했다. 그리고 학생들과 같이 있으면서 우리들은 이를테면 많

　해방광주를 어떻게 해석할 것인가 : 해석의 시도와 이론적 문제점

은 얘기들 속에서 의식화되어갔다. 그동안 사회에 대해 단순하게 만 생각했던 부분들을 점차 문제의식을 가지고 느끼게 된 것이 다. 처음에 학생들은 우리를 갑갑하게 취급하고 우리들은 학생들 의 얘기를 필요 없는 말이라고 치부했으나 점차 많은 얘기 속에 서 대화가 가능했다.(현사연 1990a, 2038: 499)

노동자 출신들과 학생, 지식인들 간에 대화가 시작되는 데에는 상당한 시간이 걸렸고 이는 노동자들의 불만과 비판을 따갑게 느낀 지식인들이 주로 시도한 것으로 보인다. 첫 단계는 노동자 출신들과의 직접 대화였고, 다음 단계는 소양 강좌였다. 이상식 교수는 자신의 소양 강좌에 대해 다음과 같이 말했다.

내가 했던 역사 강의를 통해 '만적의 난', '동학혁명', '3·1운동' 등을 얘기하면서 "우리는 개인의 안위를 위해 싸우다 끌려온 것 이 아니라 이 나라의 민주화를 이룩하려고 목숨을 걸고 싸운 사 람이다. 그러니 사소한 분신을 내세워 추하게 행동해서는 안 된 다. 현재는 우리가 핍박을 받고 있지만 멀지 않아 승리자가 될 것 이다"는 말을 강조했다. 이런 식으로 어느 정도 시간이 지나자, 서로에 대한 미움이 없어지고 공동체 의식과 연대감이 형성되었 다.(같은 책, 3013: 554)

노동자 출신 시민군들이 변화하기 시작한 것은 이 교수의 강좌가 재미있기도 했고 또 많은 역사 지식을 가르쳐주기도 해서였겠지만 결정적인 이유는 이보다는 좀 더 본질적인 데 있었다. 이 교수의 강좌는 노동자 출신들, 대부분은 전두환이 누구인지도 모르고, 왜 싸웠는지도 확실치 않은 사람들에게 그들은 왜 싸웠고, 그 목적은 무엇이었고 그리고 그 싸움이 대한민국 역사에서 갖는 의미는 무엇이었나를 가르쳐준 것이었다. 또 그들이 지금 그 지옥 같은 영창에서 왜 굶고 매 맞고 있는가를 가르쳐준 것이다. 말하자면 이러한 강좌와 대화를 통해 노동자 출신 시민군들은 스스로를 자랑스럽게 여기게 된 것이다. 이는 바로 부르주아 지식인계급의 헤게모니가 이루어지는 과정이었다. 싸우고 희생당한 것은 주로 기층민, 노동자계급이었겠지만 그들이 싸우고 희생당한 이유와 의미는 그들과는 다른 지식인계급을 통해 알 수 있었다. 결국 이러한 대학생, 지식인들과의 교류를 통해 노동자 시민군들은 이제 그들이 어떻게 대학생들과 다르고, 그들은 왜 독자적인 투쟁을 해야 하고, 왜 그들은 그럴 만한 자격이 있는가를 알 수 있게 되었다.

그리고 다음 단계에서 지식인들은 그들의 힘, 파리해 보이는 지식인의 위력을 보여주었다. 그 무지막지한 헌병들의 구타가 자행되는 살벌한 영창에서 죄수들이 힘을 보여준다는 것은 결코 쉬운 일은 아니었다. 상무대 영창에서 있었던 단식투쟁에 대한 다음의 이 교수의 증언은 길게 인용할 필요가 있다.

단식을 해야 한다는 입장은 주로 대학생과 당시 도청 주요 간부 일을 맡아서 했던 사람들의 의견이 주도적이었다. 영창에서도 투쟁을 해야 한다는 의견이 지배적이었다. 우리가 식사를 거부하자마자 곧바로 태도가 돌변한 헌병대들의 구타가 시작되었다. 아울러 책임자를 색출하여 죽여버린다며 아주 살벌하게 굴었다. 헌병 홍 하사의 구타가 어찌나 심하던지 보다 못해 내가 그를 불러세웠다.
"헌병대 영창 안에서는 너희들이 마음대로 행동할 수 있겠지만 항상 이러지는 못할 것이다. 너 같은 녀석은 전라도 땅에서 살 수 없어."
"⋯⋯⋯(?)"

"내가 니 고향이 도초라는 것도 알고 오늘 오전에 딸을 낳은 사실
도 알고 있다. 앞으로 네가 편히 살 수 있을 것 같애?"

"죽을죄를 지었습니다. 용서해주십시오."

"그래, 진정으로 뉘우친다면 용서해야지. 그러나 앞으로도 또 구
타를 한다거나 몹쓸 행동을 하면 정말로 구제받을 수 없어."

그날 오후에 홍 하사가 다시 찾아와 정중한 사과를 했다. 반성하
는 빛이 역력하기에 괜찮다면서 따뜻하게 대해줬다. 그러자 그는
우리에게 전체 재소자를 대상으로 강의하면서 자체적으로 분위
기를 이끄는 것이 어떻겠는가라는 제의를 해왔다. 우리는 흔쾌히
승낙하고 전체 재소자를 상대로 강의를 했다. 우리가 아침을 굶고
점심까지 거부하자, 그들은 책임자를 색출하여 시범적으로 때리
면서 죽여버린다고 악을 썼다. 영창에서의 단식투쟁은 두 끼니를
굶은 것으로 끝났다. 단식투쟁 후 특별히 처우 개선이 되었다는
기억은 없으나 대신에 영창에 있던 사람들끼리 일체감은 더욱 굳
건히 하는 계기가 되었다.(같은 책, 3013: 554)

조직은 부르주아 지식인들의 비전秘傳의 무공이었다. 조직은 언어
를 매개로 하며 언어는 그들의 독점 수단이었다. 또한 조직이 힘을 발
휘하기 위해서는 사회 전체를 바라보는, 말하자면 '홍 하사' 뒤에서 그
를 지탱하고 있는 사회관계 전체와 그의 약점을 파악해야 하는 것이었
고 이러한 시각과 지능은 지식인의 전유물인 것이다. 해방광주에서 노
동자 시민군들은 조직력이 없다는 사실을 스스로 인정하지 않을 수 없
었고 상무대 영창에서 조직적으로 저항한다는 것은 노동자계급은 상상
도 못하던 일이었다. 상무대 영창에서 지식인들은 단식투쟁 등을 통해
노동자 시민군들에게 지식인들 특유의 힘과 그 비법인 조직의 힘을 보
여준 것이다. 상무대 영창에서의 생활은 지식인들과 노동자계급의 단

순한 갈등으로 끝난 것이 아니라 그들의 새로운 관계, 부르주아 지식인들의 헤게모니가 형성되기 시작하는 계기가 된 것이다.

물론 위의 예는 하나의 경우에 불과하겠지만 5·18 이후 지식인들과 대학생들은 계속적인 투쟁으로 이러한 활동을 계속해나갔다. 이러한 그들의 헤게모니는 지배 관계로 단순하게 이해할 수 있는 것은 아니었다. 1980년대 후반 투쟁의 주체로서 노동자계급의 등장은 5·18 이후 전열을 가다듬은 지식인 헤게모니의 결과였는지 모른다. 5·18 이후의 광주는 내부적인 갈등을 겪었을지 모르지만 투쟁의 공동체를 만들어냈다. 각 계급이 스스로 고유한 존재임을 의식하고 다른 계급의 한계를 인식하고 질시하면서도 공통의 문제에 부딪힐 때는 한 배에 탄 것을 인정할 능력을 갖춘, 개별성을 내재한 투쟁의 공동체는 5·18 이후 광주에서 이루어졌다. 1987년 전후 광주의 '5월 행사' 때 있었던 가두 투쟁 장면을 정문영은 다음과 같이 묘사하고 있다.

> 하지만 이제 시위나 데모는 대학생들만의 전유물이 아니었다. 군중들은 아예 시내 중심가에 자리를 잡고 앉아 있거나 서성이면서 대학생들이 나타나기를 기다리기 시작했고, 학생들이 나타나면 어김없이 거리로 뛰쳐나와 그동안 익히 보아왔던 대학생들의 시위를 흉내 내어, 그러나 '자신들만의 양식'으로 시위를 전개하곤 했던 것이다. 심지어는 정치 문제와 관련된 대중 집회가 열린다는 소식을 듣고는 집회 내용을 묻는 전화가 운동 단체에 쇄도하는가 하면, '왜 이러저러한 시위나 집회를 하지 않느냐?'라고 항의하는 경우도 매우 많았다.(정문영 1999, 50-1)

이 장면은 당시 전 시민의 투쟁의 거대한 공동체가 대학생들을 중심으로 이루어졌음을 보여주고 있다. 1980년대의 이른바 '노학연대'

     해방광주를 어떻게 해석할 것인가 : 해석의 시도와 이론적 문제점

는 5·18과 그 이후의 경험에서 태어났다. 5·18을 겪고 비로소 지식인들은 몸의 중요성을 알았고 노동자들과 시민들은 언어와 조직, 그리고 사회 분석을 배웠고 이들의 표면적 갈등과 투쟁의 연대는 5·18 이후 군부와의 투쟁에서 핵심적인 요소였다. 이것이 바로 1980년대에 존재했던 '민중'의 현실적인 모습이었다.

5·18 이후 광주 시민들과 그들의 지식인들은 '민족', 그리고 '통일'을 외쳤지만 그들은 타 지역 사람들에 대한 본능적 배타심과 적대감을 오랫동안 갖고 있었다. 서울말을 쓰는 사람, 더구나 경상도 말을 쓰는 사람들은 5·18 당시부터 광주에서 적대적인 눈초리에 몸서리를 쳐야 했고, 실제 행동에서 민족에 대한 사랑보다는 외지인들과 외세에 대한 증오를 앞세우는 듯했다. 이러한 모순은 바로 위에서 지적했듯이 5·18을 통해 광주 시민들의 정체가 일정한 방향으로 변화를 겪었기 때문이었는지 모른다. 광주 시민들은 '인간'에서 시작하여, '전라도 사람', '광주 시민' 그리고 '노동자계급'으로 5·18의 과정을 통해 그들의 정체는 점점 좁아져왔고 결국 광주는 계엄군의 포위 하에 절대 고독의 무인도로 일단락되었다. 5·18은 인류 역사에서 중대한 사건이었음에도 광주만의 역사가 되어버린 것은 군부의 억압 정책 외에도 광주 시민 자신들의 정체의 변화 과정 때문이라 보인다. 5·18의 의미를 민주화라 외쳤지만 광주 시민들의 깊은 감정의 이름은 복수심이었다.

한때 대학생들의 데모는 계엄령이 떨어지고 군대가 진주하면 모든 것은 으레 중단되는 것이었다. 학생회 간부들이나 '재야인사'들이나 그때는 모든 것을 포기하고 도피하여 다음 일을 도모해야 했고 또 이런 일은 5·18에서도 되풀이되었다. 그러나 5·18 이후는 이런 관행이 결코 되풀이될 수 없었다. 이제는 공수부대보다 더 강력하고 잔악한 군대가 들어오더라도 학생들뿐만 아니라 기층민, 노동자 등 모든 시민들이 목숨을 걸고 공수부대와 싸울 것이며 적어도 그들에게 승리를 쉽게 안겨주지는 않을 것이다. 이러한 기대는 1987년 6월 항쟁을 제한된 의미로나마 승리로 이끄는 데 결정적인 역할을 했다. 단순한 군대의 '무력 시위' 정도 가지고는 어림도 없었고 군부가 자의로 동원할 수 있는 부대의 규모 정도로는 전국에 걸친 국민들과의 새로운 전투를 감당할 수 없다는 것은 일반적인 판단이었다. 5·18 이후에는 폭력이 어떠한 형태라도 더 이상 정치적 갈등을 해결할 수 없다는 준엄한 현실을 깨닫게 해주었다. 이것은 우리나라 민주화 과정의 결정적인 요인이었다.

그러나 정치적 민주주의는 5·18 정신의 최저선에 불과한 것이었다. 즉 민주주의를 통해 더 이상 국민들에게 잔학한 폭력이 행해지는 사태, 인간의 육체적 존엄성이 파괴되는 사태는 막을 수 있을지 몰라도 5·18 절대공동체의 정신, 모든 시민들이 모든 굴레에서 해방되고 존엄한 존재로 다시 태어나는 그 '바람의 진실'을 실현할 수는 없었다. 이러한 인간 존엄성의 경험은 한편으로 5·18 이후 계속 진행된 군부와의 처절한 투쟁을 통해 일부 재현될 수 있었는지 모른다. 그러나 광주 시민들만큼 폭력이라면 '치가 떨리는' 경험을 가진 사람들도 없을 것이다. 5·18 이후 광주 시민들은 그들의 모습을 되찾기 위한 투쟁을 폭력에만 의존할 수는 없었다.

5·18 때부터 이미 광주 시민들은 폭력 외에 다른 투쟁 수단들을 찾게 되었고 그들이 발견한 중요한 수단은 그들이 싸우던 모습을 재현시키는 예술이었다. 5·18의 피비린내 나는 경험은 우리 사회에서 예술과 문화운동 그리고 사회과학의 효시를 댕겼다. 그간 우리나라의 예술, 문화, 학문은 서양을 흉내 내는 데 지나지 않았다고 감히 말할 수 있다. 광주 시민들과 우리의 모든 지식인, 문화인들은 그 처절한 투쟁을 통해 자신의 정체에 대한 심각한 고민을 비로소 제기하게 되었다. 일차적으로 광주의 지식인들과 문화인들에게는 문화와 예술은 투쟁과 복수의 수단이었다. 그러나 그림, 판화, 노래, 마당극 같은 예술작품들은 '종

　　해방광주를 어떻게 해석할 것인가 : 해석의 시도와 이론적 문제점

이호랑이'로 그치지 않았다. 예술작품들은 5·18 당시 그들이 싸우던 진정한 모습, 논리와 언어로는 도저히 표현할 수 없는 모습, 위대한 인간의 모습들을 재현시키는 일이었고 이것은 바로 위대한 절대공동체와 거기에서 느꼈던 인간의 지고至高의 존엄성을 다시 창조하는 일이었다. 나아가서 이러한 작업은 과거의 재현에 그치는 것이 아니라 자연스럽게 새로운 전사들과 우리의 정체를 만들어내고 있었다. 바로 여기에서 5·18 이후의 문예운동은 분야별로 전문화되기보다는 통합적인 형태로 발전하게 되었는지 모른다.

나아가서 예술과 문화 행위는 인간이 스스로 피조물에서 창조자로서 위대성을 이루어내는 계기였다. 니체는 예술이야말로 인간이 타인을 지배하고 괴롭히는 유치한 단계를 지나 자신을 스스로 극복하여 초인超人이 태어나는 계기라고 했다.(Nietzsche 1954; 1966; 1974) 문화와 예술은 분명히 5·18의 그날의 용사들이 유언으로, 명시적인 언어로 남긴 과업은 아니었는지 모른다. 그러나 그들이 '꽃잎처럼' 스러져갔듯이 그들을 본 후손들은 인간의 존엄성을 찾는 길은 정부의 사과, 책임자에 대한 복수, 패해 '배상', 민주화 등을 넘어 그들과 공동체가 모두 그들의 길을 따라 아름답고 위대하게 존재할 수 있는 길을 예술과 문화에서 발견하게 되었는지 모른다. 나아가서 이러한 활동을 통해서만 '민족공동체'라는 껍질의 내용이 비로소 채워지고, 증오의 공동체에서 진정한 사랑의 공동체가 형성될 수 있을 것이다.

5·18에서 시작된 문화·예술운동의 모든 부분이 성공적인 것은 아니었다. 특히 언어예술·학술 분야에서는 상당한 불균형이 나타나고 있다. 언어예술에서 5·18 이후 급속도로 발달한 민중문학의 대표적인 분야는 시였다. 5·18은 도저히 합리적인 언어로 설명할 수 있는 사건이 아니었다. 너무나 섬뜩한 구체적 경험은 '아직도 치가 떨려' 보편적 추상을 매개로 하는 논리적 언어로 쉽게 전달할 수 없었다. 5·18의

경험이 시로 먼저 표현되었다는 것은 당연한 일이었다. 5·18 당시 그들의 경험을 전달하는 정치 언어는 '피'라는 상징이자 시상詩想을 중심으로 이어지고 있었다. '더러운 피', '깨끗한 피', '피의 값을 받아내야 하고', '피를 팔아먹어서는 안 되고' 등은 대표적으로 해결될 수 없는 정치 언어였다. 길거리에, 병원에 흥건히 고인 피, 신발에 달라붙고, 미끄러져 넘어지며 손에 흥건히 묻던 피, 그 비린내에 도저히 빨간 딸기를 먹을 수 없었던 그 피, 그리고 모두가 생명을 나누었던 그 피는 감당하기 어려운—너무나 보편성이 없는—너무나 구체적인 경험이었다. 그 이후에도 원한에 찬 싸움에는 '무진주의 피 무지개'가 피어날 것이었다. 보편성을 박탈당한 섬뜩한 구체성의 경험에서 시는 유일한 교신 수단이었다. 그러나 이러한 언어는 경험을 공유하지 않은 사람들에게는 그 뜻이 그대로 전달되기 힘든 언어였다.

당연히 그 경험을 공유하지 않은 사람들과도 그 경험에 대해 교신할 수 있는 보편적, 논리적 언어 분야인 산문과 사회과학 분야는 시에 비해 그 발달도 비교적 늦었고 예술적으로나 상업적으로 성공적이었다고 평가하기는 힘들지 모른다. 이 문제는 5·18의 유산을 평가하는 데 대단히 결정적인 부분이 될 수밖에 없을 것이다. 5·18의 유산으로서 민주주의는 학생운동권, 노동단체, 광주 시민, 전라도 유권자 등이 물리적인 싸움을 위해 비민주적으로 조직되는 대가로 이루어진 것이었다. 그로 인하여 아직도 우리의 민주주의는 그 주도 세력이 민주적 문화 또는 민주적 정치체제에 참여하고 활동하는 능력이 제대로 갖추어지지 못한 상태에 있어 취약하다는 사실을 인정하지 않을 수 없다. 진정한 민주주의는 현재 우리의 민주주의처럼 힘과 힘이 맞물려, 조폭 같은 여야의 눈싸움을 통해 이루어지는 그런 정치를 넘어 대의제도를 중심으로 한 사회 전체의 의사소통 행위의 발전을 통해서만 비로소 성취될 수 있는 것이다. 의사소통 행위에는 경험을 공유하지 않는 사람들끼

    해방광주를 어떻게 해석할 것인가 : 해석의 시도와 이론적 문제점

리도 의사가 전달될 수 있는 논리적, 산문적 언어가 중심적인 매개수단
이 될 수밖에 없다. 말하자면 산문과 논문이 발달되지 않고는 5·18과
같은 비극의 재발을 실질적으로 방지할 수 있는 민주주의가 이루어질
수 없는 것이다.

　　5·18의 부활을 일단락 짓는 듯했던 '우리의 사회과학'은 1989
년, 1990년을 기점으로 한때 꽃피울 듯 보였지만 1990년대 중반 이후
급격한 쇠락의 길을 걸어왔다. 그 이유는 서구의 투쟁 담론을 수입하
여 5·18을 포장하려 했던 성급함 때문이었다. 이 문제는 5·18을 직접
다루는 사회과학만의 문제만이 아니라 5·18이 부활하며 태어난 '우리
의 사회과학' 전체의 문제였다. 당시에 '우리의 사회과학'이 '우리' 것이
라 제시된 이유는 기존 우리 사회의 지배체제와 맞물려 있는 사회과학
계의 지배적인 시각에 정면으로 도전하는 입장 때문이었다. 그러나 문
제는, 이 새로운 입장은 사실 서구 학계 내에서의 소수 입장을 성급히
수입한 것에 불과했고 그 논리적 구조는 대단히 조악한 것이었다. 결국
이러한 사회과학은 증오를 표현하는 언어, 점잖은 말로 고쳐 쓴 해학
없는 욕에 불과했고 참신한 작품과 업적을 생산하는 데 성공할 수 없었
다. 문제는 현 단계에서 '우리의 사회과학'이 서구 철학에 기반을 둔다
든지 동양 철학에 기반을 둔다든지 하는 형식적 차원의 문제보다 일단
우리의 삶과 경험을 얼마나 충실히 연구하여 보여줄 수 있는가의 문제
일 것이다. 1980년대 말에 부상했던 '우리의 사회과학'은 기득권층에게
배척받기도 했지만 이미 다 정해놓은 입장을 계속 반복하는 지겨움 속
에 잊혀지고 말았다. 돌이켜보면 이러한 사회과학은 지성을 투쟁의 도
구로만 여기고 자체의 묘미와 독자적인 의미를 인정치 않는 반지성주
의反知性主義의 산물이었다. 이는 우리의 1960년대 1970년대의 고도 성
장기에 나타난 '몸으로 때우기', 야만주의의 부활이었을 따름이다. 사회
과학은 적어도 5·18로부터—분노는 했을지 모르지만—아직은 거의

배운 것이 없다.

또한 언어를 통한 예술 분야에서도 산문, 소설 분야는 성공적이었다고 판단하기 곤란할 것이다. 수많은 젊은 예술가들이 매진하고 있지만 여러 가지 이유에서 5·18을 직접 다룬 작품 중에는 예술적으로 상업적으로 아직 성공적이라 할 만한 작품이 나오지 않고 있다. 아마 그 일차적인 이유는 5·18의 경험 자체에 있을 것이다. 5·18은 사건 자체가 처음과 끝이 명쾌하고 현실적으로 상상을 초월한 일들이 꿈같이 일어났던, 자체가 흡사 하나의 픽션이었고 거기에는 기막힌 기승전결의 플롯도 있었다. 말하자면 5·18 자체가 하나의 '괴기소설'이자 드라마인 이상 소설 같은 현실로, 소설로 소설을 쓴다는 것은 어려운 일일 것이다.

5·18 이후 타 지역 사람들에게 5·18을 설명한 수많은 짧은 글들이 쓰여져 '지하에서' 나돌았지만 5·18을 논리적 언어로 본격적인 역사로 재현한 것은 1985년 황석영의《죽음을 넘어 시대의 어둠을 넘어》가 처음일 것이다. 이 작품은 일류 작가가 집필해 문체의 수준이나 명성을 확보할 수 있었지만 어쩌면 작가가 당사자가 아닌 제삼자였기에 논리적 언어로 시도할 수 있었는지 모른다. 5·18의 역사 쓰기는 인간의 본능적인 일로 이미 상무대 영창에서 몇 명의 젊은이들이 모여 몽당연필을 구해 사실을 기록하기 시작했다. 이 장면을 목격한 김희규 씨는 다음과 같이 회고한다.

> 그렇지만 나를 흐뭇하게 하는 일이 전혀 없었던 것은 아니다. 어떤 애는 몽당연필을 가지고 "형은 무엇을 보았는가, 무엇을 어쨌는가" 하며 그것들을 받아 적었다. 그걸 보고 있노라니 '아, 역사라는 것에 저렇게 보이지 않는 곳에서 제 몫을 하는 놈들도 있구나'라는 생각이 들었다.(현사연 1990a, 6020: 1091)

이들이 여기서 헌병들 몰래 쓴 역사가 지금 어떻게 되었는지 필자는 모른다. 그러나 거기에 갇혀 있던 수많은 사람들은 각자 자신의 역사 그리고 자기 옆에서 같이 싸우던 사람들의 역사를 생각하고 쓰기 시작했을 것이다. 6월 항쟁 이후에는 많은 경험자들의 증언류의 글이 많이 출판되었다. 특히 수많은 증언록 중에서 여기에서 언급하고 싶은 글은 1987년에 '5·18광주의거청년동지회(오청동)'에서 나온《무등산 깃발: 5·18광주민중항쟁 증언록》이다. 이 글은 재조명받을 만한 이유가 있다. 우리는 흔히 증언록은 사실을 전하는 글로만 생각한다. 그러나 제삼자의 증언이 아니라 경험자의 증언, 당사자의 역사는 내적 경험이 증언의 중심이 되어야 진정한 가치가 있는 것이며 이 증언록은 소박하면서도 솔직한 살아 있는 역사를 보여준 최초의 작품인지 모른다. 이렇게 보면 역사와 사회과학과 문학 사이에 본질적인 차이는 없는 것이다.

우리는 그간 5·18의 역사 쓰기, 사회과학 쓰기에서 '진상규명'을 의식하여 그간 사망자의 숫자, '발포 명령자는 누구였나?', '누구의 명령으로 공수단이 작전을 했는가?' 등의 이른바 '사실'에 치중해왔고, 이러한 사실이 밝혀지지 않는 것에 좌절을 느껴왔다. 그러나 이런 종류의 '사실'들이란 주로 밖에서 본 모습들로서 법적인 의미와 중요성이 있는 사실들이며, 우리가 이러한 사실들에 매달려왔다는 것은 5·18의 '진상규명'을 복수의 수단만으로, 제삼자에게 복수를 구걸하기 위한 제물로만 생각해왔다는 것을 보여준다. 그러나 5·18의 진상은 광주 시민 모두에게, 그리고 그 참담한 '시대정신'에 참여했던 모든 국민들에게 명쾌한 것이며, 그 '진상'마저 우리가 군부에게 의존하고 있다면 그것은 과연 비극이라 하지 않을 수 없다. 그들의 거짓이 우리의 진실을 박탈할 수는 없다. 5·18의 진상은 엄연히 우리 몸 안에 있는 것이며 그들이 숨기고 있는 사실들은 진상의 아주 작은 한 부분에 불과할 뿐이다. 이 글의 목적은 우리의 진실만으로 5·18에 대한 글쓰기 그리고 5·18을 계기로 한 우리의 사회과학을 다시 시도하기 위함이다.

　　5·18의 사회과학은 '한국현대사사료연구소(현사연)'가 편찬한 《광주오월민중항쟁사료전집》(사료전집)이 1990년에 출판되기 전에는 현실적으로 가능하지 않았다. 수많은 사람들의 실명 증언을 통해서만 이 5·18의 전체적인 모습이 움직일 수 없는 증거에 입각하여 논쟁이 가능한 형태로 만들어질 수 있었다. 물론 수많은 증언록들이 이전에 출판되었지만 5·18이라는 사건의 성격상 몇몇 사람들의 증언으로 사건 전체를 재구성하기는 어려웠다. 지금의 심각한 문제는 '현사연'의 '사료전집'이 나온 이래 이 귀중한 자료를 활용한 사회과학 업적이 아직 나오지 않고 있다는 데 있다. 5·18에 관한 대표적으로 진지한 사회과학적 시도는 단연 '정해구 외'의 《광주민중항쟁연구》(1990)였지만 불행히 이 연구는 '사료전집'이 출판되기 전에 이루어진 업적이었다. 1990년 이후 우리의 수많은 사회과학자들과 역사가들은 그 두꺼운 '사료전집'을 다 읽을 인내를 감당하지 못했는지, 5·18에 대해 흥미를 잃어버렸다. 최근에 시작하여 현재까지 15권까지 출판된 방대한 《5·18광주민주화운동자료총서》는 그들에게 과연 또 한 번의 좌절을 안겨줄지 희망을 안겨줄지는 두고 보아야 할 일이다.

　　투쟁의 용기와 함께 예술과 문화는 5·18의 가장 값진 교훈이다. 이 예술과 문화로 가는 길은 점잖은 학자들과 예술가들이 걸어온 길이기도 했겠지만 수많은 광주 시민들과 '민중'의 피어린 투쟁을 통한 길이었다. 그리고 예술과 지성의 균형 있는 발전이야말로 이 땅에 건강한 내용을 갖춘 민주주의와 민족공동체가 이루어지는 필수적인 조건인 것이다. 5·18의 체험과 분노는 잊어서는 안 되지만 그러나 승화되어야 하며 분노는 승화된 지성과 함께 뜨겁게 간직되어야 한다. 우리 자신이 우리 역사를 쓰고 해석할 능력과 관심이 없다면 우리는 5·18의 투사들이 남긴 민주주의를 향유할 자격이 없는 것이다.

　　해방광주를 어떻게 해석할 것인가 : 해석의 시도와 이론적 문제점

참고 문헌

1. 국내 자료

일간지 및 월간지

《경향신문》

《동아일보》

《매일신문》(대구)

《전남일보》(광주)

《조선일보》

《중앙일보》

《신동아》

《월간조선》

단행본 및 논문

강신철 외, 1988,《80년대 학생운동사: 사상이론과 조직노선을 중심으로 80-
　　87》, 형성사

강준만, 1995,《전라도 죽이기》, 개마고원

광주광역시 5·18사료편찬위원회(광주광역시), 1997,《5·18광주민주화운동자
　　료총서》1권-10권, 광주광역시 5·18사료편찬위원회

―――― 1998,《5·18광주민중항쟁 약사》, 광주: 도서출판 고령

―――― 1999,《5·18광주민주화운동자료총서》, 11권-15권, 광주광역시 5·18
　　사료편찬위원회

광주매일 '정사 5·18' 특별취재반(광주매일), 1995,《정사 5·18》, 사회평론

광주사회조사연구소, 1998,《국민이 보는 5·18》, 광주사회조사연구소

김대중, 1987, 〈광주사태의 진상: 기자회견 발표문〉, 12월 14일

김문, 1989,《찢어진 깃폭: 5·18 투쟁 체험기》, 광주: 도서출판 남풍

김삼웅 엮음, 1987,《서울의 봄: 민주선언》, 일월서각

김양오, 1988,《광주 보고서》, 도서출판 청음

김영진, 1989,《충정작전과 광주항쟁: 청문회를 통해 본 역사적 진실과 그 의의》
　　　　(上下), 동광출판사

김영택, 1988,《10일간의 취재수첩》, 사계절

　———　1996,《실록 5·18광주민중항쟁: 자유의 불꽃이여, 민주의 불꽃이여》,
　　　　창작시대사

김용기, 박승옥, 1989,《한국 노동운동 논쟁사: 80년대를 중심으로》, 현장문학사

김원희, 1988,〈전남대학교 학생회의 역사〉,《龍鳳》20, 전남대학교

김종철, 최장집 외, 1991,《지역감정연구》, 학민사

김준태, 1988,《5월과 문학》, 남풍

김준태, 홍성담, 1989,《오월에서 통일로》, 광주: 빛고을

나간채, 정태신, 1996,〈항쟁이후 광주지역의 5·18운동: 운동단체를 중심으로〉,
　　　　《5·18운동의 평가와 계승: 심포지움》, 민주화를 위한 광주 전남 교수협의
　　　　회, 전남사회연구회, 광주매일(5월 16일)

동아일보사, 1994,《5공화국 평가 대토론》, 동아일보사

문병란, 이영진 편, 1987,《누가 그때 큰 이름 지우랴: 5월 광주항쟁 시선집》, 도
　　　　서출판 인동

문석남, 정근식, 지병문, 1994,《지역사회와 지역주의: 광주·전남지역연구》, 문
　　　　학과지성사

민족민주연구소(민민연) 편, 1989,《민통련 – 민주통일민중운동연합 평가서》

민중문화운동협의회(민문협) 편, 1985,《80년대민중민주운동 자료집》, 민중문화
　　　　운동협의회

박남선, 1988,《오월 그날: 시민군 상황실장 광주 상황 보고서》, 광주: 도서출판
　　　　샘물

박노해, 1989,〈광주 무장봉기의 지도자 윤상원 평전〉,《노동해방문학》2

박일문, 1992,《살아남은 자의 슬픔》, 민음사

서중석 외, 1989,〈광주항쟁의 민족사적 의미〉,《역사비평》5(여름)

손호철, 1995,《해방 50년의 한국정치》, 새길

송행희, 1991,〈전남대 학생운동사 – 80년 광주민중항쟁 이후 83년 말까지〉,《龍

鳳》23, 전남대학교

5월여성연구회, 1991,《광주민중항쟁과 여성》, 한국기독교사회문제연구원, 민
　　중사

5·18광주민중항쟁 유족회(유족회) 편, 1989,《광주민중항쟁 비망록: 망월동 묘
　　비명》, 광주: 도서출판 남풍

5·18광주의거청년동지회(오청동) 편, 1987,《5·18광주민중항쟁 증언록 I: 무등
　　산 깃발》, 광주: 도서출판 광주

월간조선, 1999,《총구와 권력: 12·12, 5·18 수사기록 14만 페이지의 증언》, 1
　　월호 별책부록

유귀숙, 1992, 〈87년 6월항쟁에서 자주적 학생회 건설로〉,《龍鳳》24, 전남대학교

윤공희 대주교 외, 1989,《저항과 명상: 윤공희 대주교와 사제들의 오월항쟁 체
　　험담》, 광주: 빛고을

윤재걸, 1984, 〈80년대의 민중문화예술운동〉,《신동아》(10월)

――― 편, 1988a,《광주, 그 비극의 10일간》, 글방문고

――― 1988b,《작전명령 화려한 휴가》, 실천문학사

윤한봉, 1996,《운동화와 똥가방: 5·18 최후의 수배자, 윤한봉 미국 정치망명
　　기》, 한마당

이규현, 1985, 〈전남의 마당굿 운동〉,《龍鳳》16, 전남대학교

이삼성, 1989, 〈광주민중봉기와 미국〉,《사회와 사상》(2월)

――― 1993,《미국의 대한정책과 한국민족주의: 광주항쟁·민족통일·한미관
　　계》, 한길사

이이화, 1988, 〈전라도 정신이란 무엇인가〉,《藝鄕》(10월)

이종범, 1988, 〈5·18의 영향, 한계, 계승〉,《전대신문》, 1988년 5월19일

이정로, 1989, 〈광주봉기에 대한 혁명적 시각전환〉,《노동해방 문학》2(5월, 노
　　동절기념 특대호): 14-57

임낙평, 1987,《광주의 넋: 박관현》, 故 박관현열사추모사업회 편, 사계절

임철우, 1997-8,《봄날》, 5권, 문학과지성사

임철우, 황종연, 1998b, 〈역사적 악몽과 인간의 신화〉,《문학과 사회》42

임혁백, 1994,《시장, 국가, 민주주의: 한국민주화와 정치경제 이론》, 나남

전남사회문제연구소(전사연) 편, 1988,《5·18 광주민중항쟁 자료집》, 도서출판

광주

________ 편, 1991,《들불의 초상: 윤상원 평전》, 박호재, 임낙평 정리, 풀빛

전용호, 1985,〈지역운동론〉,《지역문화》1, 도서출판 광주

정근식, 1996,〈지역정체성과 상징정치〉,《경제와 사회》30(여름)

________ 1997a,〈지역정체성과 도시상징연구를 위하여〉,《지역사회 연구방법
의 모색》, 전남대 사회과학연구소 편, 전남대학교 출판부

정문영, 1999,〈광주 '5월 행사'의 사회적 기원: 의례를 통한 지방의 역사 읽기〉,
서울대학교 사회과학대학 인류학과 석사학위 논문

정상용 외, 1990,《광주민중항쟁: 다큐멘타리 1980》, 돌베개

정해구 외, 1990,《광주민중항쟁연구》, 사계절

정호기, 1996,〈지배와 저항, 그리고 도시공간의 사회사 – 충장로, 금남로를 중심
으로〉,《현대사회과학연구》7, 전남대 사회과학연구소

조갑제, 1988,〈공수부대의 광주사태〉,《월간조선》(7월)

조명래, 1994,〈영호남 갈등의 사적유물론적 고찰〉,《지역불균형연구》, 한국공간
환경연구회 편, 한울

조비오 신부, 1994,《사제의 증언》, 광주: 빛고을출판사

조희연 편, 1990,《한국사회운동사: 한국 변혁운동의 역사와 80년대의 전개 과
정》, 죽산

천주교광주대교구 정의평화위원회(천주교), 1988,《광주시민 사회의식조사: 광
주의거자료집 4》, 빛고을출판사

최장집, 1989a,《한국현대정치의 구조와 변화》, 까치글방

________ 외, 1989b,〈광주항쟁의 민족사적 의미: 발제와 토론〉,《역사비평》
5(여름)

________ 1996,《한국민주주의의 조건과 전망》, 나남

최정운, 1996,〈새로운 부르주아의 탄생: 로빈슨 크루소의 고독의 근대사상적
의미〉,《근대, 근대인, 근대국가》(한국정치사상연구회 제1차 연차학술대회 논
문집), 12월 13일

________ 1997,〈폭력과 언어의 정치: 5·18담론의 정치사회학〉,《5·18학술심
포지움》(한국정치학회 특별학술 심포지움, 5월 8일)

________ 1998,〈폭력과 사랑의 변증법: 5·18민중항쟁과 절대공동체의 등장〉,

     참고 문헌

《세계화시대의 인권과 사회운동: 5·18광주민주화운동의 재조명》, 한국
　　사회학회 편, 나남

최협, 1994, 〈호남문화론의 모색〉,《한국문화인류학》25

―――― 1995,《전남 이미지 실태연구》, 전남대 사회과학연구소

―――― 편, 1996,《호남사회의 이해》, 풀빛

학민사 편집실(학민사) 편, 1989,《1980년의 진실: 광주특위 증언록》, 학민사

한국기독교교회협의회 인권위원회 편, 1987,《1970년대 민주화운동》, 5권(I-V),
　　한국기독교교회협의회

―――― 《1980년대 민주화운동》, 3권(VI-VIII), 한국기독교교회협의회

한국기자협회, 무등일보, 시민연대모임 엮음, 1997,《5·18 특파원 리포트》, 풀빛

한국사회학회 편, 1998,《세계화시대의 인권과 사회운동: 5·18광주민주화운동
　　의 재조명》, 나남

한국현대사사료연구소(현사연) 편, 1990a,《광주오월민중항쟁사료전집》, 풀빛

―――― 1990b, 〈5·18광주민중항쟁 9주년 학술토론회〉,《역사와 현장》1(5월)

―――― 1990c,《광주 5월민중항쟁: 광주 5월 민중항쟁 10주년 기념 전국 학술
　　대회》, 풀빛

한승원 외, 1987,《일어서는 땅: 80년 5월 광주항쟁 소설집》, 도서출판 인동

―――― 1990,《부활의 도시: 광주민중항쟁 10주년 기념 작품집》, 도서출판 인동

한용 외, 1989,《80년대 한국사회와 학생운동》, 청년사

홍성담, 1990,《통일화가 홍성담 문집: 오월에서 통일로》, 홍희담, 윤정모 편, 청
　　년사

황석영, 1985,《죽음을 넘어 시대의 어둠을 넘어》, 전남사회운동협의회 편, 풀빛

―――― 외, 1996,《5·18 그 삶과 죽음의 기록》, 풀빛

황태연, 1997,《지역패권의 나라》, 무당미디어

2. 외국 자료

Abelmann, Nancy, 1993, "Minjung Theory and Practice", Harumi Befu, ed.,
　　Cultural Nationalism in East Asia: Representation and Identity, Institute of

East Asian Studies, University of California

Anderson, Benedict, 1991, *Imagined Communities*, Revised Edition, London: Verso

Arendt, Hannah, 1958, *The Human Condition*, Chicago: University of Chicago Press

______ 1963, *On Revolution*, New York: The Viking Press

______ 1969, *On Violence*, New York: Harcourt, Brace & World

Aron, Raymond, 1967, *Peace and War: A Theory of International Relations*, Translated by Richard Howard & Annette Baker Fox, New York: Frederick A, Praeger

Bakhtin, Mikhail M, 1984, *Rabelais and His World*, Translated by H, Iswolsky, Bloomington: Indiana University Press

Ball, Terence, 1988, *Transforming Political Discourse: Political Theory and Critical Conceptual History*, Oxford: Basil Blackwell

Bourdieu, Pierre, 1985, *Distinction: A Social Critique of the Judgment of Taste*, Translated by Richard Nice, Cambridge: Harvard University Press

Chartier, Roger, 1998,《프랑스혁명의 문화적 기원》, 백인호 옮김, 일월서각

Clausewitz, Carl von, 1976, *On War*, Indexed Edition, Edited and Translated by Michael Howard & Peter Paret, Princeton: Princeton University Press

Comaroff, Jean, 1985, *Body of Power, Spirit of Resistance: The Culture and History of a South African People*, Chicago: University of Chicago Press

Dirks, Nicholas B,; Geoff Eley & Sherry B, Ortner, eds, 1994, *Culture/Power/ History*, Princeton: Princeton University Press

Dunn, John, 1972, *Modern Revolutions: An Introduction to the Analysis of a Political Phenomenon*, Cambridge: Cambridge University Press

Finer, S, E, 1988, *The Man on Horseback: The Role of the Military in Politics*, Second Enlarged Edition, Boulder, Colorado: Westview Press

Foucault, Michel, 1976, *Discipline and Punish: The Birth of Prison*, Translated by Sheridan Smith, New York: Pentheon Books

_________ 1980, *History of Sexuality*: Vol, 1: *An Introduction*, Translated by Robert Hurley, New York: Vintage Books

Girard, René, 1977, *Violence and the Sacred*, Baltimore: The Johns Hopkins Press

_________ 1987, *Things Hidden Since the Foundation of the World*, Translated by Stephen Bann & Michael Metteer, Stanford: Stanford University Press

Gurr, Ted Robert, 1970, *Why Men Rebel*, Princeton: Princeton University Press

Haffner, Sebastian, 1967, *Failure of a Revolution*: Germany 1918-1919, Translated by Georg Rapp, Chicago: Banner Press, 1986

Honneth, Axel, 1995, *The Struggle for Recognition: The Moral Grammar of Social Conflicts*, Translated by Joel Anderson, Cambridge: The Polity Pres

Lacan, Jacques, 1977, *Ecrits: A Selection*, Translated by Alan Scheridan, New York: W, W, Norton & Company

Lukes, Steven, ed, 1986, *Power*, New York: New York University Press

Marshall, Peter, 1993, *Demanding the Impossible: A History of Anarchism*, London: Fontana

Marx, Karl, 1963, *The Eighteenth Brumaire of Louis Bonaparte*, New York: International Publishers

_________ & Frederick Engels, 1973, *Manifesto of the Communist Party*, 2nd Edition, Peking: Foreign Languages Press

Michaud, Yves, 1990,《폭력과 정치》, 나정원 옮김, 인간사랑

Nietzsche, Friedrich, 1954, *Thus Spoke Zarathustra*, Translated and with a Preface by Walter Kaufmann, Harmondsworth: Penguin Books

_________ 1966, *Beyond Good and Evil: Prelude to a Philosophy of the Future*, Translated, with Commentary, by Walter Kaufmann, New York: Vintage Books

_________ 1974, *The Gay Science*, With a Prelude in Rhymes and an Appendix of Songs, Translated, with Commentary by Walter Kaufmann, New

York: Vintage Books

O'Donnell, Guillermo et al, eds, 1986, *Transitions from Authoritarian Rule: Comparative Perspectives*, Baltimore: The Johns Hopkins Press

Ortega y Gasset, José, 1985, *The Revolt of the Masses*, Translated, Annotated, and with an Introduction by Anthony Kerrigan, Edited by Kenneth Moore, With a Foreword by Saul Bellow, Notre Dame: University of Notre Dame Press

Peterson, Arnold A, 1995, 《5·18광주사태》, 정동섭 옮김, 풀빛

Rajchman, John, ed, 1995, *The Identity in Question*, London: Routledge

Rousseau, Jean-Jacques, 1964, *Oeuvres complètes*, III: Du Contrat social, *Écrits politiques*, Édition publiée sous la direction de Bernard Gagnebin et Marcel Raymond, Paris: Gallimard, Bibliothèque de la Pléiade

―――― 1969, *Oeuvres complètes*, IV: Émile, *Éducation-Morale-Botanique*, Édition publiée sous la direction de Bernard Gagnebian et Marcel Raymond, Paris: Gallimard, Bibliothèque de la Pléiade

Rudé, George, 1988, *The Face of the Crowd: Studies in Revolution Ideology and Popular Protest*, Selected Essays of George Rudé, Edited by Harvey J, Kaye, Atlantic Highlands, NJ: Humanities Press

Sartori, Giovanni, 1987, *The Theory of Democracy Revisited*, Chatham, NJ: Chatham House Publishers

Schmitt, Carl, 1976, *The Concept of the Political,* Translation, Introduction, and Notes by George Schwab, With Comments on Schmitt's Essay by Leo Strauss, New Brunswick, NJ: Rutgers University Press

Scott, James C, 1990, *Domination and the Arts of Resistance: Hidden Transcripts*, Yale University Press

Shapiro, Michael J,, ed, 1984, *Language and Politics*, New York: New York University Press

Sorel, Georges, 1961, *Reflections on Violence*, Translated by T, E, Hulme, Introduction by Edward A, Shils, New York: Collier Books

Tönnies, Ferdinand, 1957, *Community and Society*, Translated and Edited by

Charles P, Loomis, East Lansing: The Michigan State University Press

___________ 1971, *On Sociology: Pure, Applied, and Empirical*, Edited and with an
Introduction by Werner J, Cahnman & Rudolf Heberle, Chicago:
University of Chicago Press

Touraine, Alain, 1981, *The Voice and the Eye: An Analysis of Social Movements*,
Translated by Alan Duff, With a Foreword by Richard Sennett,
Cambridge: Cambridge University Press

Turner, Victor, 1969, *The Ritual Process: Structure and Anti-Structure*, Ithaca:
Cornell University Press, 1977

___________ 1974, *Dramas, Fields, and Metaphors: Symbolic Action in Human Society*,
Ithaca and London: Cornell University Press

Violence et Dialogue, 1981–83, *Comprendre: Revue de Politique de la Culture
47-48*, Venise: Société européenne de culture

Weber, Max, 1978, *Economy and Society* 2 Vols, Edited by Guenther Roth &
Claus Wittich, Berkeley: University of California Press

___________ 1988, *Gesammelte Aufsätze zur Wissenschaftslehre*, herausgegeben von
Johannes Winckelmann, Tübingen: J,C,B, Mohr

Williams, Roger L, 1969, *The French Revolution of 1870-1871*, New York: W, W,
Norton & Company

ㄱ

가산제(적) 311

가족 36, 49, 74, 99, 100, 113, 114,
225, 235~237, 247~250,
280~281

가톨릭(→ 천주교)

간첩 57, 61, 84, 125, 133, 233

간첩 용의자 105

고정간첩(고첩) 60, 64, 85, 97

남파간첩 39, 85

무장공비 154

강경파(항쟁파 참조) 59, 234, 262, 265,
267, 270

강준만 86

깡패 44, 46, 64, 81, 97, 137

개인

개인의 생명 235, 239, 258, 271,
280~281

개인의 정체 209~213, 235, 248,
258, 289

개인주의(자) 99~100, 236, 317,
331

게임 295~297, 307

경상도

경상도 군인 44, 86, 88, 122,

143, 193, 305, 320

경상도 억양(사투리) 87

경제

경제결정론 77

경제 발전 311, 326

경제적 구조 148, 195

경제적 요인 99

경제적 이해 151, 160

경제 정책 311

경찰 46, 48, 72, 90, 96, 144, 178~181,
193, 262, 286, 295~298

경찰서 130, 181

전투경찰(대) 153, 288,
297~298

파출소 139, 164, 173, 181, 184

계급(사회계급) 39, 71, 74, 76, 82,
98~103, 159~160, 175,
186~189, 217, 228, 230~232,
242, 251~253, 276~283, 295,
297, 300, 310, 312, 317~322,
333~338

계급구조 148

계급투쟁 75, 77, 186

계급의식 101

계림동 161, 270

구조

　구조적 요인 99, 151, 158~159,
　195
　구조적 조건 77, 79, 321
　구조주의 26, 76
구호(→ 언어)
국가 57, 90, 105, 107, 111, 175,
　176~179, 184, 186~188,
　198~201, 309, 316~317
　국가권력(공권력) 86, 90, 105,
　106, 111, 148, 176, 186, 188,
　197, 199~200, 309~312
　국가주의 111, 114, 326
　근대국가 109
　대항국가 52
　애국가 50, 105, 167, 169, 176,
　178, 184, 226, 281
국민연합(민주주의와 민족통일을 위한 국
　민연합) 84
국방부 장관 73, 81
국보위(국가보위비상대책위원회) 130,
　132
국회 청문회 36, 45, 50, 86, 89, 93, 153,
　155, 159, 161, 216, 224, 253,
　269
군

　군사정권 35~36, 39, 74, 110
　신군부 57, 60, 65, 77, 106~107,
　109, 126~129, 131~132, 176,
　261, 265, 297~298, 309~311,

317, 323
　육군본부 57, 64
　육군참모차장 131
　육본작전참모부장 129
　2군사령관 129
권승만 161
궐기대회(→ 시민궐기대회)
금남로 43, 78, 104, 119, 144, 157, 161,
　169, 171, 174~175, 182, 184,
　206, 279, 302, 332
기동순찰대 242, 256, 266, 286~287
기동타격대 50, 241, 254, 266~267,
　272, 287~290, 333
기층민 97~98, 100, 103, 137,
　139~140, 189, 227, 230,
　242~243, 249, 251, 253~254,
　276, 283, 318~321, 335, 338
김기석 53
김대중 46~48, 61, 64~65, 71, 73,
　84~85, 95, 97, 110, 125~126,
　131, 133, 141~142, 190, 333
김동욱 149
김문 142, 171
김상집 97, 137, 139~140, 164, 190,
　206, 211, 215, 221
김상윤 84, 97, 125, 140, 221
김성국 318
김성용 신부 93, 216, 220~221, 224,
　242, 262, 264, 271, 281
김안부 206

270, 290, 306, 308, 33~336, 343
상승작용 158~160, 201, 301
상징체계 105
상황실장 54, 165, 174, 221~223, 243,
    256~257, 262~263, 266, 273,
    282, 288, 319
서방삼거리 169
소준열 159, 273
손남승 222, 283
손호철 15, 26, 151
송기숙 84, 221, 228~230, 235
송백회 222
송정리 58, 261
수습
    수습위(5·18수습대책위원회
    등) 36, 52~56, 88~89, 215,
    219~267, 276~281
    수습파 99, 222, 236, 239, 245,
    250~251, 255~256, 258, 262,
    267, 275, 279
    학생수습위원회 53~54, 224,
    227, 231, 262, 264
슈미트 104, 178, 325~326
시가전 184, 209
시국선언문 43
시민
    시민군 53~54, 56, 74, 95,
    101, 105~106, 132, 144, 174,
    187~188, 190, 205~291,
    319~345

시민궐기대회 53~54, 83, 151,
    226, 244, 276~277
시민의거 65, 151
시민정신 63, 82~83, 213
신민당 73
신용순 252
신현확 48, 129, 165
12·12 155, 312
10·26 77, 155, 296

ㅇ

아렌트 195
아리랑 169, 173~174, 200, 210
아비투스 99
아세아자동차 177, 288
안부웅 179
안철 142
앤더슨 326
양동시장 147
양시론 89, 114, 159
언어 23~24, 36~38, 43, 47~48, 50, 69,
    74~75, 77, 91, 104~105, 109,
    115, 121, 156, 170, 201~202,
    315~316, 320, 336, 338,
    340~343
    담론 12, 15, 23~24, 35, 39, 44,
    46~47, 50, 52, 54~56, 59, 63,
    65~66, 69~70, 73~81, 86, 88,
    94~97, 102~115, 121, 133, 230,
    245, 303~304, 319, 342

363